音乐教学法
（第3版）

YINYUE JIAOXUEFA

参照《义务教育艺术课程标准（2022年版）》修订

雍敦全 ◎ 著

国家一级出版社 全国百佳图书出版单位

图书在版编目(CIP)数据

音乐教学法 / 雍敦全著. -- 3版. -- 重庆：西南大学出版社, 2025. 2. -- ISBN 978-7-5697-2868-2

Ⅰ. G633.951.2

中国国家版本馆CIP数据核字第20256D3V45号

21世纪音乐教育丛书

音乐教学法(第3版)

雍敦全　著

责任编辑：王　菱　李　彦
责任校对：郭彦臣
特邀编辑：王晓晖　汪洋逸航
封面设计：713工作室
排　　版：吕书田
出版发行：西南大学出版社(原西南师范大学出版社)
　　　　　地址：重庆市北碚区天生路2号
　　　　　邮编：400715
　　　　　电话：023-68254353
经　　销：全国新华书店
印　　刷：重庆亘鑫印务有限公司
成品尺寸：185 mm×260 mm
印　　张：16.75
字　　数：418千字
版　　次：2025年2月　第3版
印　　次：2025年2月　第1次印刷
书　　号：ISBN 978-7-5697-2868-2
定　　价：59.00元

作者简介

雍敦全,教授,博士生导师,1988年毕业于四川音乐学院并留校担任教师。曾任四川音乐学院党委常委、校学术委员会秘书长、宣传部部长,中国音乐教育学学会副会长,中国教育学会音乐教育分会音乐教育学学术委员会副主任,中央教育科学研究所艺术教育研究中心专家组成员,中国音乐家协会奥尔夫专业委员会常务理事,中国音乐剧协会理事,四川省声学学会理事长。人民音乐出版社版《义务教育教科书 艺术·音乐》教材编委。已完成国家级、省部级科研课题14项;指导学生参加全国、省级比赛获奖若干项,多次担任全国、省、市各类艺术比赛评委。

出版著作《音乐教学法》《柯达伊音乐教学法的应用》《律动音乐教学》等5部。参编著作《综合艺术课程与教学》《音乐教学论》等8部。发表论文《"先锋派"音乐及我国专业音乐教育发展的思考》《合格音乐教师的基本条件——谈高师音乐教育专业的培养目标》《论全面综合的音乐教育》等45篇。

论文《合格音乐教师的基本条件——谈高师音乐教育专业的培养目标》获中国音乐家协会全国论文评比一等奖;原创歌曲《荡秋千》获中国音乐文化促进会等共同主办的"2012·青春·中国"全国青少年题材音乐作品金奖;论文《改良民族乐器,展示蜀风雅韵——2011国家大剧院四川音乐学院民乐改良乐器交响音乐会述评》获中国教育改革研究会2012年全国教育改革优秀教学论文大赛一等奖和2012年中国民族文化研究会第三届中国民族文化创新成果奖一等奖;论文《论非物质文化遗产的保护——以四川音乐学院绵阳艺术学院为例》获2012年中国民族文化研究会第三届中国民族文化创新成果奖一等奖;担任"中央电视台2012全国高校毕业歌大赛总冠军"四川音乐学院执行总编导;原创歌曲《我的生命是你的,我的祖国》(李远行、罗付印词)在"感动中国——2008全国第二届新创歌曲歌词大赛"中荣获二等奖;论文《发挥高等艺术院校特色 助推文化大发展大繁荣》在2012年四川省高校思想政治教育研究会繁荣哲学社会科学优秀论文评比中荣获二等奖;论文《论全面综合的音乐教育》获四川省教育厅举办的全省高教系统社会科学论文评比三等奖;原创歌曲《川妹子出川闯天下》被评为2012年CCTV青年歌手电视大奖赛选唱歌曲;论文《影响音乐学习的基本因素》获四川省教育厅、四川省高等教育学会举办的全省高教系统社会科学评比三等奖;专著《奥尔夫音乐教育体系及其运用》获四川省教育厅、四川省高等教育学会举办的全省高教系统社会科学评比三等奖。被评为中国教育改革研究会2012年度"全国教育改革优秀教师";中国民族文化研究会"2012年度民族文化影响力人物";四川省教育厅"语言文字工作先进个人";四川音乐学院"教书育人先进个人";四川音乐学院"优秀教育工作者";中共四川音乐学院委员会"优秀共产党员"。

目 录

第一章 音乐教学法的性质和研究对象 ... 1
- 第一节 音乐教学法发展简况 ... 1
- 第二节 音乐教学法的性质和研究范围 ... 3
- 第三节 音乐教学法课程的任务 ... 3
- 第四节 音乐教学法的学习和研究方法 ... 4
- 第五节 基础音乐教育的性质 ... 6

第二章 音乐教育对培养全面发展创新人才的重要意义 ... 8
- 第一节 知识经济时代培养创新人才的重要意义 ... 8
- 第二节 如何在音乐教育中培养学生的创新能力 ... 9
- 第三节 音乐的社会、审美、认识、教育和娱乐功能 ... 11

第三章 音乐教育简史 ... 26
- 第一节 中国音乐教育史略 ... 26
- 第二节 西方音乐教育史略 ... 36

第四章 音乐学习心理 ... 42
- 第一节 青少年生理、心理发育特点 ... 42
- 第二节 青少年音乐心理的主要特征 ... 46
- 第三节 影响音乐学习的基本因素 ... 54

第五章 音乐教学原则 ... 61
- 第一节 音乐教学原则的意义 ... 61
- 第二节 音乐教学原则的内容 ... 62

第六章 音乐教学的主要内容及教学方法 ... 67
- 第一节 音乐欣赏(鉴赏)教学法 ... 67
- 第二节 歌唱(唱游、独唱与合作演唱、合唱)教学法 ... 82
- 第三节 器乐演奏(合奏)教学法 ... 93
- 第四节 乐谱识读(音乐基础理论、视唱练耳)教学法 ... 102

  第五节 综合性艺术表演(音乐与舞蹈、音乐与戏剧、戏曲)教学法 …………115
  第六节 音乐创造(编创、创作)教学法 ………………………………………122
  第七节 音乐联系教学法 …………………………………………………………141

第七章 音乐教学的组织工作 …………………………………………………………163
  第一节 音乐教学过程的基本特点 ……………………………………………163
  第二节 音乐教学方法的选择与运用 …………………………………………166
  第三节 音乐教学计划的制订 ……………………………………………………173
  第四节 音乐课堂教学艺术的设计 ……………………………………………177
  第五节 音乐课堂教学的组织艺术 ……………………………………………181

第八章 课外音乐活动 …………………………………………………………………188
  第一节 课外音乐活动的意义和任务 …………………………………………188
  第二节 课外音乐活动的组织与辅导 …………………………………………189

第九章 音乐学习成绩评定 ……………………………………………………………196
  第一节 音乐学习成绩考核的范围与内容 ……………………………………196
  第二节 音乐学习成绩考核命题设计 …………………………………………197

第十章 音乐教师和音乐教学评价 …………………………………………………203
  第一节 合格音乐教师的基本条件 ……………………………………………203
  第二节 音乐教学评价 ……………………………………………………………209

第十一章 音乐教学设备 ………………………………………………………………214
  第一节 音乐教学常用设备 ……………………………………………………215
  第二节 音乐教学设备的管理 ……………………………………………………216
  第三节 现代音乐教学设备 ……………………………………………………216

第十二章 音乐教育研究 ………………………………………………………………220
  第一节 常用的音乐教育研究方法 ……………………………………………221
  第二节 音乐教育实验报告、调查报告的写作 ……………………………223
  第三节 音乐教育论文写作 ……………………………………………………225

第十三章　国外著名音乐教育体系和教学法简介 230
第一节　达尔克罗兹音乐教育体系（瑞士） 230
第二节　柯达伊音乐教育体系（匈牙利） 235
第三节　奥尔夫音乐教育体系（德国） 240
第四节　铃木音乐教学法（日本） 248
第五节　其他音乐教学法 250

附录：教学案例 253
参考书目 255
后记 257

第一章 音乐教学法的性质和研究对象

音乐教学法课程的学科性质和研究对象是什么？根据《中国大百科全书·教育》的注释，教学法又称教学论、教学理论，过去曾称为教授学，是研究教学的一般规律的科学，属于教育学的一个分支。在当代，随着教育学科的发展，它已形成相对独立的学科。

第一节 音乐教学法发展简况

我国音乐教育历史悠久，源远流长。但是，音乐学科教育研究到近代才伴随着新学制而产生。我国的新学制发端于19世纪末。1897年，清政府创办了南洋公学师范院，首开"教授法"课程。1904年，清政府明令师范生要学习"教育法"和"各科教授法"。1907年，中小学正式设置了音乐课程，定名为"乐歌"课或"唱歌"课。

五四运动前后，我国各科的教学法课程建设均得到了发展。蔡元培先生的"五育并重""美育救国"等主张，推动和促进了艺术教育的发展。1922年的"壬戌学制"，采纳了陶行知先生以"教学法"代替"教授法"的主张，一字之变，说明了学科教育研究注意到了"教"与"学"的双边关系，标志着学科教育研究的内涵产生了质的飞跃。当时，我国一些师范院校设置了艺术教育课程，其中包括"音乐教育法"课程。仅从1923年颁布的《小学音乐课程纲要》《初级中学音乐课程纲要》等就可以看出当时音乐教育法研究的水平。例如，《初级中学音乐课程纲要》规定的目标就很具体：(1)发展学生音乐之才能与兴趣；(2)使学生能唱普通单复音歌曲，并明了初步乐理；(3)训练听觉，使有欣赏普通名歌曲之能力；(4)涵养美的情感及融和乐群奋发进取之精神。

1939年颁发的《师范学院分系必修及选修科目表施行要点》，正式将"教学法"改名为"教材及教学法"。教材是学校进行教学活动的基本工具之一，针对教材进行学科教育研究，说明教学的指向性更强了。当时，国内音乐教育家相继编辑出版了一些音乐教育论著和音乐教育刊物。

1950年，中央人民政府教育部颁布的《小学音乐课程暂行标准(草案)》和《中学暂行教学计划(草案)》中规定"中学教材教法"为公共必修课。此外，还在其他文件中规定中师必须开设"小学音乐教材教法"课程。1957年，教育部下达的文件中对教材教法的内容做出具体的规定：了解中小学教材内容和编写原则，熟悉基本的教学方法，对使用教材过程中的经验与问题进行研究。当时，我国引进了苏联的音乐教育理论和方法，受其影响较大，如音乐教育注重对歌唱教学的方法的研究，强调教师的主导作用，以传授知识技能为主要教学任务，以及程式化的五段教学模式等。从理论研究的角度看，这一时期的音乐学科教育研究偏重于具体教学经验的介绍或信息的传播，研究领域偏于狭窄。

党的十一届三中全会后,我国迎来了音乐教育的春天,音乐学科教育研究蓬勃开展起来。1979年6月,教育部颁发了《全日制十年制学校中小学音乐教学大纲(试行草案)》,同年12月在高师艺术专业教学座谈会上确定高师开设"中学音乐教材教法"课程。此后,陆续出版了一些研究中小学音乐教育的著作。

1986年底,原国家教委副主任柳斌指出,我们不但要建立自己的教育学,还要建立自己的学科教育学。翌年,国务院学位委员会将"教材教法研究"更名为"学科教学论"。1986年,国家教委艺术教育处和艺术教育委员会成立,随后制定了《全国学校艺术教育总体规划(1989—2000年)》,这为我国音乐学科教育研究迈上新台阶打下了基础。这一时期,有关音乐学科教育研究的专著、论文、译作像雨后春笋般涌现出来。据1995年统计,我国自1984年起正式出版的有关音乐学科教育研究的著作近50部,每年正式发表的有关论文300余篇,内容涉及中小学音乐教学论、普通学校音乐教育学等多方面。这些论著,在不同程度上突破了以往教材教法研究的局限,在继承我国优秀乐教传统的基础上,广泛地吸收借鉴国内外音乐学科教育研究的成果,拓宽和深化了音乐学科教育研究的内涵,着力探索音乐教育活动对人的全面发展的影响及其规律。

当时,国内师范院校音乐院系设置的"教材教法"作为一门音乐专业学生的必修课,仅有16课时。而在中小学,音乐课依然没有体现出其在国家美育方针中所强调的地位。中小学的音乐课也没有统一的课标、教学大纲等。

值得一提的是,1990年在曲阜师范大学举办了一场对于音乐教学法课程来说具有跨时代意义的研讨会——普通学校音乐教育学研究研讨会。这次会议的研究成果汇集成了一本书,书名为《普通学校音乐教育学》,由首都师范大学曹理教授主编。这部著作对音乐教学法学科课程建设有深远的影响。音乐学科教育学也自此从传统走向了发展和升华,音乐课堂教学也从此有了相对明确的评价标准和规范。

1999年6月,中共中央、国务院发布《关于深化教育改革全面推进素质教育的决定》,由此音乐课程改革于2000年启动。2001年7月,《全日制义务教育音乐课程标准(实验稿)》正式颁布。2005年秋季,新课程实验已在全国范围内推广开来,中小学的起始年级全部进入新课程教学。2008年以后,许多地区的学校新课程实践已经过一至两轮的循环。2011年,教育部颁布《义务教育音乐课程标准(2011年版)》。2017年,教育部颁布《普通高中音乐课程标准(2017年版)》,2020年又进行了修订后出台《普通高中音乐课程标准(2017年版2020年修订)》。2022年,教育部正式颁布《义务教育艺术课程标准(2022年版)》。这些关于中小学音乐教育改革的重大举措,彰显了国家深化教育改革、推动音乐教育的决心,也彰显了众多音乐教育专家和一线音乐教育工作者的辛勤耕耘,同时也推动音乐教学法随着时代的浪潮、人民的需要、国家教育改革而不断革新。

回顾历史,我们能清晰地看到,随着我国音乐教育事业的发展,音乐学科教育研究正在向世界、向科学靠拢。同时,我们也逐步明确了音乐学科教学论研究和音乐学科教育学研究之间的关系,不是后者取代前者,而是相互促进、相互渗透,各自根据实际需要,在不同层次上发挥作用,形成音乐学科教育研究的协同效应。

第二节　音乐教学法的性质和研究范围

音乐教学法是我国高等师范院校音乐教育专业教学计划中设置的必修课程,也是在职音乐教师参加继续教育、进修高等师范音乐专业的必修课程。

音乐教学法作为一门相对独立的学科,所要揭示的是音乐教育教学中的一般规律。就学科性质来说,它属于教育学分科教学理论,是整个音乐教育学科中一个相对独立的分支,是音乐学科教育学的重要组成部分。

音乐教学法研究的范围包括:中小学音乐教育的地位、作用、目的和任务,中小学音乐教学的领域、过程、原则、手段和方法、组织形式以及教学效果的评价、学习成绩的考查评定等。它以教育学、教育心理学的基本理论为依据,以《义务教育艺术课程标准(2022年版)》和《普通高中音乐课程标准(2017年版2020年修订)》为指导,培养学生音乐学科核心素养,总结与继承我国音乐教育的优良传统,学习与借鉴国外音乐教育成功的经验与做法,紧密联系我国基础音乐教学实际,力图实现理论与实际相结合。

当代音乐教学法研究的发展趋势是越来越重视研究对象——学生在教学中的地位和作用,重视研究学生在音乐教育影响下,思想情感、道德品质、个性的形成过程,以及学习音乐过程中心理发展变化的规律,从而掌握学生生理、心理发展特征,采取相应的教育方法,促进音乐教育方法的科学化。因此,音乐教育心理研究在教学法中占有重要位置。与此同时,音乐课程与教材的改革力度加大,促进了教学内容的现代化、民族化,强调在教学中发展学生健康的审美情趣,重视激发学生的音乐兴趣爱好,培养学生的审美感知、艺术表现、创意实践、文化理解核心素养。同时,教学手段的现代化,使音乐教学内容和形式趋于多样化。

第三节　音乐教学法课程的任务

音乐教学法课程是培养学生音乐教育能力的一门课程,具体的任务有以下几点:

(1)使学生了解音乐教育在学校教育中的地位和作用,了解音乐教学的目的、任务和要求,热爱音乐教育事业,提高从事学校音乐教育工作的责任感,为人师表,积极创造条件把音乐教育工作做好。

(2)使学生能够掌握音乐教学的一般规律。如根据教与学两方面的原理,分析不同形式、不同内容的音乐教学的特点,找出规律性的东西等。

(3)使学生熟悉音乐学科教学过程、教学原则、教学内容、教学领域和教学方法,并用于指导音乐教学实践,能够独立设计各种类型的音乐课。

(4)使学生了解音乐学科教育理论研究的发展趋势,了解近现代国外著名的音乐教育体系和教学方法,了解国内音乐教育教学的成功经验,拓展音乐教育理论研究的视野,为学习借鉴其他先进教学体系和学习理论、创造我国独具特色的音乐教育教学体系打下良好的基础。

(5)使学生掌握进行音乐教学工作及进一步从事音乐教学研究所需要的音乐教育基础理论知识,具备音乐教学的基本实践能力。

通过以上几点,逐步培养学生成为合格的具备综合能力的音乐教师。

第四节　音乐教学法的学习和研究方法

学习和研究音乐教学法,必须以马克思列宁主义、毛泽东思想、邓小平理论、"三个代表"重要思想、科学发展观、习近平新时代中国特色社会主义思想为指导,必须以辩证唯物主义和历史唯物主义为方法论的基础。学习时,应注意做到"三个结合"。

一、理论与实践相结合

理论联系实践,是教学的基本原则之一。它要求教师在理论与实践结合中传授基础知识,引导学生学习,并将所学知识应用于实践,培养学生分析问题和解决问题的能力,包括手脑并用的操作能力。毫无疑问,学习音乐教学法,必须贯彻这一原则。

音乐教学法是一门实践性很强的学科,学习它,必须坚持实践的观点。一方面,要学习并掌握理论,使学生在学习音乐教学如何进行的同时,能领会为什么这样进行,知其然,并知其所以然,提高学生运用科学方法的自觉性、创造性。另一方面,尽可能创造条件使学生有目的地深入音乐教育环境,了解音乐教育的现状,了解音乐教学过程,丰富感性认识和理性认识,总结经验教训,找到理论与实践的结合点。

坚持理论与实践相结合,要注意以下几点:

第一,坚持按需施教,教学内容紧密联系音乐教学的实际,既考虑现实情况,又考虑未来的发展。

第二,引导学生边用边学,学用结合,使学生深刻理解所学内容并培养其解决教学问题的基本能力。

第三,加强实践性教学环节,如见习、调查、专题报告、类型分析、示范教学、教育实习等。

第四,正确处理学用一致性和知识系统性之间的关系。在教学过程中,把学用一致性纳入知识系统性之中,使二者有机结合、辩证统一。

二、学习与研究相结合

学习音乐教学法应当坚持发展的观点,把学习与研究结合起来,探索发展的趋势。

学习和研究音乐教学,通常采取文献法、实验法、实习法、观察法、调查法、比较法、移植法等方法。

文献法是运用文献资料进行学习和研究的方法。通过分析、研究、学习过去丰富的音乐教学实践和理论,认识音乐教育教学的原则、内容和方法的发展规律,继承前人创造的经验和成就。

实验法是一种最客观、最有价值的研究教育科学的方法。实验法的目的在于通过对音乐教育中的特定现象进行观察了解,搞清它的状况,研究它发生的原因。此外,还可以提出假设并通过实验加以验证。音乐教学法学习和研究中应提倡实验法,使学生在学习与实践的过程中不断积累经验。

实习法是在教师的组织指导下,学生从事一定的实习工作,借以掌握一定的技能和有关的知识,以及综合运用知识进行实践的方法。音乐教育实习被列为高等师范院校音乐教育专业教学计划中最重要的教学实践环节,体现出实习法对于培养未来的音乐教师的重要作用。这种方法能体现理论联系实际的原则,有利于促进学生深入掌握知识和提高实际工作能力。

观察法是按照一定的计划对音乐教学的整体情况,或某一方面情况进行系统的、细致的观察的方法。学生应深入音乐教育环境,以便全面地、正确地掌握材料,作为学习、研究和判断的依据。

调查法是通过谈话、问卷、开调查会、分析书面材料等手段,有计划地、严密地了解音乐教学工作的实际情况,总结成绩和问题、经验和教训,采取"解剖麻雀"的方法,掌握发展趋势,概括音乐教学的规律。

比较法是对当今世界著名的音乐教育教学体系和教学方法进行分析和比较,总结出适合国情、校情的带有规律性的教学思想,以便洋为中用。

移植法是从其他学科的教学中吸收适合于基础音乐教育教学的原则和规律的方法。

三、自学与面授相结合

学生怎样学习、教师怎样指导学生学习是现代教学论的一个重要研究课题,也是现代教学论的发展趋势之一。

自学与面授相结合的方法,就是在教学过程中,合理地安排自学与面授的比例,使学生将教师指导下的自学与教师精讲多练的面授有机结合起来,以取得教学的最佳效果。

采取这种学习方法要注意以下几方面:

第一,要充分调动学生的自学积极性。教师要引导学生明确学习的目的、任务和自学的重要性,并注意引导学生进行有效的自学。

第二,正确处理自学与面授的关系。我们讲的自学与"个人自学"有本质的不同。我们讲的自学是在教师指导下,有计划、有目的地完成一定的学习任务,达到一定要求的自学,而并非个人自发地确定学习目的和学习内容的自学。在教学中,必须做到两者的有机结合,否则,脱离了面授指导的自学和脱离了自学的面授,都不能取得良好的教学效果。

第三,培养学生的自学能力,包括指导学生查找阅读资料和参考书,形成按时完成课内外作业的习惯,指导学生学会做笔记、积累资料,培养学生正确思考问题的方法和自我获取知识的能力等。

第四，面授要加强指导性。教师要注意面授概括性，体现少而精的原则，在把握教材的重点、难点的基础上，把问题讲透讲清楚；要加强针对性，密切联系学生的实际进行教学，并注意使讲课的内容与学生参加的音乐教学实践活动结合起来。

需要指出的是，音乐教学工作是错综复杂的，因此，音乐教学法不能仅仅依靠某一种方法进行学习研究，而是需要多种方法的配合，相互补充、相互协同，才能认识其规律性。只有善于根据具体情况、任务、要求和条件，把各种学习和研究方法结合起来，取长补短，才能较为顺利地达到目的，取得更好的学习和研究成果。

第五节　基础音乐教育的性质

古希腊哲学家苏格拉底有句名言："认识你自己。"人类的明智，就在于认识作为个体的自我和作为群体的人类。那么，创造了音乐艺术的人类必然想要知道：音乐到底是什么？音乐与人生究竟有什么关系？人的成长和发展为什么需要同音乐联系在一起？沿着这个思路探求下去，我们就会进一步联想到：音乐教育是什么？它对于人和人生具有何种意义？等等。

"音乐与人"这个问题的提出，使我们有可能站在更高的层次上研究和探索音乐教育的奥秘。因为人与音乐的关系实在是太密切了。人类历史的经验表明，无论哪一种社会、哪一个人，都不能没有音乐。在人类历史发展的长河中，音乐以其特有的方式在社会发展、个体发展以及教育发展中发挥着十分重要的作用。音乐把人类社会的发展历史融进一个个音符之中，记载和传承着人类的灿烂文明。音乐担负着探索人生要义的使命，也承担着指导人生道路的责任。音乐给人的想象插上翅膀，给人的思维注入形象的因子，使人的创造性充满了活力，使人的潜能得到了充分的开发。总之，人类生活如果没有音乐是不可想象的，尤其是对于人的情感世界来说，音乐无异于空气和水一般重要。真正的音乐一定是最贴近生命本质的声音。音乐之所以能打动人心，完全在于对生命的那种真诚和执着。音乐就是这样与人和人生紧密联系着，以人的生存意识为中心，反映人的本质，展示人的心态，塑造人格。

在这种认识的基础上来探究音乐教育的真正含义，会给我们许多有益的启示。我们可以认为：音乐教育从本质上来说是一项塑造"人"的工程，它具有唤醒、联系和整合人格的力量，通过对人审美能力的发掘和培养，建构人的审美心理结构，达到陶冶情操和塑造人格的效果。

人需要音乐，培养人的教育也同样需要音乐。人的全面发展内涵之一就是理性与感性的协调发展。个体的发展不是单向的，而是多向的。理智成熟是个体发展的重要方面，但不是唯一方面，感知、情感、想象等感性方面的成长也是个体发展的重要方面，没有感性方面的发展就难有人的全面发展。因此，只重理性发展而不重感性发展的教育不是全面的教育。

音乐教育作为对学生进行情感教育的重要内容和途径,能有效地丰富学生的精神生活,促进学生感知、情感、想象等感性方面的健康成长。

基础音乐教育作为广义的音乐教育的重要部分,有其特定的内涵。这主要表现为,它比任何一种形式的音乐教育都更能体现音乐教育的本质。它坚定不移地将其目标投向对"人"的塑造方面,"育人"是其最为显著的特征。苏霍姆林斯基多次表明了这样的观念:音乐教育并不是音乐家的教育,而首先是人的教育。这种表述明确地提出,基础音乐教育不是专业教育或职业教育,不以造就音乐家为己任(但尊重每个孩子都有成为音乐家的这种可能),它的基本目标是育人。这种教育思想,不仅揭示了基础音乐教育的本质,同时也阐明了基础音乐教育与其他形式音乐教育之间的辩证关系。

基础音乐教育要实现"育人"的目的,需要真正把美育作为目标,体现以审美为核心。音乐教育的"育人"目的是通过美育的方式实现的,因此,音乐教育的全部过程应是一种自觉的审美过程,应包含所有的审美因素,并以美感的发生为根本内容。在长期的、多次的美感发生和发展中,音乐教育才会影响学生的情感状态和意向,形成审美情操,从而完善人格。对于音乐教师来说,最重要的工作是在教学过程中不断地帮助学生发现美。对于中小学生来说,音乐教育的魅力并不在于知识、技能的传授,而是表现在启迪、激励、唤醒、感染和净化等效应上。所以我们说,基础教育阶段的音乐课,是人文学科的一个重要领域,是实施美育的主要途径之一。

第二章 音乐教育对培养全面发展创新人才的重要意义

第一节 知识经济时代培养创新人才的重要意义

一、激烈的国际竞争与培养创新人才的紧迫性

21世纪将是人类全面依靠知识创新的可持续发展的世纪,世界已进入知识经济时代。展望新的世纪,国际竞争将越来越激烈。世界各国之间的竞争是综合国力的竞争,综合国力的竞争又体现为经济的竞争,而经济竞争力的大小又取决于知识创新能力和技术创新能力的大小,说到底是创新人才的竞争。竞争激烈的时代,必然形成对人才,尤其是对创新人才的巨大需求,人才的竞争将会异常激烈。谁拥有创新人才,谁就具有发展知识经济的巨大潜能。相反,谁缺少创新人才,谁就会失去知识经济带来的巨大机遇。

美国重视创造性人才的培养始于20世纪50年代末,其途径就是大力培养创新人才,因而涌现出一大批以人才为核心的世界级公司,如美国微软公司,它主要靠的是知识创新,拥有大批创新人才。

日本在20世纪80年代初提出要重视创造性的研究,并把从小培养学生的创造性作为国策而确定下来。

德国近20年来不仅完成了一系列创造性测量表的编制,而且深入研究了创造性的性别差异。

英国近20年来对创造性的研究十分重视,并深入探讨了创造性与智力、个性的关系问题。

韩国在1995年发表了题为"建立主导世界化、信息化时代新教育体制的教育改革"的教育改革方案要求将以知识记忆为主的教育向以培养创造力为重点的教育转变。

二、培养创新人才对教育的新要求

面对知识经济的发展,教育必须做出必要的反应,必须把素质教育与通识教育结合起来,培养复合型人才,要对学生进行良好心理素质的培养,以适应千变万化的社会生活,要加大对学生创造能力的培养。

创新有两层意思:一是创造新的内容;二是引入新方法,在革新之处产生新的效益。美国心理学家吉尔福特将创新能力解析为敏感性、流畅性、灵活性、独创性、再定义性和洞察性。

人的创新素质结构包括创新意识、创新思维、创新能力、创新勇气、创新意志、创新精神等方面。

素质教育的目标应定位在培养高素质的创新人才上,要围绕培养高素质创新人才,确定素质教育的内容和教学形式;要建立充分体现创新的素质教育评估体系;要造就一支勇于创新的教师队伍。总之,素质教育的实质就是培养学生的创新能力。

要培养创新能力,需要使学生具有扎实的知识基础、合理的能力结构、健全的人格特征和灵活的思维方式。合理的能力结构包括发现问题、明确问题、组织和分析问题以及解决问题的能力。

三、音乐教育为什么能促进创新人才的培养

音乐教育是开发人脑、发展人的完整思维能力的重要手段。从哲学上说,音乐教育首先是人自身发展为"完整的人"的需要;从脑科学的角度说,是开发大脑的需要;从思维学的角度说,是挖掘直觉思维能力进而增强抽象思维能力的需要;从心理学的角度说,是开发感性,陶冶情操,培养丰富的审美想象力的需要。

音乐教育可以激发和强化人的创造冲动,培养和发展人的直觉和想象力。很多科学家都指出,科学研究中新的发现不是靠逻辑推理,而是靠直觉和想象力。爱因斯坦说:"想象力比知识更重要。"法国数学家彭加勒指出:"逻辑是证明的工具,直觉是发现的工具。"而直觉和想象力的培养主要靠美育,特别是音乐教育。智育发展人的逻辑思维(和大脑左半球有关),而音乐教育则能培养人的想象力,即形象思维(和大脑右半球有关)。随着思维科学的发展,科学家们日益认识到:人的创造性思维的形成,正是建立在逻辑思维与形象思维统一的基础上。

音乐是一种非语义的信息,是一种非具象的艺术。音乐的这种自由性、模糊性和不确定性特征,给人们对音乐的理解与演绎提供了想象、联想的广阔空间。音乐艺术的创作、表演、欣赏等各个环节均体现了鲜明的创造意识,并伴随着独特的创造行为,因此,音乐是创造性最强的艺术之一。音乐艺术的这一特质使音乐教育在发展学生的创造力方面表现出了极大的优势,无疑为学生发散性思维和创新能力的培养提供了良好的基础。

第二节　如何在音乐教育中培养学生的创新能力

一、建立以学生为主体的创新教学观念

传统教学中,教师习惯于把学生当作教学的对象,当作知识的承载体。为了在有限的教学时间内向学生灌输尽可能多的知识信息,增大课堂容量,"填鸭式"的教学方法几乎成了唯一的教学方法。教师成了教学中的主体,忽略了教师的主"导"作用。在音乐教学中,教师过分强调对学生进行枯燥的技能训练,要求学生背诵音乐知识、作品背景等,在歌唱、欣赏、器

乐教学中采用超量的重复练习,而且要求学生绝对按照教师对歌曲的处理进行,极大地伤害了学生的主观能动性和创造积极性。

音乐教育作为素质教育的有机组成部分,应以提高国民素质为根本目标,以培养学生的创新精神和实践能力为重点,以造就德、智、体、美、劳全面发展的现代化建设者和接班人为最终目的,真正成为培养创新人才的有效途径。

音乐教育也是艺术教育的重要组成部分。艺术的本质是审美,审美是一个个性化特征很突出的过程。审美教育应该在教师的组织和引导下,让学生充分地投入各种审美活动中去,尽可能多地给他们提供个性化体验、自由尝试和充分表现自我的条件,并对每个学生的个性予以充分的尊重。

学生应是教学的主体,是学习的主人,是教师服务的对象。教师应将教育的重点放在唤醒学生的主体意识、指导和培养学生的主动性和创造性上。教师有义务、有责任根据学生的不同发展情况、兴趣爱好,提供适合他们发展需求的手段和方法等。教师应该是学生的组织者、合作者、帮助者和引路人,而不只是好与差、对与错的简单评判人。以学生为主体,有利于学生在民主、安全的环境中发展创新精神和创新能力。

音乐教师可一改过去居高临下的做法,与学生谈心,与学生打成一片,了解他们的思维特征、兴趣,甚至家庭情况、个人爱好等,在教学中采用鼓励性语言,营造和谐、民主的教学氛围。教师应保护学生的创造欲望,并激发他们的创造冲动。

二、改进音乐教学方法,重视创造性的音乐教学活动

音乐实践活动,如创作、表演和欣赏都十分强调想象和创造。曲调是作曲家创造的,它称为一度创造;表演中的演唱演奏也有创造,称为二度创造;音乐欣赏称为三度创造。它们都需要丰富的联想和想象。

要使学生会创新,就必须帮助他们储存丰富的基础知识,掌握必要的基本技能,养成多向可变的思维习惯,学会基本的创新方法。世界上所有的发明创造都与已知的信息量相联系,都是建立在旧知识的基础之上。实行创造性的教育不等于降低对学生基础知识和基本技能方面的要求。从某种意义上说,进行创造性的教育对学生的基础知识和基本技能方面的要求将会更高。

课堂教学是培养学生创新能力的主要阵地。教师能否采用恰当的教学方法合理地组织课堂教学,将直接影响教学效果。为了培养学生的想象力和创造力,我们应该摒弃"注入式"的教学模式,灵活选用讨论、议论、示范演示、实验教学等方法,利用插图、挂图、略图等,并根据不同的学生、不同的教学内容变换教学方法。

创造性的音乐教学活动包括音乐创作教学和创造性的音乐活动教学两大部分。

音乐创作教学是指学生在教师的指导下学习作曲知识和作曲技能技巧的教学活动。教师要求学生把自己对客观事物的体验,特别是情感体验转变成音乐语言并用乐谱记录下来。音乐创作教学应循序渐进,可先采用节奏和曲调即兴创作,如节奏和曲调的问答,节奏和曲调的填空、乐句、乐段旋律的填空、改编等,选再用适当的旋律乐器和节奏乐器编配伴奏,为歌词谱曲或命题创作歌曲等。

创造性的音乐活动是指歌唱、音乐欣赏等音乐实践活动,或者结合音乐实践活动进行以

即兴为主的、综合性的、多样化的音乐再创造活动。

创造性的歌唱。在歌学教学中,歌曲学会后,学生在教师引导下,据自己的想象,用不同的方法处理歌曲,选择不同的歌唱形式或伴奏形式,或根据歌曲内容进行戏剧表演,或为歌曲重新填词,或将歌曲旋律加以变化与原曲进行对比等,充分发挥学生的想象力。

创造性的音乐欣赏。音乐欣赏教学要求学生通过感知音乐作品,去辨认它的音乐语言(旋律、节奏、和声、调式、织体等),体验其情感,产生联想与想象,进而理解音乐作品的内容、形式、表现手段及审美价值。教师可让学生边听边用体态律动表现自己的感受,也可让他们尝试把自己对音乐的感受用文字或语言表达出来,也可以要求学生画一幅画来表现音乐的意境。

总之,只要我们认识到了音乐教育对培养创新人才的促进作用,采用民主的以学生为主体的教学方法,在具体的音乐教学过程中实施创新教学,就能培养出更多更好的创新人才。

第三节 音乐的社会、审美、认识、教育和娱乐功能

一、音乐的社会功能

著名音乐家瓦格纳曾说:"音乐用理想的纽带把人类结合在一起。"我们所生活的世界是一个充满了音乐的世界。人们在生产、生活的漫漫长路上与音乐结成了亲密的伴侣。音乐无时无刻不在包围着我们,无论在劳动中、旅途中、欢庆中还是悲痛中。可以毫不夸张地说,世界不能没有音乐,人们离不开音乐。音乐是有着深远意义和明确目的的实践活动,因此,它在漫长的历史长河中有了高度的发展,也在广阔的社会活动中起了多方面的作用。音乐是人类共有的精神食粮。《晋书·乐志》说:"是以闻其宫声,使人温良而宽大;闻其商声,使人方廉而好义;闻其角声,使人倾隐而仁爱;闻其徵声,使人乐养而好使;闻其羽声,使人恭俭而好礼。"说明音乐中的"五音"可以影响人的性格与行为。

德国伟大的音乐家贝多芬认为:"音乐是比一切智慧、一切哲学更高的启示……谁能说透音乐的意义,便能超脱常人无法自拔的苦难。"这说明音乐具有感化人、塑造人、拯救人的作用。人们在进行强体力劳动时,为了减轻精神上的负担,发出"吭唷!嗨唷!"的声音,特别是在集体劳动时,还会用歌唱的节奏来统一步伐和着力点。劳动号子就是这样产生的。另如持续时间较长的重复性劳动,为避免单调及精神上的疲劳,人们也会自然地发出种种歌声来调节精神。如采茶、放牧、摇船、插秧等,虽节奏并不一定与劳动动作合拍,但有了歌唱的调节,就会使人感到轻松和减少寂寞感、枯燥感。

当我们在非常愉快的时候,会一面唱着歌,一面手舞足蹈。当我们在非常郁闷时,忽然一支优美动听的旋律飘至耳畔,烦恼、不快便会立刻烟消云散。

当男女之间欲表达爱慕之情的时候,会发自内心地歌唱。例如我国家喻户晓的提琴协奏曲《梁山伯与祝英台》,以"相爱"为内容的第一乐章,给人留下了深刻的印象,独奏的长笛在轻柔的弦乐背景上奏出明亮、秀美的曲调,双簧管奏出优美迷人的旋律,显示出一派风和日丽、鸟语花香、春光明媚的江南景色。这一乐章以爱情为主题,它美丽动人,表现了梁山伯

与祝英台真挚、纯朴的爱情，大提琴与小提琴的真诚对答，描述了草桥结拜的情景。之后，乐队和小提琴相互补充，使爱情主题更加热烈、欢快。这是热情的、真挚的、诚恳的、发自内心的爱情之歌。

当自己的亲人、朋友远离身边的时候，出于诚挚的想念以及期望重逢的心情，会寄情于歌，这是大多数抒情歌曲产生的由来。例如我国著名词曲家王立平先生的《驼铃》，运用音乐的素材把压抑、深情、欲说又止的送战友踏征途的依依惜别之情描写得淋漓尽致，同时又表达出"当心夜半北风寒，一路多保重"的战友深情和革命友谊。

在人们的生活中，常有集会活动，如示威游行、列队行进、集体操等，这时，大家唱着节奏鲜明、音调雄健有力的歌曲，以壮声势，并寄予感情。这又是军歌、进行曲以及队列歌曲产生的由来。

人们为了调节精神，在吃饭、饮茶、休息之时常会听轻松愉快的音乐，能令精神爽健，增加愉快情绪。这又是古代宴乐和今日餐厅、酒吧、咖啡吧音乐产生的原因之一。即使是在丧失亲人、挚友或失去心爱的东西时，在悲痛欲绝的情况下，也会连哭带唱地、情不自禁地歌唱。这又是悲歌、悼歌、葬歌、哀歌产生的由来。

人们为述说某个故事或某个生动情节，常常以夹唱、夹白、夹抒、夹叙的方式来表达。这又是长篇叙事歌以及曲艺音乐产生的由来。

当人们的感情不能用歌唱来表达的时候，可以用各种不同乐器的音色、音域、演奏手法等来超越人声的限制，同时运用独奏、合奏、协奏等形式来表现。这就是一切器乐曲产生的缘由。

以上实例说明，人们生活中需要有音乐来陪伴，而音乐又是人们生活中不可缺少的精神调剂品，以及人们寄托思想感情的艺术品，更是人类精神文明的组成部分之一。所以说，哪里有人类的足迹，哪里就有音乐。它既可以自娱，也可以娱人，更可以通过音响的信息，来传达交流人与人之间的思想感情，古今中外无不如此。特别是人类越进化、越发展，音乐的复杂性、细致性、多样性越明显，并且大部分音乐超越了国家、民族、人种的界限，以人类共同的感情语言特性来进行相互间的感情交流，特别是器乐曲更是如此。喜、怒、哀、乐、忧、思、苦这些感情，只要是人类，都会有相同的感知，至于其深度如何，那倒要视具体作品来定了。即使是不同民族的音乐语言，其音调虽有所差异，而感情、气质的属性，仍然是相同的。

再从目前社会上人才的培养来看，音乐还有促进人们智力发展的作用。它的主要作用是丰富人们的想象力，促进思维能力的发展，使五官四肢灵敏协调，在熟练迁移、触类旁通的状态下，对其他学科的感知和研究也有着促进功能。就音乐欣赏来说，也能不同程度地促进智力的发展，而且是在愉快轻松的气氛下自然而然地获得智力的发展。因为听音乐时，大脑不会是空白的，必有种种多变的活动形象出现在脑海里。有时还会让人身临其境，甚至内心的种种喜怒哀乐的感情细流也会泛上心头。艺术的这种感情语言是非常微妙的，它是无法用文字、语言形容的。它可以根据一星半点的启示，进行丰富的生活联想。这种从一点至多点，从一线至多线的想象，也是音乐欣赏时的创造性思维，并且是形象思维与逻辑思维相结合的，是多路思维、立体思维、美感思维交叉在一起的，是一种高级的思维活动。当聆听一曲、十曲、百曲甚至更多之后，人们的想象力增强了，思维方式活跃了，思维反应灵敏了,这样不是使人聪明起来了吗？正如杰出的科学家爱因斯坦所说:"想象比知识更重要,因为知识是有限的,而想象力概括着世界上的一切,推动着进步,并且是知识进化的源泉。"

中外著名的学者,也大多是音乐爱好者,或是兼有音乐家的才华。音乐艺术对他们取得科学上、学术上的成就,有着一定程度的影响。如天王星发现者英国天文学家威廉·赫歇尔,就常常在巴黎圣母院举行音乐会。法国思想家卢梭编写了符号谱及音乐辞典,他说:"我在科学上的成就,很多是由音乐启发的。"爱因斯坦还是小提琴演奏家,巴尔扎克、高尔基等都是音乐爱好者。

音乐对人们道德、意志、品格、情操的培养也会有"随风潜入夜,润物细无声"的影响。虽然不能完全像我国古代儒家那样,把音乐艺术对道德的作用扩大到相当高的程度,如"乐者,德之华也""审音而知乐,审乐而知政"等,但多听高尚的音乐,确实会使人们的情趣高雅起来;多听铿锵雄壮的声音,会使人们的意志坚强起来,情绪高昂起来。因为音乐是人们精神状态的一种反映,当然,黄色的、低级趣味的、庸俗的音乐,也同样会在潜移默化的过程中,使人意志衰退、情趣低俗,甚至陷入想入非非的魔怔之中。

对于世界各国的音乐,应该均有所了解,以开阔视野,增进知识。特别是欧洲文艺复兴后逐渐发展起来的西洋音乐,在题材上、创作方法上、形式上、体裁上的丰富性和严密性都已达到相当完美的境地,在技法理论的建设上也确实具有相当的科学性和系统性,应作为人类共同的文化遗产来看待。对此,绝不可轻视。例如:歌曲,《重归苏莲托》《魔王》《鳟鱼》《跳蚤之歌》《北国之春》《伏尔加船夫曲》；钢琴曲,贝多芬《悲怆》《月光》、舒伯特《圆舞曲》、肖邦《波兰舞曲》、李斯特《匈牙利狂想曲》；管弦乐,约翰·斯特劳斯《蓝色多瑙河》、圣-桑《动物狂欢节》、普罗柯菲耶夫《彼得和狼》；交响乐,贝多芬《英雄》《命运》《田园》、海顿《D大调第104号交响曲》、舒伯特《第八未完成交响曲》；歌剧、舞剧,莫扎特《费加多的婚礼》、威尔第《茶花女》、比才《卡门》、柴可夫斯基《天鹅湖》。这些都是流芳百世、脍炙人口的音乐华章,曾经激励感动过多少代人！每位音乐爱好者都有一个共同的体会,那就是:每次聆听都会有不同的感受。这正是这些优秀作品极富生命力和感染力,成为不朽之作的原因所在。

作为中国人,更应该对自己的民族音乐、民间音乐有更深的感情和广泛的了解。我国是具有五千年历史的文明古国,有五十六个民族长期耕耘在这片土地上,各自创造了灿烂的文化。因此,我们必须在平时多接触自己民族的音乐艺术,并且注重教育自己的下一代,让其从幼年开始就在民族音乐的熏陶下成长。这就是具体意义上的爱国主义教育,使他们能够感受到祖国文化的伟大深厚。近百年来,经过许多音乐家的努力,我国的民族民间音乐中出现了不少优秀作品。

因此,在欣赏音乐时,应中西兼听,既不能认为外国的音乐都好,也不能认为外国的音乐都不好,崇洋媚外、国粹主义均是片面的。对自己民族的音乐艺术更加重视一些,也是情理之中的事情。

在中国古代的音乐中,通俗性音乐大量存在。古代称"时尚小曲"或"时尚小令",今日称"流行音乐"或"通俗音乐",例如《十五的月亮》《太阳岛上》《军港之夜》《蒙古人》《烛光里的妈妈》《奉献》《五星红旗》《雾里看花》《涛声依旧》《榕树下》等,以及各种流行乐队组合,如"零点乐队""舞人制造""阿里郎组合""羽泉""黑鸭子乐队""黑豹"等。更有风靡世界的现代音乐,理查德的现代钢琴音乐等,黑人歌手里奇、杰克逊,疯狂歌手麦当娜、布兰妮等,都成为广大人民群众非常喜爱的音乐人。流行音乐通俗易懂,短小精悍,轻松愉快,给人以娱乐、消遣,对人们精神上的调剂作用是相当突出的。它可分为两大类:一类是通俗的,一类是庸俗的。缺少艺术修养和音乐基础知识的人们可能会一时难以对其进行辨别,庸俗音乐的炮制者也利用这一点来牟取利益。我们只有加强音乐教育、家庭教育、社会教育,才能逐步提高人们的审美情趣。它的方法是循循善诱,因势利导,用健康的代替庸俗的,但最根本的还是要给人们以美和愉快的享受。人们是为了追求美的享受才来听音乐的。

音乐艺术跟其他艺术一样,是人类社会发展的产物。音乐艺术从它诞生之日起,就一直发挥着巨大的社会作用。

音乐艺术以一种特殊的形式促进我国安定团结和繁荣富强。它的社会作用是重要的,在各种文艺形式中,音乐艺术因其形式多样,内容丰富,雅俗共赏,从而成为最能打动人的一种艺术形式,也是与人民群众联系最广泛、与时代联系最密切的艺术形式。在社会实践中,我们可以看到音乐艺术的社会作用是不可估量的。

音乐艺术反映了社会演变,体现了世纪风貌,产生了巨大的社会影响。如20世纪上半叶,从江西民歌《八一起义》到《义勇军进行曲》《在太行山上》《黄河大合唱》,再到陕北民歌《绣金匾》《没有共产党就没有新中国》《团结就是力量》《新民主主义进行曲》等,生动地展示了中国人民为了推翻帝国主义、封建主义和官僚资本主义的黑暗统治而进行的资产阶级民主革命和新民主主义革命,抒发了人民在斗争中强烈的呼声和愿望,从而真切、深刻地反映了中华民族的爱国主义情怀,激励全国人民英勇斗争,发挥了无与伦比的时代作用。20世纪下半叶,从《我的祖国》《九九艳阳天》到《唱支山歌给党听》《我爱你中国》,再到《在希望的田野上》《春天的故事》《走进新时代》等,都展示了中国人民对祖国新生的欢呼,歌颂整个神州大地的新的腾飞,唱出了中国人民走向未来的心声,用音乐的形式记录了以经济建设为中心给整个中国带来的巨大变化,概括了三代领导人带领全国人民走过的光辉历程,抒发了全民族的昂扬情怀,其社会作用是直接的、强烈的。

在人生道路中,每个人都离不开真挚的亲情、乡情、友情、爱情,而音乐艺术则丰富、升华了人们对美好人生的向往和追求。如《父老乡亲》以朴实无华的语言、山东民间音乐的音调,以叙事风格回顾了父母的养育之恩,故土的培养之情,表达了"树高千尺也忘不了根"的情意,在海内外华人华侨中激起层层涟漪;《同一首歌》则用诗一样圣洁而优美的童声合唱倾诉了人们对和平、友谊的渴望,渲染了一个纯洁的信念:把同样的渴望和欢乐汇成"同一首歌";又如《爱的奉献》《长大后我就成了你》,赞美无怨无悔的奉献精神,呼唤人与人之间的爱;《吐鲁番的葡萄熟了》运用比喻与衬托的手法,含蓄动听的曲调,如诗如梦的音乐色彩,巧妙地把对祖国、对生活和对情人的爱融合在一起。这些音乐作品都以其鲜明的主题思想,弘扬人们对美好情感、美好人生的向往与追求,其社会作用是潜移默化而深入人心的。

还有为特殊人物、事件、职业、企业而创作的音乐作品。如《孔繁森》,歌颂了一代援藏共产党员的伟大光辉形象,为党在人民心中树起了一面鲜红的旗帜;《公元一九九七》,在1997

年7月1日我国政府对香港恢复行使主权,洗雪中华民族百年屈辱之时,这首富有时代感的歌曲,在神州大地回荡,它的社会作用是不言而喻的。还有一些为当代军人、著名企业所创作的音乐作品,如《咱当兵的人》《黄果树》等,都体现了新时代中国人民在祖国经济建设大潮中,奋发向上、不断开拓的豪情壮志。

音乐艺术可以促进我国安定团结,为经济建设服务。20世纪对中国来说,既是一个充满苦难的世纪,也是一个奋勇拼搏的世纪,是从希望的田野上走来,描绘春天的故事,是阔步走进新时代、走向辉煌的世纪。伴随着世纪的前进,我国的词、曲作家以他们对祖国和人民的忠诚,对音乐事业的热爱,创作了大量感人肺腑的优秀音乐作品,其中,占主要地位的、与社会生活和时代精神紧密相连的声乐作品,经歌唱家演唱和亿万群众传唱,成为时代的号角,在人民大众的内心产生极深的影响,发挥着推动历史车轮前进的巨大作用。

音乐艺术要更好地、更广泛地为经济建设、为安定团结服务,还应做好两方面工作。一是普及,二是提高。要使人们广泛地接触音乐,这就需要社会各组织做大量工作。如在庆祝建党八十周年活动中,全国上下,男女老少,一起歌唱赞颂伟大祖国、伟大共产党的歌曲。这些歌曲不仅使人们重温了中国共产党八十年走过的艰辛历程,还使我国的音乐艺术得到了普及和提高,发挥了其积极的社会作用。又如中央电视台举办的《同一首歌》节目,让音乐艺术走向广大人民,在广大人民群众中扎根。

二、音乐的审美功能

音乐的审美功能表现为可以使人们感到身心愉快,从而陶冶性情,提高审美能力和审美趣味。

其一,净化心灵的作用。音乐艺术用音响的魔力作用于人的情感,引起人们的联想、想象、激动和共鸣,以潜移默化的方式使人接受某种道德情操、精神品质、意识观念的熏陶渗透,从而形成崇高的思想境界。

古希腊哲学家柏拉图在《国家篇》中说过:"节奏与音调用最强烈的力量浸润心灵的最深处。如果教育的方式适合,它们就会拿美来浸润心灵,使它也就因而美化;如果没有这种适当的教育,心灵也就因而丑化。"音乐家李斯特在《论柏辽兹与舒曼》中说:"音乐是不假任何外力,直接沁人心脾的最纯的感情与火焰;它是从口吸入的空气,它是生命的血管中流淌着的血液。"高尔基在长篇小说《母亲》中有一段描写母亲欣赏音乐的情景:母亲虽然并不知道她听的是什么音乐,但她因正在演奏的乐曲激动起来。她"坐在那里听着,想着自己的心事……",她"渐渐喜欢起音乐来。她听着,就会感到一阵阵温暖的浪潮在胸中激荡,注入心房,仿佛心跳得更均匀,心中思潮好比撒在水分充足、深耕细作的沃土里的种子,迅速地蓬勃生长,被音乐魅力激起千言万语,宛如美丽的鲜花,欢畅地朵朵怒放"。

其二,调节情感的作用。音乐对人的情感的作用比较直接迅速。这是因为音乐通过中枢神经作用于人体,在情绪的反应、体验中起重要作用。同时,音乐的运动模式与人类的情感运动模式有异质同构关系,使人们易于把握音乐所比拟的情感内涵。

音乐可以诱发人的内在感情,触发人们内心积极性情感(如喜爱、快乐、兴趣等),使消极性情感(如悲痛、厌恶、愤怒等)得到宣泄。音乐可以使对立的感情相互转化,如通过积极的感情内涵作用于人。动听的旋律、轻松的节奏、悦耳的和声、丰富的音色,可以使人的情绪得到调节,使人身心愉快、精神协调、心境良好。"好"的音乐,可以使人们处在积极性情感状况下,并能使这种情感更为强化、丰富、充实,使人们在实践活动中拥有强大的精神力量。当你欣赏贝多芬的《第五交响曲》时,便会觉得自己充满了与命运拼搏的力量;当你欣赏贝多芬的《第九交响曲》时,你又会觉得自己的胸怀仿佛容得下整个世界。

其三,提高审美能力的作用。感知音响、体验情感,可以使人从音乐中得到审美的情趣,提高审美能力。音乐是人类精神世界中极为重要的部分,人们的生活离不开音乐。"七弦为益友,两耳是知音。"通过聆听音乐,人们能对大千世界有敏锐的感受力、观察力,甚至具有对声音进行筛选的能力,可以感受大自然中森林"交响曲",感受暴风雨的惊心动魄的力度、速度,更可以享受浩瀚音乐作品海洋中的"玉液琼浆"。在聆听音乐时不断把握音乐的分寸感,获得对音乐艺术的体验,能使人们在声音世界中进入更高的精神境界。

三、音乐的认识功能

人们通过音乐艺术可以认识现实。音乐家在作品中对现实加以选择,以自己的情感和体验对它进行加工,通过象征、模拟、暗示、抽象、概括等方法间接显示现实,让人们理解音乐所反映的现实。

其一,超越现实的作用。音乐艺术不仅是社会生活的反映,也是人类理想的体现。因此,音乐不仅有反映现实的功能,而且具有超越现实的特征。协调集体劳动,消除疲劳,是人类早期在生产实践中发现的音乐功能。从体验生活到参与实践,再到超越现实,正是音乐超越现实作用的体现。这种超越精神,不但能使我们在困难时想到胜利,在失败时想到成功,而且会唤起希望,使我们的现实生活变得更加美好。

其二,振奋精神的作用。音乐艺术是社会生活的反映,但是这种反映较实际生活又具有更高、更强烈、更集中、更典型、更理想的特点,从而超越功利主义的束缚,使心灵纯洁化和高尚化。

音乐可以组织和协调社会成员的意志行为,传达与交流社会成员的思想感情,从政治态度、伦理道德等方面对人产生影响,激发起一种潜移默化的力量,起到"善民心""移风易俗"的教化作用。当音乐使人产生激情时,在条件适合的情况下,就能发挥巨大的作用。例如法国大革命时,革命群众高唱《马赛曲》向巴士底狱进军。这说明音乐具有极为有力的鼓舞力量。

优秀的音乐作品是时代的号角、人民的心声,这些作品通过流畅的旋律、明快的节奏、真挚的情感、洗练的结构、质朴清新的音乐风格,塑造出动人的艺术形象,具有激动人心的感召力,对人们有很大的教育意义。列宁在听了贝多芬的《热情奏鸣曲》后说:"这是绝妙的,人间所没有的音乐。我总是带着也许是幼稚的夸耀在想:人类能创造怎样的奇迹啊!"他在革命活动中,特别爱唱《同志们,勇敢地前进》。他把战斗的革命歌曲,看成人们满怀信心走向胜利的力量源泉。

其三,信号象征作用。某些音乐作品由于政治或其他社会原因,在固定场合、固定情况下反复使用,使人们产生了心理定式,它就变成具有一定社会意义的信号,具有某种特定的象征意义。

如各国的国歌所代表的一个国家尊严及情感象征的意义,是很明确的。从电视中,我们常常看到,运动员为国争光,站在最高领奖台上,听到场上奏响自己祖国的象征——国歌时,热泪盈眶的场景。这里,国歌已成为祖国的化身与象征,祖国就在他们心中。

军歌、校歌、班歌、会歌也是如此。与特定的政治内容或社会内容结合的,还有在宗教仪式、国家典礼、民间婚丧喜事、队伍行进等活动中使用的音乐作品。这时,音乐的社会价值由于与外部因素的结合得到了充分发挥。

四、音乐的教育功能

重视音乐的教育功能,自古而然。《乐记》记载:"乐也者,施也。"又说:"先王之为乐也,以法治也,善则行象德矣。"音乐艺术给人以积极向上、奋发进取的精神力量。这种教育与影响,不是强迫人们接受,而是采取融艺术性与思想性为一体的方式进行。这种影响与教育,是长期感染、潜移默化的,"随风潜入夜,润物细无声",使人们于不知不觉中受教育。

第一,在生理上有健全大脑的作用。科学家研究发现,大脑左右两半球功能有差异。大脑左半球通常承担处理语言、数学和其他分析功能等抽象思维任务,习惯上称为"数学脑";大脑右半球通常承担处理空间图形,识别形象、音乐、环境等直觉和艺术方面的信息等形象思维任务,习惯上称为"模拟脑"。有实验表明,这种分工不是绝对的,两半球的机制是相互联系、相互补充的。脑神经细胞活动时,处于兴奋状态,不活动时就处于抑制状态。兴奋与抑制作用,缺一不可。合理地使用和锻炼大脑,才能更好地发挥大脑的作用。

音乐艺术对促进大脑健康发育、成长和保护大脑健康,以及全面开发大脑的潜能等有积极的作用。例如视奏,两眼要视谱,十指要有不同的动作,两耳要校正音准、节奏、速度与力度,大脑还要分析乐曲所表达的感情并加以处理,在瞬息间取得动作的协调与统一。音乐这种训练、开发智力的作用,已得到社会的公认。

第二,增进心理健康的作用。音乐艺术对于聆听者的心理健康,有着重要的意义和积极的作用。

其一,音乐能够促进人的感知、想象、知觉和思维能力的发展。聆听者通过多样化训练,大大提高了听觉能力。

音乐艺术,不论是演唱、演奏还是欣赏,均要求人们精神专注,而且还会引起记忆、想象、思维等一系列心理反应。音乐结构的对称性、旋律的流畅性、节奏的规律性、音色的可感性、内容的情感性和随意性,可以有效地锻炼人的感知能力和想象能力。

其二,音乐能够培养人的情感体验能力、情感调节能力和情感传递能力。情感是"知、情、意"三维心理结构中不可或缺的有机组成部分。情感对于人的认识和行动,以及整个社会生活都有着极为重要的意义。音乐作为与人类情感息息相关的一种精神活动,充分体现了情感和体验性、调节性和传达性,因而音乐实践活动必然使情感的体验能力、调节能力和传达能力得到提高和发展。情感是必须能调节的,情感失控、失调就会引起心理失常。音乐艺术恰恰具有情感的调节功能。对于旅居异国他乡的海外赤子,一曲思乡曲,寄托了对祖国的无限眷恋之情,能起到情感调节的作用。

综上所述,一个有较强的感知、想象、直觉思维能力的人是聪慧的;而一个既有上述诸能力又有情感的体验、调节和传达能力的人,则不光是聪慧的,而且是健全的。许多世界名人都与音乐结下不解之缘。马克思、恩格斯、列宁精通音乐,在论著中有许多涉及音乐的精辟论述;大文豪高尔基年轻时在歌剧院参加过合唱,他在小说中引用了许多民歌;罗曼·罗兰既是作家又是音乐家;印度诗人泰戈尔是印度国歌的曲作者,也是一位作曲家;俄国作曲家鲍罗廷还是化学家;爱因斯坦是物理学家也是小提琴家;朱载堉是数学家也是音乐学家。可见音乐艺术对开启智慧、培养健康的心理有着巨大的作用。

第三,和谐人际关系的作用。人际关系,是人文环境中最重要的组成部分。由于人是群居的,所以自然地倾向于同社会同他人取得和谐;但由于人有自我保护和无限发展的欲望,因此,又潜藏着同社会、同他人的矛盾冲突。音乐艺术以沟通交流的方式,起聚合作用,推动了人际关系趋向和谐。

例如大家都非常熟悉的苏格兰民歌《过去的好时光》就是表现社会交往的一个范例。民歌的作者用这首歌曲,寄托对朋友的思念之情。当这首歌曲广为流传后,这位作者已经同人民进行了精神的交流和思想的沟通。电影《魂断蓝桥》用它做了主题歌,使这首歌曲风靡世界,在我国被译为《一路平安》,其旋律也成了离情别意的象征。在大学毕业的联欢会上,在朋友的饯行告别会上,这个旋律总会引出人们滚滚的泪花。人与人之间的精神交流,音乐可以起到推波助澜的强化作用。音乐加强了人与人之间的情感交流,增强了人的群众意识和认同倾向;使人的交际活动艺术化。

音乐活动有利于培养人的整体意识和协作关系。合唱、合奏都是以集体的面貌出现,大家都懂得协作配合的重要性。即使是独唱独奏,也有与伴奏合作的关系,与观众呼应的关系。合唱队更能体现社会化的团结,许多人联合起来做一个人所不能做的事。每个参加音乐活动的人,都要自觉地维护合唱、合奏中的旋律、节奏、情绪等方面的统一,这有利于形成统一意志和具有共同感情的群体。

音乐的教育功能是其社会功能在教育上的具体体现,上述社会功能,都能在音乐教育方面找到它的实证。音乐的教育功能包含更明确的目的性、计划性、有序性,其教育效果比自发的音乐活动更强。

(一)音乐教育的主体效应

音乐教育的主体效应体现在审美教育的功能上。原国家教委在《全国学校艺术教育总体规划》中明确指出:艺术教育是学校实施美育的主要内容和途径,也是加强社会主义精神文明建设,潜移默化地提高学生道德水准,陶冶高尚的情操,促进智力和身心健康发展的有力手段。艺术教育作为学校教育的重要组成部分,具有其他学科教育所不可替代的特殊作用。

第一,音乐教育是学校实施美育的主要内容和途径。

艺术包括音乐、绘画、舞蹈、电影、电视、戏剧等各种形式,它们的表现手段、传播途径和存在方式不尽相同,但都是实施美育的重要内容和途径。审美教育是艺术教育的核心内容,这是由艺术的本质特征所决定的。如果把学校艺术教育看成一个多因素、多层次的复杂系统,那么,音乐教育就是构成这一系统的不可或缺的子系统。

从教育内容看,无论哪一种艺术教育,都包括培养人们感受美、鉴赏美和创造美的能力这三个方面,只不过侧重点和角度有所不同而已。音乐教育,以音响为表现手段,构建富有动力性结构的审美形式,通过诉诸心灵的精神、洋溢的情感以及声音的表现,来培养受教育者对音乐的感受、理解、鉴赏、表现和创造等能力,完成对学生的审美教育,如对情感的理性塑造和控制,对意志的理性引导和调整,对感知、想象等能力的升华等,达成情感、意志、认知三个系统之间相互渗透、交融,从而形成完善的审美心理结构。从教育过程看,完整的教育过程包括"认知—逻辑""情感—体验"两个层面及其活动。对教育要做完整的理解,不能回避、抽离情感层面。离开情感层面,教育就不可能铸造个人精神、个人的经验世界,不能发挥大脑的完整功能,不能保持道德的追求,也不能反映人类的人文世界。音乐教育以情感教育见长,其主要的教育过程是"情感—体验"过程,在构建完整的教育过程中,音乐有其独特的作用。

从教育任务看,美育的任务就是构建人的审美心理结构。音乐艺术是人类审美意识的对象化,是不同时代的审美意识和审美经验的积淀。因此,人们经过音乐艺术教育,可以接受不同时代的审美意识、审美经验,并纳入审美心理结构。这种审美心理的构建,实际上是培养人的一种有机的和整体的反应方式。在审美活动中,主体之所以感到审美愉悦,是因为他们把握到了一种具有节奏性、平衡性和统一性的完整形式,这种形式积淀了人的情感和理想,具有特定的社会内容,会同时作用于人的感知、想象、情感、理解等诸种心理能力,使它们处于极其自由和谐的状态。在这种自由氛围中,各种能力就像做了一场富有意义的演习。它们既能共存,又能互相配合,每一种能力都得到了最大限度的发挥,但又兼顾到整体,以不损害整体有机统一为限。音乐教育对于构建这样一种审美心理结构,有其特殊的作用。

第二,音乐教育是学校实施美育的最佳方式。

音乐教育集情感性、形象性、愉悦性、主体性于一身,比实际生活中的美具有更高、更强烈、更集中、更典型、更精粹、更理想的特点。因此,音乐教育是学校实施美育的最佳方式,具体表现在四个方面:

一是最理想的方式。《乐记》系统地阐述了音乐教育,提出艺术的育人功能为"和同",即情感的和谐与协调。音乐教育以音乐为中介,长于表现或传达情感,有着强烈的感染力。它采取有组织的音响运动,通过巧妙的、经常更换的、层出不穷的结合,通过多样化、混合、提高、降低、跳跃、停顿、加速、力量变化、缓和、抑制以及其他手法,直接表现人类各种细致复杂的情感、情绪,抵达人的心灵最深处,激发和宣泄人的激情。

正如匈牙利著名音乐家李斯特所说:"感情在音乐中的独立存在、放射光芒,既不凭借比喻的外壳,也不依靠情节和思想的媒介。"音乐的不具象性,留给欣赏者(受教育者)一定的空间。他们必须通过联想、想象,用全部身心去体验作品所表现的最复杂、深刻、细致的内心情感,使音乐渗入人心,与主体合而为一。这种审美的方式,应该说是最理想的。

二是最方便的方式。音乐教育的形象性、可感性特征,使它成为最方便的一种教育形式。人们在学习、生活的漫漫长路上与音乐结成了亲密的伴侣。可以毫不夸张地说,世界不能没有音乐,人们离不开音乐。我们曾在北京市城乡22所中小学960人中做过音乐心理问卷调查,调查结果表明,音乐课程是学生最喜欢的课程之一,喜欢这门课程的人数占调查总数的35.3%,居第三位;而在"你喜欢音乐的程度"一项调查中,喜欢和非常喜欢音乐的占调查总数的71.4%。从满足和提高青少年审美需要的角度来看,音乐教育无疑是最为方便的。

三是最自然的方式。音乐教育的愉悦性特征,使音乐教育过程充满了愉悦,使人在潜移默化中接受教育。美的熏陶感染不仅能使人在精神上得到愉悦和滋养,而且有助于提高感受、表现、创造、鉴赏美的能力,培养健康的审美情操,使人的精神世界更丰富、更和谐、更完美。这种浑然天成的教育形式,是最为自然的。

四是最富有创造性的方式。音乐教育的主体性特征决定了这种教育形式是最富有创造性的。音乐的不确定性、多义性、朦胧性,为欣赏者(受教育者)留下了更广阔的自由空间,调动他们的审美感受力,让他们用全部身心去体验、去联想和想象(也是一种创造)、去理解。对受教育者来说,这是最富有创造性的一种教育形式。

第三,音乐教育是学校实施美育的有效手段。

音乐教育是学校实施美育的有效手段,可以从两个方面说明:

一方面,音乐教育过程的审美化。音乐教育是一种有目的、有计划、有指导的,通过音乐培养受教育者的实践活动。整个教育过程始终面向全体学生,把增进受教育者对音乐美的感受、表现、理解、鉴赏和创造能力放在首位。音乐教育有指导教学的指导性文件——音乐教学大纲,有可供选择的经过专家编审的音乐教材,有热爱教育事业、基本能满足教学需要的师资队伍,保障了音乐教育有目的性、计划性、指导性地实施。音乐教育尊重受教育者的个性人格,鼓励受教育者积极主动地创造,在自由、解放、愉悦的心境中发展自己的个性,满足个人审美情感的需求,提高自己作为人的全面素质。

另一方面,音乐教育方法的多样化。音乐教育领域非常广泛,如唱歌、器乐、律动、欣赏、创作以及音乐基本知识和技能训练等,以"情感—体验"层面及其活动为主,教育方法灵活多样,并符合受教育者音乐心理发展特征的需求。如果说教育是一门艺术的话,那么音乐教育就是艺术中的艺术。它克服了呆板、填鸭式、居高临下的教育方式,使整个教育充满了生机和活力,向教育艺术化方向迈进。丰富多彩的音乐教学方法,我们以后还要专题论及。同时,普通学校音乐教育拥有一定数量的音乐教学设备,有的还在向现代化技术方向发展,对于丰富音乐教育手段起到如虎添翼的作用。

(二)音乐教育的协同效应

德国著名物理学家 H.哈肯创立了协同学理论。他认为在系统内部,协同导致有序。系统内的各个子系统既独立运行,又有关联运动。只有当关联运动占主导地位时,各个子系统之间才会产生协同效应,提高整体功能。反之,如果子系统的独立运行占主导地位,关联运动减少,就会产生内耗,降低整体功能。同理,素质教育也是一样,德、智、体、美育各个子系统,不仅要有独立运行,还要有关联运动。因此,作为美育主要内容、途径、手段的音乐艺术教育,与德育、智育、体育之间存在着协调、同步、合作、互补的关系。这就是音乐教育的协同效应。

一是辅德,即音乐教育的道德教化功能。音乐教育对培养青少年一代全面和谐发展,提高他们的精神境界,激励和鼓舞他们为社会主义现代化事业而献身,建设社会主义精神文明,造就一代新人具有重要作用。

重视发挥音乐的教育作用,自古而然。《乐记》记载:"乐也者,圣人之所乐也,而可以善民心。其感人深,其移风易俗,故先王著其教焉。"在当前,我们也应当发挥音乐"善民心""移风易俗"的教化作用。通过音乐艺术魅力表现革命的理想,给人以积极向上、奋发进取的精神力量。这种教育与影响,是采取艺术性与思想性融为一体的方式进行的,是潜移默化的,"润物细无声",使人们受教育于不知不觉中。

音乐教育有利于向学生进行爱国主义教育。优秀的音乐作品是时代的号角、人民的心声。这些音乐作品,通过流畅优美的旋律,明快完整的节奏,真挚朴实的情感,严整洗练的结构,清新质朴的音乐风格,塑造出动人的音乐艺术形象,具有激动人心的感召力,对人们有很好的教育作用。优秀的民族、民间音乐作品加深了学生对祖国大好河山的热爱,对祖国悠久文化历史的了解,对现实生活的赞美及对美好理想的向往,极大地丰富了学生的精神世界,从而有效地进行爱国主义教育。

音乐教育有利于培养学生的整体意识与协作关系,有利于进行集体主义教育。无论是合唱、合奏还是独唱、独奏,都有与别人协作的问题,与观众共同合作的问题。音乐艺术的实践活动,有利于形成具有统一意识和共同情感的、团结的学生集体。他们会自觉自愿地接受规范纪律的约束,从而有利于培养青少年遵守纪律、协调一致的集体主义精神。

二是益智,即音乐教育能补益智育发展,对发展学生的智力起积极作用。

雨果说:"开启人类智慧的宝库有三把钥匙,一把是数字,一把是文字,再一把就是音符。"音乐教育不仅对开发右脑潜力起作用,而且对促进大脑左右半球的均衡发育有明显的协调作用。因此,音乐教育是"复脑教育"(相对于"单脑"而言)。音乐教育对丰富与发展人的感知、情感的全过程起着重要的作用。音乐将高低不同、长短不同、强弱不同、音色不同的音响有机地、艺术地组织在一起,音响之间关系微妙,它们之间的协调与对抗、追逐与遇合、跳跃与停顿、飞跃与消逝等变化无穷的方式构成自由流畅的旋律,明快复杂的节奏,繁复的和声和转调等八音协美的世界,对于培养学生"分辨音律的耳朵",是取之不尽、用之不竭的宝藏。音乐教育通过行之有效的训练,使学生感知觉能力得到积极的发展。当然,音乐的注意力、记忆力、想象力、思维能力与科学的注意力、记忆力、想象力、思维能力是有区别的。以音乐思维为例,科学思维是认识的、理性的、逻辑的思维,而音乐思维是审美的、情感的、形象的思维。音乐思维是以审美感知为起点,经联想、想象形成审美意象,从中获得审美愉悦或以外化动作展现内心体验的心理过程。在这个过程中,形象思维始终伴随着强烈的情感活动。形象思维与抽象思维并非截然对立、毫无关系,它们是心理功能的不同表现,突出不同的侧面,二者是相辅相成、相得益彰的,达到透过事物的表象把握事物本质的目的。

三是健体,即音乐教育能促进体育的发展,对学生身心协调发展起积极作用。

美是心灵上的体操,体育是健与美结合的"艺术"。音乐教育与体育无论在历史渊源上,还是在培养全面发展的人上,都是灵犀相通、密切相关的。体育中很多项目与音乐是形影不离的,自由体操、艺术体操、广播体操、花样滑冰、花样游泳、跳水、武术等运动都是在音乐声中进行的。动人的音乐旋律、节奏与体形、线条、技巧融为一体,塑造出优美动人的艺术形象。此外,音乐教育中有些内容与身体运动有直接的联系。如瑞士作曲家、音乐教育家达尔克罗兹首创"体态律动学",以身体为乐器,通过身体动作体验音乐节奏的速度、力度、时值等变化,借助节奏来引起大脑与身体之间迅速而有规律的交流。它使学生在心理上处于高度的注意状态,在"音乐节奏—听音乐的耳与视谱的眼—运动着的身体—迅速反应的大脑意识"之间建立起密切的联系,通过反复运动,不断改进纠正,完善自身对音乐的感受和理解,使听觉、运动觉、感受、情绪的训练与大脑的机能协调起来。又如唱歌、演奏乐器、指挥等,不仅需要气息的调整,也是一种全身心的运动。

音乐教育有怡情健身的作用。一方面,音乐教育可以使人心旷神怡,有一种愉悦性情的心理感觉,可以促进身心和谐;另一方面,音乐能调节人的情感,使人得到积极的休息。

综上所述,正是由于素质教育各系统之间存在着协调的关系,20世纪80年代以来,世界各国的教育逐渐发展为融合式教育,进行了综合式教育或融合式教育的实验或设想。这种融合式教育包括各科的融合、教学中本国语言和外国语言的融合、美学与其他各科的融合,将教育看成一个整体,各科融合、交叉,以达到整体效果。经过这种融合之后,各科之间不再有明显的界线,但没有抹杀各科的个性和侧重点。

(三)音乐教育的文化效应

音乐教育的文化效应,即音乐教育的文化功能。文化是人类历史的产物,是人类在改造自然、社会和自我过程中所创造的精神财富(包括已经由物品和文字等承载或表现的那部分精神财富)的总和。

音乐是一种文化现象,教育也是一种文化现象,它们都是整个人类文化的有机组成部分。其中教育在整个文化现象中又有其独特的价值,它既构成了文化本体,又起着传递和深化文化的作用。音乐教育也是一样,具有传递、选择、改造和创新音乐文化的作用。

音乐教育具有传递音乐文化的作用。传承传统音乐文化是音乐教育的主要任务之一。音乐文化和其他文化一样,具有一个共同的重要特征,那就是只能学而知之,而不能生而知之。这就决定了音乐教育与传承音乐文化有着不可分割的关系。从这个意义上讲,音乐教育是人类音乐文化的传递、保存和延续的过程。从最初的音乐文化凭着口传心授世代相传开始,到形成学校教育后,音乐教育在保存和传递音乐文化上的作用更为突出。即使在科技高度发展的今天,高科技为我们提供了保存音乐文化的各种手段,但是音乐教育在培养具有音乐文化素质的人和掌握音乐语言工具等方面,为传递和保存音乐文化所起到的关键作用是不容忽视的。因此,对音乐教育要进行文化的理解,而不仅是科学的理解,这才是音乐教育实现价值的依据。

国民音乐教育(普通学校音乐教育)是音乐文化的摇篮。当今世界,许多国家都在国民音乐教育中把传承民族音乐文化摆在十分重要的地位。世界上有很多著名音乐教育家都主张儿童学习音乐与学习语言一样,应当用本民族的母语唱歌,以培养儿童对民族音乐文化的深厚情感。匈牙利著名音乐教育家柯达伊认为,音乐教育是通向民歌最短的一条道路。他系统地采用以匈牙利民歌为主的五声调式音乐为教材,通过以民族基调为课程内容的音乐教育培养理解匈牙利人民、理解匈牙利文化的新一代。德国著名音乐教育家奥尔夫主张每个民族甚至每个地区须主要基于自己的民族、童谣和方言去学习音乐并自编音乐教材,做到以学习自己的母语、自己固有的音乐语言及舞蹈语言去说(朗诵)、唱、奏、跳,去进行音乐教育。还有很多国家,如日本、英国、美国、俄罗斯、印度等,都在学校音乐教育中采取一系列措施,保护和发展自己的民族音乐文化。在我国音乐教育界,有识之士越来越重视音乐教育在传承民族音乐文化上的重要作用。他们认为,弘扬中华民族音乐文化,必须以本民族的传统音乐文化为"根",必须从教育入手,从基础教育起步。1995年12月,全国第六届国民音乐教育改革研讨会就以"以中华文化为母语,充分发挥音乐教育在国民素质教育中的积极作用"为主题,对这一问题展开了深入的探索和研究。这次会议起了导向的作用,为加强学校民族音乐教育,使中华民族本土的音乐文化后继有人,能够真正得到传承、弘扬和发展,对逐步形成具有中国特色的音乐教育体系,起了积极的推动作用。

音乐教育具有选择音乐文化的作用。一切文化的传承都是有选择的。在历史长河里,包括音乐艺术在内的各种文化产品和活动,经过实践和时间的检验,对社会生活有效用的文化逐渐积淀下来并逐代相传,反之渐次淘汰。随着人类文化发展速度的加快,各种文化之间的交往更加频繁和广泛,对音乐文化选择的要求也就更高。音乐教育选择音乐文化的作用主要体现在,一是可以精心选择音乐教育的内容,从浩如烟海的音乐艺术宝库中选用为数不多的一些音乐作品,它们代表了音乐文化绚丽多姿的风貌以及源远流长的特征,帮助受教育者深刻认识历史和现实;二是可以精心选择音乐教师,逐步形成一批高质量、高水平的音乐师资队伍;三是可以精心选择音乐教育的方式和方法。通过上述三方面,音乐教育就能发挥其在选择音乐文化上的优势,就能选择社会主流音乐文化的基本要素和基本精神,就能选择促使受教育者德、智、体、美诸方面都获得发展的基本文化要素,选择那些有利于科学进步、生产发展和生活质量提高,实际应用率较高的文化因素。

音乐教育具有整理音乐文化的作用。一方面,音乐文化要保存和发展,要有一个去粗取精的整理过程。音乐文化本身浩大繁杂和受教育者身心发展的特点决定了只有经过精心整理的音乐文化才易于被受教育者理解与接受。因此,音乐教育本身有整理音乐文化的迫切要求。另一方面,学校音乐教育具有整理文化的能力。学校的音乐教师不仅有渊博的知识,而且懂得人类掌握音乐文化的基本特点并了解受教育者。他们整理过的音乐文化更易于被受教育者所认识和掌握,使音乐文化的基本特点与人的观念、智慧、意识、情感建立起联系,使音乐审美情趣成为丰富受教育者生活的内容和方式。音乐教师虽然也在不断地创造音乐文化,但更主要的是整理和选择音乐文化并把它们传递给下一代。

音乐教育具有发展音乐文化的作用。任何民族文化艺术都在不停地运动、不断地发展之中。民族音乐文化也是一样,它的发展过程是一个新陈代谢的过程。周荫昌先生在全国第六届国民音乐教育改革研讨会上的总结报告中说过,普通学校里强调"以中华文化为母语"的音乐教育,"在本质上它绝不是要带着青少年们走向过去,而是理解过去,继承和发展传统,走向未来"。他又说:"横向上,在切实重视和搞好本土、本民族文化的保存、开发工作的同时,自觉地推进本土文化与外来文化及本国各民族文化的结合;纵向上,进一步搞好传统文化与现代文化的结合,是21世纪人类文化发展的共同趋势。"在当前东西方文化撞击、交流、融会的形势下,音乐文化的发展不能离开人类文明的共同成果,要坚持"以我为主,为我所用"的原则,开展多种形式的对外音乐文化建设活动,博采各国音乐文化之长,向世界展示我国音乐文化建设的成就。例如,当今世界上有很多著名的先进音乐教育体系,前一阶段引进、学习是必要的,但是真正的学习,还必须结合国情、民情,使这些先进的内容,扎根在中华民族文化的沃土之中,形成有我们自己特色的东西。

音乐教育之所以具有发展音乐文化的作用,一是因为社会音乐文化的不断更新发展提供了大量具有创造力的人;二是因为学校集聚着一批有创造力的人,他们是音乐文化更新发展的主力军。

五、音乐的娱乐功能

音乐本身就具有使人愉悦的属性。音乐可以提供有教养的娱乐,有文化的休息,通过松弛的审美享受来积蓄精神的素养和活力。人们在紧张的学习和工作之余,从事音乐审美活动可以转化一下兴奋中心,从而消释劳累,解脱烦虑,弛懈精神,使身体和心理得到休息。音乐的娱乐功能体现在愉悦养性作用、怡情健身作用、参与自娱作用等方面。

第一,愉悦养性作用。荀子在《乐论》中说:"夫乐者乐也,人情之所必不免也,故人不能无乐。"这是认为音乐使人"快乐",是满足感情的需要所不可缺少的。人的心情愉快了,人的机体内生理化学变化便畅通无阻,就会产生增力的感觉,人的精神面貌会表现出积极的情绪,焕发出神采。从原始氏族的集体歌舞,到各民族现存的集体歌舞,群众聚会上表演的歌舞节目,乃至儿童的唱游活动,都具有这样的功能。通俗轻松的娱乐音乐在古代社会中常作为宴饮音乐出现,在现代文明的背景下,则常作为餐厅、茶座、商场、候车室及其他休息场所的背景音乐来播放,以增强日常生活中的某种情趣。当然,音乐审美活动带来的快乐,不只是简单的生理上的满足,而且是精神上的愉悦、心理上的平衡,进而升华为一种高尚的情操,促使人们的精神世界更加充实、和谐。人们用"人生的最大快乐""生活中的一股清泉""陶冶性情的熔炉"来说明音乐的这种社会功能是很恰当的。因此,从这种社会功能的反面表现来讲,娱乐音乐中格调低下、趣味庸俗的部分,可能对人们的精神生活产生消极影响和腐蚀作用,这是必须抵制和克服的。

第二,怡情健身作用。音乐传入人的耳膜,刺激中枢神经,使人身体分泌多种有益的生化物质,如激素、酶等,产生抗疲劳、助消化、降血压、调节神经等作用。真可谓:"一声来耳里,万事离心中。清畅堪销疾,恬和好养蒙。"清畅怡和的音乐既可解除疾病又可保养心性,有益于身体健康。第二次世界大战后,国外盛行的音乐疗法,对音乐给人们造成的生理—心理反应所做的研究和探索是很有意义的。

音乐能使人得到积极休息。"不会休息的人就不会工作。"工作久了免不了疲劳而需要休息。休息有多种方式。结合自己爱好的音乐,做有兴趣的活动,就是一种积极的休息。科学家爱因斯坦关于休息有一段逸事。爱因斯坦中年任教于荷兰莱顿大学。他常在紧张的脑力劳动之余和他的同道埃伦菲斯特一起演奏名曲。他的小提琴与埃伦菲斯特的钢琴配合默契,缓解了他们的疲劳。有时爱因斯坦会突然中断演奏,用琴弓敲着钢琴,和好友一起讨论起学术问题。积极休息之后,新的思潮涌来,难题也迎刃而解。这种张弛交替的休息是大脑再创造的开始,而音乐是调剂锻炼大脑最好的工具之一。清华大学理工科学生总结出这样一个公式:8-1>8,即从学生每天8小时学习时间中抽出1小时进行音乐等文体活动,其效果大于单纯的8小时学习。

第三,参与自娱作用。音乐除了可以借助于客观音乐表演来聆听欣赏外,还能通过审美主体自身的音乐实践活动来达到自娱的目的。自娱形式虽不是音乐艺术所特有的,但是音乐的自娱活动比起其他艺术形式来说,要方便简捷得多,颇具群众性。哼唱一支自己喜爱的歌曲,不受任何条件的限制;用熟悉的乐器演奏一两首乐曲,对不少人来说,也是颇有趣味的。KTV的发展更使得不少音乐爱好者由鉴赏型转向参与型,一展歌喉、过把瘾的大有人在。KTV的日趋普及,使得音乐"自娱"的形式和娱乐功能更充分了。

以上,我们叙述了音乐具有社会、审美、认识、教育、娱乐五大社会功能,展开讲,音乐具有净化心灵的作用、调节情感的作用、提高审美能力和情趣的作用、"超越现实"的作用、振奋精神的作用、信号象征作用、在生理上健全大脑的作用、健康心理的作用、人际关系和谐化的作用、愉悦养性的作用、怡情健身的作用以及参与自娱的作用。我们对五种社会功能的划分只是相对的,在实际情况中,五者难解难分,互相渗透。

同时必须指出,音乐的社会功能是双向的。好的音乐作品具有积极向上的社会功能,也有些不健康的音乐可能起消极和反面的社会作用。我们应该最充分发挥音乐艺术广阔的社会功能,并采取措施,保证人民群众正常的音乐审美生活不受干扰和污染。

第三章 音乐教育简史

第一节 中国音乐教育史略

一、古代音乐教育史略

(一)基本概况

我国为礼乐之邦,音乐审美教育源远流长。《周礼》《礼记》所述"成均"为学校的名称,以乐教为主的"成均"之学无疑对古代音乐教育的发展具有一定影响。

周代的音乐教育机构设有大司乐,人数达1463人,学制7年,教学内容有音乐学思想、演唱、舞蹈。这个机关分三部分:行政、教学和表演。培养对象主要是世子和国子,其学习的进度也有一定规定。《礼记·内则》说:"十有三年,学乐、诵诗、舞'勺';成童(15岁)舞象,学射御;二十而冠,始学礼,可以衣裘帛,舞'大夏'。"其教育目的也说得很清楚:"施十有二教焉,以乐教和,则民不乖,以六乐防万民之情,而教之和。"这说明音乐教育是为政治服务,以达到国泰民安的目的,用国家的力量提高音乐水平,从老百姓中选拔人才,这些人才为音乐注入了新鲜的血液。到了"官无常贵,民无终贱"的社会变化之时,他们为文化下移普及音乐教育承担了重要工作,促进了音乐及音乐教育的发展。可以说,周代的音乐教育机构是世界上最早的音乐学校。

孔子是最早的音乐教育家,他"以诗、书、礼、乐教弟子,盖三千焉,身通六艺者,七十有二人"。孔子是私人讲学的祖师,被称为"万世师表"。他授徒讲学,有教无类,使本来是贵族专利的教育在当时得到了普及。他所设的六门功课称"六艺",即礼、乐、射、御、书、数,"乐"居第二位。孔子认为"移风易俗,莫善于乐,安上治民,莫善于礼",这种礼乐并重的音乐审美教育思想及实践影响到古代音乐教育思想的形成与发展。

先秦时期诸子百家争鸣,学术氛围异常活跃,如孟子、荀子、墨子、庄子等人从不同角度阐述了不同的音乐教育主张,其中最有影响的是儒家的音乐教育思想。

汉代是我国封建社会教育制度的初建时期。西汉乐府作为最重要的音乐教育机构,兴建于公元前112年,其任务是教学、演出、创作和收集民歌,音乐教育家李延年是杰出的代表。

魏晋南北朝由于玄学、道教、佛教广为流传,社会动荡,儒家经学退居次要地位,发达的"私学"也较少涉及音乐,而在宗教领域,音乐教育得到了发展。

到了唐朝,随着封建文化发展的鼎盛,音乐教育也高度兴盛。当时的唐都长安成为中国文化、教育交流的中心,唐朝设有太乐署、教坊、梨园、小部音声等。其中梨园、小部音声是以音乐教学为主的教育机构,梨园传习法曲,其学生称"皇帝梨园弟子",这是因为统治唐朝44年之久的唐玄宗亲自在梨园执教之故。这在音乐教育史上是罕见的事例。小部音声乃早期启蒙音乐教育的幼少班。唐代的音乐教育机构已自成体系,是我国古代音乐教育中成就最辉煌的年代。

宋元时代由于科学技术的进步,音乐书谱得以刊行,音乐理论、乐律理论的完善和乐器制作水平的提高,逐步推动音乐教育向科学化方向发展。

明清的文化教育出现停滞不前的局面,音乐教育不但得不到重视,而且受到排挤和削弱。音乐审美教育思想方面亦没有超出儒家音乐教育思想的范畴。

(二)音乐审美教育思想

广义上的教育在中国很早就出现了,如传授生产经验和宗法礼仪等起于夏商周三代的学校教育,"夏曰校,殷曰序,周曰庠,学则三代共之,皆所以明伦也"(《孟子·滕文公上》)。古代教民,口耳相传,故重声教。所以"声教为教民之本",乐教的目的在于"防万民之情而教之和"。我国古代音乐审美教育沿上述思想发展,而系统地提出音乐审美教育思想则起于先秦诸子。儒家学派的创始人孔子提出仁学教育。他主张培养个体内在文化心理结构以适应社会外在礼仪制度,"克己复礼为仁""仁者,人也",以仁为核心的教育着重于人性以及人与人的关系的培养、锻炼,成为"志士仁人"。孔子的仁学教育实质上是奴隶制的政治伦理教育,它包括了音乐审美教育。"人而不仁,如礼何?人而不仁,如乐何?"强调礼教、乐教,"兴于诗,立于礼,成于乐""乐可修内,礼可修外",故礼乐应并重。他听《韶乐》竟三月不知肉味,说《韶乐》尽善尽美,说明音乐教育具有审美功能。他又始终把这种美感享受放在"仁礼"的教育之下,依附于仁的审美教育,影响其"三千弟子"。孔子的音乐审美教育思想对于我国古代音乐教育思想的形成和发展有着重要的影响。

孔子的仁学音乐审美教育观,在孟子那里得到发扬光大,且更趋向内在人性的塑造,达到完整人格的建立。孟子说:"仁,人心也。""人之初,性本善。"从人性善的观点出发,他认为人性必须加以教育。"与民同乐",君子与小人共享美感而获得审美教育。

荀子从另一方面扩展了孔子的仁学审美教育,但与孟子重在内心的"仁"的培养不同,他重在外在规范的"礼"的教育。他提出"人之初,性本恶"的主张,认为要把人改变成善和美的,使人具有"全""粹"的美德,就必须通过教育去实现,进行这种审美教育的手段,就是《诗》《书》《礼》《乐》《春秋》这类儒家经典,"夫乐者,乐也""人情之所以不能免也,故人不能无乐"。音乐"以道制欲",具有"化性起伪,化恶为善"的审美教育作用,用"礼乐"来教育人民是符合自然规律的。

尽管孔子、孟子、荀子等的儒家学派的审美教育思想有所区别,但也有共性,都重功利,服从功利。

墨子与儒家对立,从根本上否定审美和艺术的社会价值和教育作用,提出"非乐"的主张,提出"兼相爱、交相利"的社会思想和教育观,绝口不谈审美教育。他认为,在人民不得衣食、不得温饱的情况下,没有享乐条件,审美教育和音乐活动是多余的,儒家倡导的审美教育就没有实用价值。墨子的"非乐"观点,虽然在否定审美教育方面过于偏激,但从另一方面揭示了审美教育必须和一定社会物质生活联系在一起。起码的生活改善,是实施审美教育的基本条件。

老子是道家学派的创始人,他否定任何功利,以"无为而无不为"的哲学原则,即"道"取代之,包含了深刻的美学思想。老子认为,人们不要刻意追求美,而是顺其自然达到精神上的自由和美的境界。

庄子是老子的继承者,他却十分重视个人的审美修养。他根据老子的思想,提出了"天地有大美而不言"的美学命题,认为美是超功利的,在于自然无为,即无目的而有目的,合目的而又合规律,得到了自无为的"道",也就行到"至美"。因而,人想达到美的境界,就必须超越一切利害得失,顺应自然,就"备于天地之美"了。达到这种审美境界不是靠审美教育,而是凭借个人的审美修养,即"心斋"和"坐忘"。庄子所论的审美观点和审美修养看似很神秘,却讲到了审美观点和审美修养的超然态度。

综观先秦儒道两学派对峙的审美教育观,儒家强调功利的审美教育,道家主张超功利的审美修养,它们既片面又互补,对汉以后的封建制度下的审美教育产生了深远的影响。

汉儒董仲舒以"天人合一"的哲学观点,相应提出了"仁之美者在于天"的美学观点以及"教化成善"的教育观。主张以儒家的六艺进行教化,"《诗》《书》序其志;《礼》《乐》纯其美;《易》《春秋》明其知。六学皆大,而各有所长"。他认为"乐者,所以变民风民俗也,其变民也易,其化人而著"。他把音乐审美教育视为施行"王道"和"教化"的工具,忽视审美教育的独特功能,是对先秦学派审美思想的一种倒退。

汉代的音乐审美教育思想一方面强化了礼的规范作用,另一方面继承、发挥了儒家思想,但又淡化了音乐审美教育的特殊功能,逊于先秦儒家的审美教育观点。

唐代的教育家韩愈以儒家正统自居,把道统、人性、教育结合起来。他认为教化的目的在于"明先王之教",教育内容不外乎"仁、义、道、德",教师就是"传道授业解惑",重在使学生闻道。这一教育观完全排除了审美教育,没有给审美教育以应有的地位。

宋代的王安石之后,宋明理学大都围绕主体人性论教育,与唐代重在先王之道论教育大有不同,因而涉及审美教育。

朱熹主张建立理论、排除感性的教育,也谈不上审美教育。倒是王阳明提出"心即性"的主观唯心主义世界观,强调"六经"("六艺"),其中包括《诗》《乐》,比较重视音乐审美教育,提出以审美教育导向礼法教育的观点,通过儿童感性活动以"顺其志意,调理其性情",达到潜移默化之效果。他的这一强调感性活动的审美教育观点,是儒家学派审美教育思想的发展。

以上几位思想家的教育思想或多或少地涉及审美教育的理论和实践,但不具备近代形态,没有突破儒家学派的传统界限。其重感性、情感的思想,又不同于先秦的重理性思想。

综上所述,中国古代的音乐审美教育思想没有独立分化出来,所以难以形成体系,只是作为政治、艺术、伦理、智力教育的一种工具、手段被论及,常与哲学、艺术、伦理规范混为一体。他们着眼于现有秩序、礼仪规范、伦理纲常的维护,把审美强制纳入服从政治、道德、知识教育的轨道,强调功利性,较少涉及审美教育的特殊功能。当时人们对人性结构的误解,以及科学的心理学、教育学、美学尚未形成,都是产生上述现象的原因。

二、近现代音乐教育史略

(一)基本概况

1840年,鸦片战争敲开了清政府闭关自守的大门,洋务运动的政治革新运动使教育发生了重大变化。废除科举制度兴办学堂,出现学堂乐歌是中国近现代音乐教育兴起的重要标志。

1903年,清政府颁布了《奏定蒙养院章程及家庭教育法章程》,重视幼儿的唱歌教育。1907年,清政府在《奏定初等小学堂章程》中,正式将音乐列为学校的必修科目,翻开了音乐教育崭新的一页。推进教育改革的代表洋务派的奕䜣、李鸿章,维新派的康有为、梁启超,还有为学堂乐歌植根发展作出贡献的音乐教育家沈心工、李叔同等,都为音乐的发展做出过贡献。

1912年以后,国民政府教育部颁布了下列法规:《1912年9月小学校教则及课程表》《1912年12月中学校令实施纲则》《师范教育令》《国民学校令实行细则》等,小学、中学、师范都将音乐课作为必修课。其间出现了一大批音乐家、教育家与进步文人,以发展学校音乐教育为宗旨开展了大量的实践活动。当时最杰出的代表是民主主义革命家、教育家蔡元培先生,他担任中华民国教育总长,提出了"五育并重""美育代宗教""使美育报国"的创见,美育在学校教育中受到前所未有的重视。

1923年,"乐歌课"更名为"音乐课"。1934年,国民政府教育部成立了音乐教育委员会。《音乐教育》杂志1933年问世,学校教材和音乐作品得到发展。萧友梅、赵元任、黎锦晖是这一时期的代表人物。

1941年,国民政府教育部公布了音乐师范科课程设置及计划,指定各省师范学校设音乐师资班,由吴梦非等人筹办的上海专科师范学校是较早成立且正规的学校。20世纪40年代,师范音乐教育迅猛发展,成为我国国民音乐教育师资补充的生力军。当时一大批师范院校设立了音乐系科,主要有北京女子师范大学、河北女子师范学院、国立中央大学女子学院、国立女子北平师范大学、江西省立体育师范专科学校、国立北京师范大学、国立重庆师范大学等。

1927年,我国第一所专业音乐院校——上海国立音乐学院正式成立,萧友梅为该校的建立与发展做出了重要贡献,他是中国现代音乐教育的奠基人之一。其前,一大批音乐社团纷纷建立,如北大音乐研究会(蔡元培亲任会长,萧友梅、杨仲子、王露等为导师)、中华美育会、中华音乐会等,还有一批设有音乐学科的高校,如以传授西洋音乐知识和技能为主,参照欧美音乐教育体制的北大音乐传习所、国立北京艺专、燕京大学、沪江大专等,为专业音乐学校的建立和发展起到重要推动作用。

上海音乐学院在1929年增设音乐师范系,为专业音乐学校开先河,为国民音乐教育的推进起到关键作用。在音乐家们的努力参与下,国民政府教育部规定小学音乐教学一律使用五线谱和固定唱名法,强调音乐教育的正规化和民族音乐教育。

1935年以后,日本帝国主义入侵加剧,导致社会动荡,音乐教育发展缓慢。聂耳、冼星海、任光、张曙、麦新等音乐家的抗日救亡群众歌咏作品,有力配合政治形式需要,激发了人民的抗日爱国激情,担负了具有历史使命的宣传和激发斗志的任务。

1938年,在毛泽东、周恩来的倡导下,延安鲁迅艺术学院成立了,次年成立了音乐系,吕骥、冼星海先后任系主任,培养了大量的革命音乐家和音乐工作者。1942年,毛泽东发表《在延安文艺座谈会上的讲话》。

1949年新中国成立以后,我国的教育事业获得空前发展。

新的教育体制确立了美育和音乐教育在全面发展中的地位。新中国成立初期,我国提倡学习苏联的音乐教育体系,其音乐教育理论和教法对我国音乐教育产生了重要的影响。

1952年,教育部颁布了教学计划,规定音乐为中小学校的必修课,指出学校教育是美育和全面发展教育的一个有机组成部分。

1956年,我国第一所艺术师范学院在北京成立。之后,相继成立了9所音乐学院,有几所师范院校设立了音乐系科。

1966年起,"文化大革命"十年,是音乐教育受到严重摧残、音乐教育以政治为中心走向极端化、根本上违背美育宗旨的十年。在这十年中,音乐的正常教学实际上已被取消,元气大伤。

1978年以后,十一届三中全会拨乱反正,中国实行改革开放政策,经济繁荣、思想解放。在一大批音乐家和音乐教育工作者的推动和倡导下,80年代中期以来,音乐教育的地位得到提高,学校的音乐教育发展迅速,主要表现在以下几方面。

1.音乐教育日益受到政府和社会重视

1986年4月,第六届全国人民代表大会第四次会议通过了《中华人民共和国国民经济和社会发展第七个五年计划》,报告中明确把德育、智育、体育和美育列入国家的教育方针,同时国家教委设立了艺术教育处,成立了艺术教育委员会作为政府的咨询机构,成立了国家级刊物《中国音乐教育》《中国美术教育》。在国家教委机关中,这是第一次为某一学科办刊,足见政府对艺术教育的重视程度。

1989年,国家教委又设立了社会科学研究与艺术教育司,全国学校的音乐教育有了归口管理的教育职能机构。地方教育部门相继设立了艺术教育的专门管理机构,成立了艺术教育委员会,形成多层次的艺术教育管理网络。

1988年,国家教委颁发了划时代的《全国学校艺术教育总体规划(1989—2000年)》,这是音乐教育史上第一部有关学校艺术教育的重要文献,为音乐的发展指明了方向,是学校艺术教育改革与发展的蓝图。1995年,国家教委又颁发了《关于发展与改革艺术师范教育的若干意见》,这是师范院校艺术教育发展的纲领性文件,表明国家对音乐教育的基础建设高度重视。

1999年6月,中共中央、国务院颁布了《关于深化教育改革全面推进素质教育的决定》(以下简称《决定》),指出必须把德育、智育、体育、美育有机统一在教育活动的各个环节中,并肯定了美育的作用,即陶冶情操,提高素养,开发智力以及促进学生的全面发展。《决定》也明确提出地方各级人民政府和各有关部门要为学校美育工作创造条件,同时农村中小学也要充分利用当地文化资源,因地制宜地开展美育活动。

2000年后,中共中央、国务院、教育部又先后印发了多个包含美育内容的相关文件,其中包括:《全国学校艺术教育发展规划(2001—2010年)》(以下简称《发展规划》),相比《全国学校艺术教育总体规划(1989—2000年)》,《发展规划》体现了我国美育工作所呈现的健康及深入发展的良好态势。2014年,教育部出台《教育部关于推进学校艺术教育发展的若干意见》,该文件旨在推动学校艺术教育的发展,提出了加强校本艺术教育课程建设、培养艺术教育教师队伍、加强艺术教育与社会文化资源的合作等方面的措施和要求,进而促进美育发展。教育部2019年印发的《关于切实加强新时代高等学校美育工作的意见》,强调了高等学校美育工作的重要性,提出了加强高校美育师资队伍建设、推动艺术教学改革创新、加强美育与学科教育的融合等具体举措。2020年教育部出台《深化新时代教育评价改革总体方案》,该方案旨在深化教育评价改革,其中也包括对学校艺术教育的评价体系和方法的改进与完善。同年10月,教育部印发的《关于全面加强和改进新时代学校美育工作的意见》,提出了全面加强和改进学校美育工作的目标和方向,强调了美育在学校教育中的重要性,并提出了加强师资队伍建设、推动艺术教育课程改革创新、加强美育设施建设等方面的具体举措。

这些文件对于我国美育及音乐教育工作的重要性、发展方向和具体措施进行了明确的规划和要求,为美育及音乐教育的发展提供了政策支持和指导。

2. 中小学学校音乐教育步入正常发展的轨道

在中小学学校课程方案中,音乐课的重要性及课时量从国家政策层面得到了保证。义务教育方面,1992年8月,国家教育委员会颁发了《九年义务教育全日制小学、初级中学课程方案(试行)》。该课程方案要求小学、初中都必须开设音乐课。其中,"五四制"学校九个学年音乐课总计542课时,占全部各科总课时的6.6%;"六三制"学校,九个学年音乐课总计576课时,占全部学科总课时的7.2%。2002年5月,教育部颁布《全国学校艺术教育发展规划(2001—2010年)》指出:到2005年,我国的九年义务教育阶段城市和农村的学校艺术课程开课率须分别达到100%和90%。处境不利地区的学校也要达到70%;到2010年,农村学校和处境不利地区的学校的开课率分别达到100%和80%。2022年,《义务教育课程方案(2022年版)》出台,规定九年义务教育艺术课程占总课时9%~11%,并提倡在课后服务中开展包括音乐教育在内的艺术教育。

高中方面,1994年国家教育委员会颁布《关于在普通高中开设"艺术欣赏"课的通知》,高中艺术欣赏课被规定为必修课,每周1课时,总课时为34节。2004年,《普通高中音乐课程标准(实验)》开始在部分省份试行,自此开始,学生必须在音乐课程中至少获得3个必修学分。

3. 师范音乐教育迅猛发展

改革开放前,全国只有40所高等师范院校设有音乐系。到1990年底,我国257所高等师范院校中有129所设有音乐和美术专业,加上一些综合大学也设有音乐专业,全国共有164所高校设有音乐和美术专业,其中音乐教育专业点111个,全日制在校生达1.6万人,是新中国成立初期的8倍,是1979年的4倍。此外还有夜校、函授大学、电视师院音乐教育专业等多渠道、多层次的办学方式,加快了中小学音乐师资的培养速度。

20世纪90年代后,我国高等师范院校音乐专业硕士研究生教育开始蓬勃发展。北京师范大学、东北师范大学、上海师范大学、南京师范大学、福建师范大学、安徽师范大学、西南师范大学(现西南大学)、内蒙古师范大学等8所高等师范院校的音乐系成为我国第一批硕士学位授权点单位。1996年,福建师范大学音乐系成为博士学位授权点单位,实现了我国高等师范音乐系科博士研究生教育从零到一的突破。

4.音乐教育理论研究空前活跃

1986—1998年,中国音乐家协会音乐教育委员会召开了七届"国民音乐教育改革研讨会",这对国民音乐教育的改革和发展产生了积极而深远的影响。各类音乐教育理论与实践研究学术团体纷纷涌现,如中国音乐家协会音乐教育委员会、中国教育学会音乐教育研究会、中国音乐教育学会,以及各类音乐学科的学术研究组织,如作曲、钢琴、合唱、基本乐科、奥尔夫、柯达伊等学会。这些社会学术团体对音乐教育理论研究与实践的介绍、传播、交流起到了重要作用。

20世纪80年代以来是新中国成立后音乐教育及审美教育理论研究最活跃的时期,各种研究专著、论文纷纷出版,研究面大大拓宽,如音乐教育学、音乐学科教学法、音乐教学法、音乐教育心理学、音乐比较教育学、音乐审美教育学等,已经有了一系列成果。学者各抒己见,音乐教育思想空前活跃。

5.国家音乐(艺术)课程标准持续改革与完善

1988年5月,《九年制义务教育全日制小学音乐教学大纲(初审稿)》和《九年制义务教育全日制初级中学音乐教学大纲(初审稿)》由国家教育委员会颁发,强调了美育在学校教育中的重要性及音乐教育与美育的关系,并对教学目的、教学内容与要求、学业考核、课外音乐活动、教学设备等都作了相应的规定。1992年,通过对1988年"大纲(初审稿)"的修订,国家教委颁布《九年制义务教育全日制小学音乐教学大纲(试用)》和《九年制义务教育全日制初级中学音乐教学大纲(试用)》,强调要把学生培养成为"四有新人",即有文化、有理想、有纪律、有道德的社会主义建设者和接班人。"大纲(试用)"还提出特别要注意音乐的学科特点,将"五爱"、集体主义精神、活泼乐观情绪的培养渗透到小学音乐教育之中;让学生掌握音乐基础知识、音乐技能;学生身心得到全面健康的发展等重要的改革内容。

2000年春季颁布的《九年制义务教育全日制小学音乐教学大纲(修订稿)》中明确提出:"音乐教育是基础教育的有机组成部分,是实施美育的重要途径,对于陶冶情操,培养创新精神和实践能力,提高文化素养与审美能力,增进身心健康,促进学生德、智、体、美全面发展,具有不可替代的作用。"并提出教学目的的首位是"培养学生对音乐的兴趣、爱好",同时强调"引导学生积极参与音乐活动",明确了音乐教育不再作为德育的附属,突出了音乐教育本身的功能。

随着基础教育课程改革不断深化,教育部于2001年7月制定了《全日制义务教育音乐课程标准(实验稿)》。至2007年,全国所有小学和初中均已进入该课程标准引领下的新课程实践。"课程标准(实验稿)"根据国家教育方针和素质教育目标的总要求,从音乐艺术的教育功能出发,吸取国际音乐教育的创新理念,对小学和初中音乐课程的性质和价值做了明确定位,对音乐课程基本理念进行了较全面的梳理和提炼,将中小学音乐课传统教学内容有机整合并拓展为四个相互关联的教学领域:感受与鉴赏、表现、创造、音乐与相关文化。该课程标准的基本理念具体体现在以下十个方面:以音乐审美为核心、以兴趣爱好为动力、面向全体学生、注重个性发展、重视音乐实践、鼓励音乐创造、提倡学科综合、弘扬民族音乐、理解多元文化、完善评价机制。该课程标准的出台,为我国音乐教育的改革与发展奠定了良好的基础,标志着我国音乐教育事业步入了一个崭新的阶段。

2003年4月,教育部颁布了《普通高中音乐课程标准(实验稿)》,到2008年,全国已有一半以上的省、自治区、直辖市实施高中新课程。该课程标准从时代性、基础性、选择性的原则出发,将高中音乐课程设置为供学生自主选择学习的六个模块:欣赏、歌唱、演奏、创作音乐、舞蹈音乐与戏剧表演,规定每个高中学生必须获得音乐课的3个必修学分,从根本上填补了以往高中不设音乐课的空白,突破了1997年以来高中音乐课以"欣赏"为唯一教学内容的单一模式。

2011年12月,在历经10年的新课程改革持续推进,积累众多改革实践经验,吸收众多音乐教育专家、一线教师的意见和建议后,教育部颁布《义务教育音乐课程标准(2011年版)》。此版课标在保持对"课程标准(实验稿)"基本结构框架不做整体变更的前提下,对义务教育阶段音乐课程的教育价值、课程性质、课程基本理念、课程设计思路、课程内容与实施建议等方面进行调整、修正或重新改写,更加符合我国中小学音乐教育实际,真正起到引领音乐教育有效实施、保障音乐课程健康发展的作用。"课程标准(2011年版)"将课程性质总结为"人文性""审美性""实践性",并将"课程标准(实验稿)"中的10条基本理念进行了完善,组合为5条课程基本理念:1.以音乐审美为核心,以兴趣爱好为动力;2.强调音乐实践,鼓励音乐创造;3.突出音乐特点,关注学科综合;4.弘扬民族音乐,理解音乐文化多样性;5.面向全体学生,注重个性发展。同时对理念、课程目标等方面进行了更为深入的阐发。

2017年,教育部颁布《普通高中音乐课程标准(2017年版)》,在"高中课标(实验稿)"的基础上,凝练音乐学科核心素养——审美感知、艺术表现、文化理解,明确音乐课程"立德树人"的学科贡献;实现了高中音乐课程教学空间和学生音乐学习选择空间的双向拓展,规定课程设置6大必修模块,6大选择性必修模块;各个模块按不同水平要求制定学业质量标准,表演实践类模块分层分级组织教学;学生必须在音乐课程学习中至少获得3学分,最低接受54个学时的音乐教育,使得音乐课程在高中课程中的地位得到了极大的提升。此后,2020年又进行了修订。

2022年,教育部出台《义务教育艺术课程标准(2022年版)》,改革了涵盖音乐课在内的艺术课程的设置,规定艺术课程一至七年级以音乐、美术为主线,融入舞蹈、戏剧、影视等内容,八至九年级分项选择开设。该课程标准明确了艺术课程的三大理念:坚持以美育人、重视艺术体验、突出课程综合;明确了艺术课程"审美性""情感性""实践性""创造性""人文性"的课程性质;凝练了艺术课程的核心素养:审美感知、艺术表现、创意实践、文化理解;改革了音乐课程的内容设置,强调"学习任务"驱动课程内容的实施和核心素养的培育,并明确了不同学段学生在各类艺术课程中的"学段目标""学业质量",明确了各个学段不同学习任务的

"内容要求、学业要求、教学提示";增加了教师培训与教学研究的相关要求。这些重大的改革,标志着国家艺术教育整体改革迈上了新的台阶。

(二)音乐审美教育思想

1. 近代审美教育理论的启蒙

近代中国由于西学的传入和资本主义的发展,思想文化发生了一定的变化,一些传统思想有了近代科学的解释。这是我国近代音乐审美教育理论逐步深化的历史文化背景。

为近代审美教育理论的启蒙作出贡献的代表人物有梁启超、王国维等,尤以梁启超最为突出。

梁启超是引进西方美学并把它与中国传统美学思想结合起来的尝试者之一。他强调"维新",提出新的教育观念,第一次提出"趣味教育",即审美教育。他认为"趣味是生活的原动力,趣味丧失掉,生活成了无"。在西方美学中,趣味是指审美鉴赏力、审美需要、审美感受,是一种情感、情趣。梁启超认为"趣味"有高低之分,高等趣味就是审美趣味,是对美的追求。"趣味教育"实质上是情感教育和审美教育,于是他认为,"情感教育的最大武器,就是艺术",因为音乐、美术、文学是"情感秘密的钥匙"。这种解释已接近审美教育的实质。

2. 近代审美教育理论的深化

蔡元培是在近代审美教育理论的深化和完善方面做出杰出贡献的教育家。

蔡元培称审美教育为美感教育、情感陶冶。他认为:"美育者,应用美学之理论于教育,以培养感情为目的者也。"可见,审美教育是以审美对象为工具去陶冶、培养人的感情,是美学理论借助审美对象去实施教育的情感教育。这种强调应用性的美学理论十分接近现代的审美教育,这是他超出前人的地方。

蔡元培在审美教育学说中最主要的贡献,是他提出了"美育代宗教"的学说。王国维受西方思想的影响,曾提出美育与宗教并列的主张。但蔡元培认为,随着社会文明的进步,德育、智育、体育都从宗教的束缚中解放出来,"奥秘的音乐,无论其属于何教,而异教的或反对宗教的人,决不能抹杀其美的价值"。因而不能以宗教代美育,只能"以美育代宗教"。这是因为"美育是自由的,而宗教是强制的,美育是进步的,而宗教则是保守的,美育是无限的,而宗教是有限的"。

蔡元培认为审美教育的范围应以音乐和美术为主,但也不应局限于艺术,他首次提出了家庭教育、学校教育、社会美育的概念。

近代审美教育理论远远超越了古代,经梁启超的启蒙,蔡元培的深化和完善,已具有科学体系的雏形。但当时的音乐审美教育理论是和美术、文学审美教育理论合在一起的,所以难以自成体系。但其中有创见的艺术审美教育思想,对于我国音乐审美教育理论的形成是有一定影响的。

3. 现代音乐审美教育思想

新中国成立之初,尽管在教育方针中提倡把审美教育纳入社会教育体系,但由于受到"教育为政治服务"思想的影响,尤其是"十年动乱",将美育湮没在德育、智育、体育之中,使音乐教育走入"死胡同"。美育实际上被取消。十一届三中全会后,产生过音乐教育的目的是以"开发智力"为主的观点,以此来引起国人的注意,以合乎国人的"口味",达到发展艺术教育的目的。这种做法在当时是起到了一定作用的,也是一种必要的手段。经过多年的实践、探索、研究和争论,第二届国民音乐教育改革研讨会上提出了"没有美育的教育是不完全的教育"的观点,各种音乐审美思想纷纷呈现,大多数人所持的观点是:音乐作为一种听觉艺术,在学校中的作用应该是执行美育任务。

以具有审美价值的音乐作品为媒介,以美育为核心,积极地潜移默化地影响青少年的德、智、体几方面,使之和谐、完善地发展,这就是音乐审美教育的素质教育特征和功能。这种教育以全面提高人的素质为己任。

通过多次论争,以及对审美教育理论和实践的总结和研究,审美教育以前所未有的广度和深度进行着,且成果显著,丰富了我国审美教育的理论。

李泽厚提出应把审美教育学建立在历史唯物主义基础之上,从自然人化这个哲学命题出发,把内在心理结构的塑造作为与外在生产结构的建设相对应的问题,放在人类未来发展远景即共产主义新人的形成和塑造的战略高度来研究,其研究对象应是个体审美心理结构的塑造问题。他把审美教育当作应用美学之一,为中国现代审美教育学提供了一个理论体系框架,是现代中国审美教育学的最新成果。

赵宋光称审美教育为"立美教育"。他在《论美育的功能》一文中认为,人类既按美的规律塑造物体,也按照美的法则塑造自己,前者属于立美活动,后者属于立美教育,即审美发现,对照美的形式,对美的形式实现自由享受,在享受中塑造审美心理结构,这就是立美教育。他认为审美教育的任务在于取得自由,即培养受教育者对自由运用规律造福社会的形式的浓厚兴趣。利用审美教育媒介使受教育者的目的性活动具有合乎规律的形式,这就是"以美引真"的方法。他认为进行审美教育的途径是很多的,主要是利用现实事物引导受教育者注意事物存在的造型和运动形式,利用美景引导受教育者对自然规律性形式产生热爱并加以观赏;特别是通过艺术品的欣赏、表演和创作来发展主体审美能力,尤其是拟人化类比联想能力。在音乐教育的研究方面,他担任星海音乐学院院长时,除教授音乐专业课外,还直接参加中小学及幼儿园音乐教学实践,总结了一套有特色的音乐教学方法。

腾守尧在《审美心理描述》一书中对审美教育理论中的基本问题做出了比较系统的展开性的论述。他认为审美教育"最终落实为审美心理结构的成熟",不仅涉及美的领域,而且对智力道德的形成发展产生深远的影响。他认为,审美教育任务有二:一为审美形态教育,二为美感教育,最终落实为某种敏锐的审美知觉和对美的欣赏力和创造力。审美教育不仅是普通教育的一部分,而且是整个教育的基础,是教育改革的突破口。

曹理在《普通学校音乐教育学》一书中认为,音乐教育最基本的特征是审美性,这种审美性是以音响为表现手段,构建富有动力性结构的审美形式来实现其自身价值的。作者在普通学校音乐教育学学科研究中总结了一套符合我国国情的音乐审美教育的实践方法,开辟了一条音乐审美教育理论与实践相联系的研究途径。

1993年,人民音乐出版社出版了廖家骅的《音乐审美教育》,这是我国第一部音乐审美教育学科的学术著作。他认为:"音乐的社会功能是以审美作为核心的,如果音乐失去美学品格,其他各种功能也就不复存在了。"他还认为,音乐的"双基训练"只能是一个基础的初级层次,是表现音乐的一种手段而不是目的。虽然音乐技能训练有很多纯操作性的技术,但也有很多音乐审美因素。如视唱练习中的旋律美、音色美等也包括美的发现、体验和表达,一切音乐活动都包含审美的因素,所以"审美教育应该成为音乐教育的核心"。他认为音乐审美教育的心理结构由施教者、受教者、音乐作品组成,施教者是先导,受教者是接受主体。音乐活动的价值与效应,决定着音乐教育的质量和层次,所以音乐教师必须具备高尚的审美思想、良好的审美趣味、敏锐的审美知觉、全面的审美能力。

近几年来,大批音乐美学研究者、音乐教育理论和实践的研究者,大批音乐家、教育家,如赵沨、李凌、姚思源、张肖虎等,积极参与指导音乐审美教育活动,推动了音乐审美教育理论的研究和发展。而众多的大学、中学、小学的音乐教师也积极实践,总结音乐教学的经验,为审美教育理论体系的建设提供了最基础的音乐审美教育的方法、审美教育效应等第一手资料,极大地丰富和充实了音乐审美教育理论与实践的内容,推动了音乐审美教育理论走向科学的进程。"众人拾柴火焰高",具有社会主义特色的音乐审美教育理论体系将逐步得到深入的发展。

第二节　西方音乐教育史略

一、古希腊和中世纪音乐教育

(一)基本概况

公元前8世纪至前6世纪,古希腊的斯巴达克设立了学校,以将奴隶主阶级的子弟培养成为有修养的、坚强的、有节制的斗士和领导者为目的。学校将宗教性的舞蹈和军事训练结合,教育内容反映了斯巴达克民族的"守纪律和服从"的严肃精神。

古希腊的城邦之一的雅内也十分重视音乐教育,规定男孩7岁就要在文法学校学习方法,在旋琴学校(即音乐学校)学习唱歌、乐器和吟诗(《荷马史诗》),于是出现声乐与器乐两种基本形态的教学。

中世纪早期,西欧学校以七种主要学科为教学内容,称"七种自由艺术",即语法、修辞学、辩证法、算术、几何学、天文、音乐,其中音乐学科为主要课程。

古罗马时期,并不像古希腊那样为了人的教育而设立音乐学科,而是以宗教为目的,音乐服务于宗教,出现了专门培养演唱圣歌者的学校。这成为中世纪最早的、较专门化的音乐学校。

格雷哥利组织编纂了歌曲集《赞美诗唱和集》,成为欧洲历史上第一本规范化的音乐教科书。于是,意、英、法、德等国家先后开始了以基督教典礼音乐为中心内容的音乐教育。

11世纪至13世纪的骑士教育把世俗的诗和歌曲与马术、剑道并列,代表人物是圭多·阿雷佐(Guido d'Arezzo,约997—1050),他创始了唱名法,改良记谱法,并在歌唱教学上做出了巨大贡献。

(二)音乐审美教育思想

这一时期的音乐审美教育,以追求人的身心协调发展为目的,体现了信仰理性、追求知识、确立道德的以理性为中心的精神。

毕达哥拉斯提出了音乐的"净化"作用,他认为不同的音乐可以使审美主体产生相应的美感活动而引起性格上的变化,使人拥有恢复内心和谐的能力,达到教育的目的。

这一时代的另外两个代表是柏拉图及亚里士多德,他们的音乐审美教育思想对欧洲音乐教育的发展产生了巨大影响。柏拉图指出:"音乐教育比其他教育重要得多。"所以儿童,无论男女,十七八岁以前都得致力于体育与音乐,随后是算术、几何、天文及音声学(即音乐的理论),用文学向他们介绍人类伟大的业绩,用音乐揭示他们想象中的美与善的真谛,使他们的生活像音乐一样有"节奏"和"旋律",充满和谐。"音乐形成其精神,给人以温和、柔软,体育形成其肉体,给人以勇气和抵抗力",这二者的结合,就带来性格的调和。

柏拉图还明确指出:"音乐教育除了非常注重道德和社会目的以外,必须把美的东西作为自己的目的来探求,把人教育成美和善的。如果教育的方式合适,它们就会拿出美来浸润心灵,它也就因而美化;如果没有这种适合的教育,心灵也就因而丑化。"他强调音乐教育的美感作用。这种音乐审美教育思想,体现了对音乐社会功能的重视。

亚里士多德是柏拉图的学生,他认为教育的目的在于培养非功利的道德,所以体操和音乐具有重要性。他提出音乐教育的目的有三:教育、净化和精神享受。他认为:"音乐确能改变灵魂的品质,既然它具有这种力量,我们就一定用来培养青年一代,依靠音乐所产生的力量使他们心里镇静或产生兴奋力量,并影响到民族道德。"这一音乐教育观成为实施审美教育的理论基础。

关于音乐中曲调的特殊功能,音乐在教育中的特殊意义,亚里士多德则提出了音乐审美教育的许多核心问题,如音乐对于人的性格的影响。他说:"音乐对人的性格有显著的影响,所以应该列入青年的教育课程里,音乐教学是适应这种年龄的,因为青年人不会自愿地努力学习不能引起快感的东西,而音乐本质上是令人愉快的,在和谐的乐调和节奏中,仿佛存在着一种和人类心灵的契合或血缘关系,所以有些哲学家说心灵就是和谐,另一些哲学家说心灵具有和谐。"音乐之所以列入教育课程,"也正是因为使自由的人可以在闲暇中享受精神方面的乐趣"。

中世纪,奥古斯丁指出:"音乐是和运动有关的,是研究优美运动的一门科学,是以数学为基础的科学,因此必须通过教育去探索、学习。"

中世纪的音乐教育蒙上了一层神秘的宗教色彩。以基督教为主的宗教思想文化与古希腊文化成为西方文化的基础。宗教音乐开始成为大众学习的内容,不仅为神服务,而且成为西洋音乐文化的基础,这得益于宗教的影响。这一时期的教育思想带有浓郁的宗教色彩,音乐教育也是一种通过教会来进行的教育,其目的是诱导、感化群众接受宗教信仰,使音乐审美教育沦为宗教奴仆。如罗马教皇约翰二十二世发布的教皇圣谕,禁止教会音乐做任何改进,以确保宗教的"纯净"。

英国哲学家罗吉尔·培根认为,音乐、舞蹈、诗歌相结合才能产生完全的享受。他指出:"音乐中有和感性感受的东西打交道,和声音与发音的运动有联系,舞蹈的弯曲归结为姿势,姿势是音乐的根,因为姿势靠着适当的运动和必需的外形的布置而与声音处于一致之中。如果乐器的艺术、歌唱、韵律、节奏不同时包含姿势、舞蹈、身体的弯曲,就不能达到充分的可以感受的享受。"由上可知,培根的音乐思想对当今西方音乐教学体系有相当的影响。如体态律动教学法、奥尔夫教学法,都强调音乐与动作、音乐与舞蹈的内在关系,通过动作去体验音乐的情感,感受音乐美的力量。

综观古希腊和中世纪的音乐审美教育,尽管没有明确音乐审美教育这一概念,但是,古希腊音乐教育以追求人自身的完美谐和,与天地共一体为目的,体现了以理性为中心、确立高尚道德的精神,涉及音乐教育的核心问题,成为音乐审美教育理论的基础,对中世纪、文艺复兴乃至近现代的音乐审美教育具有一定影响。

二、文艺复兴时期至18世纪音乐教育

(一)基本概况

文艺复兴时期的音乐教育继承了古希腊、古罗马的教育,并做了改革:音乐教育内容不以宗教为中心,形式上出现多样化、自由化,逐渐走向专业分工的趋势。

经过巴洛克时期和古典时期音乐的发展,以及科学文化的创新,18世纪建立了美学学科,席勒首次提出审美教育的概念。

(二)音乐审美教育思想

文艺复兴时期以后,音乐审美教育开始逐渐脱离宗教思想的束缚,各种音乐审美教育的学说、理论纷呈,审美教育思想空前活跃。

16世纪意大利音乐理论家、作曲家扎尔林诺认为,世界创造出了和谐,"没有一件好东西不包含音乐构造,谁如果从音乐中得不到愉悦,他就是天生没有和谐。如果谁不喜欢音乐的和谐,那么他就是在某种程度上缺乏和谐,并且在和谐方面是一个无知的人"。德国的音乐家亚当认为音乐的社会功能是强大的,"音乐能驱散人的悲哀和忧愁。忧郁会引起世界上的伟大人物(皇帝、王公、统治者)走向暴虐和绝望",所以要进行音乐审美教育。德国伟大的宗教改革家马丁·路德重视音乐教育的关键——师资问题,他认为要进行宗教改革,"音乐是和魔鬼进行斗争的最有效的方法",实施音乐审美教育,教师首先应掌握一定的技能。他认为:"音乐是万德胚胎的源泉。不为音乐所动的人,我必定把他比作木石。假使身为教师而不会唱歌,那简直没有为人师的资格。"

17世纪捷克教育家夸美纽斯的《大教学论》标志着教育学科的形成。这部近代最早的系统的教育学著作,从理论上把美育思想融入教育学中,重视音乐的审美教育作用。他把音乐

看作有益健康的活动,认为音乐能使儿童胸怀开阔,摆脱奢望杂念,到了大学也应学音乐,以音乐为正业或副业都可以。

18世纪法国思想家、教育家卢梭,将他的自然教育和感觉教育与音乐美学思想相结合,提出了一系列音乐审美教育的主张。他认为人有三种声音:说话的声音,唱歌的声音,伤感和高昂的声音。而完美的音乐是这三种声音的有机结合,只有通过音乐学习才能获得。他还主张儿童作曲,"不做荒诞的歌",以培养正确的声音美的概念。

18世纪美学研究发展到一个新阶段。德国美学家鲍姆嘉通在美学史上第一次把美学规定为研究感性知识的科学,标志着这一学科的形成。

哲学家、美学家康德提出审美的判断力,即想象力和理解力,是人从自然必然走向道德自由的桥梁。由于十七八世纪教育学、美学研究的进展及哲学的影响,审美教育学的研究跨上了新台阶。

在以上社会背景下,德国伟大的诗人、剧作家席勒认为艺术的完美境界是:"音乐到了具有最高度的说服力时,就必须变成形象,以古典艺术(指希腊雕刻艺术)的静穆的力量来影响我们;造型艺术到了最高完美时,就必须成为音乐,以直接感觉性的生动性感动我们;诗发展到最完美的境界时,必须一方面像音乐一样对我们有强烈的感动力,另一方面又像雕刻那样把我们摆在平静而爽朗的气氛中。"席勒通过概括音乐审美的特性,揭示了音乐审美活动的教育价值。他在他著名的《审美教育书简》中第一次提出了他的审美教育学说,着重探索了审美教育的实质以及审美教育的广泛而深刻的社会意义。《审美教育书简》要探索的基本问题是,如何解决由资本主义制度造成的人性分裂、走向人性的完整和自由的问题;如何由人性的完整去改革国家,取得政治自由的问题。席勒提出,要解决这些问题,首先不是靠社会政治经济革命,而是依靠审美教育,去实现人格的完整和人性的自由,审美教育是人实现人性完整自由的根本途径。席勒的审美教育学说把审美教育同社会改革联系起来了,扩大了研究的领域,又从人性自由的高度去探讨审美教育的实质和功能,深化了审美教育的理论。他强调审美教育不是以理性消灭感性,也不是使感性情欲放纵,而是强调感性和理性的结合、协调、统一,划清了审美教育与道德教育、智力教育的界限。这是席勒对审美教育的巨大贡献。近代西方,席勒的审美教育思想还没有人能超越。他对音乐审美教育也做了精辟的论述,为近代音乐审美教育的发展奠定了良好的基础。

三、近现代和当代音乐审美教育

(一)基本概况

欧洲中世纪封建制度崩溃后,经过以意大利为中心的文艺复兴,以德国为中心的宗教改革,欧洲的教育制度逐渐形成、完善。19世纪后,欧洲才真正形成近代教育。

德国是世界音乐发展的中心,同时也是音乐教育发达的国家。德国率先在17世纪和18世纪实行义务教育。

受法国革命的影响,19世纪的德国音乐教育以大众教育为宗旨,增加了"学习民歌"的内容,提出了"大众音乐教育"的观点。德国的通才学校的音乐课规定为文科中学的必修课。卡尔·奥尔夫(1895—1982)是德国当代最杰出的作曲家、音乐教育家。奥尔夫投身于儿童音乐教育活动,创造出新的"元素性音乐教育"体系,举办了长达5年的儿童音乐讲座,出版了5卷儿童音乐教材。1961年在奥地利萨尔茨堡市的莫扎特音乐学院成立了奥尔夫教师培训中心(即奥尔夫学院),该中心的建立使奥尔夫教育思想传播到全世界,使德国的普通音乐教育走在世界的前列。1985年,奥尔夫教育思想和方法体系首次被介绍、引入我国音乐教育界。

美国是世界音乐教育的先进国家。第二次世界大战后,音乐教育发展较快。1870年,哈佛学院正式把音乐课列入教学计划,1875年创办了第一个音乐系。于是全美有千余所综合大学纷纷成立了音乐学院或艺术学院或音乐系。1965—1968年,美国制定了《曼哈顿维尔音乐教育大纲》,包括音乐素质的培养、教师进修等内容,对美国的音乐教育有较大影响。

1988年,美国的一批艺术教育家、学者、教师提出了《走向文明——关于艺术教育的报告》,指出20世纪的目标是:"文明的音乐,音乐的文明。"杜威(1859—1952)是美国的哲学家和教育家,他尊重实用,倡导实用主义,注重"做中学",其教育思想成为美国新教育的主流。在音乐教育中重视欣赏,对过去以视唱、读谱训练为中心的音乐教育加以否定,提倡适应儿童个性、扩展创造性经验的教育。

日本引入了欧洲的教育体制,1872年以后确立近代学校教育制度。1872—1907年为学校音乐教育的创建期,其小学学校法令中将唱歌列入必修科目,尽管学制上已设置,但实际上没实行,在教学内容和方法上受到美国的影响。1907—1947年为学校音乐教育的确定期,日本的学习指导要领明确地指出音乐教育的根本目标。1947年的小学学校指导要领为:"通过进行音乐美的感受和理解,培养丰富的情操。"1951年的小学学校指导要领为:"通过音乐实践,培养深厚的美的情操和丰富的人性,以求发展圆满的人格,提高作为社会中一员的人的教养。"1958年的小学学校指导要领为:"丰富音乐经验,在发展音乐感觉的同时培养美的情操。"1968年的小学学校指导要领为:"在培养音乐能力、提高情操的同时,培养丰富的创造性。"1977年小学学校学习指导要领为:"通过表现及鉴赏活动,在培养音乐能力的同时,养成爱好音乐的心情,培养丰富的情操。"

现代日本的中小学音乐教育发展迅猛,音乐教学设备先进,音乐师资水平日趋提高。日本的中小学音乐教师必须是获得学士、硕士学位的大学本科生、研究生。中小学音乐课为必修课,高中为选修课,其发展是与日本的经济发展相联系的。

俄罗斯为世界音乐教育做出了重要贡献。第二次世界大战后,卡巴列夫斯基是苏联一大批世界一流音乐家和音乐教育家中的一个。他为儿童作曲写书,从事普通学校的音乐教育工作,主持编写新的音乐教学大纲。俄罗斯有8387所七年制儿童音乐学校,260所音乐、艺术中专,20所音乐学院,9所艺术学院和50所师范院校设有音乐系,在专业音乐教育上形成金字塔式的音乐教育体系。

(二)音乐审美教育思想

近现代音乐教育思想受到近现代文明的强烈影响,科学技术、政治、经济都有惊人进步,首先表现为教育的社会性及科技的发展。

19世纪末20世纪初的艺术教育运动以德国为中心。1905年在汉堡召开的第三次艺术教育会议指出:"通过欣赏教育培养感受艺术美的能力,以此为目的实施艺术教育,把培养人的创造性提到一定的高度。"20世纪对世界音乐教育具有重大影响的,是国外著名的几个音乐教育体系,主要有瑞士的达尔克罗兹教学法、德国的奥尔夫教学法、匈牙利的柯达伊教学法、美国的综合音乐感教学法、日本的铃木镇一小提琴教学法、俄罗斯的卡巴列夫斯基音乐教学大纲等。

瑞士音乐教育家达尔克罗兹提出了"体态律动"的学说,从理论到实践确立了身体运动反应在音乐教育中的地位,其目的在于训练学生有效地利用听觉与动作去感受、理解、表现音乐,将身体运动与个人内心对音乐的独特情感反应紧密结合来进行学习,其内容包括体态律动、视唱练耳、即兴演奏。

德国作曲家、音乐家卡尔·奥尔夫创立了以其教育改革思想为主体的音乐教育体系,核心是他的"元素性"思想。他指出:"这体系绝不是单纯音乐的形式,它是运动、言语和音乐的一体化。儿童在其中不是被动的听众,而是音乐创造的积极参与者。""元素性"在德语中具有原始的、原本的、基础的、初级的、自然的、富有生命力的等多种含义。在奥尔夫的教学体系中,各课程设置及教材、教法无不具有这一特征,为发展儿童的个性、社会性,以自然的方式学习音乐,获得更多关于交流、分享、创造的愉快体验,开创了一条新的道路。其内容有噪音造型、动作造型、声音造型等。

匈牙利作曲家、音乐教育家柯达伊的教学体系创立于20世纪初,其教育思想的基本点是:发展民族文化,普及和提高本民族的音乐水平,弘扬匈牙利的民族音乐。他编写的独具风格的音乐教材、独特的教法获得巨大成功,创造了一种立足于本国国情的音乐教育体系和方法,是普及、提高本民族音乐素质的主要方法,其内容包括以合唱为主的合唱训练、以匈牙利本民族优秀音乐为主的教材、以儿童自然发展法则来安排课程和教法的"首调唱名体系""柯尔文"手势等。

日本小提琴家、音乐教育家铃木镇一从20世纪30年代开始从事幼儿音乐教育,领导日本"才能教育运动"。其教学体系的基本思想是:"才能是通过后天的有效教育发展起来的。无论每一个儿童先天情况如何,只要他获得了良好的教育环境,就可以成长为有才能的人才。"他认为音乐教师良好的示范、真挚的爱心和严格的要求,能培养儿童遵守纪律,使其具有坚强意志,这也是音乐教育不可缺少的因素。他提出了幼儿音乐教育的四个条件:教育环境、大量练习、儿童音乐学习的积极情感、倾听习惯与技能。铃木教学体系的特点是:坚持孩子一出生就开始早期教育,选择最优秀的教师,聆听和学习最优秀的作品,使用音质好、音准好的乐器,并要求家长参与学习,主张儿童每天反复倾听正在学习的乐曲,以追求更完美的演奏效果。

第四章　音乐学习心理

一个人从出生到成年,从天真、幼稚到基本成熟,需要一个较为漫长、连续发展的过程。这个过程大约要经历十八年,可大致分为以下几个阶段:

乳儿期(零岁至一岁);

婴儿期(一岁至三岁);

幼儿期(三岁至六七岁);

童年期(六七岁至十一二岁,相当于小学阶段);

少年期(十一二岁至十四五岁,相当于初中阶段);

青年初期(十四五岁至十七八岁,相当于高中阶段)。

通常童年期是小学学习阶段或称学龄初期;少年期是初中学习阶段,或称学龄中期;青年初期是高中学习阶段、大学低年级阶段,或称学龄晚期。

第一节　青少年生理、心理发育特点

一、童年期生理、心理发育特点

(一)童年期生理发育特点

童年期从六七岁至十一二岁,相当于小学阶段,是儿童长身体、长知识的重要时期。其生理发育的主要特点是身体内部发育基本成熟,身体变得较为结实。神经系统进一步发展完善,脑重量六七岁时平均1280克,到十二岁时达到平均1400克,接近成年人水平。此后脑功能迅速发展,到十三四岁时趋向成熟。

(二)童年期心理发育特点

第一,童年期认知活动由不随意性、不自觉性向随意性、自觉性发展,认识水平从以具体形象为主要形式向抽象概括过渡。

童年期时,感知得到迅速发展。研究表明,儿童视觉敏锐度在7岁时增长速度最快。他们的听觉能力已有较高水平,能区别本民族语言中语音的细微差别。听觉敏锐度在13岁前比成人略低。他们的注意力得到发展,无意注意仍起重要作用,随着学习自觉性提高,随意注意逐渐发展完善起来,但还不善于分配自己的注意力。他们的记忆力得到发展,无意识记忆仍占主导地位,有意识记忆逐渐增强。低年级学生擅长具体形象记忆,高年级学生对抽象材料的识记能力比对具体形象材料增长更快。机械识记仍占主导地位,理解识记发挥着越来越重要的作用。

童年期,思维从具体形象思维向抽象思维过渡。但他们的抽象思维在很大程度上仍然是直接与感性经验相联系,具有较大比例的具体形象性。

他们的想象力得到发展。小学低年级学生的想象具有模仿和简单再现的特点。随着年龄增长,在再造想象的基础上,创造想象日益加强。小学高年级学生能自编故事,把事物描绘得非常生动形象。

第二,儿童的情感意志不断得到发展。

儿童的情感方面不断丰富,社会情感不断增加。道德感、理智感、美感等高级情感随年龄增加而发展起来。他们富于表情,并能初步控制自己的情感,使自己处于比较平静、持久稳定的愉快心境之中。但是小学低年级学生有时情绪还极不稳定,情感带有短促和爆发性的特点,易于转换。

意志的主动性和独立性逐渐发展起来,按预定的目标克服困难、完成任务的能力逐渐提高。但他们自控能力较弱,随意性较强,容易受外界干扰而分散注意力。小学中高年级学生的自控力有所提高。

第三,儿童的个性不断得到发展。

在童年期,儿童的自我意识逐渐发展起来。从低年级自我评价、独立性很差,逐步学会独立地把自己的行为与别人的行为进行比较,自我评价的批判性有了发展。从小学二年级开始他们的自我评价具有明显的批判性,不仅能评价优点,也能评价缺点。

这时儿童的道德意识也在发展,从只注意行为效果逐渐发展到注意行为的动机。

二、少年期生理、心理发育特点

(一)少年期生理发育特点

少年期,即初中阶段,是学生生长发育的高峰之一。这一时期学生生理发育的突出特点表现为以下三个方面:

第一,生长发育形态变化最显著的是身高、体重、胸围的急剧增加。肌肉、骨骼发育很快,但脊柱、胸廓、骨盆和四肢尚未完成骨化过程。生理机能的各个方面都逐步建立。脑的发育已基本成熟,各种感觉器官,包括与音乐学习有密切关系的听觉器官都已发育成熟。

第二,从少年期进入青春期,性的发育开始变得迅速,出现"第二性征"。这一时期的初中学生意识到自己在由少年向青年过渡,其情绪、情感的发展有一定变化。这一时期也是神经系统生长发育的高峰期,但在神经结构方面,由于性激素的产生和增加,提高了脑垂体以下皮层下中枢(丘脑)的兴奋性,使皮下中枢与表层之间力量一时难以平衡,降低了高级中枢神经对行为的调节作用,表现为神经系统的兴奋过程强于抑制过程。

第三,伴随着生理的发育,初中学生开始经历变声期。变声期是由于发声器官的发育引起的声音(音色、音质)的改变,是生理变化的正常过程。男生比女生更明显。变声前的少年儿童发声器官较为纤弱,声带长度一般在10毫米左右,肺活量较小,音色属于童声(男女声音色相近)。变声期,男生的喉结增大,声带增长近一倍,女生的声带长度增加甚微。

由于男生声带明显增长、变宽、变厚,因而其声音由明亮、清脆变得低沉、浑厚。音域比童声几乎降低了一个八度。同时,由于发声器官的迅速发育,血液供给显著增加却又不能很快消散,导致多人声带闭合不好,音质沙哑,严重的甚至可能失声。女生在这些方面的表现虽不很明显,但在月经期间,她们的声带及口、鼻、咽腔的黏膜也常伴有充血现象。在变声期阶段,初中学生的音域较窄,大约在 $b-c^2$ 左右。此外,由于中学生的身体尚未完全发育成熟,故其发声器官较成年人容易疲劳。

据调查,初中一年级约有一半的学生进入变声期,初中二年级约有四分之一的学生已处于变声后期。变声后期,喉部组织结构发育完成,男生喉结明显突出,说话和唱歌已接近成人的声音。

(二)少年期心理发育特点

各国心理学家对少年期心理发育的特点,有过许多大致相同的描述。

苏联学者彼得罗夫斯基在论述少年心理特点时指出,他们处于过渡期、困难期、危机期;他们渴求建立和成人及同龄人的和谐关系,从而评价和指导自身;少年身上同时存在"孩子气"和"成人气"的特性;同一年龄的人在向成人化发展的进程中,个别差异很大。少年的兴趣和态度的改变常具有跃进式、暴风雨般的性质;表现出强烈的独立性,不愿接受成人的影响等。

我国心理学家朱智贤在《儿童心理学》中指出,少年期是一个半幼稚、半成熟的时期,是独立性和依赖性、自觉性和幼稚性错综复杂的时期。林崇德在《中学生心理学》中将中学生(包括初、高中学生)的主要心理特点概括为过渡性、闭锁性、社会性和动荡性四点。

心理学家们所论述的内容有许多共同之处。少年期心理活动的发展,有如下几个较为突出的特点:

1.逻辑思维能力迅速发展,学习的主动性、自觉性增强

这是由于进入中学后,学习内容和方法发生了很大变化。中学课程教材的内容与小学相比,已经接近较理性的科学体系。为了掌握这些科学知识,他们必须学会从具体事实和表象中,概括出抽象的定义、定理和法则等。学习内容的深化和学习性质的改变,要求他们具有更高的独立思考能力,善于从具体引向抽象,并从抽象回到具体。因而,他们的抽象逻辑思维及学习的能力必然得到发展。

2.情绪、情感日益丰富,但同时又缺乏稳定性

随着身体的迅猛发育和对主、客观世界认识水平的提高,中学生在情绪、情感方面表现出了充满活力、有热情、重感情的特点。以初中学生来说,他们对事物的情绪、情感的反应比小学生要敏捷、丰富和强烈得多。教师节到了,他们会自发组织起来看望小学时的老师;有感于中学紧张的学习氛围,他们会发出"太累了"的抱怨和"多给我们一些休息时间"的呼声;遇到高兴的事他们会欢呼、跳跃,遇到气愤的事他们又会争吵不休,甚至控制不住自己的情绪而导致冲动和鲁莽的行为。

3. 产生"成人感"或者"成人意识"

他们希望老师、家长视自己为大人,自尊心日益增强。在集体活动中,他们常表现出更强的独立性,遇事不愿附和别人的看法,乐于表达自己独特的见解,但同时又摆脱不了心理上对成人的依赖。如征求他们对音乐课的希望,他们会围绕教学内容提出各自不同的想法,言语之中不乏希冀得到老师的理解和支持。

4. 自我意识的增强

随着年龄的增长,中学生考虑个人问题的兴趣有上升的趋势。他们思考问题时往往与自己当前的学习与集体生活,甚至与未来的工作和生活相联系,并学会权衡其中的利弊。在人际关系上,他们更加关心别人对自己的评价,希望别人尊重自己,承认自己的社会价值。同时,他们自我评价的能力也有提高,但概括水平有限,故在评价中常常有一定的具体形象性和情景性。

三、青年初期生理、心理发育特点

(一)青年初期生理发育特点

青年初期为十四五岁至十七八岁。这一时期他们的身体发育进入比较平稳的阶段,身高、体重、胸围接近成人水平。

他们的骨化基本完成,骨骼变得粗壮,韧带强化,体力显著增强。身体各个器官的结构与功能接近成人水平。

青年初期的学生性腺机能已基本成熟,第二性征基本稳定。由于性激素作用,体态上表现出明显的两性差异,且均衡、丰满、健美。

他们的神经系统已经发育完善,大脑皮层结构已达到成人水平。神经系统活动的兴奋和抑制过程已趋于平衡,且带有很强的意识。

(二)青年初期心理发育特点

青年初期是人生最宝贵的黄金时期。在这一时期,他们在生理和心理方面已较为成熟。国外有心理学家把这个时期看作心理性"断乳期",即摆脱过去那种对父母的依赖关系,是他们要求独立自主地活动、完成个体社会化的时期。

这一时期他们的心理发育主要有以下几个特点:

第一,抽象逻辑思维能力急剧增强。他们思维的概括性与组织能力有了进一步的提高,对事物本质关系的认识不断深化,注意力有较好的发展。

第二,情感更加丰富多彩,逐步趋向深刻而稳定。他们的情感感受和情绪体验强烈,两极化比较明显。他们对生活充满激情,朝气蓬勃,善于在明辨是非的基础上使情绪受到意志的控制,往往表现出藏而不露的一面,但同时也有盲目、狂热、冲动、不考虑后果的一面。他们的情绪有较强的爆发性,来得快也平息得快。

第三,自我意识逐渐增强并趋于成熟。这一时期,学生的社会生活内容日益丰富,要求参加各种群体庆祝活动。独立性和自制力明显增强,遇事有自己的见解,少盲目性,自觉性较强。有些青年人往往把自己的内心世界、自己的情绪体验对老师、家人隐藏起来,带有闭锁性。他们要求别人关心、了解自己的成长,敏感地关注别人对自己的议论和态度,自我评价变得比过去更现实、更客观、更全面。

第四,青年初期是世界观与人生观形成的重要时期。在少年的理想中,具体形象的内容多一些,而青年的理想比较现实,向往未来,从而将眼前的学习与未来的生活道路的选择联系起来。但青年初期的世界观只是初步形成,还不够成熟、不太稳定,对未来的理想还带有一定的模糊性。

第二节 青少年音乐心理的主要特征

为了探究儿童的音乐感知等能力的发展,我们引用舒特·戴森和加布里埃尔1981年关于各年龄段音乐发展的主要特征的研究成果,并归纳如表4-1所示。

表4-1 音乐发展主要特征

年龄(岁)	特征
0~1	对声音做出各种反应
1~2	自发地、本能地"创作"并唱歌
2~3	能把听到的歌曲片段模仿唱出
3~4	能感知旋律轮廓,如此时开始学习演奏某些乐器,可以培养绝对音高感
4~5	能辨识高音区,能重复简单的节奏
5~6	能理解分辨响亮之声与柔和之声,能从一些简单的旋律或节奏模仿中辨认出相同的部分
6~7	在歌唱的音高方面已较为准确,明白有调性的音乐比不成调的堆砌好听
7~8	有鉴赏协和与不协和音的能力
8~9	在歌唱及演奏乐器时,节奏感比过去好,对音乐节奏和旋律可以通过身体动作做出反应
9~10	节奏、旋律的记忆改善了,逐步具有韵律感,能感知两声部旋律
10~11	初步建立和声观念,对音乐的优美特征已有一定程度的感知和判断能力
12~17	欣赏、认识和情感反应能力均逐年提高

一项调查发现,表现出音乐能力的年龄比例如表4-2:

表4-2 表现音乐才能的年龄比例(%)

年龄 性别	3岁前	3~5岁	6~8岁	9~11岁	12~14岁	15~17岁	18岁及以上
男	22.4	27.3	19.5	10.7	2.4	1.2	1.2
女	31.5	21.8	19.1	6.5	6.5	1.0	0.5

音乐心理发展包括诸多内容,如音乐感知、音乐想象、音乐联想、音乐情感、音乐评价、音乐表现、音乐创造力、音乐个性特点等方面。

一、儿童期音乐心理和音乐教育特点

(一)儿童期音乐心理的发展

叶朗主编的《现代美学体系》一书揭示了审美心理的某些带有普遍性的现象。书中认为:四至七岁的儿童一般都尚未形成审美态度,他们往往是以实用而不是审美的态度来对待客体,在审美与非审美之间不能做出正确的区分;七至九岁的儿童处在"写实阶段"的高峰,他们对任何艺术作品都以像或不像的刻板标准来评价;而到了九至十三岁,他们才能逐步学会以审美的态度对待音乐作品。

四至七岁的儿童对音乐作品往往是以好玩、新鲜、有趣为出发点,很难用审美标准对音乐作品的优劣做出选择,对音乐表演的好坏做出判断。几乎每个小孩都是音乐活动的参与者,他们爱唱、爱跳、爱敲打乐器,而不顾别人的目光和掌声,尽兴地参加各种表演。他们参与音乐是为了自我满足,但他们的注意力与兴趣极易转移,往往不能持久。这一时期是儿童听觉最敏感的时期,他们对声音的辨别力发展非常迅速。

七至九岁的儿童对音乐的审美态度处在"写实阶段"。他们喜欢与不喜欢作品的标准是像不像某类作品。如他们喜欢的歌曲多是以拟人化手法写动物、植物的,写人和事也是贴近自己生活的。他们喜爱的乐曲像《龟兔赛跑》是由于其形象鲜明而使他们兴高采烈、手舞足蹈。至于对歌唱、律动、音乐游戏等的要求,也是以模仿教师或某一对象作为评价优劣的标准。低年级小学生在校内往往以教师对教材的选择为喜欢的标准,很少有异议。只要教师教得好,学生都会以积极的、高兴的态度对待所学的内容。

九至十三岁及以上的学生逐步学会以审美的态度和标准来对待音乐作品,并逐渐形成自己的个性特点。他们对教材中的歌曲或乐曲能逐渐表达出自己的意见,如"好听"或"不好听","愿意学"或"不愿意学"。

在对声音的辨别力方面,八至十岁达到高峰。

(二)音乐才能的发展

童年期是音乐才能迅速发展的时期,在良好的音乐教育下,儿童的音乐才能可以达到极高水平。

在节奏感方面,随着速度和节拍感觉的发展,他们逐渐能够识别不同的速度和节拍,能够保持节奏速度的一致性。这种速度一致性的发展,起初依靠身体的外显动作,之后过渡到靠身体内在的动觉来保持。随着速度一致性的发展,节奏表现能力得到发展。

在旋律感方面,小学生逐渐能够识别音阶的音高、跳进的音高、简单和弦的音高变化,并且能够理解有组织的音响,能够认识调性和旋律的行进方式、方向。在节奏表象和调性表象发展的基础上,音乐表象能力高度发展,音乐想象能力也逐渐丰富,这为发展识谱、演奏及欣赏活动提供了基础。此外,小学生的歌唱能力也有发展,歌唱音域由低年级的C^1-d^2(大九度)扩展到a-e²(大十二度);歌唱的音高逐渐准确。

(三)音乐教育的特点

童年期是音乐才能及智力高速发展时期,因此,给予适当的音乐教育,会使学生的音乐才能得到高度发展,让学生能够理解一些浅显的基础知识。

小学生的音乐教育仍以发展音乐感知为主,在感知发展的基础上理解音乐知识。在学习方式上,小学生由以游戏活动为主转入以学习活动为主,这需要一个过渡阶段。因此,小学低年级的音乐教学要生动活泼,适当结合游戏、律动等活动培养学生的学习兴趣。由于小学生的思维正处于从具体向抽象过渡阶段,因此,教学中也应从具象概念着手逐渐向抽象概念发展。随着儿童注意力和记忆力的增强以及创造性想象能力的丰富,可以适当进行音乐欣赏教学,从而提高儿童的音乐敏感性。

在节奏学习方面,儿童在发展对速度一致性的理解过程中,可从简单的身体活动,如走、敲击等,发展到复杂的身体活动,如律动、指挥等。也就是说,在这一阶段的音乐学习中,身体动作的介入是十分必要的。演奏乐器,可从敲打简单的节奏乐器开始,如铃鼓、三角铁等,逐步发展到演奏简易乐器,如奥尔夫乐器以及民族乐器和吉他、钢琴等。这样,儿童在身体活动与音乐音响的结合中,发展对速度、力度和节拍的进一步理解。

在旋律学习方面,当儿童的音高识别能力得到发展之后,便可在听和唱的过程中,继续发展旋律感,包括对大调和小调调式、调性的初步理解。音乐欣赏的曲目应以节奏和音色鲜明的短小乐曲为主,包括一些描写性的标题乐曲。

随着歌唱音域的扩展和旋律与和声感知能力的发展,小学生可进行歌唱训练,包括多声部合唱的训练。在歌唱训练中可继续发展旋律与和声感知能力。由于歌唱是发展节奏、旋律与和声感知能力的良好途径,因此,歌唱教学是小学音乐教育的一个主要方面。

随着节奏感、旋律感、和声感和音乐表象能力的发展,可以开始进行基础音乐知识和创作能力的教学。在教学中应以直觉的感性认识为主,逐渐发展理性认识。小学时期的基础知识和读谱学习可为中学进一步学习打下基础。

二、青少年音乐心理和音乐教育特点

青少年期的中学生(尤其是初中学生)由于生理方面的迅猛变化,情绪的发展处于极不稳定的过程中,在许多方面会呈现出矛盾交错的状态。他们的音乐心理往往也带有过渡、动荡的特点。其主要的特征可以从三个方面进行探讨:第一,音乐的感知发展;第二,音乐的情感发展;第三,音乐的个性心理发展。

(一)音乐的感知发展与音乐教育特点

青少年期中学生的音乐感知处于从幼稚向成熟的发展之中。相对于小学阶段的学生而言,他们感知的机能有了长足的进步;而与成人相比,他们的感知水平是不高的,常常带有表面性和片面性。

依照信息论的观点,在音乐学习中,一定的冗余度是接受音乐信息的条件。小学六年的音乐课实践,使学生对音乐有了不同程度的感性积累和理性认识,这些正是学习音乐的冗余度,是中学阶段音乐认知比小学阶段能有更大发展的基础所在。进入中学,学生结识了新的老师、同学,增加了许多新的学科。随着生活接触面的扩大,他们接触音乐的机会更多,内容更广,加之理解能力和逻辑思维能力明显增强,这些都成为音乐认识进步的潜能。

美国哈佛大学的加德纳曾做过音乐风格敏感性发展的实验。他选择巴洛克、古典、浪漫和现代四个时期各两位作曲家的作品,然后任意组合其中的两个片段(可能选自同一首作品或不同的作品),让被试判断是否出自同一作品,目的是测验不同年龄被试对音乐风格整体的模糊认识水平。结果表明,在三个试验组中,十一至十四岁组和十八至十九岁组的成绩显著优于六至八岁组,而前两组之间并没有明显差异。三个组做出反应的语言符号不同:六至八岁被试多用非音乐的比喻(如"像马在跑");十一至十四岁被试常用音乐本身来做出反应(如说明乐器的种类,或音乐的节奏);十八至十九岁被试则能使用更为抽象的音乐术语(如巴洛克、爵士乐等)。该实验说明,人们对音乐风格的反应经历了由主观的经验式的感受向客观的分析发展的过程。这在一定意义上也表明中学生的音乐认识正处于从不成熟向成熟发展这一进程之中。

中学生比小学生更易于接受音乐理论知识。在教师的引导下,学生可以通过分析得出结论,一般来说能够举一反三,触类旁通,达到学习的迁移。他们对于作曲家、演奏家、作品的时代背景等表现出了浓厚的学习兴趣,能从旋律、节拍、曲式结构、风格等多方面综合地理解并感受音乐作品。这些都体现了中学生的进步。又如欣赏教学,小学阶段学生比较喜欢带有趣味性的或拟人化的歌曲和有简单故事情节的乐曲,欣赏教学主要是发展小学生对音乐的注意力、想象力、感受力。而到中学,音乐欣赏活动更多侧重于培养学生对音乐的理解力和鉴赏力,可以增加情节复杂、含有哲理的音乐内容,使学生的形象思维与逻辑思维同时发展。

但是,中学生的年龄和知识水平毕竟有限,他们对于音乐的认识还是比较肤浅的,常常受到社会环境的影响。如对于音乐美的认知,他们衡量的标准多与主观的好恶相联系。他们简单地以为好听就是美,否则就是不美。什么样的歌是好歌,许多学生不十分清楚。在流行歌曲、摇滚乐的潮流迅速而猛烈的冲击下,很多学生对流行歌曲、摇滚乐津津乐道,一味赞扬,甚至要求教师在音乐课上也欣赏这些内容。这在一定程度上反映了中学生对音乐发展的了解和认识的片面性。

(二)音乐的情感发展与音乐教育特点

中学生的情感发展受到身心发展的制约。在此阶段,他们生长发育迅猛,认知水平提高,活动领域扩展,社会交往加深,自我意识增强。这些因素促使其生理上的需要和社会性的需要明显增多,从而使情感活动也日益丰富而强烈。总的来说,这一时期他们情感的发展处在不稳定的状态。

中学生普遍喜欢唱歌,但初中阶段由于进入变声期,许多学生的歌声不如童声甜美、明亮。特别是变声期的男生,音高不准、音色混沌、个别学生声带损伤、声音沙哑。当他们听到别人悦耳的歌声时,不免产生焦虑、自卑的情绪。在课堂上,他们不大愿意唱,或宁愿大家一起唱,以免显露自己的"不足"。这种心理特点应该得到教师的理解和保护。当过了变声期之后,这种情绪自然就会消失。

以音乐偏好为例。偏好是个体对音乐对象的一种选择倾向。一般来说,相当多的初中学生对通俗歌曲较为热衷,究其原因是多方面的。生理上的急剧变化促使其寻求满足心理发展需要的途径。他们需要表达感情,需要表现自己的成人意识,需要与伙伴交流,通俗歌曲在某种程度上满足了他们心理的需求。

(三)音乐的个性心理发展

个性心理发展可以划分为两部分:一部分是个性的倾向性,包括兴趣、动机、理想、品德、自我意识、世界观等;另一部分是个性心理特征,包括能力、气质、性格等。中学生在这两方面都表现出一定的差异性。下面从几个方面谈谈中学生在音乐的个性心理发展方面的特征。

1. 音乐兴趣的不稳定性

随着中学学科的增加和分化,中学生对各科学习的兴趣也产生分化。对于音乐来说,中学阶段可能是建立音乐兴趣的时期,也可能是转移兴趣的时期。如果音乐课的教学内容新颖有趣,教师的讲授生动、唱奏优美,学生不但能通过努力取得音乐课的好成绩,还可以在教师引导下积极参与课余音乐活动,并学有所获。这种情况下,学生对音乐的兴趣就可能日渐浓厚。

2. 音乐能力的差异性

中学生音乐能力的差异性,一是指不同能力发展的差异,如有观点认为,中学生对音乐要素的理解力增强,但听觉记忆、视觉记忆的能力没有明显发展;二是指在不同个体上表现出来的差异,这种差异在音乐课上可以很清楚地看到,不同的对象,无论是演唱、演奏能力,还是对音乐的想象力、理解力,都有明显的优劣之分。至于差异形成的原因则是多方面的,其中有个人天赋的不同,有环境和教育状况的不同,也有接受教育的主动性不同等。

3. 自我意识的表现

青少年走向成熟的标志之一即是"自我的发现",他们能够把探索的视线对着自己。中学生已经具备这种意识,自己的一举一动将会产生什么后果,别人如何看待、评价自己,都会引起他们的关注。一些人在确认某个机会对显示自己的才能有益时会大胆地表现自我,使别人了解自己、理解自己;另一些人却不大愿意当众表现自己,显现出一定的"闭锁性"。以课堂回答问题为例,小学生对老师的提问,一般总是积极举手,毫无顾忌;中学生则不是如此,在自己没有把握时往往不举手,原因之一就是担心答错后被同学笑话,有损自己的形象。另一个例子是,小学生对音乐课堂上的律动一般较感兴趣,击掌、拍腿动作表现出兴致高,也比较协调;而中学生则表现出不爱动或不屑于做。这是因为中学阶段学生身体迅速发育,他们的生长速度和动作协调能力的发展暂时失去了平衡,因而动作协调性差,显得比较笨拙。他们怕做出不好看的动作,影响别人对自己的评价。不屑于做的背后,实际是一种羞怯心理,这种羞怯心理带有一定的普遍性。中学生一方面较为注意别人对自己的评价,另一方面又不会全面地衡量自己,不能正确看待自己的长处与短处,因此常表现出开朗与忧愁、大胆与怯懦、自尊与自卑交织并存的矛盾心理。

三、中小学音乐教学的主要特点

研究音乐教学的特点,不能脱离音乐教学的任务、规律,音乐艺术的特殊性及学生年龄和心理特征等几个方面。中小学音乐教学主要有以下几个特点:

(一)综合性

音乐教学的内容包括歌唱教学、欣赏教学、乐谱识读、器乐教学等方面。一般来说,这些内容总是以综合的形式交织在一起进行,即使是单一内容的教学,在具体实施中也要涉及综合性的问题。例如歌唱教学,学习歌唱及演唱歌曲的过程,就是欣赏音乐作品、理解音乐作品的过程,就是学习乐理知识、识谱的过程,就是学习用歌唱手段感染、教育自己,感染、教育他人的过程。

综合并不意味着杂乱无章,应该体现充实性和条理性。要体现充实性,必须深入挖掘教材的内涵。中学生的认知水平比小学生高许多,他们获取知识的能力和对美感的期望值也远远高于小学生。因此,课堂教学的容量和难度要得当,不可过少、过易。同时,教师必须下功夫挖掘教材的深度,调动各种教学手段,使单一素材在众多方面发挥效益,更充分地体现综合性并满足学生的需要。体现条理性,要求教学设计必须注意结构布局合理,环节衔接紧凑。在教学计划的制订过程中,要兼顾到不同内容的轻重缓急、先后顺序,不同环节之间的过渡与穿插安排。如果能用前一环节的内容为后一环节做好铺垫,让后一环节的内容在前面的基础上有新的发展,那么,就能使新内容的呈示不会显得生僻和突然,旧内容的再现也不会显得乏味和重复,就能做到既充实丰富又井然有序。

(二)感受性

音乐通过有组织的声音塑造形象、抒发情感,并以此感染听众、教育听众。音乐教学与其他学科教学的不同之处在于强调感性的参与,强调感受、体验。一般的文理科教学尽管也是从感性阶段开始进入理性阶段,但感性活动的参与只是一种准备,是为了更快、更顺利地进入理性的抽象,以发展学生的逻辑思维。而音乐教学则不然,它的目标就是要通过知识、技能的传授,使学生感受到音乐作品的艺术形象,体验音乐作品抒发的情感,体验到美。因此,感性活动一定要重视,学生感受得越全面、越深刻,体验得越充分、越准确,教学就越成功。

音乐教学的每一环节都要有学生的参与,并贯穿于教学过程的始终。如歌唱教学,从教师的范唱开始,学生通过听觉来了解歌曲的内容和曲调的风格,获得直接感受的"第一印象",随后通过视唱、听唱、学习识谱,了解旋律和节奏的特点,还可以在教师的引导下,用拍手或敲击等动作感受某种特殊的节奏。在曲谱和歌词基本掌握之后,教师要组织学生投入对歌曲艺术形象和感情表达的分析和体会中,最后以齐唱、合唱甚至载歌载舞的形式把切身感受抒发出来。只有积极参与,才能保证音乐感受的产生和巩固。

学生是参与的主体,在教学过程中,学生不是观众,不是听众,而是表演者、欣赏者、创作者、评论者。参与的形式多种多样,可以动口、动手、动眼、动耳、动脑、动身。教师是学生参与的指导者,不应代替学生的参与,而应创造尽可能多的机会,吸引学生参与,帮助学生实现感受。课堂上,教师通过生动的范唱、范奏或播放录音,给予学生聆听的机会,组织课堂练习、提问或开展讨论、评价等活动,促使学生开动脑筋、发表见解、参与实践;在条件允许的情况下,将器乐教学活动引入课堂,让学生直接动手、动耳,感受乐器的性能、演奏方法和丰富的表现力。总之,要让学生通过听觉、视觉及其他器官感受音乐。

学生对音乐的感受是不断积累、逐步深化的,这个过程正是音乐认知发展的过程。它的实现需要理性认知的辅佐,使感受得到不断地修正和补充,从而更加深刻和全面。如歌曲的艺术处理,在学习曲谱、歌词的过程中,学生对歌曲已有了初步体验,但歌曲究竟表达了什么情感,以何种速度、力度、音色演唱最为恰当,仍需要学生的亲身感受。教师必须进一步引导学生通过分析、对比等手法,探讨、认识旋律的风格、节奏的特点、结构的形成及情绪的变化,然后由学生提出对歌曲演唱速度、音量、音色等方面的设想。教师不妨按照学生的设想进行教唱,如果设想正确,学生就积累了一次正确的经验;如果设想不恰当,信息就会反馈回来,表明原有的感受是不正确或不准确的,必须加以修正、调整,才能取得较为理想的效果。这样,通过对音量、速度、音色等要素及歌曲情绪的逐渐准确把握,学生音乐体验的程度就不断深入,对音乐形象的感受也就更加细致。

注重感受性有助于发展学生对音乐的观察能力、想象能力、思维能力和表达能力,有助于音乐形象的经验材料的积累,有助于鉴赏水平的提高,符合中学阶段学生从具体形象思维逐渐向抽象逻辑思维发展的趋势。

(三)情趣性

音乐教育是实施美育的重要途径,音乐教学的情趣性就体现了这一点。通过教学的内容和过程培养学生的高尚情趣,完成美感的实现,是音乐教学的重要特点。中学阶段正是学生情感日益丰富的时期,出色的教学可以展示音乐的极大魅力,激发学生认识美、创造美的欲望,使他们的性情受到陶冶,从而培育和增进对音乐的感情。

提高情趣性,重要的是培养学生对音乐学习的兴趣。对中小学生来说,兴趣是学习活动中非常活跃的因素,但学习兴趣又需要引导和诱发。中学生与小学生的年龄不同,在培养兴趣的手段上也应有所区别。小学阶段主要通过游戏的形式,使学生在生动活泼的游戏中学习,兴趣也在欢乐中高涨。中学阶段虽然也可以适当地采用游戏、竞赛等形式,但更主要的是靠精心选择的教学内容和新颖的教学方法来激发学生的学习兴趣。这是因为中学生比小学生的兴趣发展更为深刻。小学生的学习兴趣大多是被教学活动外在形式的变化所激发,如唱歌结合图画、故事、童谣、游戏等不同的形式;中学生则不然,他们除了对生动多样的教学形式感兴趣外,更注意到教学活动的结果,即通过学习得到了什么。如果学习的内容和成果能够满足个体在生活、工作或情感上的需求,学生感到有所收获,他们就容易产生兴趣。因此,教学内容应该选择融高度的思想性和艺术性于一体、学生喜闻乐见的音乐作品。在浩瀚的音乐作品海洋中,有我国优秀的民族、民间音乐作品,有世界著名的音乐作品,还有当代作曲家们创作的大量歌曲、器乐曲和其他音乐作品,内容纷繁,体裁各异,关键是要进行恰当的挑选。

灵活多样的教学方法对激发学生的学习兴趣同样重要。如果各种形式的音乐欣赏教学都能受到应有的重视,不仅能扩大学生的音乐视野,还能提高其审美的水平。教师可以借鉴国内外先进的教学方法,使学生在课上有唱、有奏、有表演、有议论,动静结合,体验成功的喜悦；在有准备的情况下，可以采取小音乐会的形式，调动全班同学参加；还可以由学生演唱、演奏，教师进行分析讲演；等等。只要教师引导学生全身心地投入表演、创作、欣赏，就必然使他们产生浓厚的兴趣和极大的快乐，体会音乐所带来的情趣。

总之，激发学生的情趣，一定要通过寓教于乐的形式，达到潜移默化的效果，而不是靠空洞的说教来实现。

(四)课内外互补性

所谓互补性，是说课内教学与课外活动在音乐教育中的作用是相互补充的。学校的音乐教育应当包括课堂教学和课外活动，只有将课内音乐教学与课外音乐活动结合起来，才是完整的音乐教学。目前，不少学校从自身条件出发，开展了内容丰富、形式灵活的课外音乐活动，这对全面落实学校的音乐教育、教学任务起到了十分突出的促进作用。

中学生正处在生理、心理急剧发展变化和学习压力越来越重的时期，他们需要有多彩的生活，需要有感情的交流，需要摆脱精神的重负，而不是仅限于读书、学习。因此，课外音乐活动绝不是额外的负担，也不是可有可无的，相反，它们恰恰适应了学生的发展需要。对学生来说，课外音乐活动使他们的音乐才能得以发挥，使他们的精神世界更加充实，也是他们享受欢愉、享受美感的极好时机。因此，为保证学生德、智、体、美、劳的全面发展，课外音乐活动是不可忽视的。

在课外音乐活动中，学生运用并巩固了课堂上所学习的音乐知识，各种训练使他们的音乐技能、技巧趋于熟练和完善。由于置身于美的创造和美的欣赏之中，他们的审美能力也随之增长。此外，课堂音乐活动对于学生思想品格的成长和锤炼有着深刻的意义。它有助于学生集体观念和纪律观念的培养，有助于学生意志、品格的锻炼，有利于激励学生的集体荣誉感。课外音乐活动开展得好，可以促进课堂教学。凡是课外音乐活动较为普及的学校，课堂教学往往也比较顺利，水平较高；课外音乐活动中的积极分子，往往也是课堂上与教师密切配合的骨干。一些学生由于长期的训练和熏陶，在音乐技能、技巧方面有较大的发展，以后可能走上专业学习的道路。

课外音乐活动开展得较好的学校，一般都表现出以下特点：

1.教师的高度责任感

课外音乐活动是利用课余时间开展的，从人员编组、场地安排到制订活动计划、联系辅导老师，从选择教材、购置乐器直至组织演出，事无巨细，都要由教师去付诸实施。为了提高活动质量，教师不但要不断探索指导课外活动的规律，还要提高自身的业务素质和艺术修养。对于教师来说，这些工作无疑会增加许多精神上的压力和身体上的负担，体现了高度的奉献精神。

2.周密细致的组织工作

课外音乐活动是学校教育工作的组成部分，需要学校领导的支持和其他教师的协助。取得领导的关心帮助，与班主任及其他教师沟通联系，是不可忽略的一步。课外音乐活动的种类、规模、时间、内容、实施步骤都要有合理而周密的计划。在各项活动的组织中，既要注意活动的欢愉性，使学生乐于参加，又要注意形成认真、守纪律的良好风气，发挥学生骨干的作用。

3.选材的高质量

课外音乐活动能否吸引学生,能否经久不衰,选材是很关键的一环。无论作品难易,都应坚持在艺术性、思想性和情趣性上的高标准。同时,各个学校应有自己的传统或优势,或合唱,或民乐,或管乐,在选择材料时可以统筹考虑。总之,课内音乐教学为课外活动奠定了必要的基础,课外音乐活动又推进了课内教学,两者相互配合、相得益彰。

第三节　影响音乐学习的基本因素

音乐学习在音乐教育中有十分重要的地位。当我们培养学生对一个特定的音型、音名、节奏、旋律或和声序列的听辨能力和理解能力,或演唱、演奏能力时,我们会遇到学习问题;当我们培养学生对整个音乐作品的有欣赏力的理解和一种细致而精确的感觉,或演奏、演唱能力时,我们会遇到学习问题;当我们培养学生对不同音和不同和弦的结合及其关系的原理的理解能力时,我们会遇到学习问题;当我们培养对谱上所记的一个短句或一个旋律的识别能力,或培养对谱表记谱法的一般掌握能力时,我们会遇到学习问题;当我们正在获得一个特定的音乐作品所要求的特定的运动神经控制力,我们会遇到学习问题;当我们力图建立音乐家所需要的一般的能力时,我们也会遇到这个学习问题。所以,学习过程渗透到了音乐教育的每个细节。有时一项学习只需几分钟,但有时它也可能需要几年才能完成。无论何时何地,当我们想提高能力时,我们就在同学习打交道。

在整个音乐教学活动中,教和学是最重要的两个方面。教的目的是使学生的音乐学习达到学习目标。在整个音乐教学过程中,教师只起引导作用,而学生才是音乐教学中的主体。通常的教学研究大多研究教师如何教,而较少研究学生怎么学,从而使学生的学习屡屡出现偏差,达不到音乐教学的最终目的。因此,研究音乐学习的问题是非常必要的。

音乐学习受多种因素制约。本节主要从环境、遗传、教育、音乐学习的态度、音乐学习的方法等几个方面加以论述。

一、环境

人的心理活动是人脑在各种现实的作用下产生的,人的才能也是在客观环境的影响下发展的。环境包括自然和社会两个方面。家庭教育和社会生活都对人的才能发展起着重要作用。一个人若生下来就与世隔绝,智力就会很低。相反,如果处于良好的家庭教育环境下,智力就可能较高。良好的音乐环境,对音乐才能发展的影响很大。一般的儿童,若是生活在音乐家庭里,社会音乐生活很丰富,自幼受到音乐的熏陶,其音乐才能就可能较高。再加上良好的音乐教育,音乐才能应会向更高水平发展。日本的铃木教学法就认为,音乐教育应借鉴母语的学习方法,所有的孩子都可以学好音乐。

当我们每天毫不费力地用自己的母语聊天、问好、研究及争吵的时候,我们很难察觉到自己是以多么高超的能力在驾驭着一套非常复杂的语言符号系统。对外国人来说,汉语学习的难度非常大,而我们甚至三岁儿童都能熟练地掌握和运用。受此启发,日本的铃木镇一对儿童的学习能力有了全新的看法:连语言这样复杂的东西在良好的学习环境中都能学会,儿童还有什么东西学不会呢?于是他通过多年的理论和实践总结,创建了自己的"才能教育"思想方法和体系。他认为,虽然先天遗传因素对人的生理现象有一定影响,但人的智力是受后天环境影响而形成、提高的,没有天生的"天才",天赋再好也受后天环境制约。因此,只要后天具有良好的客观环境,加上正确的教育方法,每一个人都能有大的成就。他的教学法适用于多种形式的教育,如他在日本教授儿童学习演奏小提琴、大提琴和长笛等,在全世界影响较大。

良好的音乐环境包括良好的社会音乐环境、家庭音乐环境和音乐教育环境。

社会音乐环境具有灵活多样的特点。良好的社会音乐环境如各类音乐文化单位、音协、音乐院校开办的业余音乐学校、音乐训练班、音乐竞赛、音乐定级考试等。另外,还有广播电台的音乐节目、音乐录音录像带的销售等;电视、电影中的音乐节目和音乐故事;社会上举办的各类合唱团、乐队和音乐会等活动;各类演出单位举办的各种形式的音乐会、音乐演出;报刊上的音乐讲座等。这些丰富、全面的社会音乐环境对音乐学习者的影响之大是可想而知的。在发达国家,以上这些社会音乐环境是非常良好的。发达国家不仅音乐水平很高,而且也将音乐对创新人才培养的认识提到了很高的地位。

家庭是进行早期音乐教育的最好课堂。如给胎儿听优美的旋律,或给婴幼儿欣赏悦耳的音乐,或安排学龄前儿童学习器乐等。良好的家庭音乐环境可以熏陶幼苗、培养音乐人才。它也是学校音乐教育的重要补充。许多音乐大师就是在幼儿时期便接受了良好的家庭音乐教育,如巴赫、莫扎特、贝多芬、肖邦等。

家长应明确,对子女进行音乐教育是为了孩子的身心健康发展和思想品格的完善,至于是否可以培养孩子成为音乐家,则要视具体情况而定。

铃木教学法就特别注重强调家长在儿童学习音乐时的参与。该教学法提倡父母和孩子一起学习音乐,并以自己对学习活动的热情参与态度和认真努力的实际行动来充当激励儿童的榜样,以自己随时学到的知识和技能来指导儿童的课外练习,以父母的特殊身份和亲近关系来激励儿童,使他们不断从父母的肯定态度中看到自己的成功,从而增强学习的信心。父母可以每天在家中播放音乐教学录像和录音以及其他优秀的音乐录音或录像。可以肯定地说,良好的家庭音乐环境是影响音乐学习的重要原因之一。

音乐教育环境主要是指学校音乐环境,如良好的课堂音乐教学和丰富的课外音乐活动、音乐教师高水平的教学,甚至包括音乐教室环境的布置、色彩、灯光等,这些因素也易对学生学习音乐的激情产生影响。这个问题后面还将专门阐述。

二、遗传

遗传在音乐学习上究竟有多大的影响,这个问题至今也没有准确的答案,但某些研究报告可以给我们很多启示。

遗传学常从解剖、家系调查和孪生子三个方面进行研究。

据解剖研究报告,人群中大脑左侧颞叶较大者占人口总数的65%,右侧较大者占11%,两侧相等者占24%。右侧颞叶增大被认为是具有音乐能力的物质基础。值得注意的是,两侧颞叶的差异在出生时就存在。那些右侧颞叶较大者有较大可能将音乐才能遗传给下一代。这种情况说明音乐才能与遗传有一定关系。

在家系调查中,受遗传影响最大的是巴赫家族。在1580—1845年约六代人中,巴赫家族中出现了约60位音乐家,其中38位成就显赫。当然,巴赫家族反过来也能作为环境影响因素的范例,因为以音乐家为职业是巴赫家族的传统。当然,有些家庭因为父母不从事音乐职业,所以他们孩子的音乐潜能有可能受多种因素影响而被埋没。调查也发现,假如父母都是有音乐感的人,或其中一个是有音乐感的人,他们的子女通常也有音乐感。假如父母都没有音乐感,孩子也极可能没有音乐感。从家系调查的综合因素来看,子女的音乐感与父母的音乐才能有密切关系的占大多数。

又据孪生子研究发现,单卵孪生子之间的音乐才能水平比较接近,而双卵孪生子之间的音乐才能水平稍远一些。由于单卵孪生子遗传上的一致,他们的音乐才能水平也较为一致。双卵孪生子遗传上不很一致,因而他们的音乐才能水平也不很一致。

当然,以上这些研究都不能准确地证明音乐才能主要是由遗传决定的,只能说明遗传因素在音乐学习中起一定的作用。

三、教育

在教育中,能够影响音乐学习过程的因素有许多,包括教材、教师素质、教学过程、教学方法等。美国教育家认为以下七个方面将影响学生的音乐学习水平。第一,文化背景:包括民族的和社区的诸多因素。第二,学校背景:包括学校的文化、班级的价值取向、学校所在地。第三,学校特征或班级特征:包括学校的规模,学生的数量、年龄和性别,教师的数量、年龄和性别,物理环境(如开放式建筑等)。第四,学校组织或班级组织:包括权力关系、决策模式、交流方式、职员组织形式、教师之间和学生之间的关系、同伴的影响等。第五,教师的个人特征:包括与教学有关的教师特征,如人格结构、宗教信仰、人生态度、生活哲学等。第六,教师态度:包括教师角色和学生角色的观念、教学态度、对学生的容纳和排斥等。第七,教师行为:包括教学实践、对学生行为的反应、教学策略的变化等。教育研究者应该从上述每一个变量来研究影响学生音乐学习成就的诸多因素。

在众多影响音乐学习的因素中,教师的教学是重要因素。教师选用什么样的教材,本人素质如何,以及所选用的教学方法、所进行的教学过程等都对学生的音乐学习产生较大影响。

1.音乐教育应尽早进行

从婴儿出生的第一天起,就应当让他聆听最美好的、最高尚的音乐,使儿童听音乐就像听母亲的讲话一样。音乐教育应与婴儿、幼儿的语言学习同步进行。虽然婴儿期可以不进行系统的学习和训练,但音乐听觉的培养、美好音乐的熏陶,能为以后的音乐能力发展打下良好的基础。因此,越早对小孩进行音乐教育越好,甚至还在胎儿的时候就应当进行。

2.高质量的教材

教材是学生获得审美教育的源泉。优秀的音乐教材能提供丰富的营养,相反,低质量的教材则会贻误学生成长的时机。因此,应当精心选择思想性和艺术性较强、适合学生年龄特点和接受能力并受到学生喜爱的教材。宜选用古今中外公认的优秀音乐作品,选材时应注意题材广泛,形式、体裁和风格应多种多样。

通过富于艺术感染力的优秀音乐小品和世界名曲的主题、片段来发展初学者的音乐技能,要让他们学习各国的民歌、童谣和各个时代的著名作品,而不让他们接触格调不高的音乐。

3.高水平的教师

音乐教师应当既是音乐专家又是教育专家。高水平的音乐教师既应该掌握音乐表演和音乐教育专业的多种理论知识,又应该面对学生进行音乐教学实践。因此,音乐学、教学法、心理学、社会科学和自然科学知识、人际关系学、教学艺术等都交叉地集中于教师一人身上,他每时每刻都在进行创造性的和多变性的劳动。

一个音乐教师在教学双边活动中起引导作用,而学生才是音乐学习活动中的主体。教师必须了解学生的音乐心理,要分析学生为什么今天没上好课、学生想学什么、学到了什么等问题;必须具备对学生的极大爱心和耐心。教师应具备高尚的情操、良好的职业道德修养、渊博的知识、精湛的音乐专业技能、深厚的音乐理论知识和严格认真的作风以及较强的教学能力。

音乐教师的教学能力是影响学生音乐学习的重要因素。出色的教学具有形式新颖、活泼,教学方法引人入胜等特点。

4.灵活运用教学方法

教学方法是完成教学任务所使用的方法。它是为了达到教学目标、完成教学任务所采用的教学技术的总称。

决定教学方法的基本要素是教学目的、教学对象和教学内容。三者之中,教学对象处于中心地位,也即学生的实际情况是三者中最重要的因素。

音乐教学方法主要有讲授法、谈话法、讨论法、直观演示法、欣赏法、参见法、练习法等。教学中应采用启发式教学,避免采用强制性的注入式教学方法。

国内外还有各种各样的教学方法,不计其数。选用什么方法应该视学生的民族、家庭、个人等诸多外在的和内在的因素而综合考虑。良好的教学应使学生产生"这节课咋这么短""好期待上音乐课"等心理状况。这种期盼的心情,正是学生学好音乐的先决条件。

5.用听觉引导音乐学习

正如每个人学习母语都是由"听"开始一样,学习音乐也必须从倾听优秀的音乐作品开始,而不是从辨别音乐符号和学习概念开始。每门学科的学习都是从模仿开始,通过多次重复练习然后再创造而习得。幼儿具有极强的模仿能力,可通过对音乐音响和对教师的模仿,大量的练习,培养对音乐的敏感度和良好的音乐记忆。听的方式可以是听唱片、听录音、听CD、听电台或电视台的音乐节目,还可以到音乐厅听音乐会等。

听力训练除了听大师的演唱或演奏外,还应听同伴的演唱或演奏。学习乐器的应听其他乐器演奏,听他人的演奏。学习演唱也应听乐器演奏,除了听自己声部的演唱外,还要多听其他声部的演唱。

6.加强集体教学和对学习热情的激励

在音乐教学中,有些技巧常常采用个别教学,如乐器学习和声乐学习。这可能导致在乐队合奏或合唱以及演出中出现合作上的问题或怯场等现象。如果每周一次或两周一次进行集体教学,效果会好得多。

在集体教学中,学生之间可以找到更接近于自身水平的技术榜样和态度榜样。适当的竞争也会激励更强的上进心。在集体教学中,同学之间可以相互取长补短,获取更多的学习经验,纠正不正确的学习方法,增强当众表演的信心。对学习热情的激励也很重要。在学生真正把学习音乐看作自己的需求之前,要不断激发儿童的学习兴趣。在长时间的反复练习过程中,保持兴趣是一件十分困难的事情,因此,应当适时地鼓励和赞扬,针对不同的儿童予以不同的指导、帮助,这需要教师和家长花费不少精力去做。

当学生弹或唱完一曲后,教师首先应当赞扬,然后再纠正错误,多说鼓励的话语。对年纪小的学生,教师要示范并叫学生模仿,对年纪大一点的学生要多做口头解释。有些教师往往过分要求学生,动不动就采用训斥的口气,这容易影响学生的学习热情。

四、音乐学习的态度

音乐教育的目标之一是培养学生对音乐的积极态度。

如果学生在音乐学习中只是学会了音乐认识方面的知识和听赏技巧,却尽量逃避音乐甚至讨厌音乐,那无论如何也达不到高层次的音乐修养。与读、写、算等其他学习内容不同的是,学生如果在课后逃避音乐,不听音乐会、不买音响资料、不参加其他音乐活动,很难达到理想效果。

态度是怎样形成的呢?对这个问题有两种观点。一是通过联想和强化过程而形成。一位获得小提琴独奏奖牌的学生比没有获得奖牌的学生学习音乐的态度会更积极,因为他获奖后产生了积极态度。二是受群体的影响。如果一个人所在的群体对音乐的态度很积极,他也会产生积极态度。

一个人对其祖国的感情的发展可以作为态度形成的范例。儿童在家里和学校里学唱的有关祖国的歌曲,常常包括诸如"伟大""好""美丽""富饶""辽阔"等词语。当一个孩子说了赞美祖国的话时,人们通常会微笑并表示同意,说了否定的话则会遭到反对。孩子便认识到,父母、教师和朋友都认为祖国好。通过模仿和强化,他逐渐接受了这个观点。这种态度一经形成,关于祖国的否定话语便会受到他的排斥,因为这种否定语言不符合他已经获得的知识。

同样的道理,如果你所有的朋友都喜欢某一首音乐,你喜欢它的概率也会大增。

音乐学习态度受音乐学习动机和音乐学习兴趣的影响也很大。

1.音乐学习动机

要想在学习上取得成就,心理活动必须处于积极状态。有了这种内在的条件,才能把个人的智力激发出来,从而进行有效的学习。这便是学习的动机问题。

民间有句俗话:"我们可以将牛拖到水边,却不能强迫它喝水。"虽然我们不能强迫牛喝水,但我们却能诱导牛喝水。教师对学生的学习动机的诱导作用可想而知。

音乐学习动机是影响学生学习积极性的重要心理因素,是学习积极性产生的源泉。强烈的音乐学习动机可以使学习者拥有积极的进取态度。

那么怎样才能激发强烈的音乐学习动机呢?

首先,应激活好奇动机。可利用音乐作品最吸引人的部分保持学生的好奇心,并由浅入深地进行探索。

其次,尽可能满足成就动机。在音乐学习的某个阶段前,让学生定出自己可能达到的目标,如果目标达到了就会产生满足感,从而产生更强的音乐学习动机。当然也要教育学生理智地面对失败。

再次,加强交往动机。利用与父母、同伴和教师的交流,学习他们良好的音乐学习经验,加强自己的音乐学习动机。

最后,提高声誉动机。在人的满足中,有许多都是源于自己在他人心目中享有的声誉。很多人想在竞争中超过别人,而更多的人愿为得到赞许和肯定而努力。因此,应让学生经常参加各种演出和比赛,为可能获得的赞许和奖励而努力。

2.音乐学习的兴趣

兴趣是人们认识某种事物或爱好某种活动的倾向。不同的人对音乐兴趣的广度、兴趣的中心和持久性、稳定性以及效能性都不一样。

兴趣是未来事业发展的一种积极准备,对于当前的学习具有推动作用,因此,自幼培养儿童对于音乐的兴趣是发展音乐才能的重要条件。

兴趣的形成是与生活环境密切相关的。培养儿童的音乐兴趣应创造一个有利的音乐环境,使学生受到良好的家庭和学校音乐教育。

教师在音乐教学过程中,教材要有趣味性,教学方法要灵活,尽量在教学中采取表扬和鼓励的方法;要通过有目的的教育,激发学生音乐学习的需要和兴趣,通过诱导的方法培养和激发学习兴趣;尽可能把学生其他的兴趣迁移到音乐学习上来,通过在学习中提出问题的方法来培养和激发学生的学习兴趣。

音乐学习兴趣受某些条件的影响会发展变化。由于发展过程比较长,而且影响发展过程的因素又十分复杂,所以它也常常变化。我们应随时注意学习兴趣的发展历程,及时采取有效措施促使学生的音乐学习朝正确方向发展。

五、音乐学习的方法

好的学习方法在音乐学习中往往起到事半功倍的效果。学生可以根据自己的智力水平、学科特点、学习环境和教师的教学方法等,选择适合自己的学习方法。当然,适合于各种情况的学习方法是不存在的。

音乐学习的方法多种多样。借鉴美国音乐心理学家西修尔总结的学习方法,再结合我们的实际情况,我们可以对以下方法加以选择运用。

(1)培养坚强的意志:学习音乐要有坚强的意志,不要以为不付出艰辛的劳动就可以学好音乐。学习中要不畏困难,勇于克服困难,同时要善于改正自己的缺点,提高学习成绩。如果看到自己的音乐学习取得了优异成绩自然也会增强学习音乐的信心和毅力。

(2)信赖第一印象:一首歌曲或乐曲,第一次接触时印象最为鲜明;一个动作或技巧,第一次体验最为敏锐。在音乐学习中要抓住第一印象的特点加以思索体会,不要因为反复练习而失去了初次的印象。

(3)善于分析:在音乐学习过程中,遇到困难要通过分析思考加以解决,要在原有知识技能基础上认真地思索,找到问题的关键,这样就容易克服困难。

(4)培养听觉意象:一首歌曲或乐器,无须演奏或演唱就能产生听觉意象,仿佛听到它的音响效果。音乐家生活在音乐世界中,这种音乐世界不只是听和唱(奏),更重要的是生活中无时不在回忆预期的音乐声响效果。发展听觉意象是音乐学习的基础。

(5)采用分习法:将曲子分成若干单元,按单元学习,然后加以归纳复习,汇成一个整体。单元的划分除了按教材自然结构之外,随着学习能力的增长,单元的长度也应相应延长。

(6)通过回忆实践:当你获得第一印象之后,就可回忆行动的意象,并以此来指导实践活动。

(7)适当休息:人的学习活动不能总是处于紧张状态,必须进行适当的休息。音乐学习产生的疲劳,不仅是体力的疲劳,更主要的是神经系统、大脑的疲劳。头昏脑涨的学习肯定不会取得良好的效果。保持大脑清醒,注意力集中,精神饱满,学习的效果才会显著。休息时间及间隔的长短,取决于身体状态、学习内容的难易程度和单元的长短等因素。休息的方式也多种多样,比如看看别的科目,阅读其他内容的报刊或书籍,或进行体育运动等。

(8)善于实践:音乐学习跟其他学科的学习一样,就是反复实践。只有不断地实践才能掌握所学的知识和技能技巧。

(9)定期复习:任何知识或技能技巧的保持都需要复习,只有不断地复习才能使学习的内容得以巩固。通过复习还能发现许多过去没有发现的问题。一般来说,刚学的东西要及时复习。复习过多次或掌握已久的东西就可以间隔长一些时间再复习。

(10)把新的技巧变成习惯:随着自身的成熟,人们会获得更加自主的活动能力。人的音乐活动,尤其是演唱、演奏和指挥,要发展为接近自主的习惯动作之后,才称得上熟练地掌握。

(11)学习应根据自己的水平:音乐学习要集中力量学习那些经过努力就可以达到目标的学习内容,不要不切实际地学习那些较难达到要求的内容,同时也要避免反复学习已经掌握了的学习内容。

影响音乐学习的因素还有很多,除了以上因素外,音乐学习的方法、一个人的情感经历、生活阅历、毅力、意志、自信心、专注力、性格、气质以及想象和联想能力,甚至形象、身高都会对音乐学习产生较大的影响。了解了哪些因素对我们的音乐学习会产生较大的影响,再利用好有利因素,避开有害因素,有针对性地进行学习,我们的音乐学习将取得较大的成功。

第五章 音乐教学原则

第一节 音乐教学原则的意义

一、音乐教学原则的定义

教学原则在教学理论中占有很重要的地位。它是根据一定的教学目的、任务,以遵循教学过程的规律性认识为基础而制订的用以指导教学工作的基础要求。它是指导教学工作的基本准则,是教学经验的概括和抽象集中。教学原则是在总结教学实践经验的基础上制订出来的。

当音乐教育学从教育学和音乐学的结合中脱胎而出后,音乐教学论便成为其中的一个部分。当音乐教学论进一步从音乐教育学中独立出来后,势必对教育原则的内容及其表述方式提出更新的要求与思路。如果重复引用普及性的教学原则,就不能适应音乐教学的特点。因此,在介绍一般教学原则的基础上,需要进一步表述音乐教学的若干原则。从操作性这一基本特点出发,对原则的内容加以新的限定,以使原则的内容更集中、更明确、更符合音乐教学法在整个音乐教育理论中的位置。这是音乐教育理论建设自身有序化的必然,也是音乐教学实践的具体需要。

随着音乐教学的不断发展,音乐教师、音乐教研员和音乐教育的主管部门,已不满足于对教学进行一招一式的评议与研究。在听课及观摩等活动之后,如果仅仅就事论事地交流一些感想,都会感到不同程度的欠缺。

近年来,各地陆续总结了不少音乐教师的教学经验,推广了一些行之有效的教学方法。尤其是改革开放以来,相继引进、推广了国外著名的音乐教育体系。如何科学地分析、认识这些新内容,从而吸收其中的精华,为我国音乐教育所用,已经成了音乐教师亟待解决的实际问题。

进行教学法原则的学习与研究,就是从丰富的实际经验中,概括并抽象出要点,以理论的形式,普遍地(而不是一个一个地)回答实践中提出的种种问题,帮助音乐教师提高理性认识,从而总结与学习更好的教学法,使教学操作行为更自觉、更明确、更有成效。

音乐教学原则是指运用音乐教学法进行教学,以及评价和构建教学法所必须遵循的基本原理、要点。

二、教学原则是实施教学法的依据

由于学生、教材和自身主观条件的不同,教师经常选用不同的教学方法进行教学。即使是同一种教学方法,操作起来也会各有不同。这是因为教育是一种复杂的人际互相影响的过程,而不是人作用于物的单向过程。正是在这一意义上,人们常说"教无定法"。但是,教学方法实施中的千差万别,总不能背离其中的基本原理,否则,教学就成了盲目而混乱的随意行为。所以,一位教学操作自如并取得良好教学效果的音乐教师,同时必定是教学原则的自觉遵循者。优秀的音乐教师,会进一步发挥自己的主观能动性,在自己特定的教学实践中,不仅会实施这些原则,而且还会丰富和发展这些原则。在这个意义上说,"教有定法",而且这个"法"本身就是一个不断发展、充满活力的概念。

三、教学原则是评价教学法的依据

在评价、认识教学法的过程中,往往因为评价者自身的价值观和知识结构不同,评价的内容和角度不同,致使评价的结果相去甚远,甚至有时各执一端,失之偏颇。这种现象,在评课活动中,在推广经验的过程中,经常可以看到。

在评价教学法的时候,必须有一个共同依循的基本原理,作为不同评价者进行评价时共同应用的客观尺度。这个尺度就是教学原则。它是基本的、主要的内容,而不是次要的内容。依循教学原则去评价教学,不但可以使评价抓住主要内容,提高评价效率,而且为教师发挥创造性,在具体教学过程中形成特色,从教育理论上预留了广阔的空间。

四、教学原则是构建新教学法的依据

首先,构建新教学法并不是一件高不可攀的事情。任何一位教师,进行了多次类似的成功实践之后,都可以在这个基础上运用科学的方法(如逻辑方法),抽象出其中的一般性操作模式,并和已有的教学方法完成区分。这时,就可以说构建了一种新的教学方法。当然,它还有待进一步经受更大范围和更长时间的实践检验。在这一系列过程中,运用教学原则对其进行分析和认识,是一个必不可少的过程。如果不符合教学原则,它就不是一个好的教学方法;也许,它还没有形成为一种教学方法。这一点和教学实践关系十分密切。在日常的经验交流中,经常有这样一种现象:在罗列教学现象之后,就冠之以"某某教学法"。这是不妥的,因为这起码缺少了以教学原则进行分析和整理的过程。而这一程序,正是使教学经验从感性形式上升为理性形式的必由之路。有的时候,教学效果反映良好,但教学操作与已有的教学原则又不尽吻合,这时,也可能是对教学原则做出了新的推进与发展,此时尤其有必要进行认真研究。

综上所述,音乐教学原则的定义已经说明它是音乐教学法理论中的一个基础概念,和教学实践具有十分密切的关系。

第二节 音乐教学原则的内容

伴随着音乐教育历史的发展,教育学和教学论中的原则条目越来越多,至今已多达几十条,内容十分丰富。它们从不同角度出发,揭示了教学的一般规律,使教学原则的理论内容从深度和广度上都得到了发展。这些原则的确立,提高了教师进行教学操作的自觉性,也减少了盲目性,从而改善了教学过程。

在教学原则的有关内容中,也出现了一些问题。一条教学原则的确立,笼统地说,这种"上升"必须经由怎样的科学程序? 一条教学原则必须具备什么命题形式? 必须蕴含什么本质内容? 也就是说,具备什么条件,才有资格被列为一条教学原则,得到广大教师的公认? 这些是关于教学原则观的问题,是教育理论的方法论的自身建设问题,有待在今后更为基础性的学习与研究中去解决。

在普通教育学和教学论中,有一些历经教学实践检验并且广为援引的教学原则,现选择列举如下,作为普遍性指导。为了避免和教育学及教学论的重复,本节中不展开解释。如:教学的直观性原则、教学的自觉性原则、知识的系统性原则、学生掌握知识的巩固性原则、教学的可接受性原则、以高难度进行教学的原则、以高速度进行教学的原则、理论知识起指导性作用的原则、使学生理解学习过程的原则、使全班学生都得到发展的原则、理论和实际相结合的原则、教师主导作用与学生主动精神相结合的原则、反馈原则、创设最优教学条件的原则、因材施教的原则、循序渐进的原则、教学相长的原则、启发诱导的原则、管教管导的原则、动机原则、结构原则、程序原则、强化原则等。

对上述各项原则加以逻辑结构的整理,可以使它们成为更为严密、完善的原则体系。同时,结合音乐教育的特殊性,尤其是音乐教学法操作的特殊性,可以演绎、派生出下一层次的原则内容。与之对应的是,从音乐教学操作的实践经验中,加以抽象、概括、筛选和组织,也可提出具有一般性的原则。

音乐教学法的原则主要有:

1. 操作性和理论性相统一的原则

音乐教学法是专门研究师生音乐教学操作行为的分支学科。因此,操作行为是本学科的主要内容。它主要包括语言、示谱、视谱、歌唱、演奏、律动、指挥、划拍、播放音乐、欣赏等,以及一系列智力与非智力的心理活动。这些操作行为的实际过程以及它们的一般模式,是音乐教学法的特定内容。没有这些,也就称不上音乐教学法。

但是,音乐教学法中的操作行为,是自觉的教学行为;它们的一般模式,是一种自觉的理性认识。尤其是各种行为之间的关系,更是一种高层次的理性构建的结果形式。因而,在强调操作性的同时,不但不排斥理论,而且必须援引有关理论来说明为什么要这样操作。没有起码的理论阐述,教学操作讲得再多,也仅仅是行为的罗列杂陈,建构不起具有一定结构形式的一般模式,也称不上教学法。

音乐教学法既要具有操作行为模式,又要具有必要的理论说明。内容的操作性与理论性的统一,是一条音乐教学原则的前提性条件。

2. 艺术性和思想性相统一的原则

音乐教学是艺术教育学科,必须按照艺术审美教育的途径实现艺术审美教育的功能。教学内容应该成为学生的审美对象,教学过程中,学生和教学内容应该发生审美关系。因此,教师对于教材、教法、教具等各个环节,都应该进行精心的审美建设,从而启发学生的审美感知和审美体验,使艺术审美心理过程实实在在地发生并发展。只有在这一基础上,学生才能得到潜移默化的情感陶冶,品德才能得到升华。如果没有充分的艺术审美过程,教育性只是一句无所依凭的空话。

艺术审美的标准和尺度,本身是在实践的过程中发展和演变的,总是具有一定的时代特征和社会特征。今日中学音乐教学中的审美教育,应该在体现社会主义精神文明、继承我国音乐文化优良传统的同时,积极吸收一切外来的、进步的音乐文化。在教学中,应充分注意青少年的生理、心理特点,关注他们身心的健康发展。在艺术教育中坚持思想性和教育性,是艺术审美教育理论的基础性质,是艺术教育内在的组成部分。

每个音乐教师都应自觉坚持艺术审美教育服务于社会主义精神文明建设的政治方向,同时又充分重视音乐这一听觉艺术审美过程的特殊性,寻求音乐艺术的感人力量,实现艺术性和思想性的统一,从而切实地实现艺术教育的功能。

3.愉悦性和规范性相统一的原则

在音乐教学中,使学生产生具有音乐文化意蕴和积极意义的愉悦感,使学生实现审美满足,是美育课程的一个本质特征。(当然,这里所说的愉悦感是一个广义的概念。)这种特征,在所有的教学内容和每一个教学阶段中,都应该普遍地体现出来。因而,音乐教学法作为艺术教育的实践活动,本质上应该是快乐和愉悦的教学法,应以学生学习愉悦感的实现为教学的操作目标。

这种愉悦感,又必须是在音乐规范之内实现的,在教学过程中发生与发展。首先,这种愉悦感是教材内容所引发的;其次,是在学生的基础知识与基本技能的学习过程中发生、发展的;最后,这种愉悦感由于得到肯定性评价而达到高潮。愉悦感的发展过程,就是音乐文化规范建立的过程,两者是一致的。因此,音乐教学要全力引导学生接受这些规范,掌握音乐基础知识和技能,并得到预期的成功,使学生的耳朵变成"音乐的耳朵"。只有这样,学生才可能享受到音乐文化所带来的愉悦。所以,在教学法操作中,对学生的知识与能力的掌握要严格要求。如果某种教学法的操作诱发的是欠缺音乐文化规范的愉悦,比如非音乐的嘻嘻哈哈、不讲发音技巧的"声音洪亮"等,那么,不管课堂气氛如何活跃,学生如何积极主动,都应被视为一种无意义的教学。

良好的教学法操作重视音乐知识技能的学习和掌握,从本质上说,它应是一个实现愉悦的过程,而不是一个痛苦的磨炼过程;在追求并实现这种愉悦的时候,又使它发生在音乐学习的过程之中,而不使这种愉悦感失于音乐规范之外。音乐教学法寻求的是规范性和愉悦性的统一。有了这种统一,就可以避免时而片面强调双基教学,时而强调活跃课堂气氛的盲目性。

4.直观性和抽象性相统一的原则

音乐教师在教学中,要尽量充分利用范唱、伴奏、播放乐曲音响等方式,通过多种感知途径,丰富学生的直接审美经验和感性认识,使学生获得生动的音乐表象,为深化体验和提高理性认识建立基础。这一原则是根据人类认识的客观规律提出的。教学法应该寻求多种操作行为,使这种听觉感知充分发生,以使学生获得更强烈、更深刻、更丰富的听觉印象。

但是,直觉的感知不是目的。音乐教学不应仅仅停留在这个阶段,而应进一步运用教学法,引导学生运用所学过的基础知识,加深对音乐的理性认识,同时启发学生进行积极的思考与想象,尽可能使学生对音乐产生更广阔、更深刻的情感体验。这些心理活动是抽象的心理过程,学生在积极参与学习、掌握一定的音乐基础知识和基本技能的条件下才能实现。

没有充分的听觉直观感知,学生的音乐学习心理过程是贫乏的;没有后继的抽象的理性认识,学生的音乐学习心理过程是肤浅的。良好的教学法,寻求的是两者的统一,从而使音乐教学变得更为丰富而深刻。

5. 总体性和个别性相统一的原则

我国基础教育的性质和课程标准的教学目的,都提出了面向全体学生的要求。这就决定了音乐教师在选用和实施教学法的时候,必须引导全体学生掌握基础知识和基本技能,并使他们从中受到陶冶,从而争取使全体学生通过学业成绩的考核,完成教学任务。中学音乐教育是面向全体学生,通过提高他们的艺术素质,从而完善整个人格的素质教育。

由于多种原因,学生之间形成了个体差异。在音乐学科的教学过程中,这种差异更为明显。因此,教师应当尽量创造条件,对不同的教育对象采取不同的教学方法,进行更有针对性的教育。这是教育学中经常强调的因材施教的原则。对于其中的"材",我们可以做广义的理解,可以表述为对于不同学生、不同教材和不同教师,都可以而且应该采用不同的方法,这样才能使教学操作行为更加符合教学的实际情况。但在这样做的时候,又会有很多实际的困难,特别是经济效益方面的原因,使教学不可能出现一师对一生或一师对几生的情况。因此,在进行教学法操作的时候,既要面向全体学生,又要创造条件照顾到不同学生,寻求两者的统一性。

6. 基础性与创造性相统一的原则

21世纪的国际竞争归根结底是人才的竞争,是创造型人才、创新能力的竞争。面对新世纪的挑战,如何培养学生的创新意识、创新精神和创新能力,是推进素质教育最重要的一个问题。

音乐教育可以激发和强化人的创造冲动,培养和发展人的直觉和想象力。因为音乐是一种非语义、非具象的艺术,它的这种自由性、模糊性和不确定性特征,给人们对音乐的理解与演绎提供了想象、联想的广阔空间。音乐的一切实践活动从创作、表演到欣赏都离不开创造性思维活动。音乐创作是创造,音乐表演是二度创造,欣赏也是创造(称为三度创造)。音乐教学通过感人至深的音乐艺术,促进学生的感觉、知觉、注意、记忆、想象、思维等心理过程的发展,比逻辑推理更能深入人们的心灵。

要使学生学会创造,就必须帮助他们储存丰富的基础知识,掌握必要的基础技能,养成多向可变的思维习惯。世界上几乎所有的发明创造都与已知的信息量相联系,都是建立在旧知识的基础之上。实行创造性的教育不能降低对学生基础知识和基本技能的要求。从某种意义上来说,进行创造性的教育对学生的基础知识和基本技能方面的要求将会更高。

创造性的音乐教学活动包括音乐创作教学和创造性的音乐活动两大部分。

良好的音乐教学法,首先要求学生要掌握最基础的音乐知识和最基本的音乐技能,然后立即展开对学生的创造性能力的培养。这就要求教师要树立以学生为中心的教学观念,创造条件,支持、鼓励、引导学生积极开展创造性的音乐活动。要充分尊重学生的创造权利,承认学生在音乐个性发展方面的差异。既要鼓励学生勤于思考,敢于发表不同意见,充分发挥他们的想象力和创造力,又要善于诱导,激发学习兴趣,引起学生的好奇心、求知欲;鼓励求异思维,发现并肯定他们与众不同的地方,帮助他们克服创造中的层层障碍。创造性教学并不是放任学生随意自由发展,而是在教师的引导下去创造。另外,也要注意学生重创造轻基础的倾向,引导学生注重二者的统一。

第六章 音乐教学的主要内容及教学方法

音乐教学是培养学生音乐素养和审美情趣的重要环节。本章将基于《义务教育艺术课程标准(2022年版)》和《普通高中音乐课程标准(2017年版2020年修订)》的重要变化和发展趋势,深入研究中小学音乐教学的核心内容和教学方法,并结合实际教学经验进行归纳和总结,目标是为教师提供一个全面而实用的指导框架,以此更好地设计和实施音乐(艺术)课程教学,激发学生的音乐兴趣和潜能。此外,本章将详细介绍每个内容领域的核心概念和技能,并提供相应的教学方法和策略,帮助教师在实际教学中更好地引导学生学习和发展。

通过本章的学习,教师们将会对音乐教学的主要内容和教学方法有更深入的理解和把握,根据每个学校的具体情况和学生的情况,灵活运用这些理论和方法,创造出更具个性化和更有效的音乐教学实践。

第一节 音乐欣赏(鉴赏)教学法

在音乐课程中,"感受与欣赏"这一教学领域被视为培养学生音乐审美能力的有效途径,因为音乐欣赏具有最直接的审美教育价值。它以一定的音乐为审美对象,以参与欣赏活动的人为审美主体,形成一种特殊的审美观。通过对音响的聆听,实现对音乐美的感受和鉴赏。

一、课程标准的要求

(一)义务教育阶段

1.课标对"欣赏"教学的总体要求

《义务教育艺术课程标准(2022年版)》中明确指出,通过欣赏,学生体验音乐的情绪与情感,了解音乐的表现要素、表现形式,感知、理解音乐的体裁与风格等,发展音乐听觉与感知能力,丰富音乐审美体验、深化音乐情感体验、提升审美感知和文化理解素养。可见"欣赏"是艺术实践中的重要领域,是整个音乐学习活动的基础,欣赏教学是培养学生音乐审美能力的有效途径。

欣赏教学的审美教育价值主要体现在:首先,培养审美感知,包括音乐辨别力、音乐感受力和音乐记忆力,这是音乐审美的基础;其次,培养审美情感,包括音乐情感辨别和音乐情感表现以及音乐情感理解,这是音乐审美的发展和深化。

义务教育音乐课程内容设置要体现音乐学科的实践性,所以音乐课程内容包括欣赏、表现、创造、联系四类。"欣赏"围绕音乐情绪情感、音乐表现要素、音乐体裁形式、音乐风格流派四项基本内容,以学习任务为学生在艺术实践活动中行为的具体化,以学习任务组织学习内容。这些基本学习内容作为学生的必备知识与技能,是培养"审美感知"核心素养的重要基础和必备条件,体现出音乐课程内容设置的基础性。同时它们与其他学习内容既相互关联,又相对独立。

良好的音乐感受能力与欣赏能力的形成,对于学生丰富情感、提高文化素养、增进身心健康都具有重要意义。在欣赏中,聆听音乐作为第一步,通过听觉来了解和把握音乐内部联系和外部结构,形成对音乐的初步认识。把音乐的想象和大自然以及人的情感联系起来,让学生在音乐当中既能感受到音乐本身的内容,还能和大自然、人类生活的美好情感结合起来。因此,音乐教学活动是以听觉为中心来实施和开展的,通过大量的感性积累,形成对音乐的整体认识,从而升华为对音乐的欣赏和审美。

总之,音乐学习更多的是感性。"欣赏"贴合音乐教学的实际,体现音乐的审美价值。因此,音乐教学要立足于"听",教师要把发展学生的音乐听觉和培养学生对音乐良好的感受能力作为首要任务,激发学生听赏音乐的兴趣,鼓励学生对音乐表达独立的感受和见解,养成聆听音乐的习惯,逐步积累欣赏音乐的经验,使"欣赏"能与其他音乐艺术实践有机联系。

2.不同学段"欣赏"教学的要求

《义务教育艺术课程标准(2022年版)》非常注重幼小衔接,所以在1~2年级与3~9年级按照学段特点设置了不同的学习任务。同时把3~9年级细化为3~5年级(第二学段)、6~7年级(第三学段)、8~9年级(第四学段)。

内容要求上,根据不同学段递进式地呈现,但每个学段都特别强调了以中国作品为主,体现以中华民族音乐文化为主线。不同学段的内容要求、学业要求、教学要求都各有侧重。在学业要求上,围绕着四项基本学习内容,以及音乐与舞蹈、戏剧、影视等关系,根据不同学段的教学目标和内容要求进行分学段、递进式的表述。

(1)第一学段(1~2年级)

在内容要求上,1~2年级聆听音乐的学习任务主要包括:聆听以中国作品为主、外国作品为辅,形象鲜明、结构短小的民歌、儿童歌曲、戏曲音乐片段,以及其他简短歌曲和小型器乐曲等;感受音乐中的节拍、节奏、速度、力度、音色、乐句等表现要素,体验音乐的情绪与情感,了解所听音乐的表现形式,感受它们的不同风格。需要注意的是,低年级学生的音乐基础和学习目标,以及这个年龄阶段的学习内容在音乐体裁形式方面的要求形象鲜明、结构短小,结构方面篇幅都不能太长,音乐风格方面也是以突出我国民族音乐特点的音乐作品为主,结合部分有代表性的外国民族民间音乐和其他创作音乐作品的学习。

在学业要求上,1~2年级聆听音乐学习任务共有6项学业要求,分别对应四项基本学习内容,且从该学段学生的具体音乐行为和能力表现方面描述了学生应有的学习结果。主要为以下方面:音乐情绪情感的感受与体验方面、音乐表现要素的感知与体验方面、音乐体裁与形式方面、音乐风格的感受与体验方面、聆听习惯的培养方面。

在教学要求中,1~2年级主要注意三个方面,分别是:在教学中坚持"听觉为先"的教学原则,将学生的注意力集中在音乐上,并且让学生有充分的时间去聆听音乐,同时借助于多媒体、图画、图形谱、律动或语言引导等方式辅助聆听,且须根据音乐特点和学习目标,设计游戏化的音乐聆听体验方式。在情境素材的运用中,也要考虑该年龄阶段的特点,对应的聆听曲目形象鲜明、结构短小,情境创设也应该联系学生的生活,将生活经验转化为生活经验;在学习活动中应该体现生活化、趣味化、情境化等特点,呼应该学段学生的学习心理特点,根据音乐作品设计相应的游戏活动或情境表演,寓教于乐。

(2)第二学段(3~5年级)

在内容要求上,第二学段在音乐情绪情感方面以体验音乐的情绪与情感变化和探究其变化原因为主,音乐表现要素方面以节拍、节奏、旋律、力度、速度、音色、和声、织体、结构、调式、调性等为主要内容,根据该年龄阶段学生的不同特点有不同侧重。学习行为方面,从"感受、认识"到"感知、体验、了解"再到"理解",逐步加强了学生认识和思维的广度和深度。音乐表现形式、体裁、风格、流派方面,侧重于对不同类别和体裁的音乐表现形式、表现特征及不同风格音乐的感受、体验和了解,初步了解不同体裁、形式音乐的表现作用。评述方面,根据自己的感受与理解对听赏的音乐进行简单评述,侧重把自己的感受表达出来,强调学生个体对音乐的主观印象或认识。

在学业要求上,3~5年级主要要求学生能听辨音乐情绪和情感的变化,判断是哪些音乐要素引起它们的变化,能够将音乐的情绪与情感与音乐要素建立关联。在音乐表现要素方面,主要在音色感受方面要求学生能听辨歌唱中的女高、女低、男高、男低音色,听辨常见中国民族乐器与西洋乐器的音色,知道乐器名称。这里的要求是"听辨",即能根据声音作出正确的判断。在节拍、力度、速度、旋律进行方式、节奏等音乐要素方面,注重在音乐中感受,借助动作、图示等做出反应和辨别,同时能用语言简单描述它们的特点。

(3)第三学段(6~7年级)

在内容要求上,第三学段在音乐情绪情感方面要求在体验的基础上,了解音乐家如何通过特定音乐语言与表现形式表达情绪和情感。音乐表现要素、学习行为、音乐表现形式、体裁、风格、流派方面与前一学段的学习内容相同,评述方面根据既定的标准对音乐作出适当的评价,且在充分发挥主观能动性的基础上,按照评价标准对音乐作出相对客观、理性的分析与评价。

在学业要求上,6~7年级要求学生能结合音乐要素,了解音乐情绪、情感产生变化的原因,理解音乐表达的情感内涵。在音乐表现要素方面,除了进一步扩大感知和听辨的内容之外,还侧重于对音乐要素特点的感知、辨别及对其表现作用的认识与理解,同时能作出相应的分析和描述。

(4)第四学段(8~9年级)

在内容要求上,第四学段在音乐情绪情感方面要求探究"音乐艺术如何唤起人的情感反应",以及"价值观对人的情感反应的影响"。音乐表现要素、学习行为方面与前一学段相同,音乐表现形式、体裁、风格、流派方面进一步扩大学习的知识点和范围,例如不同体裁和风格的音乐文化的学习,增加了中外有代表性的民族民间音乐,中外历史上不同风格、流派的优秀作品及其代表人物的学习,总体向着综合、高水平的发展趋势迈进。8~9年级在听赏评述方面要比前面学段广泛,从音乐审美和音乐理解的角度对"音乐要素""音乐体裁形式"在音乐中的表现作用进行深层次的思考并作出分析与评述,并且要求这一时期的学生能够联系相关文化,运用所学知识,对不同风格、流派的音乐作品以及代表人物作出评述。

在学业要求上,8~9年级要求学生在生活中选用音乐的时候,能够自觉运用音乐课堂上所学音乐知识,建立音乐审美价值观和审美能力、审美经验等,选择一些具有较强艺术感染力的作品,特别是经典的优秀古典音乐和近现代创作的具有鲜明时代气息的优秀歌曲和器乐曲等。在音乐表现要素方面,一方面加深了对音乐表现要素、表现形式、表现手段的感受与体验,要求学生能在音乐欣赏中准确地听辨或做出反应,并描述它们的特点和作用,另一方面拓展了音乐要素方面的要求,增加了和声、织体、调式、调性、结构等要素,在音乐要素呈现的复杂性上有所增强,如变化节拍、稍复杂的节奏型、复合音色或乐器组等。

此外,在教学要求中,3~9年级的三个不同学段都强调对民族音乐的欣赏,包括民歌、民族器乐和戏曲。在情境素材运用中,合理运用现代技术来创设音乐情境,并且将音乐与人文结合起来,以便学生在特定的文化语境中更好地理解音乐文化内涵与底蕴。在学习活动设计安排中,根据不同学段学生的年龄特点以及学习能力来设计,把握好感性体验与理性认知的侧重方向,同时在听赏民族风格和特色的音乐作品时,可以指导学生学习相关的民族舞蹈或戏曲表演,以便学生更好地体验音乐风格与特点。

(二)普通高中阶段

1.普通高中对"音乐鉴赏"模块的定义

高中音乐课程内容的设置丰富多样,有必修课程、选择性必修课程、选修课程,且每个板块有相应的学时容量和学分设置,课程内容更多样,体现出选择性、关联性的基本理念。

高中音乐课程标准注重音乐学科的特征,把美育放在首位,强调音乐学科实践性的特点,鼓励开发学生的创造潜能,注重发扬中华优秀传统文化,关注理解多元文化的培养。审美感知核心素养在课程目标中就体现在:从整体上认知音乐艺术的音响特征和文化背景,从不同题材和形式的作品所具有的音乐表现特征中提升感知能力,对应音乐鉴赏教学的感知与过程。

相较于义务教育阶段的注重"义务性"并处于音乐教育中的基础地位,高中阶段更加鼓励丰富课程选择,满足学生更多的发展需要,且高中课程的理念特别强调高中课程标准的重点:学科核心素养。而"音乐鉴赏"教学是培育学生音乐审美感知和文化理解素养的重要途径,是以聆听、体验、探究、评价等方式对音乐作品进行欣赏、品鉴,在产生艺术联想与想象、获得精神愉悦和美感的同时,对作品的艺术性、思想性、人文性做出判断和反思。

2.普通高中音乐课标对"音乐鉴赏"模块的教学要求

普通高中音乐课程要求教师紧紧围绕核心素养的要求去设计教学目标,并提出一些具体的目标要求。"音乐鉴赏"是高中音乐课程必修模块,不管是必修课程还是选择性必修课程,它们的学业质量水平都是由课程标准制定,分为3个等级:水平1是学生在学业水平考试中需要达到的一个基本要求,水平2和水平3是学生在水平1上要求基础上的提高要求,同时也是高考命题的主要依据。

学业水平考试与高考命题建议明确了学业水平考试与音乐学科核心素养评价的关系，即：音乐学业水平考试依照音乐学科核心素养三方面内涵和能力表现水平，以及不同模块内容要求和学业质量水平的等级要求进行。

例如，"音乐鉴赏"中，水平1以学生能安静聆听为评价的标准，而水平2主要是听辨题材、体裁、音乐风格并学唱，水平3要求能够分辨并说出不同作品或不同音乐家的风格流派与音乐特征，学生能分析音乐的表现形式，从体裁、题材方面进行分析。

二、不同学段音乐欣赏与鉴赏学习身心特点

（一）义务教育阶段

1.1~2年级

1~2年级的学生大致6到7岁，处于学龄初期。发育以身高和体重为主要标准，6岁女孩子的身高应该达到116.6cm，体重应该达到20.37kg。6周岁男孩子的身高应该达到117.7cm，体重应该达到21.26kg。该年龄阶段学生心理特征表现为好奇心强、模仿性强、好动，注意持续的时间相对较短。在音乐欣赏的学习中，学生需要的更多是以音乐情绪、情感的感受与体验为主的内容，以"聆听音乐"为感受和学习音乐的基本途径。1~2年级欣赏教学的主要任务是"聆听音乐"，也是培养学生核心素养的重要途径。

课标指出，聆听并不仅仅意味着被动地聆听表演或音响，也包括学生自己的唱、奏等。我们在这一阶段的欣赏教学中，首先要坚持听觉为先的教学原则，让学生有充分的时间去聆听音乐，同时借助辅助工具，甚至根据学生的需要和特征设计游戏化的音乐体验方式，充分考虑该年龄阶段的特点，选择对应其能力范围的欣赏内容。其次，加强欣赏内容与学生生活的联系，体现学习活动的生活化、趣味化、情境化等特点，呼应该学段学生的学习心理特点，根据音乐作品设计相应的游戏活动或情境表演，寓教于乐。这些都指向音乐教学中的鼓励性教学以及审美趣味性教学。

2.3~9年级

3~9年级的学生大致8到15岁的年龄，生理发展以十一二岁为分水岭，在小学阶段快要结束时，部分学生会进入生长的第二高峰。

我们从这一阶段的"学习任务"中不难看出，该年龄阶段的学习要体现学生的主观能动性，开始注意他们对音乐的想法。音乐欣赏学习大致分为两个阶段。

其一是3~6年级阶段。这个年龄段的孩子随着身体上的发育，其心理社会功能也在迅速发展，从笼统地不精确地感知事物的整体，渐渐发展到能够较准确地感知事物各个部分及各部分之间的关系。生动、具体、新颖的事物容易引起他们的兴趣和注意。该阶段的欣赏学习对听辨能力有所侧重，即能根据声音作出正确的判断。学生能听辨音乐情绪和情感的变化与音乐要素之间的关联，能听辨歌唱中的音色、乐器的音色，知道乐器名称，还要能用语言简单描述它们的特点。

其二是7~9年级阶段，他们的想象从形象、片段、模糊向越来越精确、完整地反映现实发展，其思维也由以具体形象思维为主向以抽象思维为主过渡，但他们的抽象逻辑思维在很大

程度上仍是直接与感性经验相联系的,具有很大成分的具体逻辑性。这个年龄段的学生的认知也处于由具体到抽象、由低级向高级发展的过程,应适度地在"听赏与评述"活动中让学生靠自己的能力去思考。但是这里的评述比3~6年级的"描述"更深入,以讲解、讨论为辅。教师要尊重学生对音乐的独特感受和见解,并且鼓励学生对其感受进行口头或书面表达,同时关注音乐生活及其他学科,以便更好地将生活经验和其他学科知识运用到音乐欣赏中来,更好地形成世界观、人生观、价值观。

(二)普通高中阶段

一般来说,从十五六岁开始学生就进入高中阶段,是充满青春活力、朝气蓬勃的时期。这个年龄阶段的主要生理特点是:生理发展正处于青春发育末期,是人体发育成熟的阶段,也是身体发展的定型阶段。在这个时期,人体生长发育在经过青春期的急剧发育后,进入了相对稳定阶段,人体内的组织与器官的机能逐步达到成熟水平。

另外,高中生的直觉和观察水平不断提高,其稳定性和持久性都比初中生有了很大的提高,处于记忆力发展的最佳时期,注意的集中性和稳定性有了很好的发展。考虑到高中学生的思维具有更高的抽象概括性,反省性特点,我们就要善于借助"音乐鉴赏"开拓高中生的想象,体现在他们的创造性成分的增加和理想的形成发展上。

三、音乐欣赏与鉴赏教学方法及建议

(一)音乐欣赏教学内容

1.音乐情绪与情感在音乐欣赏中的重要意义

音乐是人类的感受、情绪、思想和意识的一种本能的表现,是一种自然的流露。它是一种用听觉感受的艺术。作曲家在创作的过程中,总是力图再现自身内心深处的感受。好的音乐作品总是强烈、细腻地表达作曲家内心丰富的情感。因此,体验作品所包含的情感,对作品的情感、情绪做出判断,在音乐欣赏中具有重要意义。

2.音乐表现要素的基本内容

音乐表现要素所涵盖的内容大致包括四个方面:①对自然界和生活中的各种声音的感受与体验;②对人声(女声、男声等)和乐器声(常见民族乐器和西洋乐器等)的感受与听辨;③对力度、速度、节奏、旋律、和声等音乐要素的聆听与体验;④对音乐结构的感知。

这四个方面内容的学习,有的具有相对的独立性(如人声的分类,各种乐器的介绍等),但更多的内容是交叉在一起的,需要结合音乐实践和具体音乐作品进行整体性的学习。这有益于学生获得完整的音乐体验。

音乐以声音作为基本的表现手段。音乐中的声音将各种声音要素(音值、音高、音量、速度等)用音乐的组织手段(旋律、节拍、调式、和声、复调、曲式、织体等)按音乐形式美的法则(和谐、比例、对称、调和对比、整齐一律、多样化统一等)组织在一起。构成音乐的声音要素与组织手段,我们称为"音乐语言",或称为"音乐的表现要素"。不了解音乐的表现要素,就很难理解音乐是如何表情达意、塑造音乐形象的。

音乐中的基本表现要素主要有以下几个：旋律、调式、调性、和声、节奏、节拍、速度、力度、音色、音区、织体、曲式。

(1)旋律

旋律又叫曲调，它是由不同高低、不同长短的音组成的音的线条。旋律包含音高、节奏和节拍三种要素。旋律是最重要的音乐表现要素，我们听一首曲子，印象最深的就是旋律。所以，旋律是音乐的灵魂，是塑造音乐形象最重要的手段。旋律由各种音程的连续而构成，其进行是多种多样的。按照音程关系，可以分为级进和跳进，按行进方向可以产生上行、下行、平行的运动。旋律依靠自己的内部逻辑，将不同的行进方式富有个性地综合在一首作品当中，由音乐所要表达的具体情感内容和需要来决定。一般而言，上行的旋律常用于表现情绪的高涨或兴奋；下行的旋律常用于表现情绪的松弛或低落；平行的旋律，尤其是波浪状行进往往表现情绪的安稳平和。

需要明确的是，旋律不是一个脱离于其他表现要素而单独存在的要素，而是各种表现要素的统一体。它表达作品内容的能力不仅仅通过音高关系，也通过各种要素的有机组合、相互作用来实现。它与其他表现要素的关系是整体与个别的关系。

(2)调式、调性

两者是音乐表现的重要基础要素。调式是在长期的音乐发展历史中形成的音高关系的体系，其表现力体现在该体系中的各个音级的运动个性之中，有的音具有活跃而不稳定的性质，如下属音和导音；有的音具有稳定或较稳定的性质，如主音和属音。前者在音乐进行中意味着音乐构思的继续；后者则意味着结束（或暂时的结束）。从不稳定到稳定，又从稳定到不稳定，这种运动的性质便构成了调式在音乐表现中的基础。

调性作为调式的高度，在音乐中使用往往造成新的紧张性和新的矛盾。不同的调性对比能够造成各种色彩的对比和变化，为音乐的运动增加活力，是推动音乐向前变化发展的重要动力。

(3)和声

把音程的横向关系按纵向的方式组织起来，就成为和声。和声的出现是人类音乐的一大飞跃。和声不但能加重旋律的情绪色彩浓度，有时还能改变旋律的情绪色彩，或使旋律的情绪色彩变得丰富。

(4)节奏、节拍

节奏特指音与音之间的长短关系，节拍特指音与音之间的强弱关系。节奏和节拍是音乐中两个密不可分的要素。节奏存在于节拍之中，节拍也离不开节奏，两者相辅相成，共同构成音乐的骨架，支撑起音乐的律动。不同的节奏和节拍为音乐的表现提供了强烈的动力和感情色彩。例如，具有强节奏的进行曲和一些舞曲常用两拍子，具有舒缓悠长节奏的颂歌和抒情歌曲常采用四拍子，三拍子则成为圆舞曲的典型节拍，具有欢快活泼或抒情的特点。音乐表现不同的审美情感时，会采用相应的节奏节拍，如平静时多采用平缓的节奏和长时值的音；激动时多用紧张急促的节奏和强弱交替频繁的节拍。

(5)速度

音乐作品的表现内容丰富多样,要求有多种不同的表演速度。速度在音乐中的作用非常明显,最主要的就是直接形成或影响音乐性格以及音乐的基本形象。一般说来,快的速度通常是和激情、兴奋、紧张、恐慌、欢快、活跃等情绪特征联系在一起的;慢的速度则多与安详、宁静、沉思、忧愁等情绪情感特征相关。在音乐表演过程中,速度的适当掌握有助于增强艺术感染力,但如果采用不恰当的速度,往往会破坏音乐形象。

(6)力度

力度越大,越使人感到音乐紧张性的增强;力度越小,则越减轻音乐的紧张性。另外,力度的增大往往伴随着音响的增强。通常情况下,旋律上行时伴随着力度的增强,旋律下行时伴随着力度的减弱,因此,音乐的高潮往往是在旋律的不断上行中,伴随着力度的增强,使音乐紧张度增加而形成的。

(7)音色

在音乐表现上,音色是一种表现工具(指人声、器乐)区别于另一种表现工具的色彩特质。由于音色不同,各种人声和乐器的表现呈现出丰富的色彩和巨大的表现力。另外,音色的表现作用还在于其体现出的特殊的民族色彩,如各民族的歌唱和乐器特有的音色,使得音乐的民族风格更为显著、鲜明,具有强烈的艺术感染力。

(8)音区

进行音区划分是由于音列中一部分音的音色相似。一般而言,在不同音列间,音的色彩会给人不同的感觉:高音区的音色明亮悦耳,低音区的音色浑厚暗淡,中音区的音色则往往比较坚实稳重。这种由音区造成的色彩变化,肯定会对音乐形象的塑造和审美情感的体验产生影响。

(9)织体

音乐中横向与纵向两方面的关系称为织体,可以分为单声织体和多声织体两类。一切单声部的曲调,如许多民歌、单声歌曲和无伴奏器乐独奏等,都是以单声部织体作为其陈述形式的。齐奏(唱)也属于单声部织体形式。与单声织体相对应的概念是多声织体,它是多个声部或多个旋律的同时叠置,数个声部有多种结合方式,有时是一条旋律上和声伴奏,有时则各个声部都具有独立的旋律。

(10)曲式

曲式是音乐过程的结构,是由各种音乐要素所构成的或同或异的音乐事件。在一个有起止的时间过程中按一定的逻辑分布、组合所形成的整体结构关系,便是音乐作品的曲式。乐曲的曲式有乐段、二部曲式、奏鸣曲式等。

在具体的音乐作品中,不同的音乐表现要素往往是综合交叉在一起的,因此需要结合音乐实践和具体音乐作品进行整体性的音乐学习,从而获得完整的音乐体验。

3.音乐体裁与形式的定义及种类

音乐体裁指的是音乐的具体类型。音乐体裁种类繁多,由于它是和音乐活动方式及音乐形式密切相关的概念,因此,大致可以从以下五个方面来划分。

(1)按照场合及社会功能来划分

如和劳动相联系的夯歌、渔歌、牧歌、山歌、田歌;和男女交往相联系的情歌;和风俗相联系的祭祀歌、酒歌、婚嫁歌、丧歌;用于国家典礼的国歌;用于行军队列的军乐;用于娱乐的舞曲;用于宗教活动的经文歌、弥撒曲、颂赞歌。

(2)按照音乐与其他艺术门类相结合的方式来划分

如和语言结合的歌曲类;和戏剧表演结合的歌剧、戏曲类;和舞蹈结合的舞蹈音乐、舞剧音乐;和电影结合的电影音乐;等等。

(3)按照表演形式来划分

首先可分为声乐和器乐两大类。声乐体裁有独唱、重唱、齐唱、合唱。大型声乐体裁有大合唱、康塔塔、清唱剧等。器乐体裁的类别,以单纯的演奏形式来划分,有独奏、齐奏、协奏与合奏。从器乐的组合来划分,有小型的组合方式,如小提琴独奏(往往加钢琴伴奏)、弦乐四重奏、木管五重奏等,这类小型组合的器乐演奏又统称为室内乐;大型的器乐体裁则有交响乐、铜管乐、协奏曲等。我国的民族器乐体裁有独特的分法,如各种乐器的器乐独奏,不同器乐种类组合的器乐合奏有丝竹乐、吹打乐、锣鼓乐等。这些体裁结合地方特色又形成了种类繁多的乐种,如广东音乐、江南丝竹、福建南音、河北吹歌、潮州锣鼓、西安鼓乐等。

(4)按照乐曲的结构规模、织体类型、节拍速度、表情性格来划分

如组曲、变奏曲、回旋曲、奏鸣曲等都与一定的曲式结构相联系;小夜曲、嬉游曲、幻想曲等和乐曲的情绪、情调相联系;赋格曲、创意曲、轮唱曲都属于复调织体类型;而起源于欧洲民间舞蹈音乐,如波尔卡、波洛奈兹、萨拉班德、加沃特,作为独立的器乐体裁创作,已成为特定的节拍、速度和表情性格的标志。

(5)按照乐曲的民族或地区特点来划分

这类体裁具有鲜明的风格意味,如同样是山歌,信天游属陕北黄土高原的风格;长调是内蒙古草原风格;花儿则是黄河上游流域的风格。

4.关于音乐风格与流派

(1)音乐风格

"风格"一词含义广泛,很难对其下精确和唯一的定义。在音乐领域里,风格可广泛包括某一音乐历史时期、某一国家、某一流派、某一音乐家、某种体裁、某部作品等,在音乐思想、创作原则、艺术个性、表现手段和技法上所具有的独特典型特征。

(2)音乐风格与流派的联系

音乐风格和流派虽为不同的概念,但有着密切的联系。从本质而言,音乐流派与音乐风格一样,都是音乐艺术美在多种形态上的表现。一般说来,音乐流派是由一批风格相近的音乐家所形成的,在艺术观点、创作主张、个性气质、取材的内容和范围、运用的艺术手法与技巧等较为一致的基础上形成的艺术流派。从这一意义上说,风格类型也即艺术流派。

(3)音乐风格和流派的划分

对音乐风格和流派的划分,应持审慎的态度。因为到目前为止,关于音乐风格和流派的划分没有达到完全的统一。原因之一就是,对于不同风格和流派有时难以找到明显的划分标志,即很难以某一特定历史事件和人物为标志,并且使之得到公认。事实上,新时期与旧时期并存,旧风格与新风格同在,新旧风格的因素与方法技巧相结合的情况(如"新古典主义")是存在的。不过,可以肯定的是,音乐风格和流派的多样化是和不同历史时期的审美需要相适应的,并和特定的社会历史事件有机联系着。每一特定时期的音乐都有其主要的艺术风格。西方音乐各个时期和流派的划分有助于我们了解和认识各种风格的形成和发展情况。以下是常见的西方音乐历史时期划分:

中世纪时期(476—1453年);

文艺复兴时期(1453—1600年);

巴洛克时期(1600—1750年);

古典时期(1750—1820年);

浪漫主义时期(1820—1900年);

现代音乐时期(1900至今)。

(二)音乐鉴赏模块教学内容

音乐鉴赏模块的教学内容以聆听丰富多彩的音乐,体验音乐的美,掌握音乐欣赏的基本方法为主,要求养成听赏音乐的习惯。认识、了解音乐作品的题材内容、常见的音乐体裁及表现形式;另外,欣赏具有代表性的中外优秀音乐作品,感受、体验、了解音乐作品的音乐风格及文化特征,理解音乐表现要素在音乐情感和思想内涵表达中的作用。可以借助乐谱和音响,演唱和熟悉音乐作品的主题,运用现代信息技术搜寻和累积音乐资料,欣赏音乐。认识、了解历史上具有较大影响力的音乐流派及重要音乐发展时期的一些音乐家的生平、作品、贡献等,感受、体验中国传统音乐和世界民族音乐的风格和文化特征,认识、理解民族民间音乐与社会生活、历史文化、民间习俗等的密切联系。在思想性与艺术性相统一的原则下,联系相关艺术或其他学科,对接触到的音乐作品或社会生活现象作出恰当的评价及选择。

(三)音乐欣赏教学应该注意的问题

音乐欣赏教学是音乐教学的重要内容,也是培养学生兴趣、扩大音乐视野、发展音乐感受能力和审美能力的有效途径。音乐欣赏能力是音乐学习的基础,歌唱、乐器演奏和创造等学习,都离不开音乐欣赏的能力。

欣赏教学应该注意以下几个问题:

1.以音乐为本,从音响出发,以听为主

音乐感受能力和音乐欣赏能力的培养,都不可能离开音乐、音响和人的听觉。倾听音乐是音乐欣赏的主要方式。音乐欣赏固然需要某些非音乐因素的辅助,如欣赏音乐有时需要用语言文字、图像画面等加以引导,但是这些辅助仅仅是一种媒介,而音乐欣赏最重要的、最根本的还是倾听音乐。因此,我们提供给学生欣赏的音乐必须是最优秀的、最有代表性的、最能激发学生美感的艺术精品,应该是优秀的演奏和演唱,最好的音响品质和优美清晰的画面。这样才有利于激发学生对音乐的浓厚兴趣,使学生获得美好的音乐享受,养成聆听音乐的良好习惯,逐步积累感受与鉴赏音乐的经验。在进行欣赏教学时还要注意,欣赏教学的中心点是"听",应围绕"听"来开展多种多样的教学活动,不要因为采用了多种多样的辅助形式而忽视了倾听音乐这个主要的环节。

2. 要采用多种形式,引导学生积极参与音乐、体验音乐

中小学欣赏教学要适应学生活泼好动、注意力难以持久的特点,尽量采用综合性的音乐欣赏活动,引导学生调动身体的各种感官,全身心地投入音乐,使学生围绕欣赏音乐,结合音乐的各种要素,采用歌唱、演奏、身体动作和表演等方式,参与到音乐中去。也就是说,音乐教学要注意发挥通感的作用。例如,唱一唱欣赏曲的主题或主要片段,用乐器演奏欣赏曲的主题或片段,熟悉、背记音乐主题。再如,结合音乐进行身体动作或表演,随音乐击拍、踏脚、拍手,做各种即兴动作或音乐表演和舞蹈动作等。我们应该采用这种综合性的、生动活泼的欣赏教学方法,避免欣赏教学出现单纯依靠听觉、过多讲述使欣赏教学死板乏味的现象。

3. 要注意引发学生想象和联想,激发学生的创造力

欣赏教学要使学生将生活经验与音乐作品的表现手段联系起来,促使他们产生丰富的联想和想象。音乐欣赏教学启发学生的丰富联想和想象,可以有三种方式:一是由描绘性音乐引起联想,二是由情节性音乐引起联想,三是由音响感知与情感体验引起自由的想象。前两种方式比较浅显易懂,也比较容易收到效果,较适合小学低年级使用;后一种方式需要有一定的生活经验以及较高的欣赏能力,比较适合在小学中、高年级和中学使用。可以利用生动形象的故事、诗歌、语言以及录像、图画、幻灯片等,为学生在生活经验和理解音乐之间架起联想和想象的桥梁。还可以采用比较的方法,如不同音乐情感的对比,各种音乐表现手段的对比,各种不同演唱、演奏风格的对比等,通过比较让学生发表自己的评价和见解。甚至可以引导学生用诗歌、短文和图画等形式表达自己对音乐的感受和体会。所有这些活动都要尊重学生的独特感受与见解,鼓励学生勇于表达自己的审美体验。

4. 教师的讲解、提示力求简明、生动,富有启发性

根据不同年级学生的水平,对欣赏进行讲解、提示当然是必要的,如作品相关的常识、时代背景、创作意图、主题和它的发展变化、曲式结构、风格流派等。但是,教师的讲解应力求简明、生动,多启发学生积极思考和主动表达,并注意讲解的时机,采用简要提示后倾听音乐,再让学生进行探索的方法。有些作品还可以让学生在倾听之后再探索讨论,最后由教师做必要的讲解和提示。

教学有法,但无定法,贵在得法。音乐课教学同其他学科教学一样,方法不是一成不变的。只要我们在教学实践中,充分考虑学科特点、教材内容和学生实际等情况,认真分析,巧妙设计,选择更为方便有效的教学方法,就会顺利实现我们的教学目的。

(四)常用的音乐欣赏教学方法

音乐是听觉的艺术。课堂上,学生利用听觉器官接受音乐的熏陶,音乐中蕴涵的道德哲理、思想情操和情感体验,一点一滴地浸润着学生的心灵,播撒着美的种子。音乐的特殊性决定了人们需要聆听,而多听是音乐教学的一种好方法。采用"闭目法"聆听音乐是提高听的质量,获得良好音乐教育效果的可行办法。

当人们闭上双眼或身处黑暗中时,视觉暂时失灵。眼睛中断了接受外界信息刺激,听觉神经就特别敏锐,平时在睁眼时难以捕捉到的声音信息,都变得清晰可辨。这时,用美妙的音乐去刺激人的听觉,让其以唯一的途径——耳朵去捕捉每一个音符,从中去感受,去鉴赏,情到极处,往往到了物我两忘境地。短短几分钟的闭目聆听,能收到事半功倍的教学效果。

在不同教学情况下,我们可以灵活运用以下教学方法。

1.情境法

情境法是遵循反映论的原理,充分利用形象,创设具体生动的情境,激起学生的学习情绪的一种教学方法。

在音乐教学中,学生对音乐的感受、理解往往需要借助情境,如创设图画再现情境,扮演角色体会情境,语言描绘情境,音乐渲染情境等。这些情境可使学生产生一定的内心情感体验和情绪,从而增加对教材的理解,促使他们产生用音乐来表达感情的欲望,同时也受到一定的性情陶冶。

例如,在《奇妙的音乐之旅》一课中,在第二部分"视听结合感受乐曲"中,教师选择"讲故事"的方式让学生聆听故事想象画面:

第一环节:情境创设,童话导入。

师:在很久很久以前,有一位名叫克拉拉的公主,在圣诞节前夕,收到了许多的礼物。她最喜欢的礼物是"胡桃夹子士兵"。她小心翼翼地将胡桃夹子放在餐桌上欣赏着,突然老鼠王跳上桌子,一下把胡桃夹子撞到地上摔坏了,克拉拉非常伤心难过,妈妈来到克拉拉身边,柔声安慰着克拉拉。在妈妈轻柔的歌声中,克拉拉渐渐进入了梦乡。(播放《勃拉姆斯的摇篮曲》)

第二环节:聆听,感受摇篮曲提问:听完妈妈唱的这首歌,你有什么感受呢?(引导学生从音乐要素方面回答)

第三环节:聆听,感受进行曲师:"妈妈就是唱着这样温柔的摇篮曲抚慰着克拉拉,在睡梦中,克拉拉梦见美丽的糖果仙子帮助胡桃夹子复原了他的身体,他正在操练玩具兵们,准备向鼠王发起进攻。请听。"(播放《玩具兵进行曲》)

教师以童话故事为线索,以体态律动教学法为载体,充分激发孩子们的兴趣,在兴趣中学习,孩子们吸收得很快,既掌握了音乐体裁的分类,又体会到了不同音乐的不同体态感受,还从视觉上得到了满足。

2.演示法

演示法是施教者展示实物、图片等教具,播放录音录像,或进行示范性的演唱、演奏,以使受教育者获得感性知识的教学方法。演示教学的直观性强,对于增强受教育者的感性认识,提高学习积极性及培养受教育者的观察力、想象力和思维能力等都具有重要作用。

3.练习法

练习法是受教育者在施教者的指导下,运用知识去反复完成一定的操作,以形成技能技巧的教育教学方法。聆听音乐本来就不是单纯地听,需要基础技能。音乐教学的许多内容,如演唱、演奏、视唱练耳、音乐创作等都属于技能技巧,因此练习法也是音乐教学中常用的教学方法。例如,音乐表现要素的学习是音乐入门所必需的一个过程。一些简单的要素(比如旋律、节奏、节拍、速度、力度、音色、音区等)的教学在小学甚至幼儿园就要开始,而较复杂的要素(如调式调性的和声织体等)的教学则适合在理解力较强的中学阶段开展。

4.发现法

发现法是学生运用教师提供的按发现过程编制的教材或材料进行"再发现",以掌握知识并发展创造思维与发现能力的一种教学方法。采用发现法,可以增强学生的记忆和解决问题的能力。例如,教师提供各种音响材料:刮风、雷鸣等自然音响,或打击乐、钢琴、木琴等乐器组合声等,让学生识别什么是音乐,什么是非音乐。让学生去发现、去探索要解决的问题,再用实践去检验、证明,通过发现得出结论。

5.讲授法

讲授法是施教者通过口头语言向受教者传授知识的教育教学方法,它是音乐教育中最基本的方法之一。讲授法的优点是施教者有较充分的主动性,易于把握所讲内容,能够使受教者在较短时间内获得较多、较系统的知识。这种教育教学方法要求施教者要有较强的语言表达能力。

这种教育教学方法适于基础乐理、音乐作品的分析,音乐家介绍,乐器知识讲解等内容的教学。在运用这种教育教学方法时,要贯彻启发式教学思想,促进受教者的思维活动;语言要简练准确、生动形象,富有艺术性;语调要抑扬顿挫,并注意讲话的节奏与速度;还可以适当地辅之以身体动作和手势,加强语言的表达效果。讲授法要与其他教育教学方法相配合,注意不要形成"满堂灌"的现象。施教者的讲授语言还要注意适应不同年龄、不同层次的学习者,使他们能够听懂并理解所讲授的内容。

6.讨论法

讨论法是在教师的指导下,学生为解决教学中的某些问题,采用相互启发、讨论辩论等方法。在音乐教学中,讨论法能更好地发挥学生的主动性、积极性,有利于培养学生的独立思考能力、口头表达能力和创造能力,能促进学生灵活地运用知识,提高分析问题、解决问题的能力。如对歌曲演唱的处理分析、音乐欣赏作品的理解、形体动作的分析、旋律创作的研究、乐队的简单编配等都可以采用讨论法。

在诸多教育教学方法中,讨论法是一种值得提倡、最体现教学民主、最能调动学生思维的方法。一些教师对作者简介、作品大意、音乐风格、曲式结构进行介绍时,往往喜欢通篇采用讲授法,特别是曲式结构,一节课下来学生除了欣赏外,只能被动地听教师"满堂灌"。

采用讨论法,特别是在欣赏课中使用讨论法,能充分体现以学生为主体、启发学生思维。讨论法的实质是:能让学生说的教师不说,能让学生做的教师不做;变教师的"演员"身份为"导演",变学生的"观众"身份为"演员"。

（五）音乐鉴赏教学法及建议

鉴赏与欣赏的不同点在于,鉴赏除了通过欣赏对音乐作品进行听赏、想象、获得精神上的满足外,还强调对音乐作品从艺术、思想、人文方面做出自己的判断和反思。

1.以"聆听"为主,合理设计实践活动

坚持以聆听音乐为主的教学原则,引导学生对音乐作品整体性的审美感知和亲身体验,同时借助乐谱和音响,演唱和熟悉音乐作品。例如,在高中音乐鉴赏《一个人的流派——德彪西》一课中,教师引导学生通过聆听、模唱、视唱、听辨比较、描述、创编等实践活动来感受、体验印象主义音乐的风格特征。在德彪西钢琴曲《亚麻色头发的少女》中,师生合作,配乐朗读诗歌,营造朦胧的意境。

导入:《亚麻色头发的少女》之印象。

师:今天,我们的音乐旅程从欣赏一幅画开始。在这幅绘画作品《康威尔斯小姐像》中,色彩和线条哪个更为突出?

生:色彩。

师:作品中,色彩和线条有什么特点?

生:线条没有分明的轮廓,而是用模糊的轮廓、细碎的笔触来构图。色彩打破了传统"固有色"的观念,采取在阳光下直接作画的方法,捕捉自然界的瞬间印象。

（师生合作）以德彪西钢琴曲《亚麻色头发的少女》为背景音乐,朗读诗歌,营造朦胧的意境。

师:唯美的画面、优美的诗歌在钢琴曲《亚麻色头发的少女》的映衬下,你感受到了什么样的意境? 幽静朦胧、飘忽不定的意境。这就是印象主义的特点。19世纪末,受印象主义绘画和象征主义文学的影响,出现了一种音乐流派——印象主义音乐。

导入环节结合绘画、诗歌、音乐,师生合作,营造出印象主义朦胧的意境,既为后面音乐鉴赏做好铺垫,又介绍了印象主义音乐的起源。在教学中,教师应根据音乐作品特点,引导学生在听赏环节中唱、奏音乐主题,或随之律动,或适当穿插综合性艺术表演等实践活动,激发学生的听赏感。

2.设计探究性和启发性问题

聆听音乐时,可设计探究性和启发性问题,同时采用集体讨论的方式交流对音乐的感受与理解。爱因斯坦说过:"提出一个问题,往往比解决一个问题更重要。"在音乐教学活动中会遇到种种困难和问题。教师要鼓励学生大胆提出问题,并可以解释性地回答问题,让学生通过"观察——听赏——提问——假设——推理——验证"等过程,对问题反复地、持续地探究与实践,逐步养成善思、勤问、好学的良好习惯,从而有效地培养学生的创新能力。

一部音乐作品,是独特的内容与形式相结合的产物,是作曲家主观精神与作品的客观特征相统一的艺术,具有能够感知和体验却难以说明的独特面貌。就整个音乐艺术而言,音乐风格在本质上就是音乐艺术美多种形态的表现。因此,在涉及音乐风格时,我们就可以将巴洛克时期音乐与古典时期音乐加以比较,将古典乐派与浪漫乐派加以比较,将德国音乐与意大利音乐加以比较,将东方音乐与西方音乐加以比较,将贝多芬音乐与莫扎特音乐加以比较,将贝多芬不同时期的音乐加以比较,在各种声乐和器乐作品之间进行比较等等。

比如,高中音乐鉴赏《一个人的流派——德彪西》一课中的对比欣赏环节:

《月光》之印象

(1)对比《月光》

师:下面的两首作品都叫《月光》,哪一首属于印象派呢?比较它们在旋律、节奏上的不同。

在聆听第一首作品时,请同学们拿出你的手跟着弹奏。

在聆听第二首作品时,请同学们尝试跟着唱一唱。

贝多芬　　有规律的节奏音型　　清晰的旋律线条(唱一唱)

德彪西　　不规则的节奏发展　　模糊的旋律线条

(2)对比和声

师:下面老师弹奏两组和声进行,请同学们听一听哪一组是印象派的。

师:请同学们听听印象派的和弦是如何进行的。

在作品中出现的和弦的平行进行,也就是和弦朝着一个方向走,这在古典主义音乐中是不可能出现的。他把音乐中有重要作用的和声从逻辑功能解放出来,从而获得了丰富的和声色彩。

小结

旋律:旋律短小,轮廓模糊,不易歌唱。

节奏:使用动力感不强的复节奏、复节拍,频繁的连线给人以连绵感。

和声:新颖的和声,注重色彩效果,营造朦胧的意境。

教师通过欣赏贝多芬与德彪西的《月光》,让学生对两者的旋律、节奏、和声等进行讨论和比较,在欣赏乐曲的同时也了解到古典主义与印象主义的不同之处。

3.充分利用教学资源,引导学生自主研究

音乐鉴赏教学还可引导学生运用现代信息技术搜集与课程内容相关的音频、图片、乐谱和相关文字等资料进行研究学习。研究法是指受教者在施教者的引导下,通过独立的探索,创造性地解决问题,获取知识和发展能力的一种教育教学方法。一般来说,受教者要解决的问题都是学界已经解决了的问题,不过,它对于受教者来说还是新问题。在施教者不做讲解而只提供一定素材的条件下,解决这些问题需要受教者进行创造性的研究活动。研究法的突出优点是能够使受教者在研究和解决问题的过程中得到极大的锻炼和提高,逐步掌握研究问题的方法,形成创造性地解决问题的能力。

第二节　歌唱(唱游、独唱与合作演唱、合唱)教学法

一、课程标准要求

(一)义务教育阶段

1.课标对歌唱教学的总体要求

歌唱教学是义务教育阶段学校音乐教学的重要组成部分。歌唱是以人声为媒介,直接表现、抒发情感的一种艺术门类。它是义务教育音乐课程中"艺术表现"实践涵盖的一项具体学习内容,也是学生参与艺术实践活动的必备技能。

但在义务教育阶段,歌唱并不单是一项音乐技能。它是学生通过对歌曲的感知、理解,创造艺术形象,表达歌曲的思想情感,并能在呈现中展示出美感的一种艺术能力。因此,歌唱教学不能作为"艺术表现"独立存在,而应包含"审美感知""创意实践""文化理解",最终指向核心素养全面发展,是一种综合化的艺术表现。

义务教育阶段的歌唱教学旨在培养学生学习音乐的兴趣,在文化理解的引领下,通过联想及想象运用各种媒介和独特的语言艺术使学生获得歌唱的技能,提高歌唱表现力,获得美感的享受,从而提高学生审美感知和表达能力,并为其他音乐学习奠定基础。因此,歌唱教学要把握好核心素养四大内涵之间的关系,以歌唱艺术实践为载体,使学生在学习过程中获得身心健康,形成适应个人终身发展和社会发展需要的正确价值观、必备品格和关键能力。

2.不同学段歌唱教学的要求

(1)第一学段(1~2年级)

《义务教育艺术课程标准(2022年版)》对不同学段的"歌唱"教学有着不同的课程目标、学习任务和学业质量的要求。新的艺术课程标准十分注重幼小衔接,第一学段1~2年级开设的是唱游·音乐课程,学习任务为"趣味唱游",具体的学习内容与"声乐表演""综合性艺术表演""即兴表演"和"识读乐谱"等对应。因此,1~2年级的唱游·音乐课以歌唱为主,利用多种表现形式,围绕歌曲内容进行趣味化、游戏化、活动化、生活化的综合性音乐教学,须符合儿童的认知、身心特点,激发学生对音乐的兴趣,能够使学生积极参与音乐活动,在学习过程中建立合作意识,能够感知和探索身边的声音和音乐,培养韵律感、节奏感等。这一学段是从幼儿园综合活动到小学分科课程过渡的衔接学段,同时也是为后面学段的学习打下坚实基础的关键时期。

1~2年级学业质量要求学生能跟随录音与同伴一起演唱,在歌唱技能方面要求歌唱姿势正确,声音自然,歌曲完成度做到基本完整、正确,初步做到音乐表现要素(音色、速度、音量等)能够基本符合歌曲情感。在唱游活动中,要求能够配合音乐做简单的声势、律动、舞蹈等,使身体动作与音乐情绪、韵律、节奏等基本吻合,并能在活动中根据音乐表达自己的想法,如简单的动作、语言等。

这一学段的歌唱教学主要是打好歌唱和音乐学习的基础,在活动中建立音响与音乐之间的联系,教会学生正确的歌唱姿势、自然的声音,有感情地演唱、齐唱或表演音乐作品,可用角色扮演、音乐可视化等手段通过音乐唱游活动让学生多感官体验音乐。

(2)第二学段(3~5年级)

3~5年级由唱游·音乐课程转化为音乐课程,学习任务由"趣味唱游"转为"独唱与合作演唱",学习内容是"声乐表演"与"识读乐谱"。因此,这一学段歌唱教学的目标在第一学段基础上有所提高,要逐步培养学生的学习意识,在音乐中共情共感,感知、体验音乐的审美特质,并能够自信地用自然的声音、状态演唱歌曲,了解中国音乐文化,学唱中国特色民歌、戏曲唱段以及在技法表现上有初步要求的一些优秀歌曲。这一学段在独唱、齐唱基础上加入轮唱、固定音型伴唱和其他较为简单的合唱形式,学生能够认识常用的音乐记号,并能在演唱时表现出来,能对指挥动作做出相应的反应。

3~5年级学业质量要求学生能够初步掌握演唱的相关基础知识,以及歌唱的基本方法与技能。这一学段除要求演唱的完整性外,在流畅度、歌曲情感表达等方面都要基本符合音乐作品的要求。这一学段要求每学年背唱歌曲4至6首,包括中国民歌或戏曲(戏歌)片段。

教师在这一学段的歌唱教学中,要注意培养学生正确歌唱的方法和意识,把握好民歌和戏曲等不同类型歌曲的腔调、唱法和韵味;注意其他声部的加入、声音的和谐,培养学生协作能力,为合唱打下良好的基础。在教学时让学生养成良好的歌唱习惯、合作能力,以及与指挥的配合能力和反应能力。

(3)第三学段(6~7年级)

6~7年级歌唱教学在作品的选择和内容要求上难度加大,要学唱较完整的戏曲唱段以及在技法表现上有一定要求的作品。这一学段注重学生在歌曲中表达自己的创意想法,能正确表现歌曲风格,能根据指挥调整自己的演唱。

这一学段在学业质量上要求能够运用所学知识、方法和技巧进行演唱,完整性、流畅度、情感表达的要求从第二学段的基本符合提高到基本达到作品的要求,并且能够通过控制音色、速度、力度等音乐表现要素,根据音乐作品体现出自己的创意。这一学段要求每学年背唱歌曲4至6首,包括中国民歌或戏曲(戏歌)片段。

这一学段的学生逐步进入变声期,因此教师在歌唱教学时应注意歌唱教学的方式方法,懂得嗓音保护。教师要尊重学生的想法,让学生乐于表达,主动参与。随着学生能力的增强,对歌唱的能力和表现力应有更高的要求。

(4)第四学段(8~9年级)

8~9年级需学唱技法和表现要求稍高的作品,对学生歌唱能力的要求较高;要让学生真正感受到合唱的魅力,提高合唱能力;能在演唱时进行个性化处理和表达,能用基本的指挥图示指挥他人合唱。

8~9年级的学业质量要求能够熟练运用各种技巧进行演唱,表现音乐。要求学生具有初步的多声部音乐表现能力,在第三学段基础上,对和谐度提出了要求,主要体现在多声部训练和演唱中。这些要求从基本达到提高到要符合音乐作品的要求,并在音乐表现中体现出较丰富的表现力和创意能力。这一学段要求每学年背唱歌曲4至6首,包括中国民歌1至2首、京剧或地方戏曲唱腔片段1至2个。

这一学段歌唱教学应继续提高学生的歌唱能力,以便学生更好地表现作品,同时也要增强合唱的能力,对视唱、音乐术语的教学适当加强、加难,熟悉并理解常用的音乐术语。教师要激发学生的想象力和创造力,让学生勇于表现和创新。

(二)普通高中阶段

1. 课标对"歌唱"模块教学的要求

"歌唱"是普通高中音乐必修课程的六个模块之一,学时为36(18+18),18学时修满并通过考查后获得必修课程1分。歌唱模块的教学包括声乐的相关知识与歌唱技能,让学生在歌唱学习中形成积极的态度和正确的审美观,具备一定歌唱能力和表现力,从歌唱中获得乐趣和愉悦感,并在集体演唱中增强交流和合作意识。"歌唱"是"艺术表现"素养的实现途径,与其他模块互相渗透、交融,如"音乐鉴赏"模块、"音乐与戏剧"模块。这些模块作为必修课程都较为基础,教学也应围绕核心素养,同时开发音乐学科内外价值,让学生理解歌唱的知识与技能,丰富情感和审美体验,增强对音乐文化的理解,并在歌唱实践中获得与人交往、交流、合作的能力。

"歌唱"模块要求学生对不同类型声乐作品都要了解,感受歌唱艺术的独特魅力。在参与独唱、合唱、重唱等不同形式的歌唱实践中,掌握其基本方法和技能,并能够分析作品,理解其艺术内涵。

该模块的学业质量水平1为学生在学习后应达到的基本要求。水平1要求学生能根据题材、体裁、风格和表现形式,对自己熟悉的歌曲进行分类,能够说出歌曲所表现的内容、思想情感和基本艺术特点。能跟随集体演唱歌曲2至3首,能在演唱中运用所学的方法和技能表达歌曲情感。能够运用所学,较完整、有感情地独立演唱歌曲1至2首,对歌唱有一定的兴趣,能运用所学结合生活进行演唱。

该模块学业质量水平2和3是学生学习后应该达到的提高要求,也是高考命题的主要依据。水平2到3在学生具体表现程度和思维等各项能力上要求有所提高。水平2要求学生能够分析所唱歌曲所表现的内容、思想情感和基本艺术特点,水平3要求学生能够从这些方面对不同声乐作品进行比较、分析。水平2要求能正确运用所学知识和技能,准确表达歌曲情感和风格,能与他人合作进行重唱或合唱2至3首,且在唱好自己的声部同时能够与其他声部配合默契。水平2对学生的歌唱自信心有所要求,能在不同场合、他人面前自信、有感情和足够表现力地进行演唱。水平3在声乐技能技巧方面有较高要求,如呼吸、吐字、发声等,能声情并茂地演唱歌曲,有较丰富的演唱曲目积累。

普通高中"歌唱"模块的教学要紧密结合音乐鉴赏、分析,帮助学生掌握声乐相关知识,理解作品内涵。在教学时可创设与歌曲相符的情境,以境带情、以情动人,注重歌唱的情感体验和表达,循序渐进地学习声乐技能,达到"技能+情感"的融合。

2.课标对"合唱"模块教学的要求

"合唱"为普通高中选择性必修课程模块之一,学时为18学时,修满并通过考查后获选择性必修课程1学分。"合唱"模块是"歌唱"模块的拓展与延伸,是以合唱表演活动为主的实践性课程,注重提升学生集体歌唱表现的能力,增强团队意识,因此更具表演性、实践性和拓展性。

"合唱"模块的内容要求学生不仅会唱,还能够欣赏优秀的合唱作品,感受多声部的艺术魅力,能喜爱合唱艺术,积极参与合唱实践活动,能够看懂并理解歌谱,根据指挥要求进行排练和表演,并在合唱的集体歌唱中,形成良好的合作与协调能力。

该模块的学业质量水平1为学生在学习后应达到的基本要求。水平1要求学生乐于参与合唱实践活动,在合唱中与他人能较好地合作。能够在合唱中基本准确地演唱自己的声部,尽量在演唱中追求一定的表现力,能够与他人协作完成教师的要求和任务,较完整演唱2至3首简单的合唱作品。

水平2到3在学生具体表现程度和协作配合等各项能力上要求有所提高。水平2和3要求学生能用积极主动的态度参与合唱活动,乐于与他人交流配合。在技能方面,水平2要求能运用恰当的歌唱方法进行演唱,水平3要求能够熟练运用合唱的技能与方法,演唱较高艺术表现力的合唱作品4至5首。在合唱配合度上,水平3要求能较好地与他人合作,互相配合,在保证自己声部的准确性和表现力同时,能够倾听其他声部的声音,并适当做出调整,保持声部间的平衡。在合唱作品要求方面,水平2要求学生能够根据作品和指挥提示进行演唱,并能根据要求做出正确的反应。水平3要求能够熟练识读合唱乐谱,理解作品创作意图和表现要求,并能根据指挥做出敏锐的反应。

因"合唱"模块为选择性课程,教师可根据学生选课情况,采取不同形式的组合方式灵活组织教学活动,如组成班级合唱、跨年级合唱、学校合唱团等不同形式或水平层次的合唱团(组),教师再根据不同的教学对象合理安排教学计划。在选曲上要适合学生,受学生喜爱,要指导学生进行合唱排练,鼓励自排、互排。教师要调动学生的积极性、参与性,合唱评价可安排在表演实践中进行,注重学生的过程性评价。对于有更高需求和要求的学生,可采用循环选修合唱模块的方式,拓展合唱学习的深度、广度,提高艺术表现力,为声乐特长生提供发展或升学的准备条件。

二、不同学段歌唱学习身心特点

(一)义务教育阶段

1.1~2年级学生歌唱学习身心特点

根据皮亚杰认知发展理论,1~2年级的学生正处于"前运算阶段"向"具体运算阶段"过渡的时期,因此,这一阶段儿童既有前运算阶段的特征,又有具体运算阶段的特征,教学活动中具有复杂性,教师有智慧地教学起关键作用。前运算阶段主要表现为符号功能、表征功能和自我中心,这一学段的学生主要用符号和语言描述事物,但使用的语言或符号还不能代表抽象概念,思维仍受直觉表象的束缚。因此,这一阶段要建立音乐与语言、音乐与生活之间的联系。1~2年级学生的音色非常稚嫩,男女声没有太大的区别,皆属于童声,音色明亮。由于身体还未发育完全,身体机能不能完全调动,声带单薄、音域较窄、肺活量较小,因此,对于歌唱知识和技能的学习,不能用专业声乐术语和方法进行教学,要注意从学生视角、思维和认知出发,要具体化、形象化、趣味化、表情化。

这一学段学生具有强烈的好奇心,比较活泼好动,要避免重复性地歌唱,否则学生容易走神、注意力不专注。大部分学生对歌唱是持有积极态度和浓厚兴趣的,因此,歌唱教学要多与学生互动,让学生有参与感。在歌唱教学中可加入声势、戏剧、动作等,教学设计应灵活多元。此外,这一学段学生模仿性较强,因此,教师的示范对学生建立正确的歌唱习惯和方法具有极大的影响。

2.3~9年级学生歌唱学习身心特点

3~9年级学生主要处于"具体运算阶段",具有了逻辑运算能力,能初步掌握系统的方法。因此,3~9年级学生是学习和掌握歌唱方法的最佳时期。其中,3~4年级是童声中期阶段,学生音域逐渐扩宽,理解能力也逐渐增强,可适当增加歌曲难度,进行一些合唱训练。5~6年级学生进入变声期,歌唱教学要注意用科学的发声方法,保护学生的嗓音。7~9年级学生经历变声期,可能会出现声音嘶哑等现象,声音会不受控,音域变窄。当发现声音出现变化时,学生可能发声唱歌会不自信。这一阶段学生正处于青春期,心理变化较大,性别差异明显,教师要密切关注学生的身心发展变化,结合他们生理和心理特点进行歌唱教学设计。

(二)普通高中阶段

高中生的心智越来越成熟,对事物的认知程度加深,理解不只停留在表面,具备透过现象看本质的能力,思想趋于成熟和独立,自身素养、文化底蕴、情感体验、理解认知能力都有提升。在歌唱教学方面,教师应更多注重高中生的歌唱情感体验,产生情感共鸣,从而更好地表达情感。

高中生处于"形式运算阶段",逻辑思维能力增强,具有抽象思维能力,这是审美能力提高的重要条件。但目前高中生很容易受大众音乐审美影响,教师要注意引导和教导。审美得到提高,才能更好地表达歌曲的内涵和情感。

三、歌唱教学方法和建议

(一)歌唱教学的价值

歌唱是学生通过自身的嗓音形象来表达思想感情的音乐表现形式。一般说来,歌唱教学是音乐教育的基础,具有重要的教育价值。

1.歌唱是音乐表现的基本方式之一

歌唱是音乐表现的基本方式之一,也是中小学基本的音乐活动形式。中小学音乐教育的目的并不是训练歌唱技能,而是为了学生在音乐中获得快乐。嗓子是人人皆有的"乐器",它给每一个学生提供了学习音乐的机会。经济条件较差的学校,利用"唱"进行音乐教学活动是最容易、最普及、最经济的方式。歌唱教学活动会使学生在学习音乐知识、歌唱技巧、识谱能力时更为主动,同时又是对学生进行思想教育、陶冶情操的过程。只要教师的教法适当,就可以让学生在快乐的演唱中去欣赏音乐和创造音乐。

2. 歌唱是培养音乐感的基础

匈牙利著名的音乐家柯达伊说过:"唱歌是培养音乐感最好的基础。"歌唱中的"唱"是人操作嗓子,更多地体现着人的生理和心理的反应。比如,人们在快乐的时候会情不自禁地哼唱小曲或吹起口哨;愤怒或悲哀的时候也会以唱的方式宣泄情绪。也许在别人听来不美,甚至是不堪入耳,但对唱者本人来说却是最真挚的情感表达。"歌"则具有更广泛、更深刻的意义。它包含着演唱者对音乐的理解和歌唱的修养,选用适当的嗓音塑造音乐形象,借助表情和动作丰富歌曲的表现力与感染力。"歌"更多地体现着人对音乐的创造和欣赏的综合表现能力。我们在训练学生歌唱时,是在帮助他们使用敏锐的嗓音去塑造他们自己想象的音乐世界并真诚地表现自我。正如詹姆士·L.穆塞尔所说:"歌唱的'乐器'是整个品格,包括身体上的和心灵上的。歌唱着的并不是孩子的嗓子,而是正在歌唱的那孩子本人。"

3. 歌唱可以更好地促进学生喜欢音乐、欣赏音乐和表现音乐

歌唱美妙的音乐,能使学生最直接地感受音乐的魅力,增强对音乐的理解。学生在集体演唱训练中可以互相影响、互相促进,也可以增强声音的和谐以及感染力。在一个班集体里,能够独唱的学生毕竟是少数,但依靠集体力量却可以塑造较完美的艺术形象。因此,通过集体演唱更容易建立学生的自信心,营造团结向上的氛围,有利于培养集体荣誉感。合唱可以培养学生的和声感及配合能力。对唱歌的训练也是对呼吸器官和发声器官的合理训练。这个学习过程容易使学生喜欢音乐,并逐渐学会欣赏音乐和表现音乐。

(二)歌唱教学的任务

1. 朗诵与歌唱

"朋友,你到过黄河吗?你渡过黄河吗?"

这一句朗诵词用了两种节奏谱来记录,朗诵时的感染力是不同的。一种比较平淡,而另一种运用休止符、附点音符、重音,使得朗诵较为吸引人。这是因为朗诵者对语言的理解力不同。一般说来,人的语言可以表达有表情的变化和语气的变化,而语气变化是受语言的节奏、速度、力度、短句结构等因素影响的。这一切都反映出人的说话修养和对语言的理解力。斯通姆夫说:"歌曲和说话之间的极其重要的区别就是:在歌曲里我们用的是音高的明确分开的音级,而说话则包含音高的连续。……说话和歌唱的区别只是相对的而不是绝对的。因而在说话时所用的嗓音和在唱歌时所用的嗓音的唯一基本不同的是后者用了明确的音高音级及其机械控制的各种要素。"这个分析让我们洞察到演唱训练的本质。显然,朗诵教学的许多方法都可以应用到歌唱教学中来。

2.歌唱教学的任务

有音乐感的歌唱可以通过提高学生的理解力来培养。所以,基础音乐教育歌唱教学的任务应该是发展学生具有理解力的歌唱嗓音,培养学生的音乐感,能够自然、自信、有表情、有感情地唱歌。而作技能技巧只是在表现音乐时顺带解决,它绝不是歌唱教学的主要任务,更不是基础音乐教育追求的目标。詹姆士·L.穆塞尔认为:"嗓音的发展并不是趋向机械学上的精确性,而是趋向灵活而可理解的控制。"当我们倾听和享受良好的歌唱时,我们享受的并不是一种机械性的、完美的仪器发声,而是一个有音乐感的人创造性的表达。音乐课的基本目的并不是训练歌唱技能,而是为了学生在音乐中享受快乐。

(三)歌唱教学的方法与建议

1.唱游教学方法与建议

趣味唱游是小学1~2年级的学习任务之一。唱游是一种以歌唱为主的综合性音乐活动,它融合了演奏、声势、律动、即兴表演等多种表现形式,并以趣味化、游戏化的方式开展活动。唱游教学应遵循以下几个原则:

(1)直观性

教学要考虑教学对象。根据小学1~2年级学生身心特点,唱游音乐活动应遵循直观性原则。在唱游活动中,教师可通过动作、律动、语言、表情等让学生直观感受到歌曲所表达的内涵和情感,也可充分利用道具和多媒体,从听觉上、视觉上让学生多感官感受、感知音乐,帮助小学低段学生理解音乐。

(2)活动性

唱游音乐本身就具有活动性。一方面,音乐教师应充分挖掘教材中的活动元素,设计相应的音乐活动,要围绕主题多设计活动并且要环环紧扣,尽量让学生在活动中完成学习,主张"做中学"。另一方面,唱游活动要凸显趣味化、游戏化,如角色扮演、音乐游戏等,要使设计的音乐活动可实践、可执行。

(3)生活化

对于小学低段学生来说,他们虽然思维跳跃,但还不具备逻辑思维能力。他们的认知来源于生活中的所听所见,因此,唱游活动要生活化、情境化,可从生活中的事物做延伸,激发学生的想象。

2.独唱与合作演唱教学方法与建议

教师要努力为学生创造和保持可以积极开口唱歌的氛围,这是演唱教学顺利进行的先决条件。当一个人渴望唱歌时,他就可以发自内心地唱好歌曲。

(1)提倡鼓励式教学

在学生开口唱时,教师应及时给予肯定和表扬。不过表扬必须是真诚和恰如其分的,而不是夸大其词。教师要不断地给学生建立自信心,让他们觉得自己很有歌唱的潜质,每时每刻都在进步着,只要坚持下去,他们还可以唱得更好。

(2)强调歌唱中情感的抒发

情感好坏会直接影响学生的歌唱质量。一个人喜欢歌唱时,他才能唱好歌。在歌唱教学中,任何干扰学生心情的东西都起着破坏学生歌唱的作用。教师要给学生营造这样的教学氛围:我们的歌唱是为了愉悦心情,你想怎么唱就怎么唱。但这不是说可以乱唱,因为作品本身会提供适当的表达方式。教师应相信学生的感觉,他们会根据自己的体会去正确表达心声。特别是在集体演唱时,相互的影响和配合会帮助学生在唱法上进步。

(3)用生动的语言激发学生的歌唱

这里包含着两层意思:第一,教师的语言可以直接激发学生的歌唱欲望,使他们迅速进入歌唱的状态;第二,教师的语言可以较好地唤起学生正确的联想和想象,使他们创造出有理解力的歌唱嗓音,表达音乐所要表达的思想和情绪,同时也唱出自己的心声。

(4)鼓励学生用身体语言来歌唱

歌唱并不仅仅是嗓子的操作,它是靠人的整个机体和精神来体现的。例如,我们在唱高音或情绪激昂的声乐作品时会借助手势来表现,对于节奏性较强的作品,我们也会情不自禁地手舞足蹈。所以,教师不应该限制学生用任何的动作来表现音乐,反而应该及时肯定那些用身体语言来歌唱的学生。

(5)充分发挥教师的示范作用

教师的示范作用是指教师良好的范唱与合理地使用乐器伴奏。示范作用是通过启发而不是通过机械地模仿来完成。这可以给学生树立最直观的艺术形象,也容易拉近师生距离。也许教师的演唱并不完美,但对于学生来说却是真实和亲切的,因为学生更看重的是教师本人,而不是他的嗓子。

①教师的范唱要完整、有感染力。

范唱不是音乐课的一种形式,也不是为了哗众取宠。它是一种需要,范唱可以为学生建立最初的、完整的听觉印象。教师有感染力的表演可以激发学生的歌唱欲望。正如詹姆士·L.穆塞尔所说:"教师自己为全班歌唱对于建立适当的嗓音控制能起一种很重要的作用。这里最重要的事情不是一种伟大的嗓音技艺,而是教师歌唱中有音乐感和审美感的音质和理解力。""假如教师能显示出音质和嗓音的美,他就比树立一个让别人复制的模型所做的多得多。他将树立一个鼓舞人心的理想。"

②使用乐器伴奏是必要的,但不是必需的。

作为一种能力,音乐教师应该学会自弹自唱。良好的伴奏不但可以使音调准确、速度平稳、和声丰富,还可以激发歌唱欲望、调动情绪,大大增强歌唱的表现力。不过这不是说必须要用这种形式。有些歌曲可能清唱的效果会更有魅力,比如中国的一些山歌,节奏自由、曲调悠长、歌词内容类似宣叙调的歌曲,教师不用伴奏的演唱会更有感染力。对于学生来说,不用琴的帮助来歌唱,更能增强他们听觉的灵敏度。对于一些用琴较差的教师来说,他们的伴奏不但不能增强音乐的表现力,反而会破坏音乐的美感。这时,如果用已经有的伴奏带、卡拉OK或借助会弹琴学生的伴奏,都能有效地增强演唱的感染力。特别是学生伴奏更具吸引力,既可以为学生提供艺术实践的机会,也可以使教师有时间充分调动其他学生的演唱热情。另外,我们所提到的用"琴",并不仅仅是键盘乐器,它可以是一切种类的乐器。其实,使用吉他、口琴、竖笛等便于携带的乐器更有利于演唱教学。因为教师可以边演奏边活跃于学生之间,使得师生能够及时交流,从而拉近师生的距离,使演唱更直观、更亲切、更自然。

3.合唱教学方法与建议

(1)注重演唱作品的选材

给学生提供能唱好的作品,可以最直接地引起学生演唱的兴趣,从而使他们主动地去学习,获得有效的音乐表演实践经验。

①选择音域适中的作品。

这对于处于变声期的学生尤为重要。如果歌曲唱起来让学生觉得不舒服,他们就会自动放弃歌唱,甚至讨厌歌唱。

②选择容易歌唱的作品

我们给学生的应该是可以唱好的作品,而不是花枝招展的东西。让学生尽快学会歌曲,才有可能使他们更好地去表现音乐、去创造音乐。容易学的作品也更容易增强学生的自信心。

③选择具有情感和美感价值的作品。

这里的情感是指容易引起学生共鸣的作品,美感是作品本身的魅力。这样的作品也许在技术上略高于学生的接受水平,但由于学生感兴趣,他们会克服困难去积极学习。比如对于发声练习曲的选择,除了那些专业的练习之外,既可以是中外名曲的主题或片段,也可以是师生根据需要自己创编的。

④选择学生熟悉的歌曲和唱法。

现在的学生对流行歌曲非常喜爱,他们大多有自己崇拜的歌星,会通过广播、影视、CD、网络等多种渠道学唱自己喜欢的歌曲,而且唱得非常投入和真挚。我们不难发现,流行歌曲大多具备音域适中、容易上口、感情真挚、个性鲜明、贴近生活、唱法自然、易于模仿等特点,它符合学生的生理和心理需要,所以才令学生对其无比钟爱。我们在演唱中应利用这个特点,可以从通俗唱法和流行歌曲入手,让学生在快乐的心境下学习演唱。其实,选用什么唱法是由音乐作品决定的。通俗唱法、民族唱法、美声唱法之间并不矛盾,没有谁比谁好或不好,只能说表现的方式不同、音色不同,选用什么唱法的关键是看能否恰当地表现音乐作品。所以,作为基础音乐教育的歌唱教学,我们不应该排斥任何唱法。教师更不能因为自己不喜欢某种唱法或不熟悉某种唱法,就武断地限制或阻止学生的歌唱。教师正确的做法应该是因势利导。

(2)用科学的方法训练演唱的技能技巧

在演唱中肯定是离不开技能技巧的。科学的训练方法既要符合学生的嗓音生理发育特点,又要符合学生的心理需要。另外,科学的训练方法也必须与趣味性相结合,才能使学生以积极认真的态度接受嗓音训练。

①用音乐的短句训练歌唱的呼吸。

歌唱的呼吸是唱好歌的基础,但单纯的呼吸练习是没有实际意义的,它绝不是一种形式,那种为了练习呼吸而呼吸的训练是没有价值的。歌曲本身决定了呼吸的状态和长短,而歌曲又是由音乐的短句构成的。这里的音乐短句包含着小小的乐思、乐句、乐段等。教师应引导学生注意音乐短句的构成而不是呼吸本身,我们需要的是使学生们在气息上感觉到短句。

②嗓音的训练要从综合经验入手。

人的声音的确是从嗓子发出的,但声音的质量却是依靠整个肌体联合起来,互相配合完成的。比如气息控制得是否流畅、嗓音的音质如何、声音产生共鸣的好坏怎样、听力的敏锐程度如何、面部表情和身体语言是否自然等都是影响歌唱发挥的因素。所以,嗓音的训练不是仅仅训练发声或吐字,它是一个全身心的训练。对于音高的控制、节奏的控制、强弱的控制等,从本质上说是服从于一定的目的而不是机械地学,即我们要把声乐技巧看作理解力融入学生嗓音的训练。这样让学生获得歌唱姿势上的自由自在、面部肌肉的自如(这意味着两颊、舌头和下颚的自如姿态)、声腔肌肉控制等是很重要的。

③歌唱的乐感是通过精神、意识和表情来培养的。

这里的精神有两方面的含义。一个是作为歌唱主体的学生的参与态度,即学生投入了多少热情、是否感兴趣、是否是发自内心的、是否是积极认真的;另一个是作为演唱客体的音乐作品的内涵,即音乐的品位、深度、思想、意义,主要是指歌曲中歌词提供的内容,易于让歌唱者感知和表现。表情则主要是演唱者根据音乐作品的要求,面部肌肉所表现出的自然和丰富的运动。这三个方面都是演唱时必不可少的因素,它们之间相互影响、相互作用,不可能分开来训练。教师应该用直观、形象、生动的语言来调动学生唱歌的热情。

(四)歌唱教学应注意的问题

1.变声期

儿童的嗓音发展,可分为学龄前期、变声期、变声后期三个阶段。变声后期是已经进入中学的少年时期。试分述如下:

(1)学龄前期。

一般指六七岁到十二三岁,这一阶段的儿童肺活量小,发声器官纤细,因此所发出的声音音量不大,男、女儿童的声音差异较小,音色近似,声音明亮、清脆,音域一般为e^1-d^2,其中e^1-e^2之间的音域唱起来比较舒服自然。

(2)变声期。

一般指十三四岁到十五六岁的少年儿童。这段时期的儿童身体迅速成长,声带也正在发生变化,男女生的差异逐渐明显。女生由于生理的变化,有的声音变得深厚,有的假声鲜明起来。男生则喉结逐渐突出,声带更明显地拉长、增厚。多数男生的声音失去了明亮、清脆的特点,逐渐变得低沉浑浊,声音发沙甚至嘶哑。女生也有上述情况,但不如男生明显。少年儿童在变声时声带普遍充血,其主要原因是发声器官的血液供给增加,不能很快散热,也没有排散的余地,因而声带长期处于充血状态。这种充血,并非一般感冒所引起的血管扩张那样容易消失,因此,少年儿童的声带(特别是男生)多数长期闭合不好,不够灵敏,唱不动,甚至失声。一般说来女生在变声期中,声音变化不如男生那么明显,但发声器官比较容易疲劳。

由于每个少年儿童的身体素质不同,具体变声时间也各有不同,变声期完成的时间也各有长短。一般是女生比男生早熟,变声的过程也比男生快。变得快的女生,半年即可完成,变得慢的男生,有的可长达两三年。变声时少年儿童的音域较窄,只有一个八度左右。

(3)变声后期。

变声后期何时起止,一般不好以时间计算,因为变声期一直要延长到发声器官和其他器官都发育到比较成熟的阶段才算结束。从年龄上来看,少数女生早在十四五岁,声音就变过来了,而有的男生到20岁才初步完成。变声后的特点是:男生的喉结明显地突出,男、女生之间的声音有明显的差别,在歌唱时男、女声之间出现八度的距离。

上述是从变声期的角度来谈的,只能作为参考。由于个人的身体素质、发声器官等方面的不同,同龄儿童在音域上、音色上总是不可能完全相同的。

2.儿童的嗓音保护

根据儿童发声器官的生理特点,认真做好嗓音的保护工作,是每个教师的重要职责。这一工作,从幼儿园的学前教育时期就应该开始重视。教师应教育儿童注意以下几点:

(1)不乱喊乱叫。儿童的发音器官正处在发育时期,情况处在不断变化之中,而且比较柔嫩脆弱,大声喊叫必然会损伤他们的声带,引起嗓音嘶哑。因而要多用轻声歌唱。对处于变声期的孩子,可以允许他们低八度唱歌,如果儿童身体不适,可以暂时停唱。

(2)歌唱教材的难易程度应根据国家课程标准和儿童的年龄特点而定。不要将难度过大、技巧过高的成人歌曲,凭教师的个人爱好随便拿来给儿童唱。就是儿童歌曲也要有高、中、低年级之分,否则不仅达不到教育目的和技能技巧的训练要求,还会损伤儿童的声带。

(3)选择歌曲或教唱歌时的定调不要超过其音域,歌曲的音域太宽,或者音域虽不宽但定调过高或过低,必然会超出儿童自然音域的范围,引起声带紧张,导致负担过重,使声带受到损伤。

(4)要禁止儿童盲目模仿成人歌唱,否则儿童可能会学会很多不良的发声方法并导致声带疲劳。要启发和引导儿童用听觉正确地鉴别自己声音的好坏,自觉地避免盲目模仿等不良的发声方法。

(5)不要让儿童在剧烈的运动后和饭后立即歌唱,这样对声带及身体都是有害的。

(6)在唱歌教学及课外音乐活动中应注意劳逸结合,张弛有度。长时间不停顿地歌唱易引起疲劳,损伤声带。

第三节 器乐演奏(合奏)教学法

一、课程标准要求

(一)义务教育阶段

1.课标对器乐演奏(合奏)教学的总体要求

演奏是表演性、实践性极强的艺术活动,是人们表达情感、培养音乐兴趣、提高音乐理解力与创作力的重要途径,也是学生参与音乐实践活动,发展艺术表现核心素养和其他音乐素养重要而有效的途径。

器乐演奏(合奏)是义务教育音乐课程中"表现"艺术实践活动的基本形式之一,对于完善"艺术基础知识与基本技能加艺术审美体验加艺术专项特长"的教学模式具有重要推进作用。演奏将音乐课堂中的乐理知识、基本技能等内容,采用独奏或合奏的方式以丰富的声音效果组织起来,着力提升审美感知、艺术表现、创意实践、文化理解核心素养,帮助学生形成器乐演奏特长(掌握基本的演奏技能进行表演即视为艺术特长)。器乐演奏并不是单一、机械地用乐器将乐谱转化为音乐音响,演奏者需要在演奏活动中注入思想情感和文化活动,思考演奏技巧与音乐表现的关系,对于提高对音乐的理解、表达和创造能力有着十分重要的作用。器乐演奏(合奏)应与声乐、欣赏、编创、表演等学习内容相结合,加强课程内容与艺术实践、学生生活的联系,采用各种演奏形式,以体现基础性和全员性的乐器合奏为主,鼓励学生从实际条件和个人兴趣爱好出发,在普遍参与中发展自己的特长。

在义务教育阶段,器乐演奏(合奏)主要指的是课堂乐器的演奏教学。教师应根据各个学段的学龄特点选择乐器类别,设置学段目标,安排学习内容。通过器乐演奏,让处于变声期或不善于用嗓音表达自我的学生依然能保持音乐学习的兴趣,还可以进行即兴的音乐编创来表达奇思妙想,形成创新意识。在合奏教学中,学生能够从多声部合作训练中明确自己的演奏责任,逐步养成良好的合奏能力与团队意识,以及发展多声部音乐的听觉感知能力等。

器乐演奏(合奏)的目的不仅仅是教会学生演奏技能,而且还要通过这样的艺术实践形式提高学生的艺术修养和审美能力,培育和健全学生的审美心理结构,实现人的全面发展。因此,在演奏活动中,应加强学习过程中的实践性,体现学以致用的能力导向,鼓励学生参加各种演奏活动,学习并掌握演奏的基本方法和技巧,运用乐器进行创造性活动,丰富音乐表现体验并实现通过演奏来进行情感表达的目标。

2.不同学段器乐演奏(合奏)教学要求

为更好地实现义务教育阶段的育人价值,课标在进行学段划分时特别注意了中小学的身心发展规律和义务教育的进阶原则,加强了学段衔接,注重了幼小衔接,合理地根据不同学段设置学习任务、安排学习内容,将义务教育阶段的艺术课程划分为三个阶段,第二阶段又细分为两个学段,最终形成四个学段,并根据学生学业成就表现制定了学业质量标准。所使用的乐器大致分为打击乐器和小型旋律乐器两类。其中打击乐器以无固定音高的小型节奏乐器为主,如双响筒、木鱼、碰铃、锣、鼓等,有固定音高的打击乐器包括木琴、钢片琴、音砖等。小型旋律乐器有口琴、竖笛、口风琴、葫芦丝、陶笛等易上手、易携带、便于集体教学的乐器。其他乐器(民族或西洋管弦乐器)由于演奏方法比较复杂,对技能要求比较高,短时间内较难掌握,故不宜安排在课内集体演奏教学中。

(1)第一学段(1~2年级)

为体现从幼儿园综合活动到小学分科课程的过渡与衔接,1~2年级的艺术课程以艺术综合为主。器乐演奏(合奏)教学活动虽然没有在唱游·音乐课程中被单独设置为学习任务,但已融入"趣味唱游"和"发现身边的音乐"等学习任务中,是相互联系的,为后续的器乐演奏学习打下了坚实的基础。如"趣味唱游"学习任务的内容与器乐演奏学习内容是相对应的,明确指出要能够使用打击乐器或选择其他声音材料进行简单的演奏或伴奏,并要求能够演奏简单的锣鼓经片段或其他节奏型,能进行独奏、合奏或为演唱和游戏伴奏。在完成"发现身边的音乐"学习任务时能够关注生活中各种声音和音乐,将其与音乐要素建立联系,并运用人声、乐器或其他方式进行模仿、表现和创造。在这一学段中,利用综合性艺术活动吸引学生参与形式多样的音乐活动,引导学生关注音乐特点,初步感受音乐与语言节奏的关系,激发对乐器演奏的好奇心,体验音乐的美好以及参与音乐活动的乐趣,最终达到能够使用规范的演奏姿势正确表现节奏、节拍、旋律等音乐基本要素。

这一学段的器乐演奏教学应尝试与其他欣赏、游戏、表演等音乐活动相结合,以无固定音高的小型打击乐器或者其他简易声音材料为主,模拟自然声响来创设相关的音乐情境,引导学生感受乐器的音色、音量等,借助用乐器演奏的形式加入综合性艺术表演活动中,让每一位学生都有机会体验乐器的魅力。

(2)第二学段(3~5年级)

通过学习任务的增加以及要求程度的变化,课标体现了与第一学段的差异,器乐演奏(合奏)教学内容与3~9年级"独奏与合作演奏"学习任务中的内容要求相对应,对于"编创与展示""探索生活中的音乐"学习任务的实现也具有重要作用,对演奏方法和技巧方面的要求逐年提高,3~5年级要求学生学习课堂乐器的基本演奏技能,参与各种形式的演奏活动,如独奏、简单的合奏、为歌(乐)曲伴奏。在演奏表现方面,能初步掌握艺术表现的基础知识,基本符合作品的流畅性、完整性、情感表达等要求,每学年能演奏简单的乐曲1至2首。在音乐编创方面,运用乐器、自制乐器或多种音乐材料进行简单的编创节奏或旋律,以及学会简单评价自己和他人的演奏从而改进自己的演奏。

通过第一学段的学习,教师可以引导学生从个人兴趣出发选择合适的乐器进行学习,以便在后续的学习中不断强化演奏技能。在该学段中还应尽早开展合奏教学,培养学生多声部音乐思维和与人交流、合作的意识。采用多种教学方式让学生逐步掌握器乐演奏,如唱奏结合、创奏结合、奏演结合等,增进对器乐演奏的学习,使枯燥的训练变得生动有趣。

(3)第三学段(6~7年级)

随着生活范围和认知领域的进一步扩展,学生的体验感受能力与艺术实践能力增强,第三学段在第二学段的基础上对器乐演奏(合奏)教学的要求梯度渐进,提出每学年能演奏稍具复杂性的乐曲1至2首。在演奏方法和技巧方面,要求进行具有一定技术和表现要求的演奏或伴奏,能视谱演奏简单的节奏谱和歌(乐)曲,并对演奏技巧与音乐表现的关系进行探究,以提高演奏水平和演奏音乐的表现力。在演奏表现方面,增加了表现和控制乐句感、乐段对比,运用音乐要素增强音乐表现力的要求,基本能够达到作品表现的要求。在音乐编创方面,能够根据要求即兴或有计划地编创短小节奏、旋律与作品。在评价方面不再是用简单的"好"或"不好"等词组进行评价,而是能够根据设定的标准从演奏方法、演奏完整性和演奏表现力等方面客观分析、评价自己及他人的演奏,并根据评价的反馈来提高自身的演奏水平。

为衔接好小初阶段,6~7年级的学习内容仍是前后衔接、逐级递进的。在进行该学段的教学时,教师应挖掘更多的器乐演奏(合奏)形式,在情境表演、歌舞剧、音乐剧等综合性音乐活动中发挥乐器的优势,将一些积极向上的流行歌曲改编为器乐演奏曲,激发学生演奏的兴趣。在器乐演奏训练中培养学生吃苦耐劳、专注恒久、勇于克服困难的品质,并将这样的良好品格迁移至其他学科的学习中,最终体现音乐学科的育人价值。

(4)第四学段(8~9年级)

第四学段的器乐演奏(合奏)相比前三个学段更具有复杂性。在演奏方法和技能方面的要求进一步提高,包括每学年能演奏2至3首具有一定技术要求和复杂性的乐曲,在较好地表现音乐要素的基础上融入个人情感和理解,同时能具备初步的多声部音乐表现的能力。在音乐编创方面的要求也是从易到难、从简到繁、从随意上升为目的性创作层层递进,到了8~9年级要求编创具有完整结构的短小音乐作品,并能即兴或有计划地为其他艺术活动伴奏。在掌握对他人进行评价的基本方法的基础上还需帮助他人改进和提高演奏能力。

初中阶段的学生已进入青春期,心理特点矛盾交错又变化急剧,对外界的感受甚为敏感,自我意识强烈。教师应正视学生这一阶段的心理发育特点,鼓励学生参与多种形式的演奏活动,从中获得成就感与自信心,同时巩固和提高表现音乐的基本技能,更有意地将音乐的人文内涵融入教学中,树立正确的审美观与价值观。该学段的器乐演奏(合奏)学习在各方面都要比其他年级稍显复杂,因此更要注意不必追求专业化,更不能机械、枯燥地进行训练。

(二)普通高中阶段

演奏教学活动体现了音乐课程实践性的特点,亲身参与各种形式的演奏活动,有助于学生积累感性经验、深化音乐体验和加深音乐文化理解,是培育学生艺术表现素养的重要途径。在高中阶段,器乐演奏(合奏)的教学主要集中在必修模块"演奏"与选择性必修模块"合奏"中。

1.课标对"演奏"模块教学的要求

"演奏"模块是普通高中音乐必修模块之一,其教学相比于义务教育阶段器乐演奏(合奏)的教学更具有独立性、完整性与系统性,究其原因,一是因为普通高中音乐课程结构具有选择性和基础性的特点,"演奏"是必修模块中选学模块,学生可以根据自己的发展方向与兴趣爱好进行有选择的学习,同时也为在义务教育阶段已掌握部分乐器演奏的学生提供继续学习和展示的机会。二是作为集体教学的义务教育基础课程,它的乐器种类一般为简便易学的课堂乐器,教学内容也是零散地分布于音乐教材中,而"演奏"模块的乐器多为需要进行系统性学习的乐器,教学内容也往往根据培养目标单独设置。

"演奏"模块要求向学生提供必要的演奏知识和技能,鼓励学生参加丰富多样的演奏实践活动,能较完整地演奏与自身技术水平相当的曲目,具备识谱能力与简单的视奏能力,对作品进行理性认识与感性表达,在合奏中积极配合其他声部的演奏与指挥的要求,能够自信大方、有表现力地演奏,使其形成正确的演奏审美态度与价值观,能从演奏中获得精神愉悦和音乐表现的乐趣。学业质量水平对三个水平层次的演奏也提出了不同的要求,从完整演奏到流畅演奏到流畅且有表现力地演奏,难度与复杂度递增,但这三个水平并非只孤立地关注一方面而忽略另一方面,例如关于有表现力的要求是穿插于各个质量水平的教学要求中的。在评价方面仅对水平2和水平3提出了要求,分别是能从音乐要素方面简要自评、他评与从音乐整体结构方面进行综合评价。

在教学中应注意对优秀器乐作品进行赏析,帮助学生更准确地把握音乐作品的思想内涵,使演奏教学趋向听、赏、评、奏、演的综合。正确处理好艺术性与技术性的关系,避免演奏活动过于专业化造成技术高而表现力不高的问题,以及强调音乐表现力而缺乏演奏技能支撑的现象。强调合作交流与声部协调的重要性,尝试开展一些小游戏拉近学生之间的距离。

2.课标对"合奏"模块教学的要求

"合奏"模块为选择性必修课程,与必修课程"演奏"模块相对应,是"演奏"模块的进一步拓展和延伸,它是以合奏形式为载体进行的实践性课程,要求比"演奏"更高,开展对象一般面向少数选修学生组成的小规模社团、小乐队等进行教学。要求学生在课堂中欣赏中外优秀的合奏作品,体验多声部合奏的魅力。乐于参与多种形式的合奏实践,如民乐团、管乐团、现代流行音乐乐队等,掌握一定的演奏技能,能有表现力地、完整地演奏一定数量的合奏作品。学业质量标准对不同表现水平提出了明确的要求(水平1:力求有一定表现力地、较完整地演奏简单的1至2首合奏作品;水平2:有一定表现力地、完整演奏有一定难度的2至3首合奏作品;水平3:熟练地演奏有较高艺术表现力的合奏作品3至4首)。在集体演奏活动中,学会与他人沟通交流与合作,学业质量水平对此提出的要求也是梯度渐进的(较好—善于—将合作交流模式迁移至共同保持声部的和谐)。能够视奏乐谱并根据指挥的要求进行排练,其中,正确地视奏乐谱是基础,对指挥的要求做出正确的反应是水平2与3的要求,与此同时,水平3还要求能够根据作品发表自己的感悟与艺术处理意见。

在开展"合奏"教学时应注意:开设合理且符合学情的器乐合奏形式与编制,如单种乐器或小型编制民乐团、交响或行进管弦乐团等。选择优秀且具有时代性的合奏作品,以中华优秀传统音乐为主,开展循序渐进的器乐合奏训练,如以18学时为单位对应学业水平要求进行分层、分班、分声部教学模式。开展多样性的表演实践活动,实现学习、欣赏与表演三位一体的模式,如跨校园文化交流活动、艺术节等等。

二、不同学段器乐演奏学习身心特点

(一)义务教育阶段

1. 1~2年级学生演奏学习身心特点

义务教育阶段的中小学生处于生理、心理快速发展时期。小学低年级(1~2年级)以形象思维为主,对音乐的审美态度以"像不像"和"拟人化"为评价标准,喜欢"游戏化""快捷性""非逻辑性"的音乐活动。在这一学段中,主要的教学任务是培养学生的音乐学习兴趣,引发学生的音乐学习动机。音乐活动中的音乐材料应是短小有趣、欢快活泼的,演奏乐器的使用应以简单的课堂节奏乐器或其他声音材料为主,如铃鼓、三角铁、沙锤、自制建议乐器等等,让学生在打击乐器与音乐音响的联系活动中,培养音乐乐感。

基于该学段学生好奇、好动、模仿力强、专注度较低等身心特点,在演奏教学中应采用直观性教学方式,从音乐形象具体化的教学内容入手,注重发展学生的音乐感知。把音乐材料以短句结构为单位,结合自然界和日常生活中的声音特点,减少教师的语言堆积。通过多次、反复、花样的重复,让学生在音乐活动中运用乐器进行模仿、表现和创造,感受音乐材料的强弱轻重、高低起伏、收放明暗的音乐特点,增强学生对声音的辨别力,唤醒学生的音乐情绪反应,为后续的音乐学习打下基础。

2. 3~9年级学生"独奏与合作演奏"学习身心特点

根据义务教育学段划分的要求,3~9年级可划分为第二学段(3~5年级)、第三学段(6~7年级)、第四学段(8~9年级),3~9年级学生的生理与心理发展渐趋成熟与稳定,具有鲜明的阶段性和层次性。在"独奏与合作演奏"学习中,基于学生情感体验的发展与社会生活经验的积累,在教师的引导下能够逐步与优秀音乐作品产生共鸣,感受音乐音响形态与情感的联系,并对音乐作品开始表现出与成人相同的好恶,对于音乐体裁、音乐风格也有了自己的偏好和评价。这一学段的学生运动觉、听觉显著增强,节奏、旋律的音乐表现力更加丰富,因此在作品的选择上,教师应适当增加含有哲理、音乐结构复杂的内容,选择学生努力练习才能完成的演奏作品,同时还要满足学生的个性化需求,在小学低年级课堂乐器种类的基础上增加简单易学、适合集体教学的乐器,如竖笛、葫芦丝、口风琴等等。

其中,初中阶段的学生已进入了青春发育期,正经历着变声期,心理变化急剧、激烈,对外界的感受甚为敏感,在音乐课堂上出现不爱唱、不爱动的现象,这时,"独奏与合作演奏"是学生延续音乐学习、表达自我情感、拉近同学关系的最佳途径之一。根据学生逻辑思维能力迅速发展的特点,在演奏教学中逐步融入音乐理论知识的学习,培养学生的想象力与创造力,丰富对音乐音响进行感性与理性相结合的领悟与体验。

(二)普通高中阶段

这一时期的学生身体发育已接近成人水平,心理也较为成熟,相比于小学生、初中生会更易于接受音乐理论知识和音乐审美教育,逻辑性、自我意识、情感也更为强烈。在正处于青春期与叛逆期的高中生,他们比以往更需要表达感情,但又显现出一定的封闭性;他们需要表达自己的成人意识,但又涉世未深;他们的理解力与逻辑思维能力显著增强,但又无法客观全面地评价自己与他人。因此,在演奏学习中,教师应将课内外音乐活动相结合,开展形式多样的课外音乐活动,使学生的音乐才能得以发挥,巩固并拓展课堂音乐知识,获得愉悦欢乐的音乐体验,为高中生活释放学习压力。

高中生在器乐演奏与合奏学习时,教师应理解高中生的成长矛盾心理,鼓励学生参与独奏或合奏活动,在体验中把握音乐作品音乐音响的意味、思想和情感,获得存在感、知觉基础上的情绪反应和情感体验,完成从低级到高级逐渐演化的心理过程,构建学生的器乐表演心理素质结构,包括表演情感素质、表演认知素质、表演个性素质和表演角色适应素质。

三、器乐演奏教学方法及建议

(一)器乐演奏在音乐教育中的价值

学习演奏,实际上是为学生的音乐活动开辟一条新的发展渠道。对学生来说,他所学习的那件乐器是给他表达自我、创造令人愉快和满意的音乐的一个机会。比如有些学生由于各种原因也许唱歌跑调,但他们可以通过演奏表达心声;有些学生处于变声期,嗓音沙哑,容易疲劳,感觉不适,这时学习一件乐器无疑会帮助他们保持学习音乐的热情,使音乐活动更为积极主动,具有特色。另外,学习演奏也可以训练学生眼、耳、手、脑以及整个身体配合的协调性,提高识谱能力。学习演奏的过程还是培养乐感和创造力的过程,当一个人在认真地演奏音乐作品时,会投入他的理解力和想象力,所以我们通常把表现音乐称为二度创作。在现代音乐教育中更提倡自制音响和乐器,这也凸显了演奏教学具有极强的创造力。

(二)器乐演奏教学应注意的问题

作为学校音乐教育,演奏教学的任务是培养学生利用乐器更好地表现音乐,即在学习演奏中使其对音乐的爱好更热烈和更持久。因此,在演奏教学中应注意我们的教学是面向每一位学生的,而不仅仅是为了少数的天才学生。首先,对乐器的选择不要过于难学,比如一些弦乐器的音准是很难快速掌握的,那么在集体表演中会因为音准问题而破坏对音乐美感的塑造。而易学易奏的课堂乐器为集体演奏教学提供了很好的思路,我国目前常用的课堂乐器有口琴、竖笛、葫芦丝、奥尔夫乐器等等,都具有音准好、形体小、易于演奏、易于拆装、易于移动等特点。其次,上课的形式应以集体综合课为主,个别课为辅。这就要求对音乐作品的选择应更适合集体性的综合表演,应与欣赏、歌唱、创造等教学内容相结合,通过器乐演奏学习其他音乐内容。最后,在课堂中要充分体现因材施教的原则,遵循先易后难的规律,利用配器法,让学习演奏快的学生表演难度大的音乐,而让学习演奏较慢的学生表演伴奏音型,这样通过集体的配合塑造完美音乐形象,提高学生的学习积极性,激发学生的自我效能感。

(三)常用的器乐演奏教学方法

1.引发学习动机

詹姆士·L.穆塞尔说:"当学生要学习一件乐器时,必须带着一种渴望,为自己要把锁在乐器里的一切美妙的音乐财富发掘出来,并可以享受它。"那么学生的这种渴望就是一种动机,即创造音乐美感的愿望是学习乐器的动机。假如学生失去了它,也就失去了学习的意志。

学习乐器动机的引发是靠音乐欣赏完成的。这里的音乐欣赏并不是指音乐的氛围和环境。比如当学生置身于优美音乐环境之中时,这个学生可能会由于喜欢这些音乐而产生要学某件乐器的强烈愿望。当他经过努力可以较完整地表现音乐作品,得到别人的赞美时,无疑会激励他更好地学习下去。教师或同学无意间的一次弹奏,也会点燃他学习乐器的热情。因此,教师应创设具有音乐性与审美性的器乐教学活动。

2.学习演奏技巧

适当技巧学习的实际意义是提高音乐修养和对音乐形象的感受力与表现力。演奏的技巧是靠仔细地聆听音乐和思考自己的表演完成的,而并非仅仅来自机械学习的重复和练习。教育上的技巧问题基本是从精神上来解释音乐活动中运动神经方面的问题的。这就是说解决整个技巧问题的正确方法是以欣赏为动机并以欣赏为目的,而且技巧的熟练是一种音乐感的熟练,这当然意味着对音乐的一种更深的、更有理解力的热爱。教师要使学生明白,音乐技巧是通过各种神经和肌肉发挥作用的音乐修养,而绝非"在习惯上再加习惯"的呆板练习。那些没有理解力的技巧是不可能创造感染力强的音乐效果的。

(1)组织动作的循环

每一种技巧的基础都是组织一次动作循环。在音乐上,动作循环是由短句的构成特点决定的,技巧是由短句来控制的。我们要求学生用一种清晰的、统一的、有精细变化的、调整好的弹奏力度来表现富有含义的音乐短句,而不是单纯的手指动作,即不是弹奏个别音。

(2)放松

人们对于弹奏中的放松的认识往往存在误区,单纯地认为放松中只有"松"。其实,放松的循环动作很像弹簧地来回运动,既有绷紧也有松开。在弹奏的放松中首先是正面的动作,这应该是"紧"的过程;接下来是反向的动作,这便是"松"的过程,一紧一松构成放松。放松不是弹奏时关节上或歌唱时喉咙上的问题,它完全依靠动作的控制。我们做的每一个动作不仅是一次挥动而且也是将手放回去的动作,放松是从一个动作到下一个动作的过渡时所需要的。在寻求音乐技巧中的放松时,要使学生以音乐短句为单位来思索和感觉,并把所表达的这个短句用连贯的动作进行下去。

(3)表演姿态与心理状态

表演姿态指的是一个身体位置的外形,心理状态则是它对内心的神经和肌肉的控制。表演姿态属于机械学,心理状态则是技巧中必不可少的东西。为了适当地弹奏一件乐器使其发响,演奏者必须采取并保持一种姿势。但是在这个姿势的限度内,必须有一种熟练的、节奏性的动作体系,这就是技巧,而它有赖于身体位置的心理状态。心理状态可能有不同的程度,从极端的自由自在到极端僵化。教师要时刻引导学生,在演奏乐器可能要求做到的任何姿势的限度内,心理状态要处于自由自在。那种把注意力完全集中在姿势的外在形式而忽略心理状态的演奏教学,是不可能从根本上提高技巧的。在建立一个技巧时,对学生来说,重要的问题是:"我如何使这个声音更好、更有意义和更美。"把技术合理化并减少到最低限度,避免过分的紧张,过分的紧张总是阻塞运动神经的学习。

(四)如何实施演奏教学计划

1.选择有趣味的、好听的、值得学习的音乐

这是针对选材的要求。学生通过弹奏他喜欢的音乐,才有学会弹奏乐器的动力。学生的学习热情、主动性和积极性多出于喜爱。学生是通过内心的意志,而不是外表上的重复来学习的。

2.师生共同在器乐领域里采取创造性的教学计划

这是说我们可以把许多小的音乐作品通过即兴创作的形式加以丰富。例如在个别课中,当学生可以较完整地奏出一首小乐曲时,可以利用调动音区、变化节奏、节拍、力度、速度,使用同主音大小调转换和移调等改变音乐形象,丰富想象力。教师也可以为本首小乐曲配置适合的伴奏,使一首很简单的音乐作品,变得很丰满、富有色彩、妙趣横生,师生共同完成一次美好的音乐创作和欣赏。在集体课中,除了可以应用上面已经提过的方法外,还可以利用配器法,按音乐结构的特点,采取接力演奏,改变音色、和声、伴奏织体等多种形式来重新塑造音乐形象。另外,全班也可以创作一首小曲,然后学习把它奏出来,虽然从技术的观点看来,所作的小曲可能有错误,但是它对学生来说有特殊意义,因为他们是在表演自己的"大作",在抒发他们真实的情感。

3.鼓励学生用整个身心去表现音乐作品

这里的"身"是指在演奏音乐作品时用整个身体来感受它,来体验它,也就是说,教师要鼓励学生用身体的摆动来表现音乐。需要说明的是这种身体的摆动不是像舞蹈动作那样教出来的,它是源于学生的内在感受,表现欲望的强烈程度,即它是自由自在的音乐情感流露。这使得学生的身体摆动很自然,与音乐的配合非常协调和美好。另外,在最初的学习时,也许学生的身体动作不是很自然,作为教师不但不应该批评学生,反而应及时地肯定和鼓励学生,引导学生注意音乐短句的特点,学习用身体去表达音乐短句,随着学生理解力的提高和技能技巧的熟练,身体动作就会同音乐融为一体,使之演奏极具感染力。"心"在这里是指学生学习演奏的精神状态和兴趣。学生并不只是弹奏音符,他们是在创造着充满某种心情的音乐效果和表达着某种音乐含义。在演奏教学中,不允许学生没精打采、没有热情地做完某些弹奏的动作;不允许学生机械地模仿教师的弹奏。我们需要的是把对每个新的音乐作品的学习当成实现音乐美感的一种计划来提出并着手去弹奏出来,我们为学生设定的目标永远是积极地创造音乐的效果,并尽情地表现自我。

4.以音乐短句为单位来演奏音乐

这里涉及在学生出现演奏错误时,作为教师在什么地方打断学生演奏的问题。是一发现学生有错就即刻打断他,还是等学生奏完一个音乐短句再打断他?如果是前者,我们是在把学生的注意力引向个别音。为了改正那个具体的音,我们牺牲了整个富有含义的音乐短句。这无疑会破坏较完整的听觉记忆的建立,也是我们要避免的。为了能尽快形成完整的记忆,我们更提倡等学生弹完一个音乐短句后再打断他,然后要求他重新想一想、听一听教师范奏的那个短句,看一看乐谱,之后让他再弹一遍。我们需要让学生学到应当如何去纠正

失误的音乐表现。有些教师在面对学生的错误所采取了斥责态度,更是不可取的。因为这容易产生把准确性当作目的本身的焦虑情绪,而不是把它当作创造美妙效果的一种手段。真正的准确性是努力提高学生的自信心,这种自信心又来自能更快更好地掌握音乐短句的能力。

5.器乐学习与乐谱学习的结合

学习任何乐器的基础是受过适当的声乐指导。这里的意思是说教师在以短句为单位教一个作品的时候,学生应在弹奏它之前先仔细地听,并且在弹奏之前先演唱。因为唱很容易建立完整的音乐,也可以更直接地培养音乐感。不过需要说明的是,唱的方式有很多种。对于一般的孩子,在最初学习时鼓励他们唱出声音来,也可以边弹边唱(既可以用哼唱的方式也可以直接唱出唱名,有歌词的当然可以唱词了),随着学习的深入逐渐进入内心的歌唱。对乐谱的精通应当首先是在声乐领域里,然后带到器乐学习里面来。在最初的学习里,我们应提倡把背谱弹奏与看谱弹奏结合起来。在看谱弹奏时,不应将乐谱看成一种把音符记下来的体系,而应看作音乐结构的一种图像。作为良好读谱的基础训练,我们要求学生在学习时首先看到那些短句,那些在音乐上有意义的要素,然后是一点点地通过分析和综合的一种连续不断的程序,逐渐准确地认识到记谱法的细节。这里有必要分析一下手点音符学习读谱的优缺点。当教师用手点音符教学生弹奏时,学生的听觉反应和视觉反应都是无意义的个别音反应,不容易建立音乐短句。但在最初学习时,容易强化音符的音高位置的统一,也容易使其弹奏准确。所以教师在教学中要慎用这种方法。

(五)关于教师合理范奏的建议

范奏是指教师完整的、有感染力的示范表演。教师的范奏为学生创造了一种良好的欣赏环境,提供了完整的听觉效果,给学生留下较深刻的印象,以激励他们积极主动地学习和练习。

1.学习初期提倡完整的范奏在前

在引导学生练习新的作业之前,教师要给学生完整地表演这首音乐作品,以能够给学生建立最初的完整的听觉印象。如果音乐很动听,学生立刻就会喜欢它,从而能认真地学习并刻苦地练习。

2.学习中期提倡分段范奏

为了提高学生的自学能力,检验学生对已学过的音乐技巧的掌握程度,对已接触过的乐谱知识的综合运用能力,考查学生的视奏水平以及对音乐的理解和对音乐的表现能力。一般情况下,教师先让学生视奏或看谱,由学生发现问题,然后教师只对学生有问题或不明白的地方加以分段范奏。不过,这里的意思不是说在学习中期时,教师可以不用完整的范奏,只是要把完整的范奏置后一些,比如可以安排在第二次课上进行。

3.学习的高级时期提倡范奏在后

此阶段强调个性化的东西,即形成学生自己的演奏风格和特色。学习演奏方法并不是仅仅依赖机械地模仿,而是主观能动地学习,它是学生对音乐的感悟和理解过程。到了学习的高级时期,学生已有一定的音乐积累和演奏经验,教师应注重发挥学生的想象力和创造力,鼓励他们大胆地表现自我,形成自己的演奏特色。如果教师在这个时期先范奏,那么就会给学生一种表演上的暗示,这对形成学生独特的具有个性化的表演风格并不利。在处理音乐大师的作品时,教师也不能武断地要求学生一定要这样或那样演奏。因为每一个人的音乐修养和生活阅历的不同,都会直接影响他对音乐的理解力和表现力。正确的做法是,师生最好以民主平等的心态共同商量怎样演奏更好,教师要尊重学生的创造,学生也要认真考虑教师的建议。另外,在学习高级时期的范奏时,除了教师的亲自范奏外,还应包含学习世界著名演奏家的表演,鼓励学生多听不同的人(或乐队)是如何演奏同一首作品的。学会倾听是提高演奏技巧的良师益友。

第四节 乐谱识读(音乐基础理论、视唱练耳)教学法

对乐谱的精通在音乐基础教育中是不可缺少的学习过程,涵盖的主要内容有:认识节奏符号、音名、音符、休止符等常用记号。乐谱是一个学习音乐的工具,乐谱本质上是一种已经演化成能表现音乐思想的符号体系。我们要求学生学习乐谱,是因为在教学的过程中,对乐谱的精通,是学生发展音乐灵性的一个媒介。所谓精通乐谱,不仅仅体现在快速准确地读谱能力上,还包括能熟练地应用它去表现和创作音乐思想的能力。

一、课程标准要求

(一)义务教育阶段

1.课标对乐谱识读教学的总体要求

正确理解义务教育音乐课程"乐谱识读"教学与艺术课程总目标、核心素养之间的辩证关系,将成为合理、有效教学的重要环节。

首先,乐谱识读是义务教育音乐课程中,表现艺术实践涵盖的一项具体学习内容,是进行音乐艺术实践活动必备的知识和技能,是帮助学生在音乐艺术中完善审美感知、艺术表现、创意实践、文化理解核心素养的重要基础和必备条件,也是音乐学习不可或缺的学习过程。乐谱识读的学习对艺术表现和创意实践素养的形成起到直接的促进作用,因为乐谱是艺术语言重要的物质载体,是艺术表现和创意实践的媒介;乐谱识读的学习对审美感知、文化理解素养的最终形成也起到关键作用,因为这是通向高阶艺术审美认知和思维能力的桥梁。

其次,乐谱识读教学绝不可脱离各类音乐艺术实践活动而孤立存在,它不是音乐教学的最终目标,也不是理性认知在音乐学科中的代名词,而是音乐教学目标、核心素养实现的重要手段,和发展学生音乐艺术实践能力的一项具体学习内容。可以理解为,乐谱识读教学是在艺术实践的过程中"顺带完成"的,应嵌入不同学段的各个学习任务中,以结构化、综合化的方式组织和开展教学。

总之,乐谱识读教学在音乐教学中应该有其相对独立的地位、内容和学业要求,但新课标要求下的"乐谱识读"教学必须寓于综合化的、核心素养指向的学习任务之中,并在寓教于

乐的多种艺术实践中,在和学生丰富的听觉、动觉、视觉感性积累的基础上来完成,理应成为学生的音乐经验和音乐思维的组成部分,以发展学生的艺术核心素养为目标,成为解决现实艺术实践问题的手段。

2.不同学段乐谱识读教学要求

与乐谱识读相关的教学内容、学业要求和教学策略建议出现在了每一个音乐课程的学习任务之中,各学习任务的学习内容、学业要求和教学提示,以及不同学段的课程目标、学业质量均涉及了乐谱识读的相关内容,尤其以"表现""创造"艺术实践为主要导向的学习任务中描述最多。本书将根据课标的学段划分,来总结不同学段各个学习任务以及课程目标、学业质量关于乐谱识读教学的相关要求,以帮助各位读者熟知和运用正确的方法来进行新课标要求下的乐谱识读教学。

(1)第一学段(1~2年级)

内容要求:认识简单的节奏符号、基本唱名及常见的音乐符号,模唱简单旋律,运用图形谱等形式来表达听到的音乐音响。

质量要求:能跟随听觉用la、wu等象声词和简单的基本唱名模唱简单旋律并做到音高、节奏基本正确。能识读常用的、简单的音乐符号,并做出基本正确的反应;能用线条、色块、图形等形式表现出听到的音乐音响特点;能通过读谱进行简单的锣鼓经片段或简单节奏型的演奏、朗诵、演唱、声势、律动或创意表演。

教学要求:该学段的乐谱识读教学,应该在音乐游戏和活动体验中渗透,教学重点应是在各类趣味化的游戏、活动体验中将音乐音响、音乐符号、生活体验进行视觉、听觉、动觉的关联,并运用这些关联来促进音乐游戏等活动的音乐性,而不是进行概念的认知。应注意强调教学方法的形象化,用适宜该年龄段儿童的语言进行不同感觉的关联和解释,可结合其他学科同步教学进度进行跨学科教学。

(2)第二学段(3~5年级)

内容要求:增进对不同节奏型的认识。结合歌曲学唱、演奏等音乐实践活动来认识音名、唱名、音符和常见音乐记号,了解常用音乐术语和作用,学习简单的乐谱识读。

质量要求:辨别乐谱中不同的节奏型并用动作、图示做出恰当反应。识别常用的拍号、表情记号和力度、速度记号,并能基本正确地描述、表现这些音乐符号。能根据简单的音乐术语或记号,适当地在演唱、演奏等活动中表达歌曲、乐曲的情感;能正确识读或拍击简单的单声部、多声部节奏谱;能跟随听觉或手势比较准确地模唱旋律;能用唱名视唱简单的旋律,用打击乐器或其他简单的课堂乐器较为正确地表现节拍、节奏和音高;能在教师指导下有目的地编创短小节奏型(如锣鼓经)和简单旋律。

教学要求:乐谱识读教学应该渗透于演唱、演奏、编创、欣赏等各项艺术实践活动中。以音乐为载体,采用听、视、唱、奏、动、创结合的方式,来学习乐谱知识和提高乐谱识读能力,将听觉经验与乐谱符号建立关联并运用实践,注重以感性体验和学生的亲身艺术表现实践为主,实现从感性体验到理性认识的转变。五线谱和简谱的使用可因人制宜、因地制宜、因校制宜,提倡结合课外音乐艺术实践活动,引导学生在各类艺术实践中多接触乐谱。

(3)第三学段(6~7年级)

内容要求:视唱简单的乐谱,识读包含附点、切分等稍复杂节奏型的节奏谱。

质量要求:能够在演唱、演奏中运用常用的音乐记号;能用声势、语言、动作、打击乐演奏等模仿或表现包含简单和稍复杂节奏型(如附点、切分等)的单声部、多声部节奏谱;能跟随听觉视唱简单的乐谱;能视谱演奏简单和稍具复杂性的节奏谱和歌(乐)曲的曲谱,并能较好地表现节拍、节奏、旋律、乐句、乐段的特点,控制速度、力度与演奏的音色;能在教师指导下有目的地创作有重复或对比的节奏型或短小旋律,能独立或与他人合作稍复杂的节奏、旋律和歌曲,并能用图形谱、乐谱、计算机应用软件等方式对编创进行记录。

教学要求:该学段在第二学段的基础上,应有一定乐谱内容和识读能力的进阶,但注意始终不能脱离音乐实践活动来进行识谱训练,而是结合欣赏、演唱、演奏、编创等音乐实践活动来逐步提升乐谱的复杂程度和识读能力,在教学方法上依然要注意采用趣味化、游戏化、形象化、生活化的方法来进行教学。

(4)第四学段(8~9年级)

内容要求:巩固对常见音符、音名、唱名、节奏的认识,以及常用音乐记号和音乐术语的理解,结合演唱、演奏等实践活动,了解和熟悉中国民族音乐的常用术语和记号。视唱和视谱演奏包含多种节奏型和旋律进行方式的稍复杂乐谱,了解五线谱、简谱外的其他乐谱(如减字谱、工尺谱、吉他六线谱等),创作体现个人想法和独特新意的节奏型、短小旋律及简单歌曲,并用乐谱、计算机应用软件和其他方式记录。

质量要求:已经具备识谱能力,能比较顺畅地、准确地独立识读简单的简谱或五线谱。熟悉、理解常见的音乐符号和术语,并能在演唱、演奏、编创等活动中正确表现和运用,对五线谱或简谱外的其他乐谱有初步的了解。

教学要求:该学段学生应从具备"初步识谱能力",转变至"具备识谱能力",这是乐谱识读综合能力在前学段积累的基础上的递进,学生能够在一定程度上,脱离听觉拐杖而独立识谱。学生接触的乐谱篇幅和变化复杂程度等也应有所提高。但仍应注意,基础教育阶段的乐谱识读教学始终不能孤立于艺术实践活动来进行训练,而是要在各类实践活动中将乐谱知识和识读能力作为进行丰富音乐艺术实践活动的利剑,在多样化的音乐实践活动中输入习得和输出运用。此外还要注意课标强调了要开始了解除五线谱、简谱之外的其他乐谱,但其目的是指向文化理解,而不是强调学生要能够掌握和运用,因此应该注意教学内容的广度和深度。

(二)普通高中阶段

我国《普通高中音乐课程标准(2017年版)》将音乐基础理论和视唱练耳模块归入选择性必修课程之中,作为音乐基础知识在必修课程之外的深化和补充。我们可以将其视为义务教育音乐课程乐谱识读学习内容在高中阶段的更为系统、深入和外延的进阶。音乐基础理论和视唱练耳模块的学习需要学生在各类艺术实践活动和各模块必修课程中所积累的乐谱识读经验,同时这两个模块的学习也能够提高学生的音乐实践活动水平,促进审美感知、艺术表现、文化理解三个音乐学科核心素养的全面实现,并为有志于进一步发展音乐特长和参加普通高校音乐专业招生考试的学生奠定扎实的基础。

1.课标对音乐基础理论模块教学的要求

音乐基础理论是普通高中音乐课程中选择性必修课程的模块之一,是音乐学习的基础课程,是普通高校音乐专业招生考试科目之一。该模块教学内容主要包含基本乐理知识和音乐学常识两个方面,兼顾基础性和提高性,旨在梳理、巩固、深化学生在其他模块中获得的音乐基础理论知识,提高学生的音乐学习认知和理解力,开阔音乐文化视野,促进学生音乐学科核心素养的形成。

该模块学业质量水平1是学生学习后应该达到的基本要求,学生达到这一层次的学业质量水平,须能够在各类音乐实践活动中,结合所学的乐理知识和音乐学基础知识,来提高对音乐的感知、表现和理解能力;并能运用音乐学常识,对社会生活中的音乐现象进行教师引导下的分析和简要评价。

该模块学业质量水平2和3是学生学习后应该达到的提高要求,也是高考命题的主要依据,水平2到3主要是在学生具体表现程度和思维能力上要求有所提高。这两个水平要求学生能在音乐鉴赏、歌唱、演奏等实践活动中,能运用(水平3为全面、较熟练地运用)音乐基础理论知识,感知、表现、解读音乐(水平3还增加了需要更高阶思维的初步分析音乐);能对音乐作品或社会音乐现象进行综合分析与评价(水平3还强调这种分析能够从音乐学的角度来思考问题,并发表个人的批判性见解)。

在教学方面,课标要求在立足于接轨普通高校音乐专业招生考试和提高学生音乐理论修养要求的基础上,要尽可能结合其他模块教学涉及的音乐作品实例来进行教学,要通过具体作品,通过聆听实践、演唱、演奏、创作等音乐实践来进行教学,尤其强调"聆听"是音乐理论学习的基础,只有将理论知识结合具体作品的实例音响,理论概念才具有实际的意义,才能为音乐实践活动所用,才能够真正促进学生音乐学科核心素养的落实。

2.课标对视唱练耳模块教学的要求

视唱练耳是普通高中音乐课程中选择性必修课程的模块之一,是音乐学习的基础课程,也是音乐学习中关于音乐技术理论的重要课程,是普通高中音乐教学和普通高校音乐专业教学对接的桥梁,是普通高校音乐专业招生考试的科目之一。该模块以乐谱识读应用与音乐听力为主要教学内容,旨在巩固和深化学生在其他模块学习中获得的乐谱识读能力,提高音乐听觉和记忆水平,积累读谱和音乐听觉经验,促进学生的审美感知、艺术表现、文化理解三方面的音乐学科核心素养。学生具备视唱练耳的能力能够提高对音乐的反应速度和广度、记忆水平和分析能力,也能够提高学生的演奏、演唱、创作等艺术表现实践能力,是学生必不可缺的音乐素养。

该模块学业质量水平1是学生学习后应该达到的基本要求,这一水平中,学生须达到的乐谱识读能力为:能够根据乐谱,准确唱出无升降号的自然大小调和五声性调式音程、基本节奏型、二拍子和三拍子单声部旋律等。学生须达到的音乐听力能力为:能听辨无升降号的单音、基本节奏型,并能准确模唱。

该模块学业质量水平2和3是学生学习后应该达到的提高要求,也是高考命题的主要依据,水平2到3主要是在乐谱识读和听力内容的复杂性上有所提升,这也要求学生具备更加丰富的乐谱识读和音乐听觉经验,及更加综合的音乐思维能力。水平2和水平3要求学生达到的乐谱识读能力水平为:能根据乐谱,用首调或固定唱名法准确唱出1到2个升降号(水平3要求为2个升降号)的自然大小调和五声调式音程、带附点和休止及简单切分的节奏型,带临时变化音的二拍子和三拍子(水平3还包括四拍子)的单声部旋律等。学生须达到的音乐听力水平为:能对0到1个升降号(水平3要求为1个升降号)内的自然音程(包括旋律音程和和声音程)、单声部旋律、简单节奏型(水平3还包括稍复杂的附点或切分节奏型,以及带休止的节奏)进行听辨并用乐谱准确记录;水平3还要求学生须能听辨C大调一个八度内单个的大、小三和弦,并用乐谱准确记录。

在教学方面,课标要求教师在立足于提高学生读谱和音乐听觉水平及与普通高校音乐专业招生考试接轨要求的基础上,应选择体现多元文化特征的教学材料,兼顾中外经典作品、中国民族音乐作品以及世界民族音乐作品,并结合其他模块学生学习过的音乐作品实例,尽可能结合音乐表演实践活动来进行教学,避免单纯的技术训练和过分专业的训练,以免减弱学生的学习热情。同时要善于应用现代信息技术来进行视唱练耳的教学。

二、不同学段乐谱识读(音乐基础理论、视唱练耳)学习身心特点

(一)义务教育阶段

1.第一学段(1~2年级)

按照皮亚杰"认知发展阶段论",1~2年级的学生正处于"前运算"阶段的尾声,并向"具体运算阶段"转型。这意味着该学段的学生已经具备将自己储存在脑中和身体中的"音乐音响存储池"调用出来与象征性的符号建立联系、意义和概念。但他们的思维模式还处于"一维性"的表象水平之中,这意味着他们很难将音乐符号与完全陌生的事物相联系形成有意义的认知,而是必须在熟悉的经验中寻找符号与事物意义的对应。

此外,该学段学生的形象思维、无意注意、形象记忆的主导性对音乐符号的识读学习也形成了挑战。这一阶段倘若过分加载学生的乐谱识读学习任务,则会导致与儿童天性相悖,扼杀音乐学习兴趣的负面结果。对符号概念的学习应该在有趣的视觉形象、听觉形象、动觉形象相统一的基础上来渗透,强调体验与符号对应的学习方式。

2.第二至四学段(3~9年级)

3~9年级的学生主要处于皮亚杰"认知发展阶段论"中的"具体运算阶段",到了8~9年级逐渐开始向"形式运算阶段"发展。处于具体运算阶段的学生的一个重要特征是已经开始具备"守恒"的概念,这为音乐符号和音乐理论的认知奠定了认知发展心理学的理论基础。音乐符号的识读在很大程度上需要让学生理解符号中的"守恒"和"量化"关系。如学生需要知道四四拍中的每一拍,无论有再多不同时值的音符,其总和都只能是一拍,是一个四分音符的时长。而I级和III级组成的大三度音程在不同调式中的听觉感受是可以模进的、迁移的,在五线谱中的位置也是类比记忆的。如果学生已经具备这样的能力,就可以采用适当的教学方法展开乐谱识读的教学。

但我们必须了解,认知发展阶段的划分并非固定的"程式"而是一种普遍性的经验归纳。因此,在衔接不同学段的过程中,尤其对于认知目标要求较高的乐谱识读教学,绝不能和先前的认知经验、音乐经验发生脱节和过度跨越的现象。对于乐谱符号的识读在这一阶段应该给予一定的教学分量,但必须与听觉经验与音乐符号的视觉形象相统一,这既符合学生的认知发展规律,又能够进一步促进学生核心素养的形成,尤其是审美感知、艺术表现和创意实践素养。

(二)普通高中阶段

高中生如果接受过义务教育阶段的音乐教育,理论上是已经具备基本的乐谱识读能力了,对音乐常用符号已经具备较为稳定的认知和记忆,比如认识简谱或五线谱中常见的音高符号、节奏符号、表情符号等。同时,对音乐与社会、历史、生活等各方面的联系应该有一定的初步认识。学生的这些认知和经验是音乐基础理论、视唱练耳得以顺利教学的基础。

高中生已经进入具备年轻成年人思维模式的"形式运算阶段",即抽象思维能力在迅猛发展并逐渐趋于成熟。基于皮亚杰的理论,这一阶段的学生已经可以进入"理论思辨的世界",能够运用归纳和演绎等方法来解决实际的音乐问题。但我们必须承认,音乐艺术中理论思辨的抽象思维能力需要依赖大量的音乐听觉经验、联觉想象、文字符号理解的经验才能够发生。这也是为何课标强调要与其他必修模块的教学内容密切联系以展开音乐基础理论和视唱练耳模块的教学。我们必须理解,学生对于音乐基础理论和视唱练耳的深入学习是需要兴趣为导向的,这种兴趣导向的形成必须引发学生进一步"解决音乐问题的欲望"。有了这种欲望,学生才会真正调动自己的"形式运算"思维去辨析、分类、形成概念与特征化观点。因此这两个模块的教学目标才能够真正实现。

三、乐谱识读(音乐基础理论、视唱练耳)教学方法及建议

(一)识读乐谱的关系

我们常常将"识乐谱"和"读乐谱"看成是一种能力,但识与读两种行为在反映乐谱的心理和能力上是有区别的。识谱是根据记谱法的符号,将其还原成具体声音的能力。识谱是一个初级阶段,就像学习上的识字。识谱主要是对个别音的反应,缺乏乐感。从反应速度来看是慢的,缺乏流畅性,识谱可与学习乐理知识同步进行。读谱又可说成视谱,它是依靠对识谱的经验积累和熟练程度,将记谱法的符号还原成生动的音乐短句的能力。由此可见,读谱是相对的高级阶段,类似于文学学习中的综合阅读能力。读谱是对音乐短句的反应,富有乐感。从反应速度来看是快的,具有流畅性。精通读谱是离不开对乐理知识的熟练掌握的。所以我们可以说,识谱是读谱的基础和条件,而对读谱的训练和巩固,又可以大大提高识谱的速度。在基础音乐教育中,不能仅仅教识谱而忽略读谱,要把二者有机地结合在一起。

(二)乐谱识读教学应注意的问题

1.要努力克服学生的被动心理和逆反心理

由于识读乐谱有较强的理论性,学生一般对其不感兴趣,学习时无精打采,漫不经心。特别是有些学校的文化课压力已经很大,学生们会认为学习乐谱的作用不大,缺乏主动学习的热情,使得识读乐谱教学很被动。另外,由于识读乐谱有相对的难度,教得不好时,学生会觉得超出他们的接受能力和承受能力,因此学生就会出现逆反心理,表现出不情愿合作,甚至看见乐谱就反感,失去学习兴趣。作为教师,在教学中应增加娱乐性和趣味性,注意教学的系统性和科学性,教学手段应灵活多样,使学生通过生动的表演形式学习乐谱。

2.明确识读乐谱教学的目的

识读乐谱教学的目的是让学生逐步理解和掌握音乐语言规律,培养学生独立读谱的能力,为音乐想象、音乐创作和音乐表演打下基础。在现代音乐教学中,提倡学习音乐以感受和体验为主,但这不是说就不需要学习乐谱了。这就像学习说话和识字,如果我们只教学生学习说话而不教他识字,那么发展的结果仍然是文盲。同理,我们只让学生去唱和听音乐而不教他学习识读乐谱,那么发展的结果是培养乐盲。如果我们教了学生识字而忽略了对语法规律的认识和分析教育,那么发展的结果是学生对语言缺乏深刻的理解并不会很好地运用。同理,如果我们单纯地为了教识谱而学习乐谱,忽略音乐知识和音乐语言规律的学习,那么发展的结果是学生缺乏对音乐的深刻感悟和理解,更谈不上运用和创造音乐了。

3.对一些识读乐谱教学的分析

(1)在学生刚学习识谱时,提倡先哼唱曲调而后唱唱名。

这是因为识谱是学习的初级阶段,学生不能马上正确地认识它,对音乐的反应是对个别音的反应,这样不利于形成学生对音乐短句的记忆。这就像我们都是先教孩子说话而后教他识字的道理一样。在学习音乐上,我们要先给学生建立有意义的音乐短句而后让他学习识别音符。那么哼唱曲调是容易学的,从听觉意义上讲音乐是完整的,这时再反过来学习识谱就容易为学生建立正确的音高记忆和概念,同时又能较好地把音符在乐谱中的位置与音高概念快速地联系起来并正确地唱出,大大提高识谱的速度。

(2)当学生出现个别错音时,教师应在适当的时机合理地打断学生的视唱。

当学生出现个别错音时,教师不要立刻打断他,而要等他唱完那一句后或在换气的地方打断他。这是因为我们要给学生建立的是完整的音乐短句意识和良好的歌唱呼吸习惯。如果一发现学生唱错音就马上打断他,是在强化他对个别音的反应,不利于形成他对音乐短句的记忆和反应。

(3)合理地使用手点音符和手划拍子歌唱的教学法。

所谓手点音符就是用手指点击乐谱中的每一个音来歌唱的教学法,而手划拍子的教学法是用手按乐谱中每一小节的节奏组合做上下的划动。由此可见,前者强调音符所在音高位置的准确,后者强调音符节奏时值的精确性。它们的共同特征都是引导学生注意个别音,而不是建立音乐短句。不过,这不是说使用手点音符和手划拍子歌唱的教学法就一无是处。我们知道在识谱阶段主要是对个别音的反应,那么这时是需要使用手点音符和手划拍子歌唱的教学法来强化学生对音高和节奏的准确反应。但到了读谱阶段,因为强调的是对音乐短句的良好反应,所以这时就不宜使用手点音符和手划拍子歌唱的教学法了。

(4)合理的乐谱板书设计。

根据心理学知觉反应的特点,知觉具有整体性和选择性。合理的乐谱板书设计是为学生建立良好的知觉中的视觉反应。我们一直强调培养学生对音乐短句的反应,那么,合理的乐谱板书设计应该按音乐的结构特点设计。比如对一首具有起、承、转、合结构的乐曲,可以设计成四行。这样,学生就可以对音乐的整体结构一目了然,在对谱时他们会自觉地按乐句的构成去反应乐谱,加深对音乐的记忆。对于不规则乐谱的设计,应按音乐短句的特点换行。

(三)常见的乐谱识读教学方法与提示

1.引入音符

(1)音符引入的顺序。

音符引入的顺序不是按乐理教学通常的顺序(多是从中央C开始),而是按人在自然生活中形成的本能的对音高的反应顺序进行引入的。匈牙利著名的音乐教育家柯达伊经过认真观察、分析和研究发现,最容易让人接受和唱准的音高是Sol和Mi,接下来是La,Do,Re,最后是Fa和Si。那么,音符引入的顺序就是Sol,Mi,La,Do,Re,Fa,Si。

(2)单音教学。

我们在识读乐谱教学中,是按音符引入的顺序逐一学习的。那么在刚开始时,由于音符很少(比如只有Sol和Mi时),单音教学就会很乏味。不过,音乐并不仅仅是由音高构成的,它还有节奏、和声、音乐等要素。所以,我们可以利用改变节奏、和声、音乐来增加音乐的动力性和趣味性,丰富单音教学。

(3)音阶教学。

音阶教学的顺序是先五声音阶,后七声音阶。因为我们知道Fa和Si最不容易唱准,而七声音阶中包含这两个音。在奥尔夫元素性音乐教育体系中,元素性的音阶(所谓元素性的音阶是指不能再简化的音阶)是五声音阶。另外,中国民族音乐的基础也是由五声音阶构成的,这也符合我们的听觉习惯。

2.选择适合有效的视唱曲

学习识读乐谱并不仅仅是为了学生认识音谱,它应有更深的意义。我们通过识读乐谱的教学可以增加学生的音乐积累和提高音乐修养,从而有效地促进音乐欣赏水平的提高。

(1)从中外名歌名曲中选择。

中外名歌名曲的曲调都非常优美、富有感染力,并且很容易上口。正因为如此,它们才会广为流传、世代传唱。对于有些大型的名曲,可以选择主题或著名的片段。学生在此过程中不但学习了乐谱,而且提高了音乐修养。教师还可以由此引入音乐欣赏和音乐表演,来激发学生的学习兴趣。

(2)从音乐创造中学习乐谱。

可以让学生通过编创音乐短句等学习识读乐谱,大大增加学生学习的积极性和主动性。学生通过自己的创造,写出能表达他们心声的作品。它也许不完美,但同学们可以一起研究和修改,使之不断完善。再没有比演唱自己的作品能让学生更投入更认真的了。

3.手势音符与识读乐谱。

手势音乐是1870年由英国的约翰·柯尔文首创,后经柯达伊加以完善的。手势音符是指用七种主要的不同的手势代表音阶中固定的唱名来学习音乐。手势音符的特点是能形象、直观地表明音符的音高位置并能及时地调整音准。在我国,手势音符已被广泛应用。

(1)利用手势音符学习识谱。

识谱教学中经常会遇到这样的问题。学生也许能比较快地记住音符在五线谱上的位置,可以说出唱名,却唱不准。这是因为七个音符的音高位置还未在大脑中建立固定的记忆。这时应用手势音符就很有益处。手势音符是利用手势的变化和高度的调整,直观、形象地反映出音高的变化,从而强化对音高的记忆。另外,利用手势音符学习识谱,是在用身体动作来表现和感受音符,这使得每一个单个的音符都具有鲜活的生命力。当学生在大脑中形成了正确的音高记忆后,再看谱唱谱就容易了。

(2)利用手势音符学习读谱。

这是指在学生看谱唱谱之前,教师利用手势音符按照音符的节奏和节拍特点先粗略地教唱那些乐谱。即利用手势音符可以学习一些短小、节奏组合简单的歌曲。我们知道,读谱是对音乐短句的反应。那么,利用手势音符学习读谱主要是看教师如何使用手势音符,看教师能否在使用它时较明显地反映出音乐短句的特征。我们要求教师在使用手势时必须富有乐感,即每一个手势都具有音乐的情感,在音乐短句结束时都要做得非常明显。需要说明的是,在这个教学过程中,不要求学生一定要使用手势音符边做边唱,因为这需要很好的协调反应能力,会分散学生对音高节奏的注意力。对学生而言,能对教师的手势做出迅速的反应就足够了。

(3)利用手势音符训练简单的移调和转调。

①利用手势音符训练移调就是移动"Do"的方法。

②利用手势音符可以训练简单的音阶调式转换。它是借助首调唱名法,固定主音音高的位置,以同音异名唱出,按不同音阶的结构排列做手势变化。

例如:

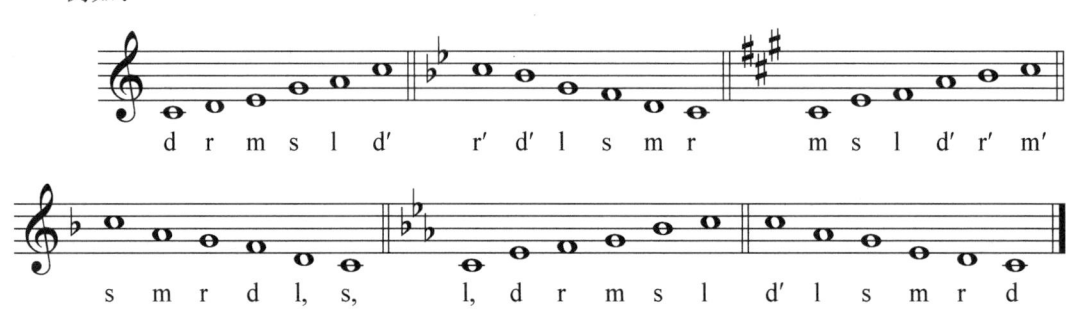

③利用手势音符训练简单的转调。方法与同主音调式转换的方法相同。例如看手势音符唱 Sol,Mi,La,Do,Re。

s f m r d　　l, d t l, m　　r d t r d s,　　m f l m l t　　d' l s f s d'

④利用手势音符训练和声。这是要求教师借助两只手分别做出不同的手势音符来训练学生对多声部的反应。两只手可以同时做出不同的手势(这样的难度较大,需要很好的协调性)。也可以不同时做,使声部进入的时间不同。

4.利用各种演唱形式丰富读谱的音乐性

(1)模唱。

模唱指教师按音乐短句教唱,学生学唱。模唱的优点在于学习的速度快、音高准确,容易建立学生良好的音乐短句感。

(2)默唱与接唱。

默唱是指内心的歌唱,既可以默唱全曲,也可以默唱音乐短句。接唱是指按音乐短句将默唱与歌唱有机结合。默唱与接唱可以构成简单的多声部练习,还可以很好地训练内心的听觉和歌唱。

(3)主唱与伴唱。

主唱是演唱较复杂的旋律声部,而伴唱是演唱较为简单的声部。比如当学生只学了 Sol 和 Mi 两个音,我们可以通过变化节奏使这两个音符活跃起来,再把学生分两组分别演唱 Sol 和 Mi 构成二声部的伴唱,教师根据伴唱的特点即兴演唱旋律,这时师生共同创造了美好的音乐形象。另外,教师也可以按所要学或已经学过的歌曲的特点,选出适合的伴奏音,然后在上课时通过识谱将其唱准,引导学生配以简单的节奏构成伴唱声部,最后由学生们自己完成主唱与伴唱。

5.趣味性的识读乐谱教学

(1)顺唱与逆唱游戏。

顺唱是按读谱的习惯由左至右地演唱,而逆唱是由右至左地演唱。游戏的方式是让学生由顺唱开始再按反方向逆唱回来,或让学生由逆唱开始再按顺唱方向回来。可见,这时已经把一条简单的乐谱变成了两条练习。需要说明的是,逆唱游戏虽然有趣,但是由于它违反人的阅读习惯,带给人的是对个别音的反应,不易形成良好的音乐短句感,所以仅仅在识谱时才可以使用。

(2)首尾倒置游戏。

所谓首尾倒置游戏是在顺唱与逆唱游戏的基础上发展变化的。在顺唱与逆唱游戏练习熟练后,可以把学生分成两组并要求同时开始,一组由顺唱开始再逆唱回来结束,另一组由逆唱开始顺唱回来结束。可见,这时已经把一条简单的乐谱变成了二声部的练习。不过,作为教师要特别注意,因为首尾倒置游戏是二声部的练习,那么在选曲上一定要考虑声部的协和性,既要考虑逆唱的音的对位是否合理,是否具有良好的复调性,是否符合和声的要求等,这样才能体现音乐的立体美。

(3)变换小节识谱游戏。

首先选一条4小节左右的乐谱,然后按小节数制作卡片,将每小节的音乐写在卡片上,按乐谱的小节顺序在卡片上分别以A,B,C,D等标明。在上课时,先把原谱唱会(即按A,B,C,D的顺序唱),接下来变换A,B,C,D的顺序使之组成新的乐谱,这就可以把一条练习演变成多条练习。

(4)变换节奏节拍识谱游戏。

在这个游戏中,所有学习的音高是固定的,按不同的节奏加以变化。节奏节拍的创作既可以由教师来创作,也可以让学生来创作。

提示:以上的方法与提示可以作为乐谱识读教学的常识性知识,它们在实际教学中并非生搬硬套和一成不变,我们需要依据教材进度的特点合理地选择使用和变通。

(四)音乐基础理论教学方法及建议

1.避免大量灌输式讲解,选择其他模块的典型作品在实践中学习。

大量灌输式讲解理论知识容易剥离学生的参与感,削弱学生的学习兴趣和注意力,这对于系统性较强的音乐基础理论教学是不利的。但学生往往对自己比较熟悉、能够表现、能够参与其中的作品容易产生兴趣和保持注意力。故而选择学生在其他模块中学习过的作品来进行实践性的、研究性的学习较为适宜。几乎每一个完整的音乐作品都涵盖了音乐基础理论中的所有知识,包括基本乐理知识和音乐学常识,只是侧重面有所不同,教师需要根据教学目标对符合该课的典型性作品进行筛选。让学生在具体作品中结合教师讲授的基本理论来自主研究,梳理关键音乐基础理论知识,深化对乐理知识和音乐学常识的理解。

2.以点概面、以点穿线,注意系统性和深入性。

音乐基础理论如果脱离了大量的灌输式讲解,则容易存在教学容量过大、过散的风险。故而教师在教学选材时务必要抓住点、线、面的关系。

"点"可以视为教师为教学目标的实现而选择的典型教学材料,有时可以是一整首作品,也可以是一个作品的典型材料片段。

这样的典型材料应该侧重涵盖关键知识与能力,由此可以扩展到更多知识点,吻合教学逐步推进、由易到难、由简入繁的特点,以做到以点概面、以点串线。比如一首简单短小的声乐作品,学生在掌握其调式、表情符号、节奏节拍、五线谱记谱后,可以发展移调记谱(掌握调号规律),变拍记谱(掌握多种节拍规律),配写同一转位的和声并记谱(掌握和弦和转位),进行大小二度音阶加花(掌握调式变音和半音阶)等形式。

3.注意引导学生运用所学来感知美、表现美和创造美。

缺乏对美感体验和表现的音乐课,不论是哪个模块的音乐课都会脱离美育的根本目标,也无法真正让学生从内心体会到音乐基础理论在音乐审美体验和表达中的重要作用。音乐基础理论所学的知识本身也是在音乐的形式与内容美的形成和功能中所凝练出来,故而必须要注意在课堂中尽可能引导学生运用所学知识来感知、表现和创造美。

比如在学习三和弦时可以根据同一调式调性中,三和弦的不同音响色彩倾向来引导学生自身创编故事,让学生领悟和弦色彩的美感和表达倾向。以下为教学片段示例:

比如,学习C自然大调中的和声,教师可以通过引导学生听辨和声音响效果来判断三种小说中常见的人物性格:教师弹奏C大调的正三和弦(Ⅰ、Ⅳ、Ⅴ级),学生通过听觉判断人物性格坚定、乐观、阳光、积极等。弹奏C大调的副三和弦中的小三和弦(ⅱ、ⅲ、ⅵ),学生判断人物性格优柔寡断,容易感伤等。弹奏C大调副三和弦中的减三和弦(ⅶ),学生判断人物性格狡诈、阴险等。

最后,学生自行编创故事情节,用不同情节来安排和弦的选择和使用。在此过程中教师引导学生认知音程关系所带来的不同三和弦的色彩变化。

4.书面习题与音乐实践习题并举

一定数量的书面习题练习在音乐基础理论模块的教学中是必然的,因为音乐基础理论的知识"量"是音乐素养"质"发生变化的必要条件。但我们必须注意,虽然量变是质变的必要条件,但如果不注重对实践能力的提升,则不容易让学生达到素养"质变"的临界点。因此将习题量的练习和音乐实践运用的能力提升结合起来,是促进学生音乐素养"质变"的充分且必要条件。

我们提倡书面习题和音乐实践习题来促进学生音乐基础理论的知识面的扩展和音乐学科核心素养的提升。因此,每节课教师都应该依据教材指南合理设计、合理分布书面习题和音乐实践习题的题量和比例。

(五)视唱练耳教学方法及建议

1.教师的范唱或范奏应注重情感和美的表达。

视唱练耳的训练不应该单独作为一种技能的发展,同时也应该被作为一种情感和美感的表达和感受,用以发展学生的音乐审美和立美素养。故而教师在视唱范唱和听音训练的范奏中,应该注重利用音乐表现要素所传达出的美感倾向,强化学生对读谱和听力的情感和美感,这样会更有利于发展学生快速组块的读谱能力,强化音准和提高听力效率。

2.听音和视唱的音程难点从学生们熟知的作品中攻克。

对音乐的认知必然是从大量的听觉感性积累基础上发展而来,故而选择学生们熟悉的作品是攻克听力和视唱难点的有效方法。

比如在单声部视唱中,对于大跳音程(尤其是五度、六度、七度音程),学生常常难以快速、准确地反应出音高,不少学生会采用"扳着手指数音阶唱名"的办法来进行,但教师经常也会发现学生的内心听觉中,音阶的级进音高都不是太准确,这就使得大跳音程的准确视唱难上加难。采用典型的、学生们熟悉的音乐材料来攻克音准问题是行之有效的办法。这些典型听觉材料的取材不仅可以从系统的学校音乐教材中去选取,也可以从学生们平时演唱和聆听的音乐中来选择。总之,通过诸多学生们熟悉的歌曲,是可以建立起音程听觉感性与度数理性之间的迅速关联的。在选材时要注意,最好是一首作品(或乐段)的第一乐句或最著名的乐句包含这样的音程,这样最容易被学生从记忆库中检索出来。

下面列举一些高中学生熟悉的材料用于旋律音程的教学,教师们可以举一反三,搜集更多的学生们熟悉的材料用于教学之中。

旋律音程	取材作品	谱例
小2度上下行	《献给爱丽丝》(贝多芬曲)	
大2度上下行	《两只老虎》(儿歌)	一只没有尾巴
大3度上下行	《共产儿童团歌》(革命历史歌曲)	准备好了吗
小3度上下行	《粉刷匠》(波兰儿歌)	我是一个粉刷匠
纯4度上下行	《义勇军进行曲》(聂耳曲,田汉词)	前进前进前进进
纯5度上行	《嘎达梅林》蒙古族民歌	南方飞来的

3. 善用多元化的现代教学技术和乐器。

如今有很多现代教学技术可以运用在视唱练耳的教学之中。除现在教师普遍使用的五线谱打谱软件(如Finale、Sibelius等)、简谱打谱软件(如JP-Word等)外,还有诸多直接可以用于视唱练耳教学与训练的软件平台或网站平台(如视唱练耳教程Auralia,视唱练耳训练软件Practica Musica、Meludia、Ear Master等),教师应该善于将这些现代音乐学习技术平台为教学所用。

此外,还要注意对乐器的使用不能局限在键盘乐器上,而要让学生熟悉不同乐器音色带来的音响效果,尤其注意对中国民族乐器特长生的听觉保护。

第五节　综合性艺术表演(音乐与舞蹈、音乐与戏剧、戏曲)教学法

一、课程标准要求

《义务教育艺术课程标准(2022版)》强化了课程育人导向。各课程标准基于义务教育培养目标,将党的教育方针具体细化为本课程应着力培养的核心素养,体现正确价值观、必备品格和关键能力的培养要求。并且在新课标中,增加和扩大了艺术教育的内容和范围,除了传统的音乐、美术和舞蹈外,特别增加了戏剧(戏曲)和影视教育部分,并对新课程的实施和评估都有具体的建议和标准。戏剧教育除了作为一大专门项内容外,还在其他四大内容中都有涉及,在音乐、美术、舞蹈和影视课程中,都提到要求利用戏剧游戏或情境表演的方法,对相关的艺术进行综合的表达与呈现。

(一)义务教育阶段

1.课标对综合性艺术表演教学的总体要求

综合性艺术表演是围绕歌唱与演奏,并结合朗诵、舞蹈、戏剧等体现综合性的艺术表演活动。《义务教育艺术课程标准(2022年版)》的课程内容中,综合性艺术表演加入了音乐与舞蹈、音乐与戏剧(含戏曲),是此次新课程标准修订的亮点、重点和难点。由此可看出"综合性艺术表演"在音乐教育中对提高学生音乐艺术的表现力和创造力以及丰富学生情感体验等方面起着重要作用。

综合性艺术表演是义务教育音乐课程中,"表现"艺术实践涵盖的一项具体学习内容,是课程综合性和实践性的具体表现,强化了课程育人的整体性和系统性,体现了核心素养导向、内容结构化、课程综合化等《义务教育艺术课程标准(2022年版)》的要求。通过"表现",学生可以丰富音乐活动经验,提升艺术表现素养。综合性艺术表演是音乐教学的一种常见的教学思路,包含了律动、音乐游戏、儿童歌舞表演、集体舞、简单的儿童歌舞剧、音乐剧、戏剧及曲艺等主要形式,强调学生的主动参与,关注音乐学习效能。综合性艺术表演作为人类文化的一个组成部分,与其他文化成分有着紧密的联系。综合性艺术表演教学是小学音乐教学中的重要组成部分,应创设学生的课堂情境以及让学生在艺术表演的过程中体验和感受音乐的审美,并且使得学生在艺术表演中能够学会创造,展开音乐的想象,综合艺术实践审美,提高实效促动认知。

总之,综合性艺术表演在音乐教学中有着十分重要的作用,它能帮助学生掌握音乐知识与技能,发展其个性,提高鉴赏力,培养合作精神等,对发展学生的全面素质有着重要意义,是实施素质教育重要途径之一。

2.不同学段综合性艺术表演教学要求

（1）第一学段（1~2年级）

在该学段中，义务教育音乐学段课程的学习任务包含了趣味唱游、聆听音乐、情景表演以及发现身边的音乐四项，基于1~2年级学生的年龄、心理特点，学习活动的设计既要体现趣味化、生活化、情境化、综合化等特点，也要体现音乐性。综合性艺术表演体现最广泛的就是在唱游教学中，可以融入演唱、演奏、编创、欣赏、律动、舞蹈等内容，也可以适当融入其他学科的内容，设计丰富多彩的游戏活动。

教师在对低龄段的学生教学时，可以让他们尽量以音乐游戏和表演相结合的方式来吸取生活的经验，选用与学龄段生活相关或者学生感兴趣的素材，创设与音乐情绪相适应、与生活相关联的环境和氛围，提升学生对音乐的兴趣，从而增强他们艺术表演的自信心。

在学业质量方面，1~2年级学段的学生需要做到能够配合音乐进行简单声势、律动、舞蹈或歌舞表演等，做到身体动作与音乐情绪、节奏和音律基本一致，并且能选择2至3种不同形式进行情景表演，基本地表现出情景表演的主体和内容即可。

（2）第二学段（3~5年级）

义务教育音乐学科课程的学习任务在该学段中分别是"听赏与评述""独唱与合作演唱""独奏与合作演奏""编创与展示""小型歌舞剧表演""探索生活中的音乐"六项学习任务。其中，对于综合性艺术表演的教学要求，更多的存在于"独唱与合作演唱""独奏与合作演奏""编创与展示""小型歌舞剧表演"和"探索生活中的音乐"里，在3~5年级的学习任务中，需要学生听赏具有鲜明形象和主题思想、情感表现较丰富的歌曲、小型器乐曲、简单歌舞音乐、戏曲音乐等，以中国作品为主。了解不同类别和体裁的歌曲或小型器乐曲的表现形式、表现特征，感受不同地区、民族和国家的音乐风格、韵味。根据音乐的情绪、特点编创律动或舞蹈动作。为朗诵、歌曲、舞蹈等进行即兴伴奏。

在学业质量方面，3~5年级的学生能够随音乐即兴表演，编创的简易节奏或旋律有一定的结构和变化，能传达出相应的表现意图、表情及身体动作，能体现音乐情绪和音乐特点。能编创、表演简单的歌舞剧等，做到有主题、有情节、有基本的结构和逻辑，音乐编配得当，表演、表情自然，剧情表现较为完整。

教师应该有目的地让学生编创短小节奏（如锣鼓经）、旋律等，表达学生自己的想法和情感。并且能结合生活情境，编创、表演简单的音乐故事、音乐游戏、短小音乐剧等。歌舞剧表演是融音乐、舞蹈、动作、美术、文学等于一体，表现情境或故事，表达思想感情的综合性艺术活动。小型歌舞剧表演有助于加强音乐与其他艺术的联系，提高学生的跨学科实践能力和综合表演能力。在小型歌舞剧表演中，要求该学段学生欣赏舞蹈、戏剧（含戏曲）等艺术作品，观察其表演动作，领会其表现特点，进行一定的模仿。根据歌曲内容自编动作进行歌舞表演。

（3）第三学段（6~7年级）

由于该学段学生年龄已趋于青少年，因此六个学习任务中都体现出了综合性艺术表演的重要性，需要学生感知音乐的主题及小型器乐曲的音乐结构，丰富对不同类别、体裁、形式音乐的表现特征及风格的感受与体验。学生将音乐与表现形式丰富的同时,也需要多方面、综合性了解才能更为全面。比如在"编创与展示"中,需要学生即兴演唱、演奏、声势、律动或舞蹈,即兴编创简单节奏、固定音型、简易和弦,为朗诵、歌(乐)曲、舞蹈配乐或伴奏。有目的地创作重复或对比的节奏型、短小旋律。为旋律编创歌词或为短小歌词编创旋律。根据情境主题,选择合适的题材及不同的表现形式,编创、表演稍复杂的音乐故事、音乐剧、情景剧、音乐游戏等。运用图形谱、乐谱或其他方式记录编创的作品。在小型歌舞剧表演中,要求该学段学生欣赏中外优秀综合性表演艺术作品,感受其艺术表现形式和特征,体验其艺术风格。学习舞蹈的基本动作或动作组合,进行歌舞、戏剧或戏曲片段及其他综合性艺术表演。探究音乐在综合性艺术表演中的作用。

在学业质量方面,6~7年级的学生能编创稍复杂的节奏、旋律及简单歌曲,体现一定的丰富性,词、曲结合自然,能较好地表达自己的情感和想法,能根据主题选用合适的表现形式,创演小型歌剧,音乐编配与剧情具有关联度,表演生动、自然,能较好地表现剧情、表达情感。特别在戏剧(含戏曲)等综合性表演艺术中,具备认识、理解所表现对象的基本能力,表演符合题材要求,演唱和动作等符合塑造的角色形象,具有一定的表现力。

(4)第四学段(8~9年级)

对于8~9年级的高学段学生来说,新课标对于综合性艺术表演中涵盖的知识和内容更加的广泛与深入,该学段学生需要了解更为全面的音乐理论知识以及旋律写作的能力,比如在"编创与展示"学习任务的内容要求里,让学生即兴编创较丰富的节奏、旋律、和弦,为朗诵、歌(乐)曲、舞蹈配乐或伴奏。创作体现个人想法和新意的节奏型、短小旋律及简单歌曲,尝试用计算机应用软件编创音乐,用乐谱、应用软件或其他方式记录。根据特定的情境主题和要求,进行综合性艺术编创和表演。并且在小型歌舞剧表演中,要求该学段学生欣赏中外优秀综合性表演艺术作品,感知、了解其表演形式和艺术风格等方面的特点。进行歌舞、戏剧(含戏曲)、曲艺等综合性艺术表演活动。探究音乐在舞蹈、戏剧(含戏曲)、影视(含数字媒体艺术)、曲艺等艺术中的表现作用,比较听觉艺术与视觉艺术、舞台表演艺术在表现材料、表现手段及艺术特点等方面的异同。

在学业质量方面,8~9年级的学生对音乐作品能进行较为细致的听赏,对音乐表现要素及音乐的体裁、形式、风格意蕴等的感知与判断需要更多的敏锐度,对音乐表现特征及音乐要素之间的联系和作用的分析较为客观。特别在对舞蹈、戏剧(含戏曲)的表现内容、形式、特征及音乐作用的理解、判断和分析基本正确,能提供支持性的证据。

(二)普通高中阶段

1.课标对音乐与舞蹈模块教学的要求

在普通高中音乐课程标准的课程内容中,对音乐与舞蹈模块教学要求主要为需要让学生在音乐与舞蹈模块的学习中,通过优秀舞蹈作品赏析和舞蹈表演实践,获得舞蹈艺术的审美体验,并且初步了解中外代表性舞种及其艺术特征,理解音乐与舞蹈的关系。鉴赏中外民族舞、古典舞、现代舞、芭蕾舞等不同舞种的代表性作品,简述其音乐风格与特点。让学生了解音乐与舞蹈的关系,根据舞蹈的节奏和情绪选配适合的音乐,或通过肢体动作表现舞蹈音乐的节奏特点和情绪、情感。学习有代表性舞种的基本动作及动作组合,并随音乐进行练习。

学生在学习优秀的舞蹈或舞剧片段时,应注重中国民族民间舞和古典舞的学习。根据指定或自选的音乐即兴编创舞蹈。学习舞蹈编排的基本常识,根据音乐设计与之相应的舞蹈动作及队形,进行舞蹈排练。能够对舞蹈作品的风格特点、情感表达及艺术表现做简要分析,并对自己、他人或集体的舞蹈表演做出较为客观的评价。

在高中阶段的学生中,能够识别具有代表性的舞种,能从音乐的风格与特点简要分析音乐与舞蹈的关系,并且能根据音乐表演编创代表性舞种基本动作或动作组合,或与他人合作进行舞蹈节目的编排与表演。

2.课标对音乐与戏剧模块教学的要求

音乐与戏剧是高中课标课程内容中非常重要的部分之一,将文学、音乐、美术、舞蹈等视觉与听觉表现元素有机综合于一体的艺术形式。音乐与戏剧模块的教学,一方面对经典戏剧作品进行赏析,通过观赏、体验、理解、比较等途径,使学生初步了解戏剧艺术的一般规律,认知不同戏剧品种的主要特点以及戏剧中音乐的地位和作用。另一方面,因地制宜地组织学生积极参与不同形式的戏剧表演和编创实践,发展学生综合艺术表演及戏剧编创才能。主要内容首先为需要让学生欣赏中国戏曲与中外歌剧、音乐剧及戏剧配乐等,了解戏剧构成的主要元素,认知音乐在不同类别戏剧艺术中的地位与作用。其次选配适当的音乐,有表情地朗诵散文、诗词、寓言、童话等文学作品。选择适当的题材,编创有配乐的戏剧小品或小型音乐剧,并参与排练及演出。然后学唱我国戏曲唱段及中外歌剧选段。了解我国主要的传统戏曲及中外歌剧的起源与发展线索,知晓其主要代表人物及艺术成就,并对其中的代表性作品做出简要评价。最后能够简要分析不同戏剧剧目的风格与特点,并对自己、他人或集体的戏剧排演做出较为客观的评价。

在音乐与戏剧的学业质量标准中,高中阶段的学生能够了解我国的戏曲及中外歌剧、音乐剧的起源与发展线索、表演形式和基本特征,并且能够自然有表情地演唱或表演京剧其他戏曲唱段、中外著名歌剧或音乐剧片段。

二、不同学段综合性艺术表演(音乐与舞蹈、音乐与戏剧)学习身心特点

(一)义务教育阶段

义务教育各年级学生心理会随着成长而变化,各个时期会呈现不同的心理特点,掌握孩子心理,会让师生间、亲子间沟通更顺畅,更有效。小学一年级学生的心理特征:对小学生活既感到新鲜,又不习惯,因而一时难以适应,好奇、好动、喜欢模仿,但很难做到专心听讲,特别信任教师,并且有直观、具体、形象等思维特点。义务教育阶段的学生在综合性艺术表演方面需表演、表情自然,能较完整地表现剧情,且会表演生动、自然,能较好地表现剧情、表达情感,要求表演生动、形象,有较强的表现力。这体现了三个学段在综合艺术表演方面的不同要求和能力表现。自然指的是在表演中动作、表情、演唱等不勉强,不拘束,不呆板,表演基本符合所表现对象的角色特征;生动是在自然的基础上,灵活而不呆板,富有变化,表演的

角色具有一定的感染力;形象是指所表演或塑造的角色具体、生动,具有较强的可信度,也就是我们通常所说的演得"逼真"。

(二)普通高中阶段

高中阶段的学生的心智趋于成熟,对待事物的看法也与其他阶段的学生不同。他们的文化底蕴、素质涵养都是他们发展成熟的标志,高中生的智力发展、逻辑思维也变得成熟,音乐审美能力也变得更加敏锐。在音乐上,高中学生由于对音乐认识的局限性,他们很容易受到外界的一些影响,他们会受到音乐潮流的影响,跟随大众的心理。同时,在这个时期,高中生的音乐感知能力也在提高,他们在音乐学习方面,能力也比较强。已经达到了成年人的水平。他们在音乐的记忆上也是以逻辑思维为主,他们的想象力也具有了抽象思维。在高中生的综合性艺术表演学习阶段,在高中音乐课程中应更加活跃,在音乐课堂中创设情境表演,使学生融入整个课堂中。应该在课堂导入上吸引学生的注意力,使被动变为主动,充分把握学生的学习兴趣,调动大家的积极性。通过播放音乐视频、修饰教学语言,用多形式来丰富课堂。在新课程标准的提出下,我们对高中音乐教学的要求也在慢慢地提高。这就需要我们根据高中生的音乐心理特点,在教学的过程中,使音乐课堂更加丰富,并且结合有效的方法来提高高中生的音乐思维。提高高中生的艺术欣赏能力,从而达到更好的音乐教学效果,更好地提高课堂教学水平。

三、综合性艺术表演(音乐与舞蹈、音乐与戏剧)教学方法及建议

(一)综合性艺术表演应注意的问题

综合性艺术表演在音乐教学中有着十分重要的作用,它能帮助学生掌握音乐知识与技能,发展其个性,提高鉴赏力,培养合作精神等,对发展学生的全面素质有着重要意义,是实施素质教育重要途径之一。培养学生的综合性艺术表演能力要从两方面入手,即思想和能力。但在教学的过程中,也要时刻把握综合性艺术表演的全面性和综合性,因此就需要注意以下几个方面。

在思想方面,要培养学生参与综合性艺术表演的积极性和自信心。在很多高年级的课堂上,我们看到学生在表演领域的体现不是歌唱就是舞蹈,很少有歌表演、音乐剧,歌剧、戏曲、曲艺就更不用说了。要让学生在综合性艺术表演中感受到充实、愉快,愿意去表演,积极参与到表演中。应该从小培养学生综合性艺术表演的意识,越早越好,如果从幼儿园、一年级起就树立学生综合表演的意识,从律动、歌表演、集体舞、音乐游戏、简单的音乐剧开始,学生能够主动、乐观地参与表演,那么到高年级参与人数更多、范围更广、要求更深的综合性艺术表演时就不会畏难和难为情了。

在能力方面,要关注学生整体音乐素养的发展。综合性艺术表演能力说到底是培养学生综合的艺术能力,更注重对学生进行音乐知识、唱歌、舞蹈、欣赏、器乐演奏等综合艺术教学,没有扎实的功底,即使有好的想法也不能实施。应从低年级开始培养学生扎实的音乐功底。对于音乐技能的训练这里就不赘述了。

在培养的方法上,我经常采用创设情境的方法,让学生在情境中进行综合性艺术表演学习,比如可将许多故事性的歌曲拓展成为歌表演或音乐戏剧表演,如《小红帽》。要善于挖掘教材中可以开发的元素,设计学生乐于参与的活动,进一步体验音乐的意义,提高综合性艺术表演能力。

在综合性艺术表演中,教师的指导思想应该是重在学生的积极参与。对于他们的表演,不能苛求其艺术水平如何,要用激励性的教学评价使学生在表演中尽量发挥其表演潜能,使他们这些活动中有所体验、有所理解、有所提高。

(二)综合性艺术表演教学方法

1.1~2年级学生

该阶段的学生,在这个年龄段大多数还没有学习的意识,对事物的认知都很懵懂,并且1~2年级的小朋友很多性格都比较胆怯、缺乏表达能力,少部分孩子在二年级时心理会趋于稳定,逐渐可以开始独立处理一些问题,自我意识逐渐觉醒,开始产生集体荣誉感。在处理与他人关系时,思维仍以形象思维为主,很难理解比较抽象的概念。因此对此阶段学生的综合性艺术表演教学,要培养学生参与综合性艺术表演的积极性和自信心。

2.3~9年级学生

该阶段的学生处于情感发生变化的转折时期,从情感外露、浅显、不自觉,向内控、深刻、自觉发展。该阶段学生情绪控制能力还是有限的,需要家长和教师的悉心呵护和耐心引导。由于交往范围扩大,认识能力尚在提高,孩子遇到的各种困扰也随之而来,开始产生不安情绪,家长和教师需要及时帮助孩子解决问题。小学四年级的孩子已经从被动学习向主动学习转变,有了自己的想法,但辨别是非的能力还有限,社会交往缺乏经验,经常会遇到很多难以解决的问题。如果不注重引导,孩子可能会因为一些小的困扰干扰了学习,逐渐对学习失去兴趣,但通过正确的教育,这种不安可以转化成对自然和社会的探索激情和求知欲望,综合能力得到快速的提高。在沟通方面,孩子的学习知识点已经增多加深,家长和教师要及时帮助孩子发现问题,解决问题,树立信心。注意孩子上课时注意力的问题,书写习惯,培养孩子演算、检查的习惯。并且需要注意的是该阶段五年级部分学生会出现变声现象,男孩会很明显,变声期经常会发出一些自己控制不了的怪声调,引起哄笑这是正常现象。心理健康教育目标是增强学习技能训练,培养良好的智力品质,激发学习兴趣、求知欲望和勤奋学习的精神,培养正确的竞争意识,鼓励参与社会实践活动,提高做事情的坚定性,建立进取的人生态度,促进自我意识发展。

(三)情境表演学习任务教学方法与建议

情境表演教学是指运用具体活动的场景或提供学习资源以激起学习者主动学习的兴趣、提高学习效率的一种教学方法。运用情境表演教学首先需用"着眼发展"的观点,全面地提出教学任务,而后优选教学方案,根据教学任务、班级特点及教师本人素质,选择创设情境的途径。在音乐中,语言是微妙的也是强烈的,给人以丰富的美感,往往使人心驰神往。它以特有的旋律、节奏,塑造出音乐形象,把听者带到特有的意境中。用音乐渲染情境,并不局限于播放现成的乐曲、歌曲,教师自己的弹奏、轻唱以及学生表演唱、哼唱都是行之有效的办法。关键是选取的乐曲与教材的基调、意境以及情境的发展方面要对应、协调。情境教学中的表演有两种,一是进入角色,二是扮演角色。"进入角色"即"假如我是音乐课中的某个";"扮演角色",则是担当课文中的某一角色进行表演。由于学生自己进入、扮演角色,音乐课中的角色不再是在书本上,而就是自己或自己班集体中的同学,这样,学生对音乐课中的角色必然产生亲切感,很自然地加深了内心体验。

(四)小型歌舞剧表演教学方法与建议

小型歌舞剧是综合了剧本、演员、舞台布景、道具、灯光、服装、化妆、音乐、舞蹈等多种形式的实践性很强的表演艺术,它已成为校园文化中不可缺少的艺术品种。在这里所说的歌舞剧,特指学校教学及校园文艺演出中,学生们表演的小型歌舞剧,也可称之为儿童歌舞剧小品。编排小型的儿童歌舞剧节目一般应包括:剧本的写作、音乐的选配、歌词的改编、舞蹈的创编、舞美的准备、演员的选定、排练与演出等过程。小型歌舞剧表演是融音乐、舞蹈、动作、美术、文学等为一体的综合性艺术活动。中小学阶段的歌舞剧可以是歌唱和舞蹈表现一定故事或情节、表达思想感情的歌舞表演,可以是歌唱、演奏及动作表现故事或情节、表达思想情感的音乐剧。可以用音乐、律动、舞蹈和美术等表现特定情境和场面、日常生活和劳动等内容的情景剧等等。还可以是中国戏曲表演,这是因为歌舞表演与戏曲有着很深的渊源。张庚、郭汉城主编的《中国戏曲通史》开篇首句云:"中国戏曲的起源可以上溯到原始时代的歌舞。"对戏曲的定义也有一种说法:中国传统的戏剧是一种有剧情的,"以歌舞演故事"的,综合音乐、歌唱、舞蹈、武术和杂技等的综合艺术形式,也就是戏曲曲艺。所以在中小学歌舞剧表演的课程内容中也加入了戏曲的表演。

(五)音乐与戏剧(含戏曲)教学方法及建议

戏剧剧种丰富,流派纷呈,除京剧、昆剧属全国性的剧种外,其他都属地方戏,运用地方方言演唱。如果在欣赏时,一味地让学生听,学生根本提不起兴趣来,他们都认为,"太拖了,听着够累人的,而且也听不懂,不知道在唱什么"。在让学生欣赏戏曲时,我们采用欣赏与剧情介绍同步进行,讲一段、听一段,边讲边听。如:越剧《十八相送》是著名剧目《梁山伯与祝英台》中的一段唱,欣赏时先让学生讲讲《梁山伯与祝英台》这个家喻户晓的故事,接着,教师介绍《十八相送》是祝英台家里的一封家书催祝英台回家,梁山伯十八里相送,一路上所发生的一件件有趣的事。同时,教师把这段歌词打印出来,让学生熟悉并阅读。因为越剧用嵊县的地方方言演唱,学生听不懂,一边看着歌词边听,这样就更加清晰明白。

第六节　音乐创造(编创、创作)教学法

创新是指学生在学习过程中所表现出来的探索精神,发现新事物、掌握新方法的强烈愿望以及运用已有知识,创造性地解决问题的能力。音乐学科也和其他学科一样要开展创新教育,音乐教育是知识创新和应用的基地,也是培养创新精神和创新人才的摇篮。把创造视为一个新的音乐学习领域,是音乐新课程的一个重要特点。在《义务教育艺术课程标准(2022年版)》中,创造作为音乐课程基本理念的同时,又以具体的活动内容呈现在教学领域中,即声音与音乐探索、即兴表演、音乐编创。

人类的一切创造性活动,都可以说是创造想象力的活动。马克思曾把音乐称为"促进人类发展的伟大现象"。无数的事实可以证明,音乐教育带给人们的创造、想象是无穷无尽的,它和科学创造有着很多的联系。伟大的音乐家贝多芬说:"音乐比一切智慧,一切哲学有着更高的启示……"由此可见,教师在音乐课堂上培养学生的探索精神、创造能力是何等重要。

一、音乐与创造性思维

创造性思维教学的主要目标在于培养学生的创造力,研究创造力的培养,关键是发挥"创造的引导者"——教师的作用。教师要运用创造性思维教学的策略,提供创造环境,激发创造的潜能,并有创造的行为或结果。创造性思维教学从学习的种类来看,是属于思维的;从创造的本质来看,是流畅的、独立的、变通的与周密的。创造是发挥学生想象力和思维潜能的学习领域,是学生积累音乐创作经验和发掘创造思维能力的过程和手段,对于培养具有实践能力的创新人才具有十分重要的意义。

(一)创造的过程与能力

1.创造是一种过程

以创造为过程,仍着重于思维,但不是从思维的类别着眼,而是重在推断其萌生前的概念和整个阶段。此种研究可从对于具有创造力者的个案研究及自传的描述中获得了解。

戴维斯认为,创造的过程可以从以下几个方面来确定:

(1)创意者用来解决问题的一系列步骤或阶段。

(2)新的主意或新的方案突然迸发的一刹那,是由于知觉突然产生了改变或转换。

(3)创意者有意无意间用来引发新的主意、关系、意义、知觉、转换等的一些技巧和策略。

这种看法,不仅包括了传统的阶段说法,也把创造的技能包括在内。

沃拉斯(Wallas)所提出的创造过程最具有代表性,现说明如下:

准备期(preparation):搜集有关问题的资料,结合旧经验和新知识。

酝酿期(incubation):百思不解,暂时搁置,但潜意识仍在思考解决问题的方案。

豁朗期(illumination):顿悟,明了解决问题的关键所在。

验证期(verification):将顿悟的观念加以实施,以验证其是否可行。

帕尼斯提出创造性问题解决的过程包括下面五个阶段:

(1)发现事实(fact finding):包括收集一些和问题有关的资料。问题解决前必须搜集及审视所有可利用的资料,资料搜集完成之后,应立即开始分析并整理。

(2)发现问题(problem finding):当所有资料都搜集好,且问题的线索也已呈现时,发现问题界定的工作就会自然显露出来。在这个阶段中,儿童就如海绵般地吸收所有组成问题的资料,等到全然渗透饱和之际,他们会对问题进行更广泛的复述,借着资料反复地从海绵中扭出和重新吸收之后,儿童就能够分析问题中的每一要素,重新安排问题的陈述,并界定问题的目的。最后,可能将这个问题分成若干的次要问题,而且将每一个次要问题的成分分析为可利用的资料。

(3)发现构想(idea finding):这是构想的产生和利用。一旦将问题适当地界定,也辨认了一切有关问题和问题解决的资料之后,这个工作便演变成构想的产生和选择一个解决问题的方式。

(4)发现解决方案(solution finding):当提出一系列的构想后,就必须找出最好、最实际、最适宜的解决问题的构想。Herien认为发现解决方案是解决问题的基础。这阶段是评估前阶段发现构想中所产生的概念,并且要应用最好的构想,以作为解决问题的策略。因此,这是逐一考虑讨论每一概念的时候。在沉思并苦心思索可能的问题解决方案时,有时难免有批判思维产生;而在最后分析中,最好的构思往往是非传统的,或是包含着改变的构想。

(5)接受所发现的解决方案(acceptance finding):这是创造力解决问题的过程中最后一个步骤。在这一阶段,你要对解决方案做最后的考虑,以便决定最好的并付诸行动。接受解决方案和促使好的概念成为有用的概念是息息相关的。

2.创造是一种能力

通常包含发散性思维的几种基本能力有敏锐力、流畅力、变通力、独创力,这些能力可能通过测验工具或评价者的观察而了解,分别举例说明如下:

(1)敏锐力。

指敏于觉察事物,具有发现缺漏、需求、不同寻常及未完成部分的能力,也即是对问题的敏感度,例如当你改变儿童的玩具或作业,观察他多久才能发觉,发觉之后是否比以前注意这个问题。越快发觉,越早发现的,即表示其敏锐力越强。

(2)流畅力。

指产生观念的多少,即思索许多可能的构想和回答,属于记忆的过程,因为人会将资料贮存在脑中以供利用。观察一个班级在讨论问题的过程中,当学生对讨论的主题提出许多看法和构想,或对他人的构想的实行提出许多看法和几个概念之时,就能观察到流畅力。它是任何要领可能发生的重要因素。一个学生对概念产生的阶段有许多反应,应说明他的思维具有流畅力。

我们常常形容一个人"下笔如行云流水""口若悬河滔滔不绝""意念泉涌""思路通畅""行动敏捷"等,这都是流畅力的表现。音乐同样强调流畅力。

在班级里，如果我们以"空罐子有什么用？"为题，让学生写出一些不平凡的用途，在一定的时间内看看学生能写出多少来，譬如有一个学生写出"做帽子、做鞋子、装水用、做桌子、做泥盆、种花"六项，则他的流畅力是6分；另一个学生写出10项，则他的流畅力为10分，后者比前者流畅力高。

(3) 变通力。

指不同分类与不同方式的思维，从某思想转换到另一种思想的能力，或是以一种不同的新方法去看一个问题。在解决问题的创造力上，我们必须要找到不同的应用范畴或许多新的观念。变通力是指我们要能适应各种状况，同时意味着不要以僵化的方式去看问题。有弹性的思维者能以不同的方式去运用资料。在一个班级讨论中，当学生能轻易地从一个主题转换到另一个主题，并且能针对讨论的问题结合几个选择时，便可观察到变通力。如音乐中的转调、变拍子等。

我们常以"穷则变、变则通""山重水复疑无路，柳暗花明又一村""随机应变""举一反三""触类旁通"来形容一个人的变通力。

举"空罐子有什么用？"这个例子，如果学生写出"可以做煎锅、咖啡壶、水壶、烤面包机"等4项，他的流畅力是4分，但因这4项都是烹饪用具一类，所以他的变通力只有1分；如果他写出煎锅（烹饪用具类），装水（容器类），果子模（模型类），钟铃类（音乐类），盾甲（防护类），则他的变通力为5分。

(4) 独创力。

指反应的独创性，想出别人所想不到的观念，亦即"和别人看同样的东西，却能想出和别人不同的事物"，指"万绿丛中一点红""物以稀为贵"等独特的能力。艺术是要强调个性的。

独创力是由某一项反应在全体反应中所占的比例来决定，与别人雷同越少，独创力越高，通常我们依据学生反应的统计结果来判定。

(二) 音乐的创造性思维

音乐是一种非语义的信息，音乐的这种自由性、模糊性和不确定性特征给人们对音乐的理解与表现提供了想象、联想的广阔空间。音乐艺术的创作、表演、欣赏等各个环节均体现了鲜明的创造意识并伴随着独特的创造行为。因此，音乐是创造性最强的艺术之一。音乐艺术的这一特质，使音乐教育在发展学生的创造力方面表现出了极大的优势，这无疑为学生发散性思维和创新能力的培养提供了良好的心理基础。

音乐为什么能发展人的想象呢？这是由音乐的特殊功能和它的美学特征所决定的。法国作家雨果说："人的智慧掌握着三把钥匙：一把开启数学，一把开启字母，一把开启音符。知识、思想、幻想就在其中。"音乐家在作曲时就把他们的信仰、志向、灵感、才智、审美观念及人生的充实，自然的美妙，宇宙的变幻都化作优美的旋律，并以其独特的风格表现着人类的发展，宇宙的运动，意境的扩展，到达其他艺术达不到的境界。作曲家往往冲破了普通人常规的思维方式，从人们想不到的新角度发挥想象，创造出惊人的杰作。当这些作品深刻的内涵通过演唱、演奏的二度创作传达给欣赏者时，便触发了人们的情感，随着乐曲的展现把人的内心世界引到了想象活动的高峰。这种想象与联想不像文学那样受到语言的限制,也不像美术那样受到画面的制约,更不像建筑那样受到时间、空间的局限。人们一旦进入音乐的想象世界,便能任意遨游,产生丰富的对过去的再现和对未来的幻想。每个音乐爱好者长期受到音乐环境的熏陶,就会养成想象和创新的习惯,推动着他的求新创新的探索思想。在这方面,爱因斯坦的感受是"想象比知识更重要,知识是有限的,而想象力概括着世界的一切,推动着进步,是知识进化的源泉。"教育家苏霍姆林斯基也认为:"音乐是思维的有力源泉,没有音乐,教育便不能有合乎要求的智力发展。"

想象,在人认识世界和改造世界的过程中有着重要的作用。如果没有想象,人不可能有创造发明,不可能有任何预见。心理学家认为,发散思维也叫求异思维,是对所要解决的一个新问题从多方面加以思考,并提出许多新假设和新答案的思维方式,例如"砖有什么用途?"发散思维从多个角度想出许多新答案:盖房子、筑墙、切割台阶、修路、压纸、挡住停在斜坡上的汽车轮子、镶花池的边、当锤子用……上述每一个答案都是对的。这种思维的主要特征是思路可以从一点发散到四面八方,突破思维定式的局限,重新组合以往知识经验,找出许多新的可能的答案。这种开放性的思维没有固定的方向、范围,"标新立异""异想天开",是打破框框的创造性思维方式。

音乐想象体现了一种超越性和求异性。超越性,是指超越音乐作品的自身,跨越国界,跨越时代。求异性,是指追求目标不同,努力体现个性,尽力发挥水平而又拘于形式。黑格尔指出:"真正的创造就是艺术想象的活动。"实践证明,一切创造都离不开想象,而在音乐教育中想象的趣味性和求异性,给人们认识世界提供了更广阔的思维方法。又如音乐与语言的才能,人皆有之,如何运用音乐来训练自己,因人而异。爱因斯坦的母亲波琳,是一位具有一定文化修养的贤惠妇女。她爱好音乐,喜爱钢琴艺术。自然,她就做了爱因斯坦的音乐启蒙教师。爱因斯坦在三四岁的时候,总喜欢悄悄地躲在楼梯暗处,聆听母亲弹奏的悠悠钢琴声。当时的小爱因斯坦,虽然语言思维并不太好,不大会说话,但是,钢琴艺术的声波信息,每天晚上都会输入他幼小的心灵,引起他千万个稚想,在不知不觉中提高了他的思维力。爱因斯坦从6岁开始就步入了乐器之王小提琴的大门。之所以说小提琴是乐器之王,因为它的技巧最难掌握,学习者很难达到所要求的音准和快速的单、双音技术,当然还有其他多种技巧。小提琴的左手训练,加强了右脑的活动能力,使爱因斯坦的想象力得到扩展。各种小提琴乐曲的内涵,又增添了他童年的幻想。随着时光流逝,渐渐锻炼和提高了他的思维能力。思维能力是看不见的,但科学家自己在思考过程中能感觉到自己的能力。爱因斯坦之所以肯定地说自己如果没有接受音乐教育,无论在什么事业上都将一事无成这句话,主要是指音乐与想象力的关系。没有想象力的音乐可以说不能称其为好音乐。所以爱因斯坦得出结论:"想象力比知识更重要。"牛顿也有一句名言:"没有大胆的猜测就做不出伟大的发现。"

从表面上看,艺术是浪漫的形象思维,科学是严肃的逻辑思维,是完全不同的两个领域。但它们的思维过程是相同的。音乐的丰富想象给科学的奇思妙想插上了有力的翅膀,使科学家的聪明才智得以发挥。伟大的科学家爱因斯坦自己就总结说:"我的科学成就很多是从音乐的启发而来的。"他从博大精深的古典音乐中体会到和谐之美,感到大自然的和谐和物理理论的和谐是相通的。音乐教育家铃木则认为:"音乐可以启发人的想象力,音乐启发了爱因斯坦对宇宙的观察,进而发表了著名的相对论。"

(三)创造性思维与音乐实践

创造性思维,从定义上讲是脱离传统的思维模式,产生出独特的思考能力,是发现新事物的能力。创造性思维表现在不满足于用现有的知识和社会意识去解决当前存在的问题,而是从崭新的创建中来回答问题。我们认识到,创造性不仅表现在独创的见解发明之中,也表现在寻常思想之中。莫扎特、贝多芬的不朽之作,其创造的价值是无与伦比的,但另一方面,演唱和演奏是音乐的二度创作,欣赏音乐作品时的联想与想象也是创作。在学校的音乐教育中,可能很少出现天才音乐家,但是创造性思维的培养将为培养创造型、开拓型人才,为培养祖国的下一代贡献力量。

如果说音乐知识从某种意义上说是时间积累的产物,那么在很大程度上取决于活跃的创造性思维。积极的创造性思维应当贯穿于音乐学习的全过程。创造性的音乐思维使作曲家把生活情景转换为音乐语言,从而产生具有新风格的音乐作品。这是音乐的一度创作,演唱家和演奏家再现音乐时又贯注着崭新的艺术表演境界,这是音乐的二度创作。欣赏者在领略音乐美的同时,又产生了极为丰富的想象与联想,所以说是创造性的音乐思维把完成音乐作品的创作、表演、欣赏三个环节有机地结合成一体。

学生的音乐才能可以通过在乐器上的即兴表演得到展示,音乐教师可以通过对音乐作品的分析来指导学生的学习,领略作品的思想和艺术特色。另外,音乐教师向学生讲述音乐知识,可以提高学生的听觉水平和音乐修养。积极鼓励学生创作自己的作品,演奏自己的作品,只有这样才能达到上述的目的。因此,教师不能只重视音乐知识的学习,注重音乐技能、技巧的培养,而忽视音乐想象力的开发,应当把教学重点放在开发学生的音乐想象力和培养学生的创造性思维上。

如何进行创造性的学习实践呢?可以从以下两个方面考虑:第一,在各科学习的纵向系统之中,选择适当的内容,要求学生去尝试一下推倒、猜测、想象已有命题,提出新见解,然后再看书听讲,比较自己的想法与书上的结论有什么不一样的地方;同时,可以评论这个分析过程的优劣。比如,初一年级在学习旋律、节奏两方面知识时,可以采取这样的办法。教师先提出问题:音乐是由旋律节奏等要素组成的,那么什么叫旋律?什么叫节奏呢?然后让学生进行讨论。学生发言很踊跃,提出了各种不同的答案,最后教师根据书上的定义进行小结。这种学习知识的方法,调动了学生学习音乐的积极性,同时锻炼和培养了学生的思维能力和表达能力,产生了良好的学习效果。第二,在各科学习的横向系统之中,从内容、形式、方法等多方面,努力探索相互之间渗透、迁移、运用和借鉴的途径。应该说各学科之间的联系是普遍存在的。例如初二年级学生在学习曲式、乐句、乐段、一段体、二段体、三段体的知识时,教师可以启发学生联系语文知识来学习这些知识。

二、课程标准要求

(一)义务教育阶段

1. 课标对创造教学的总体要求

创造是发挥学生想象力和思维潜力的学习领域,是学生积累音乐创作和发掘创造思维能力的过程和手段,对于培养具有实践能力的创新人才具有十分重要的意义。

首先,重新审视新课标对创造教学的重视,具体体现在音乐学科核心素养中新增设了"创意实践"的内容。创意实践需要广阔的视野,涉及更为广泛的领域。因此在创造教学中也必然涉及多学科或跨学科的知识,并紧密围绕学生的实际生活,进行音乐的创造创新。创意实践要求在创造教学中,通过学习,学生有能力突破音乐活动的既有状态。在对创作过程和方法进行了探究与实验后,能够生成独特的想法,实现对音乐形式或内容的超越与意义的翻新。

其次,新课标在总目标中提出"发展创新思维,积极参与创作、表演、展示、制作等艺术实践活动,学会发现并解决问题,提升创意实践能力。"创造是理性与感性的结合。创造具有理性意义,在创造过程中既具有理性的思维性质,又具备理性的目标导向。在创作过程中,音乐作品的精神取向、意识形态以及价值定位都与理性思维相关。此外,感性又为作品提供灵感,是创作过程中的"活跃因子",有助于形成自己独有的风格特征。因此在创造教学中,应不断夯实学生的音乐知识与技能,提升认知能力和理解力,为创造提供坚实的后盾。同时,营造相关氛围,激发灵感,为学生提供丰富的感性材料,丰富想象力。

最后,创造教学包含声音与音乐探索、即兴表演、音乐编创三个内容。三个内容应根据学生不同年龄段和学段的身心发展规律进行学习。在三个内容的学习中,以中华优秀传统音乐为主体,重视我国民族民间音乐素材在创造教学中的使用,提升教材的趣味性。同时,创造教学的内容也应该体现多样化的特点,以满足不同学生的发展需要。在此过程中,教师要不断跟踪学生的学习兴趣设计相应的创造教学课程,使学生对音乐保持好奇心与探索欲。并重视创造教学过程,而不仅仅是创造结果。此外,注重合作学习,不仅可以提高学生的观察力,也能进一步丰富想象力,提升创造意识。同时有助于教师做到面向全体,注重个性。

2. 不同学段创造教学的要求

(1)第一学段(1~2年级)

引导学生对音乐有好奇心和探究欲,能在探究声音与音乐的过程中表达自己的想法和感受。利用现有条件或尽可能为学生创设条件,体验不同的声音与音乐。将自然、学校、家庭、社会以及实际生活等尽可能多的声音和音乐元素融入音乐课堂供学生体验与探索。在创造学习的过程中激发学生的兴趣。此外,给予学生一定的尊重与空间,让学生可以自由思考并与同伴进行交流来表达自己的观点,初步形成创造意识。

从学生的具体学业质量方面来说。首先,对于不同音乐元素(如音乐、音量、速度等)的表现应初步地做到与歌曲的情绪情感相符合。结合学段任务中唱游活动所学到的声势、律动表演等,根据不同的音乐加入自身的想法变换动作。其次,在情境表演中,学生的表现内容不仅应符合音乐的特点与角色特征,还要加入自身的想法,并在表演过程中体现自身想法。

(2)第二学段(3~5年级)

引导学生对音乐保持好奇心和探究欲,能在探究、即兴表演和编创等艺术创造活动中展现个性和创意。通过丰富的实践活动,保持学生对音乐的好奇心与探究欲。并且,与"表现"的学段要求相结合,不仅能够自信与自然地演奏、演唱、律动、做音乐游戏等,还要乐于表达自己独特的想法与观点。学生应明晰表现是对音乐作品的二度创作,而非完全模仿。我国传统音乐所具有的"演创合一"特点更是如此。

从学生的具体学业质量方面来说。首先,在初步掌握艺术表现的基础知识与基本技能的同时,在实践中,应根据不同歌曲的情绪情感、音乐意境与其中的艺术形象等方面加入自己的想法与特色。其次,对于音乐的即兴表演,学生的表情、表现及身体动作都应体现音乐的情绪与特点。学生所编创的简易节奏或旋律应做到有一定的结构与变化,在内容上传递相应的表现意图。对于简易歌舞剧、音乐片段或舞蹈等,应有明确的主题、发展逻辑、情节以及基本的乐曲结构。最后,通过所学知识能够简单评述生活中的一些音乐现象,并表明自身的想法与态度。并且能根据自身的需求,在实际生活中选择合适的音乐进行表现,并说明选择原因。

(3)第三学段(6~7年级)

引导学生能选用合适的音乐作品表达自己的情感,编创与展示简单的音乐作品,具有一定的想象力和创造力。与艺术表现素养相呼应,增加了对于音乐实践活动的态度要求,以此更加突出艺术表现中二度创作的特点,要求学生根据自身的理解、创意对作品做出个性化的处理。除了二度创作之外,对音乐的探究活动与音乐的一度创作在教学过程中也必须涉及,即根据所创设情境要求、围绕掌握的音乐知识技能、结合实际生活,要求学生能够编创相对简单且完整的音乐作品,并鼓励学生大胆展示。

从学生的具体学业质量方面来说。首先,对于音乐的二度创作,学生应在歌曲的表现要素的处理上具有自己的想法,体现一定的创意,如歌曲力度的把握、音色的控制等。其次,在音乐的即兴表演中,学生的表情、动作要与音乐的情绪情感、表达思想相一致,且具有一定创意。在音乐编创中,能使用稍微复杂的节奏与旋律进行歌曲创作,且创作的词、曲基调须一致,并表达自身的想法。根据不同的艺术情境,编配简单的歌舞剧,且剧情内容与音乐意境要与主题有一定的关联程度。再者,结合中国具有代表性地区的音乐以及舞蹈语汇进行编创,做到动作协调、表现生动。表演动作符合该类舞蹈的基本特点,并具有一定的独创性。

(4)第四学段(8~9年级)

引导学生能编创与展示比较完整的短小音乐作品,表达自己的想法和情感,具有较丰富的想象力和创造力。在创造教学中,为学生创设不同的情境,营造氛围,丰富学生的感性思维以激发学生的灵感与创造欲望。同时也要引导学生不断学习音乐的知识与技能,不断丰富自身的技能水平与知识储备,为创作提供理论指导,让创作"有迹可循"。实现感性与理性的有机结合,要求学生能够编创相对短小且完整的音乐作品。并且,能够和同学分享表达自己的想法与感受,积极与同学交流。在交流中提升观察力,进而丰富自身的想象力与创造力。

从学生的具体学业质量方面来说。首先,在音乐的二度创作中,能够体现出较为丰富的表现力的同时,展现个性化的创意表达。其次,在音乐编创中能够应用合适的创作技法,并且在作品的节奏型与旋律中应体现"重复和对比"的创作手法,且结构应相对完整,具有一定的独创性。同时,选择合适的题材创演小型歌舞剧。在编创过程中,应做到主题明确、结构清晰、形式多样、剧情完整,且音乐与剧情具有较高的关联程度。

(二)普通高中阶段

1.普通高中音乐编创的定义

普通高中音乐编创是对义务教育阶段音乐创造领域教学内容的延续与发展。学生在义务教育阶段音乐创造学习的基础上,对音乐创作的相关知识、具体原则及普遍规律展开进一步学习。但相对于义务教育阶段音乐创造领域的教学主要聚焦于"声音与音乐探索、即兴表演、音乐编创"三个内容,且分散在具体的教学过程中,而并未独立存在。普通高中音乐编创则成为必修模块中一个独立设置的学习模块,它的教学内容、方法、手段与形式在一定程度上也将区别于义务教育阶段音乐创造的学习,它也必然拥有一套相对独立与系统的教学内容、方法、手段与形式。

普通高中音乐编创是通过不同音乐元素与材料的建构和发展,在学习不同的创作手法与音乐知识技能的基础上,形成自身独特风格,以多样化的形式表达思想观念、情绪情感、音乐意境的艺术化实践活动。音乐编创模块,降低了对于专业性音乐创作的要求,而扩展了其教学内容。音乐编创模块,应包含歌曲的编创、唱奏等实践活动的二度创作、运用音乐的主题材料和主题元素即兴进行唱奏等实践活动、命题编创以及运用新兴科技手段进行音乐编创。

普通高中音乐编创拥有更为丰富的学习内容,并且在编创手段与形式上也更多样化的特点,是进一步培养学生想象力、创造力与创造性思维的基础性音乐教育内容。

2.普通高中课标对音乐编创模块教学的要求

与其他音乐模块学业质量一样,音乐编创也具有三个层次的水平划分。三个等级的学业质量水平分别表现不同的普通高中音乐学科核心素养,且在难度上呈现递进关系。学业质量水平1是在学生学习后应达到的基本要求。在这一水平层次的学业质量中,学生应了解与掌握一些常见的、基本的创作手法,编创简易的、完整的乐句,能为简单的旋律编配歌词,能为简易歌词编配旋律。在即兴表演中能以不同形式表达内心的情感与感受。学业质量水平2与3是学生学习后应达到的提高要求。在情绪情感及音乐意境的体现、编创手法的掌握、音乐作品的评述、歌曲创编长度、现代技术辅助功能的运用等方面在学业质量水平1的基础上提出了进一步的要求。因此在不同的阶段,课程内容与教学设计应注重学习任务的衔接。通过音乐编创模块三个水平层次的学业质量分析,总结概括可以分为以下七点。

其一，根据不同曲目的主题动机、音乐情境与曲目所表达的思想情感，即兴地进行唱奏等编创活动。在义务教育阶段的基础上，进一步提升即兴唱奏等编创活动的能力。在教学过程中，要求与典范音乐作品相结合进行学习。典范音乐作品是人文思想、风格特色、技术理论高度结合的音乐艺术产物。其典型且相对完整的结构、各种音乐要素的规范运用、富有生机活力的情绪情感及其强大的感染力都将提升学生的审美能力，从而引发深层次的艺术思考。在学习中，要求探究其中的编创技法及其表现作用，结合不同的技巧所产生的音乐变化，积累更为丰富的音乐语言，从而提升即兴唱奏等编创活动能力。

其二，了解不同音乐元素与材料的建构、发展与一般规律，掌握必要的音乐创作基础理论知识与创作手法，把握音乐作品中的常规结构。首先，旋律是音乐的首要要素，是不同音乐元素与材料建构、发展及一般规律体现的基础。旋律所构成的音高、时值等要素都属于音乐的基本材料，在此基础上再进行构建，组成乐汇、乐节、乐句及乐段等结构组织。因此，应要求学生掌握旋律常见的发展手法，包括重复、变奏与对比三类发展手法。进而引导学生利用所学进行创作实践。其次，在学习过程中应掌握必要的音乐创作基础理论知识与创作手法，包括音高、音程、节拍、织体及记谱法等。

其三，重视参与以歌曲编创为主的创作实践。严格意义上的音乐创作是要求纯音乐的编创，但这不仅需要专业化与系统化的音乐知识，更注重音乐的整体设计。因此，歌曲的编创更符合高中学段学生的创作学习情况，同时也降低了创作难度。要求学生尝试为旋律编配相关情绪情感的歌词、为不同歌词编配符合其意境的旋律。在了解和掌握所需要的音乐创作基础理论知识与创作手法后，为歌曲创作前奏或编配简易的伴奏等。

其四，根据教师或教材提供的音乐元素、材料和创作方法，能够自主编创或与伙伴合作编创相对完整的8至16小节音乐片段。在此基础上，再要求学生可以利用多种音乐元素、材料完成某一主题的命题编创。在此过程中，不仅要涉及基础音乐理论知识的复习，也要有知识的新授。并引导学生大胆进行自主编创，同时也为集体创作创设相关的条件，实现创造性思维的交互。

其五，运用五线谱与简谱属于基本的音乐技能，在音乐编创教学中是必须涉及的。要求学生能够运用五线谱或简谱较为准确地记录与写作旋律、音高、节奏、音程等音乐要素。五线谱与简谱的运用是综合的体现，因此不仅要包含音乐各种要素的写作学习，还要包含主题的构想、旋律的走向、词曲的搭配、体裁与和声的设计等内容学习。此外，在学生记录自己所编创的作品后，不仅要通过唱奏的方式表现音乐作品，还应相应结合现代教学设备（如多媒体、投影仪等）等不同的方式表现作品。

其六，数字技术广泛应用的今天，应引导学生在不同移动智能终端或其他媒介上，例如电脑、手机等，运用相关软件进行简单的音乐编辑与创作。利用音乐制作软件了解不同乐器或同一乐器不同的音色。从单一轨道音色或单声部的听辨中了解不同乐器与音色，逐步过渡到多轨道音色或多声部的听辨学习，进而听辨不同组合或乐队的声音特色；利用自动循环（Loop）功能提升即兴表演与音乐编创能力，选择适中的循环长度（4、8、16小节），在其中探索音响，提升音乐编创的兴趣。但此要求并非硬性规定，而是有条件的地区适用。

其七,将音乐编创与写作、表演、展示、交流、评价与改进等多个教学环节结合进行。音乐的学习应作为一个整体,而非像从前的教学程序一样割裂开来,才能确保学生的学习结果呈现迭代逻辑。要求通过编创,进行表演与展示,提升学生的音乐实践水平;通过分享与交流音乐编创的习作,对自己、他人或集体的编创习作做出较为客观的评价,提升音乐审美能力,深化学科认知、提高思辨能力;通过不断完善,进一步提升音乐编创能力。

三、义务教育阶段音乐创造教学法

(一)音乐创造教学必须遵循的原则

1.在引发学生音乐创造过程中,要以音乐审美为核心,发展兴趣爱好

以音乐审美为核心的基本理念,应贯穿于音乐创造教学的全过程,在潜移默化中培养学生美好的情操、健全的人格。音乐基础知识和基本技能的学习,应有机渗透在音乐创造的审美体验之中。音乐创造教学应该是师生共同感受、鉴别、判断、创造、表现和享受音乐美的过程。在创造教学中,要强调音乐的情感体验,根据音乐艺术的审美表现特征,引导学生在音乐创造中对音乐表现形式和情感内涵整体把握,领会音乐要素在音乐表现中的作用。

兴趣是学习音乐的基本动力,是学生与音乐保持密切联系、享受音乐、用音乐美化人生的前提。音乐应充分发挥音乐艺术特有的魅力,根据学生身心发展规律和审美心理特征,以丰富多彩的教学内容和生动活泼的教学形式,激发和培养学生的兴趣与爱好。创造教学内容应重视与学生的生活体验相结合,加强音乐课与社会生活的联系。

2.在激发学生的创造潜能时,要面向全体学生,注重个性发展

小学、中学、高中音乐课的任务,是提高全体学生的音乐素养,使每一个学生的音乐潜能得到开发并使他们从中受益。因此,音乐创造的教学活动应面向全体学生,以学生为主体,师生互动,将学生对音乐的感受和音乐活动的参与性放在重要的位置。

音乐创造可以是一个课型,也可以是课中的一部分,应把全体学生的普遍参与和发展不同个性的因材施教有机结合起来,创造生动活泼、灵活多样的教学形式,为学生提供发展个性的可能和空间。

3.重视音乐创造的教学过程,增强创造意识的培养

音乐创造的教学过程就是音乐的艺术实践过程。因此,在所有的音乐创造教学活动中,都应激发学生的参与积极性,重视艺术实践,让学生走进音乐、获得音乐审美体验和音乐知识与技能。通过音乐艺术实践,增强学生音乐表现的自信心,培养良好的合作意识和团队精神。

音乐课程中的音乐创造,目的在于进一步开发学生的创造性潜质。在教学过程中,应设定生动有趣的创造性活动内容、形式和情景,发展学生的想象力,增强学生的创造意识与创作能力,并为有志于深入学习音乐的学生打下音乐创作的初步基础。

4.在创造教学中要弘扬民族音乐,理解多元文化

重视民族、民间音乐材料的使用,增强教材的贴近性、趣味性,在创造教学中也很重要。

通过选材、音乐知识编排、音乐活动组织突出创造教学,注重地方音乐教育资源的开发和利用,如广西壮族、侗族的二声部和三声部民歌,是广西交响乐的重要资源。而多声部音乐,是中国少数民族音乐发展所能借助的重要外力和参考坐标。强化多声部音乐教学,利用合唱、多声部器乐欣赏、人声与乐队、歌舞等多种教学形式,从最早的自然声音感受到音乐能力的综合培养,在音乐教材、音乐资源民族化、地方化的同时,构建起贯穿始终的音乐教育内在目标来进行音乐创造活动。

5.在音乐创造中要体现多样化,提供选择性

在提高全体学生音乐文化素养的同时,还要为具有音乐特长和爱好音乐的学生提供良好的发展平台。因此,音乐课的内容应该体现多样化的特点,以满足不同学生的发展需要,为具有不同特长和爱好的学生提供选择性学习的机会,使全体学生都能享受音乐的愉悦,并在音乐上获得发展。

在关注对学生创造力培养的同时,更关注音乐教育方式的创新。学生创新精神的培养,首先需要一种创造性的音乐学习。音乐作为一门学科,虽然需要向学生传授某些规律性的东西,但音乐的"只可意会,不可言传"的特殊性质只能靠想象力去再创造。那种传统的"我教你学、我讲你听"的师徒式教学方式同创造性思维的培养背道而驰、大相径庭。而音乐教育方式的创新,则追求一种无权威的学习机制,追求一种自由、和谐、双向交流的教学氛围。要建立平等互动的师生关系,教师与学生凭借音乐交流审美信息,这里没有智力教育和道德教育的权威性和强迫性,教学双方完全是一种平等的关系。音乐教师要勇于从传统的角色中跳出来,变"教书匠"为"教学设计师""指导者""合作伙伴",为学生的音乐学习创造宽松、融洽的人际环境。音乐课堂上,教师可以强化学生的意识,允许质疑,鼓励探索,尊重学生对音乐的不同体验与独立思考。如果从更深的层面上来说,音乐教育方式的创新则应体现较强的民主意识,要充分尊重学生的人格,维护学生在音乐学习方面的自尊心与自信心。音乐教育是义务教育,无论学生是否具有音乐天赋,都有接受音乐教育的权利。学生是音乐教学活动的主体,使每一个学生的音乐潜能得到开发并终身享有音乐乐趣是音乐教育的崇高责任。

(二)不同学段创造教学法学习的身心特点

1.第一学段(1~2年级)

1~2年级的学生在动作和认知上有了初步的发展。相较于幼儿期,该学段的学生已经可以掌握简单的语言逻辑,在教师的引领下完成简单的音乐任务。因此,语言的发展对此阶段的学生的创造能力起着重要的作用。同时,学生的听觉能力和识别能力有一定提升,开始感知和记忆音乐要素,可以识别声音的部分特征,如音高、音色、可以重复简单的节奏以及能够随着唱歌打节拍。这些都是实现创造教学的基础条件。

1~2年级学段学生的发展以形象思维为主,好奇心的天性使得他们喜欢发现和探索生活中的各种声音音响,拥有探究愿望,在发现与探索的过程中,学生也将有意识或无意识地进行模仿,在模仿中深化对声音音响的体验。此外,学生对于音乐作品的理解具有差异性,在进行唱游等活动的过程中,该学段学生已经可以根据作品的思想、情感并结合自身的想法

来表现简单的律动、声势、动作和舞蹈等。

2.第二学段(3~9年级)

在前面的内容中已经了解到3~9年级的学生向着皮亚杰认知发展理论中的具体运算阶段以及形式运算阶段方向发展,这一时期儿童的音乐才能是迅速发展的时期,若能够受到良好的音乐教育,他们的音乐才能与创造力将得到很大的提升。

在3~9年级的具体运算阶段方面,学生通过"守恒"概念加深对音乐知识和技能的学习,在前一阶段以唱游和兴趣的音乐创造学习的基础上,本阶段的学生对旋律、节奏、节拍和力度等音乐要素的创造力中可以得到一定的提升。故而,学生对音乐创造的理解不仅体现在对音乐的一度创造上,对于音乐表演的二度创造以及音乐欣赏的三度创造都有所体现。此外,在形式运算阶段方面,学生可以根据逻辑推理、归纳或演绎的方式来强化音乐能力。因此,这一阶段的学生对于音乐的创造不仅停留在音乐片段上,而且能够根据音乐的主题创造出形式较为多样、情节比较完整、结构相对清晰、情感相对丰富等特征的小型音乐剧。在"表现"的二度创造中,音乐的各种要素的表达和情绪情感的表述都能够具有一定的独创性和个性化。

本时期的学生在衔接不同阶段的音乐创造学习中,对于音乐要素的学习绝不能出现和前一时期的音乐知识学习相脱节或过度跨越的现象。

(三)不同学段的创造教学法

1.第一学段(1~2年级)

在教学过程中,创造教学应围绕学生的身心特点,学习活动的设计既要体现趣味化、生活化、情境化、综合化等特点,也要体现音乐性。根据皮亚杰认知发展理论,1~2年级的学生基本上处于儿童认知发展阶段中的前运算阶段和具体运算阶段,这一时期的学生已经基本具备借助语言和部分示意手段来表述事物的能力,并且具有活泼好动的特点。在创造学习方面,应根据学生自身对音乐的感知,通过声势和动作来感受音乐、理解音乐,进而创造音乐。

教师应积极调动学生的各种感官系统,如听觉、动觉、视觉、触觉等,引导学生多感官地体验音乐,让学生在玩中学、动中学、乐中学,激发音乐学习兴趣。重视发挥学生的主体作用,调动学生参与游戏活动的积极性,在积极主动的氛围和环境下通过与教师合作、与同学合作共同完成音乐片段的创作。

其次,在创造教学的过程中,创造的音乐内容要结合低年级学生的生活经验,选用与学生生活相关或学生感兴趣的素材,切实与学生的实际生活相关联。让学生在熟悉的氛围下进行创造学习。例如创造的内容可以从校园内的题材入手,逐步拓展到关注自己生活中和周边自然环境以及社会生活中的各种现象。

再者,引导学生通过合作与交流来编创音乐,并与教师和同学分享。结合线上线下的方式创设平台,鼓励学生大胆展示。线下方面选择节日活动、班会、讲座等,线上则利用校内公共号、官网等多种资源和条件,为学生提供多样的展示平台。

此外,正确音乐创造包括两类学习内容:其一是与音乐有关的发掘学生潜能的即兴创造活动;其二是运用音乐材料创造音乐。其中第二类内容与音乐创作有关,但区别于专业创作学习。

(1)即兴创作教学

即兴创作和即兴表演。它是以语言、歌唱、钢琴或其他乐器为工具,运用游戏、动作、演奏等手段,进行即兴的音乐创作。这种教学创造了生动活泼的学习气氛,可以调动学生身心各方面的能力和条件,通过即兴创作,激发创造能力的发展。

(2)运用音乐材料的创造教学

利用各种声源及自制乐器的音乐创造教学,运用各种声源表现和创作音乐,它的主要意图是发掘学生的创造性潜能、培养学生的创新思维能力。教师引导学生用音乐的方式表现特定的自然情景或生活情景必须要做到:

首先,要引导学生联想自然界或生活中的声音现象,必要时,教师可以创造一定的教学情境,以引起学生的联想。如森林中的鸟鸣声,火车进出站时的汽笛声,撞击铁轨声等。其次,要引导学生选择适当的乐器或音源。例如,要表现鸟叫声,可以让学生选择口技或笛子。再次,要引导学生设计一定的音乐情景或生活情节。最后,应该引导学生进行分组表演。表演后,最好还能加以评论。

2.第二学段(3~9年级)

3~9年级的学生在认知思维和情绪情感等方面都在逐年提升,且到了具体运算阶段后能够符合逻辑地解决抽象问题,思维也更具科学性,对社会问题、身份的关注程度会有所增加。在音乐方面,对音乐的优美特征可以形成一定程度的感知和判断能力。

(1)在音乐听赏与评述中体现创造

通过音乐要素与形式,感知音乐的力度、速度、音色、节奏、旋律、调式、和声等基本要素,并在音乐创造中感受、体验、认识、理解其音乐表现作用及审美价值。如感知音乐作品的结构形式,体验其不同段落的音乐情绪,表述其不同段落的对比与变化,并做出相应的审美评价等。学生了解歌曲处理的一些基本手法,教师应鼓励、启发学生敢想、敢说,积极发表自己的见解,即使不太准确,也不要轻易否定。如歌曲《我是小鼓手》的艺术处理,就是学生根据自己对歌曲的理解设计方案,通过反复比较,集中讨论确定下来的。具体为情绪:自豪、欢快;力度:第一、二、五、六乐句mf,第三乐句mp,第四乐句mf,高潮处f。

通过音乐的题材与体裁来感受、理解内容在音乐作品中的表现,并能对其做出适当的评价。如分辨声乐、器乐作品中常见的音乐体裁和表演形式,并能从评析音乐体裁与音乐表现的关系中创设一些相关练习与活动。

通过音乐风格与流派来体现创造,聆听中外作曲家的优秀音乐作品,感受、体验其民族风格、地区风格、时代风格,认识、了解不同音乐流派及其重要代表人物的生平、作品、贡献等。如歌曲的内容、形式、风格和表现的情感是多样化的;又如雄壮有力的进行曲,恬静安详的摇篮曲,欢快轻盈的舞曲,风趣逗人的诙谐曲,短小天真的少儿歌曲,高亢激越的山歌以及细腻流畅的民间小调等。因此,不同内容、风格、体裁的歌曲要有不同的处理手法。

学生通过学习音乐的历史可发展思维能力,了解中国音乐发展的主要线索和成就,认识音乐在中国近现代社会发展中所起的作用,了解西方音乐不同发展时期的简要历史。学习中国传统音乐和世界民族民间音乐,感受、体验音乐中的民族文化特征,认识、理解民族民间音乐与人民生活、劳动、文化习俗的密切关系。

在音乐创造中,要注重培养学生认识音乐的功能与作用,认识音乐美学的一般常识,了解音乐的艺术特征。认识、理解音乐是一种反映社会生活,同时又深刻影响社会生活的艺术;认识、理解音乐的审美功能、教育功能、认识功能及娱乐功能;认识、理解音乐作品对人的精神生活会产生不同的影响,能以思想性与艺术性相统一的原则,对自己接触的音乐作品或社会音乐生活做出评价。

(2)演唱教学中的创造教学设计

如积极参与合唱活动,演唱中外著名合唱曲,陶冶高尚情操,增强集体主义精神。参与多声部合唱技巧训练,如音准与节奏、咬字与吐字、速度与力度、气息及声音控制等,注意倾听各声部的发声,做到声部间的协和,并能运用所获得的合唱技能,参与合唱作品的表演。通过排练多声部的合唱曲,做到声部间的和谐与均衡,队员间的相互合作与交流。了解作品的创作背景,理解指挥意图,有表情地表达作品的内容与风格。在排练作品中,教师要全身心投入,充满创作激情,细微地指导创造排练;在独唱中,聆听著名歌唱家的演唱,激发对歌唱表演的欲望。运用科学方法,进行歌唱发声的基本技能训练。歌唱时要求音高、节奏准确,逐步做到有气息支持地发声,掌握连音、断音的歌唱技巧,能调控歌唱的共鸣,以扩展音域、扩大音量、调整音色,注意吐字咬字的清晰等,力求正确表达歌曲的内容与情感,增强歌唱的感染力与艺术表现力。通过反复咏唱,加深理解歌曲的题材、体裁与风格,并能表达出对歌曲艺术处理的独立见解,能自信、有表情地独唱。学会歌曲以后,引导学生依据歌曲的主题、情绪、意境即兴编创适当的表演动作,以律动、歌舞表演、集体舞等形式表现歌曲,或者即兴为其编词或填词,以丰富音乐表现,还可以对歌曲的节奏、旋律进行改编、编创,采用"节奏重组""旋律接龙""乐句填空"等形式展开教学。

歌曲的艺术处理,是一种艺术的再创造,绝非简单的再现原作。如歌曲《学雷锋》的第一句歌词是:"花公鸡呀叫天亮,唤醒军属黄大娘。"有位学生提议:"教师,我觉得前奏中可以加进大公鸡喔喔的叫声。"经过学生讨论,一致通过并推选一位同学扮演大公鸡,为歌曲增添了特有的情趣。从中,学生的创造力和想象力得到了发挥。总之,在学生自主处理歌曲的过程中,应重视学生的自主性、主动性、创造性,从小处出发,不过分要求歌曲处理的标准性。只有放手让学生充分地表现自我对音乐的感悟,展现美和创造美的能力,才能让音乐课真正成为学生喜爱的课。

(3)在演奏教学中体现创造

a.合奏

组织学生积极参与合奏活动,表现乐曲的内容与情感,增进合作与交流。学生能自己调整乐器的音高使之符合乐队演奏的要求,能正确奏出自己声部的音乐并能注意到声部间的和谐,能按总谱的要求进行排练并对指挥的动作做出正确的反应。通过对作品的感悟,发表自己对作品内容与风格的处理意见。器乐合奏的规模、类型,应根据学校及班级的实际情况,组成各种类型的乐队,如民族乐队、西洋乐队、吹奏乐队、电声乐队或混合乐队等。这也能体现不同班级的艺术风格。

b.独奏

学习某种乐器的基本演奏技能,提高演奏水平与艺术表现力,通过反复演奏、领悟作品的内容与风格,能发表自己对作品的独特见解,能自信地、有表情地独奏,勇于在公众场合进行艺术实践演出。独奏乐器应从各地、各校实际情况出发,一般可分为中外弦乐、吹管乐、弹拨乐、打击乐、键盘及各少数民族的乐器等。这也能体现各地各校学生的艺术特点。

(4)编创与展示中的创造教学

编创需要具备一定的音乐基础知识,了解音乐作品的不同主题,感受理解构成音乐的要素,在初步掌握基本乐理知识的基础上,能较流畅地视唱简谱,识读五线谱,做到音高、节奏基本准确,能运用常用节拍、常用节奏型组成的简易旋律,应用于各项音乐实践来进行音乐创造活动。

在音乐创作中培养创造性思维。从学生的生活体验和艺术想象出发,激发学生音乐创作欲望。学习音乐材料组织与发展的基本形式,了解音乐作品结构的一般常识及常用的作曲手法,进行作曲实践的尝试,如为歌词谱曲,为旋律配置简易和声,或利用各种不同的音源材料,进行某一主题的命题创作等。也可与他人合作创作音乐作品。

音乐创作教学,启发和丰富了学生的想象力和创造力。通过有意识地对客观现实的观察了解,学生学习运用了各种音乐语言和音乐手段进行创作,表达了自己的思想感情,并在创作过程中获得较好的经验。其中有调查了解的方法,怎样将调查的材料进行分析的方法等。创作教学调动了学生热情、主动、充满兴趣和愿望地学习音乐的积极性。同学们努力学习正确的记谱法,学好音乐的各种表情记号,提高自己的听音、视唱能力。总之,音乐创作教学有效地提高了学生对乐理、视唱、听音、写谱等知识与技能的理解、记忆、运用能力。

在音乐课本中,作曲创作练习形式多样,有根据第一乐句的旋律,按所给的节奏创作第二乐句;根据第一乐句(起句),创作第二乐句(承句),按要求为旋律进行变奏,要求改变拍子、节奏;根据提示,创作一条4小节的旋律,提示为坚定有力的进行曲,优美轻快的舞曲;试为两句歌词(草原雾茫茫,群星闪闪亮)写出两乐句的旋律;试为四句歌词(大地盼望春天来,春天盼望百花开,如今祖国春满园,盼望我们早成才)配写旋律;根据图画提示的情绪(图为四个少年敲打鼓的画面),试写出四个乐句的旋律等。怎样组织学生进行创作呢?第一,要破除创作的神秘感,培养学生强烈的创作愿望。教师可以把报刊上发表的少年创作的歌曲介绍给同学,或请同学欣赏少年创作的歌曲,可以将学生的好奇心转化为学习动机,将胆怯心理转化为信心。通过探索、发现、创造,调动学生作曲的积极性。第二,教给学生作曲的简单方法,帮助学生克服学习上的障碍。如认真朗读歌词,细心体味歌词的语调和节奏,来创作歌曲旋律的节奏与起伏。根据我国民歌的起、承、转、合要求,创作四个乐句的歌曲,歌曲一定结束在主音上。这些作曲的简单方法,容易为学生理解和接受。第三,当学生能创作短小的歌曲后,要给学生提供展示的广阔天地。比如在课上可以将创作的歌曲给同学唱出或弹出;在学习曲式知识时,要求同学创作一段体的歌曲,有条件的同学还可以创作二段体的歌曲;在学校的艺术宣传栏中展出各个班级同学创作的歌曲等。

(5)在小型歌舞剧表演中体现创造

首先,从舞蹈方面。学习舞蹈的基本动作与组合,积极参与排练、演出等活动,在音乐中舒展肢体,愉悦身心,了解音乐与舞蹈的密切关系,感知舞蹈音乐的节奏特点和情感。能在音乐中即兴舞蹈,能根据音乐形象创编相应的动作与队形。结合欣赏和排练,了解舞蹈的起源、发展、体裁等常识,能够鉴赏和评价古典舞、现代舞、民族舞、芭蕾舞、社交舞等不同的特色和风格。

形体与舞蹈中的创造在小学低年级还包括了律动,如在节奏练习和视唱练习中进行简单的律动练习。这种律动练习以增强学生的音乐节奏感为目的,可用拍手、跺脚、适度的身体动作等交替进行。这种练习不仅是对学生最基本的音乐素质训练,也可为后面的教学打下良好基础。在歌唱教学中配以适当的律动,因为歌曲最能触动人的情感和心灵,引起人的情绪反应。学生学会一首新歌后,结合不同的律动来反复练唱,可以克服简单重复造成的单调和枯燥,训练学生的音乐表现力。

其次,通过欣赏和分析中国戏曲、中外歌剧及戏剧配乐等,了解音乐戏剧构成的主要元素,认识音乐在戏剧类综合艺术中的地位与作用。选择适合音乐戏剧创作的题材,尝试创编短小的、形式灵活的音乐戏剧小品,分配剧中人物的角色,进行合作排练,勇于在公众场合自信地进行综合艺术表演。

(6)探索生活中的音乐中体现创造

引导学生了解社会生活中的多种音乐现象、音乐文化和音乐活动,并进一步理解音乐对个人和社会的影响和作用。鼓励学生通过不同渠道主动参与音乐活动,在此过程中可以录制音频视频,记录和分享自己的音乐生活。将生活中的音乐元素融入音乐创造中,碰撞音乐世界与现实世界的火花。

总之,在音乐创造教学中要贯彻综合原则,把包括感受与鉴赏、表现创造音乐文化等在内的音乐教学的各方面内容充分结合起来进行教学。如音乐文化知识可以在学生参与的创作、演唱、演奏、欣赏等音乐实践活动中结合着讲解,许多音乐欣赏内容可以通过演唱、演奏来加深体验,加深理解,可以结合唱歌与器乐来进行创作教学,并通过唱歌与演奏来展示学生的创作成果。把音乐与包括舞蹈、戏剧、美术等在内的其他艺术形式结合起来进行教学,如让学生通过舞蹈、律动来表现音乐。音乐与美术融合即是听觉与视觉的结合,可使学生更形象地理解音乐。把音乐课程与包括语文、历史等在内的与音乐艺术有关的其他非艺术课程适当结合起来进行教学。音乐与文学关系密切,音乐教学可与语文教学(诗歌、戏剧等)结合;音值、节奏等内容可与数学课中的数量概念结合讲解;节奏与自然界现象、与人的生理现象以及人的运动方式有关,教学时可与自然常识课结合;体育课的广播操、韵律操等与音乐节奏感、旋律感的联系很紧,也能够有效结合;音乐与文化产生的民族、地理、环境、历史条件、语言语音特点、生活习俗、文体交流等有着密切联系。创造教学可有意识地把音乐课堂教学与课外音乐活动结合起来,把学校音乐教学与社会音乐环境结合起来,如社会生活中的许多音乐资源(广播、电视、艺术团体等)可为音乐教学所用,以形成合力,最大限度地提高音乐教学效果。

四、普通高中阶段创作教学法

(一)高中生音乐创作学习的特点

在义务教育阶段音乐教育的基础上,普通高中的学生应具备一定的音乐编创能力,对于音乐中的各种要素有一定的认知和基本的理解,能利用音乐要素创作音乐片段,并且利用合适的音乐要素表达自身的情绪情感。此外,也能够提炼现实生活作为基本素材,作为创作主题元素。

在高中阶段,学生的抽象思维能力迅速发展并趋于成熟,在解决问题的过程中也相比义务教育阶段更有逻辑性、系统性和深入性。因此,在音乐方面,通过教师的引导也可以掌握更深入和抽象的音乐概念,例如曲式的形式与结构、和声的变化与发展等,对音乐的创造学习都有着很重要的意义。此外,高中阶段的学生也已经对其他各科的知识有了一定的积累,在学习过程中,学生会将所学到的知识进行串联,以更快、更高效地来解决新的问题和知识。因此,在音乐创造学习的过程中,学生也并非仅仅通过音乐的相关知识来深化对音乐创造的掌握,而是通过自身对各科知识、生活和社会等不同认知和知识的积累深化音乐创造的学习。

虽然高中阶段的学生对音乐的理解日益加深,不仅能从直觉上感受音乐,而且能对音乐给予一定的理论解释,从审美角度欣赏音乐、表现音乐。但是,由于面临升学的压力,在单纯掌握知识与技能后进行音乐创造会显现出兴趣的缺失,以及缺乏对音乐的美感体验。故而,在音乐创造的学习中利用兴趣引导创造动机是提升学生音乐创造能力的关键之一。

(二)音乐创作教学方法及建议

1. 掌握必备的基础理论知识与基本技能

在创造的教学过程中或学生自由创作时,都将涉及基本的理论知识,只有具备一定的理论基础才能进行音乐的创造。而高中生已经处于皮亚杰认知发展理论的形式运算阶段,可以学习较为复杂的理论知识,并对于音乐的美有一定的感知和判断能力。并且,通过中小学阶段的学习,学生应该已经具备了一定的理论基础,故而,应根据学生具体情况深化音乐理论知识的学习,包括记谱法、音高、音程、节奏、节拍、音阶、调式、旋律、和弦、织体等。

2. 以歌曲编创为主

在进行创作时,歌曲创编的主题应贴近生活,将学生的学习经验与实际生活联系起来,以激发学生的创造热情。歌曲的题材可以从校园生活、校外活动、家国情怀等具有积极向上及正能量意义的主题入手,编写容易理解的歌词,之后再引入旋律的编写,这相当于使歌词编曲更为简单,更容易上手。此外,根据学生的能力与学龄逐步提高创作能力,如为歌曲加写前奏、间奏、尾声,为歌曲配置简易伴奏、从单旋律过渡到多旋律的编写等。

3. 融合跨学科知识

在音乐创造教学中,都会或多或少牵涉到其他学科知识的学习,包括音乐与姊妹艺术、社会生活以及音乐与非艺术学科的知识。教师在不断了解、学习和掌握跨学科知识的同时,也应学习跨学科教学的方式与手段,例如"项目式学习、STEAM教育"等。但是,在融合跨学科知识后,应注重音乐的主体地位,避免知识"大杂烩"的同时,利用跨学科知识辅助音乐创造。

4.利用现代信息技术进行音乐的创作

首先,多媒体、投影仪、录音机、摄像机、CD、VCD、DVD等现代技术设备的使用在很多学校已经成为现实,尤其在大中城市逐渐普及。

其次,身为音乐教师应不断学习新鲜事物,与时俱进,强化自身音乐素养,提高自身音乐技能,掌握电脑以及计算机音乐教学软件、音乐制作软件以及网络音乐资源等。21世纪已经是信息化的时代,努力学习和掌握现代教育技术已经成为当代音乐教师的当务之急。尤其是在创作方面,音乐制作软件的使用可以极大提高创作教学的效率,并且增加学习过程的乐趣,常用的电脑音乐制作软件包括Cubase、Logic Pro、Studio One、Pro Tools等,Ipad上较为常用的是库乐队(Garage Band)。通过这些软件上的音源、音色、Loop功能、效果器插件等元素,切实提高学生的创造能力。

但是,值得注意的是,在教学中使用现代教育技术应该掌握适度原则,应使用得恰到好处。在创造教学的过程中,必须追求的是高质量的教学成果,而不是一味地攀比教学设备。

五、音乐创造教学的评价原则与标准

(一)学生为本原则

音乐创造教学是否遵循中小学生的生理、心理及审美认知规律,从学生的兴趣、能力和需要出发,结合他们的生活经验,提供感受音乐、表现音乐、创造音乐及学习音乐文化知识的机会,为学生终身学习和音乐审美素质的可持续发展奠定基础。

(二)教育性原则

音乐创造教学是以素质教育的内涵为依据,突出音乐教育以审美为核心的理念,体现音乐教育的规律,贯彻德、智、体、美全面发展的方针。

(三)科学性原则

音乐创造教学是注意音乐知识技能的准确性、严谨性,符合学生音乐审美认知规律而建立的基础音乐教育的教学体系。

(四)人文性原则

音乐创造教学是否注意发掘音乐的人文内涵,加强音乐文化与其他相关人文科学的联系。

(五)实践性原则

音乐创造教学的音乐知识技能学习应在音乐实践活动中进行,教材应重视实践活动的设置,教材内容的选取要适应一般地区的水平,以便于全体学生参与实践活动。

(六)探究性原则

音乐创造教学要正确处理传授、探究、创造三者的关系。教学中要注意设计研究性学习的课题与练习,以利于发展学生的创造性思维。

六、音乐创造教学给教师的建议

音乐教学环境的审美特点,其特征主要体现在两个方面,一是听觉环境和视觉环境的优美,二是两者间的和谐。这是创造良好音乐教学气氛和情境的外部条件。

音乐是声音艺术,音乐教学的基本手段之一是聆听。音响美,是创造良好听觉环境的关键因素。音质清晰、悦耳的音响给人的听觉带来快感,并诱发美感的产生。而糟糕的音响则使人生厌、烦躁。在音乐教学中,教师应力避不良的音响产生,诸如多媒体的音量过大、音质过尖或不等音乐结束就"啪"的一声中断放音,弹奏音律欠准的钢琴、风琴,让学生吹奏由于簧片腐蚀而噪音迭出的口琴等。

一个美好的视觉环境对音乐教学也是重要的。音乐教室的布置应优雅、艺术化;座位的安排与乐器的摆放应富有新意,诱人遐想;歌片、挂图应具有视觉欣赏的意义;其他教学手段(幻灯片、录像、多媒体等)的运用都应遵循努力创设审美气氛与情境的原则。

创造,对于基础音乐教育的价值,已引起包括课程专家和学科专家在内的众多音乐教育界人士的广泛关注,越来越成为广大音乐教育工作者的共识。因此,如果仅仅把音乐创造融在其他音乐教学内容之中,就不可能充分发挥音乐教育的审美育人作用。只有把音乐创作作为中小学音乐教学的一项重要内容独立出来加以强调,中小学音乐教学才能够获得最大的教育效益。而且就世界范围而言,音乐教育比较发达的国家的著名音乐教学法以及音乐教育家,也都十分重视音乐创造教学。在具体的创造教学中,要特别注意以下几个问题:

(1)正确处理模仿与创造的关系。中小学生的音乐创造活动常常是从模仿入手的,模仿是音乐创造的必经之路。通过模仿,可由易到难、循序渐进地进行创造学习。

(2)分清即兴创造与创作的异同。即兴创造主旨是学生根据当时的感受而产生的一种音乐创造行为,是事先不必做准备的临时创作,它往往与即兴表演联系在一起。而创作或改编乐曲则需要经过准备孕育,在酝酿创意之后再进行加工塑形,最终成为一部音乐作品。即兴创造与创作是音乐创造教学领域的有机组成部分,在教学中缺一不可,不能偏废。

(3)注意在音乐创造活动中培养学生的内心听觉,启发学生想象自己的创造效果,先描述,再与实际音响对照,如此反复练习,使学生的内心听觉与创造能力同时得到发展。

第七节　音乐联系教学法

音乐艺术是一种多样化的实践，因此，在音乐课程的教学过程中要多引导学生参与各种音乐艺术实践活动，而作为艺术的实践活动，尽管其表现形式多种多样，但其过程一般都需要经历创造（创作）—表现（表演、呈现、制作等）—欣赏的过程，同时每个艺术实践必然会涉及音乐与相关文化。这些艺术过程能够确定并组织艺术与学习者之间的联系。艺术不是孤立的，而是存在于时间、空间、文化和历史等多个维度的，无论艺术作品，还是艺术实践活动（创造、表现和欣赏），皆注入了不同文化身份的创作者、表演者、传播者和参与者的思想情感和文化主张，是不同国家、不同民族、不同时代的文化，以及民族性格、民族情感和民族精神的展现，因此，艺术实践的每个过程必然都融入了个人观点、艺术活动和音乐作品与相关文化相联系的行为。同时，这种联系必然要求突破学科的局限，是一种将音乐与其他艺术和其他学科建立关联的一种综合性活动。

一、课程标准要求

（一）义务教育阶段

《义务教育艺术课程标准（2022年版）》中提出的音乐联系是对以往音乐与相关文化这部分内容的改革，相比2011年版课标的音乐与相关文化，更加强调关联与融合的动态过程，体现了一种更为积极、能动的思维形式。它扩大了学生音乐学习的领域，提倡主动、动态、深入地关联与融合相关文化，进而理解音乐艺术的人文内涵及社会功能。对教师也提出了更新更高的综合素质要求，在备课、分析教材、处理教材时要考虑到音乐联系的综合性、互联性。

义务教育艺术课程标准中整合了包括音乐、美术、舞蹈、戏剧（含戏曲）、影视（含数字媒体艺术）五个学科，以艺术实践为基础，以学习任务为抓手，有机整合学习内容，构建一体化的内容体系。在课堂教学中通过音乐联系的学习，使学生将音乐与社会生活、姊妹艺术及其他学科加以关联和融合，并在欣赏、表现和创造的实践中结合相关文化，理解音乐的人文内涵和社会功能，开阔文化视野，提高文化理解素养。

1. 课标对音乐联系教学的总体要求

艺术课程标准对音乐联系的要求，它包含以下的内容：音乐联系将音乐与社会生活、姊妹艺术及其他学科加以关联和融合，是音乐课人文学科属性的集中体现，是直接增进学生文化素养的学习领域，有助于扩大学生音乐文化视野，促进学生对音乐的体验与感受，提高学生音乐欣赏、表现、创造以及艺术审美的能力。

这一教学内容虽然在某些方面有自己的相对独立性，但在更多的情况下，又蕴含在音乐欣赏、表现和创造活动之中。因此，音乐联系教学目标的实现，不可脱离各类音乐艺术实践活动而孤立存在，应通过具体的音乐作品和生动的音乐实践活动来完成。音乐联系教学必须是寓于综合化的、指向核心素养的学习任务之中,通过寓教于乐的多种艺术实践,在学生丰富的听觉、动觉、视觉感性积累的基础上完成,从而提高学生的音乐素质与人文素质,培养学生的创造能力,使学生懂得音乐与文学、音乐与戏剧、音乐与美术、音乐与舞蹈、音乐与社会生活等的相关联系,从而把学生培养成为有较高音乐素养与文化底蕴的、具有较强综合素质的新一代创造型人才。

2.不同学段音乐联系教学要求

音乐联系是音乐课程人文学科属性的集中体现,也是培养学生音乐文化理解能力的重要内容,它涉及音乐与社会生活、音乐与姊妹艺术、音乐与其他学科等方面,涵盖内容相当广泛。在呈现方式上,这部分的学习内容也与欣赏、表现、创造等相关课程内容不同,虽然在有些方面有它自己相对独立的教学内容,如1~2年级的发现身边的音乐、3~9年级探索生活中的音乐学习任务,但在更多的情况下,这部分内容是蕴含在聆听、欣赏、表现和创造活动中的,通过与这些艺术实践的联系来完成。例如:在欣赏中将音乐与相关文化联系起来,在欣赏舞蹈、戏剧(含戏曲)、影视(含数字媒体艺术)等艺术作品时,理解音乐与它们的关系,以及音乐与其他学科的关系;在表现中无论是歌唱、演奏还是综合性艺术表演,都必然将这些艺术作品与相关文化进行联系,以增进学生对作品的理解,更好地促进艺术的表现;在创造中,一方面通过探究活动,了解音乐与社会生活、音乐与其他艺术及音乐与艺术之外的其他学科的联系,另一方面,创造也是基于一定的文化理解,在特定文化语境中进行的,因此,文化理解核心素养相关的学业质量标准往往与聆听、欣赏、表现和创造活动融为一体。

学业质量对1~2年级发现身边的音乐、3~9年级探索生活中的音乐学习任务部分学习结果的学业成就及其表现特征做了一定的规定。

(1)第一学段(1~2年级)

根据1~2年级学生的年龄特点所提的要求"向他人介绍身边的音乐或音乐现象时,能较清楚地表明自己的感受。"这对应着学业要求中"能举例说明生活和自然界中声音的特点,能运用人声、乐器、动作或其他合适的方式进行模仿、表现和创造""能通过广播、影视、网络等多种媒介听赏音乐,养成在生活中聆听音乐的习惯"等。低年级学生音乐知识较少,语言表达能力也比较弱,很难要求他们运用音乐知识对音乐和音乐现象进行具体的描述或分析,因此,仅需要学生表明自己对这些音乐或音乐现象的感受即可。

(2)第二学段(3~5年级)

"关注生活中的音乐现象,能联系所学知识进行描述和分析,表明自己的理解"是3~5年级所要求学生达到的学业成就,对关注生活中的音乐和音乐现象提出了具体的表现标准,即能对生活中的音乐和音乐现象做出一定的描述和分析,这种描述和分析是学生在学习过程中联系相关音乐知识以及相关文化对音乐或音乐现象的理解。同时,还提出在生活中选择和运用音乐的要求,具体为"在生活中会运用合适的音乐满足自己的需求,并能说明选择这些音乐的原因"。音乐学习并不只是停留在课堂上,而是通过学习激发学生对音乐的兴趣,不断增强他们表现、创造和运用音乐的能力,并且能将这种能力运用到日常生活之中,学以致用。以能否说明选用音乐的原因,来判断学生对音乐的理解和运用能力的高低。音乐需求有时可能是情感方面的,有时可能是功能方面的,有时可能是娱乐性的等等。学会为自己、家人或他人的生活增添乐趣、提升情趣,也是学生探索生活中的音乐的目的。

(3)第三学段(6~7年级)

6~7年级在前一学段基础上,提出对社会生活中的音乐现象和音乐文化做出的分析、评价上的合理性要求。要求学生对音乐现象和音乐文化不只是从主观感受上进行分析和评价,还能从其他角度、多维度地进行客观分析和评价,并且有理有据,具有一定的合理性。例如,能联系社会、历史、地理等相关文化,运用其他学科相关知识进行比较全面和综合的分析与评价,较好地解释音乐现象和音乐文化的属性特点、意义、作用等。同时,在运用音乐方面强调"在运用信息技术或其他方式选择和运用音乐方面有初步经验",这里的经验可以是技术运用方面的经验,如掌握计算机相关应用软件的使用,掌握多媒体的播放、编辑等技术;也可以是选择和运用音乐方面的经验,如能根据自己的情感需求选择合适的音乐,根据生活场景的需要选择合适的音乐,根据受众的年龄特点、音乐爱好等选择合适的音乐等。相比3~5年级"能说明选择这些音乐的原因"这条标准,6~7年级提出更高的要求:"能表明并解释个人兴趣、知识、背景以及其他因素对音乐选择产生的影响"。在选择原因的具体内容上有了一些规定,目的是让学生形成这样一种学科观念,即在生活中选择和运用音乐往往都和个人的兴趣、知识、背景及其他因素有关系。建立了这样的观念之后,学生在生活中选择音乐时也就不会盲目或随意了,能根据需要及个人或他人的文化背景、生活背景、音乐爱好等进行有目的的选择。

(4)第四学段(8~9年级)

8~9年级相关的学业质量标准还是从社会生活中的音乐现象和音乐文化做出的分析、评价上进行表述的,只是要求更高。例如,"在运用信息技术或其他媒介聆听音乐、搜集和编辑音乐、筛选相关信息等方面比较熟练",要求除了一般的播放、下载、搜集外,还能进行简单的编辑,如对音乐音频进行编辑。对搜集的音乐相关信息的文本进行编辑、筛选等,在操作方面也比其他学段更熟练。在生活中选择和运用音乐方面,8~9年级还提出"根据特定的场景、功能或目的选用适宜的音乐,既能满足需求又具有一定的审美价值"。这里的场景既可以是生活场景,也可以是学习场景,如在编创、表演音乐作品和舞蹈、戏剧、影视等活动中都涉及如何选择音乐的问题,在学习中为诗歌、散文配乐,为体育活动配乐,为班级、学校活动配乐等等。考虑到初中生已有一定的音乐学习经验,也初步形成了音乐审美感知能力,以及一定的审美判断能力,正确的审美价值观,因此,课程标准增加了具有一定审美价值的要求,旨在引导学生能不断提高自己的审美眼光、审美情趣,学会选择具有较高思想性和艺术性的优秀作品,自觉抵制和拒绝庸俗、低级趣味、哗众取宠或另类的音乐作品,能对当前的网络音乐、电视音乐等做出合理的判断和甄别,养成向真、向善、向美的审美取向。

(二)普通高中阶段

1.音乐相关艺术与音乐基础课程有机整合

在各种艺术门类中,音乐最易与相关艺术相结合,产生新的综合艺术形式,舞蹈、戏剧就是这种结合的产物。音乐与舞蹈、戏剧密不可分,同是学校实施美育的重要载体。

在舞蹈艺术总的概念中,音乐成为其不可分割的一个重要组成部分。《乐记·乐象篇》中说:"诗,言其志也;歌,咏其声也;舞,动其容也。三者本于心,然后乐器从之。"《毛诗序》中也讲了这个道理:"在心为志,发言为诗。情动于中而形于言,言之不足,故嗟叹之;嗟叹之不足,故咏歌之;咏歌之不足,不知手之舞之足之蹈之也。"舞蹈从一产生起便和音乐结成了最紧密的联系,舞蹈很难离开音乐独自存在,音乐在舞蹈艺术中占有非常重要的位置。

戏剧艺术是包含诗(文学)、音乐、绘画、雕塑、建筑以及舞蹈等多种艺术成分的综合艺术。戏剧中的音乐成分,无论是插曲、配乐还是音响,在塑造舞台形象、表现戏剧内容、表达思想感情及精神内涵等方面都有着举足轻重的作用。

因此,普通高中音乐课程标准将音乐与舞蹈、音乐与戏剧以及舞蹈表演、戏剧表演纳入课程内容,体现了这种不同艺术门类之间相互渗透与综合的关系,丰富和完善了音乐课程内容。

国务院办公厅以国办发〔2015〕71号印发《关于全面加强和改进学校美育工作的意见》。该《意见》在课程内容上提出:"学校美育课程主要包括音乐、美术、舞蹈、戏剧、戏曲、影视等。各级各类学校要按照课程设置方案和课程标准、教学指导纲要,逐步开齐开足上好美育课程。""普通高中在开设音乐、美术课程的基础上,要创造条件开设舞蹈、戏剧、戏曲、影视等教学模块。"这些指导意见和具体要求为课标修订在课程结构及课程内容的设置方面提供了重要依据。2020年修订版课标提出:"从目前我国美育教学的实施现状出发,将'音乐与舞蹈','音乐与戏剧',列入音乐课程,是切合实际的,符合《意见》中明确提出的"普通高中在开设音乐、美术课程上,要创设条件开设舞蹈、戏剧、戏曲、影视等教学模块"的精神。

2.音乐学科核心素养中文化理解的内涵

文化理解作为音乐学科核心素养之一,课程标准对其做了如下表述:

文化理解是指通过音乐感知和艺术表现等途径,理解不同文化语境中音乐艺术的人文内涵。音乐艺术与社会生活密切相关,不同地域、民族、时代有着不同的音乐文化创造,并直接表现为音乐作品题材、体裁、形式和风格等多方面的差异。优秀音乐作品是对特定社会、文化和历史的理解,反映一个国家、一个民族文化创造的特色、能力和水平。将文化理解作为高中学生的音乐学科核心素养之一,旨在通过音乐课程教学,让学生认识中国民族音乐文化的博大精深和丰富的精神文化内涵,坚定文化自信;让学生了解其他国家的音乐文化,以平等的文化价值观理解世界音乐的多样性。

基于文化理解素养的具体目标为:

学生能从感知和表现的具体作品中,理解音乐是人类文化的重要构成,从文化角度关注音乐作品和音乐现象,认知作品产生的历史文化背景和风格特征;熟悉和热爱中华民族的音乐创造成果,探究其独特风格和文化内涵,增强民族自豪感,坚定文化自信,培养爱国主义情操;能以开阔的视野体验、学习、理解世界其他国家和民族的优秀音乐文化,树立平等的文化价值观,拥有尊重文化多样性的人文情怀。

音乐作为一门艺术,给欣赏者带来无与伦比的听觉享受。作为一门人文科学,它蕴含着丰富的思想、绚烂的情感、严密的逻辑和复杂的技术。作为一门语言,它不仅包含着无限可能的形式美感,同时又传达和宣扬着人对世间一切事物的价值判断和情感态度,关联着感性和理性、形式和逻辑、审美和思维,可谓博大精深。伟大的科学家有了音乐的启迪,会迸发出惊人的创造潜能,而伟大的音乐家之所以伟大,不仅仅是因为他有着创造美的天赋,而且还能通过细致精微的分析和研究,发现其中严密的组织和深刻的思想活动。

从整体意义的角度考量音乐的功能,也可以说音乐是艺术,亦是文化的有机构成。这种多功能性决定了音乐及音乐作品独特而丰富的文化内涵。人类学半个多世纪的研究,以一种独具一格的方式认识社会中的文化事项,这种崭新的视角影响着音乐工作者的观念。文化是人类的生活样式,其中的音乐活动隐含着特定的文化价值和文化意义,一位民族音乐学家的论断:"那都是因为不同的时间和不同经纬中的不同文化所致。"

音乐教育属于人文素质教育,人文素质教育旨在通过各种教育活动,使人类优秀的文化成果被内化为受教育者的人格、气质和修养,并总是把人引向去思考人生的目的、意义、价值,去追求人的完美化,从而成为维系人类社会生存和发展的重要因素。普通学校音乐教育中的文化渗透力量,对未来社会成员的文化观念的形成无疑具有不可忽略的作用。

此外,音乐艺术所呈现的民族、地域、时代、宗教、伦理、道德、民风、习俗风格等文化特征,无不带有深深的人文科学烙印,因此,音乐学习应广泛摄取包括哲学、经济、历史、法学、文艺、伦理、语言学、民俗学以及其他社会文化和相关姊妹艺术在内的人文艺术学科养分。学生通过学习音乐可以充实、丰富自身的人文涵养,发展审美创造力,提高道德修养,陶冶高尚情操。最终,我国学校音乐教育的层次和水平也将得到大面积和整体性的提高。

二、音乐联系内容介绍

(一)音乐与姊妹艺术

1.音乐与舞蹈

(1)音乐与舞蹈的渊源

虽说舞蹈和它的姐妹艺术联系都很紧密,但要论联系最为紧密的还要数音乐。舞蹈和音乐的密切关系从根本上来说,是舞蹈离不开音乐,舞蹈总是在音乐的伴奏下展示出来的。这一点,中国舞蹈家吴晓邦在理论和实践两个方面都做了验证。他认为:"任何舞蹈在艺术形象上,都必须通过音乐,才能把它的'意思'完整地表达出来。"并且他宣称自己曾从《义勇军进行曲》中"获得舞蹈形象",他还指出:"就是一个无伴奏的舞蹈,虽然没有声音,但它从无声中也有一种节奏动作,会使人感到无声胜有声。"虽然这些舞蹈家为了强调舞蹈艺术的独立性,致力创作了不少没用音乐伴奏的作品,但还是要用走踢踏或通过脚铃、手铃随身体动作发出节奏音响来替代音乐伴奏。从广义上说,这种有节奏的音响,就是音乐的基本因素。我国舞蹈家王曼力等编导表现张志新烈士在狱中斗争生活的舞蹈《无声的歌》,就是一个无音乐伴奏的舞蹈作品,但是它却采用了风声、水声、镣铐声、鞭打声等音响效果来伴奏,其实这种音响效果的本身属于广义上的音乐,因为它有节奏、有律动、有音高、有音色。概言之,舞蹈和音乐不能分离。

(2)音乐在舞蹈中的重要作用

首先,音乐为舞蹈起着渲染和烘托气氛的作用,给舞蹈人物应有的性格刻画,与舞蹈共同完成塑造艺术形象的任务。如民间舞《石头、女人》的音乐,以浓郁的福建地方色彩,洒脱、纯朴的音调特征,刻画了惠安女勤劳、朴实和忍辱负重的典型性格,令人回味无穷。其次,音乐在舞蹈和舞剧中担负着交代和展现剧情的任务。如舞剧《好大的风》,全舞分为三个段落,采用插叙、回忆、象征等手法,讲述了一个催人泪下的爱情故事。在舞蹈第一段"插叙"中,音乐以电声乐模拟刮风的效果,由小变大,由远到近,把观众带进了要讲述的故事的氛围之中。在第二段"回忆"中,快板、音乐由悲转为喜,仍是唢呐领奏欢快的旋律,弦乐合奏加上优美的双人舞,一下又把人们带到那甜美的回忆中。到了舞蹈的第三段"象征",在唢呐呼喊般的领奏下,伴随着强烈的鼓声、大钹声,与弦乐的短促有力的演奏,把舞蹈推向高潮。最后音乐伴着一阵狂风的呼啸声吹过,仿佛要把这动人的故事吹向更远的地方,让更多的人为之感动。艺术魅力在这里体现为舞蹈与音乐浑然完美的统一。

(3) 舞蹈鉴赏能力的培养

应该怎么样来鉴赏舞蹈呢？在现代社会中,舞蹈充满了我们的生活——幼时普通的舞蹈教育,成人频繁的舞蹈活动,特别是有了电视机、录像机、影碟机、互联网这类现代大众传播媒介,使得广大群众足不出户,即可欣赏美妙音乐,一览各种舞蹈的风采。面对电视机中种类繁多、异彩纷呈的舞蹈,或剧场里演出的形式多样、风格迥异的舞蹈,如果不懂得如何去鉴赏,也就不能进入舞蹈的情感世界,这不能不说是一个缺憾。但人的舞蹈鉴赏能力并非与生俱来,它是经过培养、训练逐渐得到提高的。

审美眼光的培养是一个复杂的系统工程,简单地说,可以从以下几个方面入手:首先要积极投入社会实践。因为舞蹈创作是反映和表现社会生活的一种人体动作的艺术,而社会生活正是舞蹈创作的源泉。舞蹈作为一种经生活提炼、美化了的艺术形式,与生活本身不尽相同,它以一种远离生活形态的、经过夸张变形和虚拟美化的面貌出现在观众面前。正如我国美学家李泽厚所说:"舞蹈以身体之动作过程来展示心灵、表达情感,一方面源自日常生活中情感动作、体貌姿态的表情、语言的集中、发展;另一方面则又来自对培育身体力量和精神品质的操演锻炼动作的概括、提炼。这两者从不同方面都规定了舞蹈动作具有高度概括、广泛的表现性质。"所以我们说,正如必须遵循、了解舞蹈艺术的规律才能更好地欣赏舞蹈一样,只有阅历丰富、对社会生活有着深刻体味的人,才能真正地体会并领悟舞蹈艺术的内涵。艾青说:"必须了解生活所蒙受的一切的耻辱与不幸,迫害与困厄,即是我们诗的最真实的源泉。"如著名编导张继刚创作的舞蹈《一个扭秧歌的人》,成功塑造了一个舞蹈人物,一个活生生的形象。由于审美经验与审美趣味层次不同,对一些没有舞蹈生涯感受的人来说,只能欣赏到其中秧歌舞的美,或演员的美和技巧;而对于许多当过舞蹈教师的人,则在作品中读出了自己毕生从事教育事业的酸甜苦辣;生活体验更丰富、更深刻的人,甚至能更进一步地在作品中读出了一种人类的执着追求精神以及为他人付出的巨大牺牲精神。体验生活与鉴赏舞蹈相结合,可以使审美的眼光更敏锐。

舞蹈鉴赏能力的培养,除了体验生活,还要提高多方面的修养。只有具有一定的文化知识和舞蹈基本理论知识,舞蹈的欣赏水平才可能提高。这正如马克思所说的:"如果你想得到艺术的享受,那你就必须是一个有艺术修养的人。"因此,作为欣赏者,必须学习一些最基本的舞蹈理论知识,认识其特征。同时,要深入理解舞蹈作品,还应尽可能地了解一些相关的创作背景材料,如社会的、艺术的背景,作者情况,创作意图和这部作品已有的评论等。有条件的还可以亲身参加到舞蹈活动中去,通过自己动态的感受、体会、理解和把握舞蹈美的本质内涵,体味自己身体动作过程中所迸发出的内在生命力量,从而得到身心最大的愉悦和满足。比如通过学习芭蕾舞,能感受到芭蕾舞动作的"开、绷、直、立"的美感;学习中国古典舞,能感受到"圆、曲、拧、倾"的韵味;学习中国民间舞,可以更深入地了解该民族舞蹈的独特风格,以及该民族的历史宗教、风土人情、文化习俗、音乐文学语言特点等。通过亲身学习和实践,能够较完整地感受舞蹈美,培养一双具有高度审美意识的好眼睛。

另外,应积极参加欣赏活动。马克思指出:"艺术形象创作出懂得艺术和能够欣赏美的大众。"要想拥有"感受形式美的眼睛",只有积极地去欣赏大量舞蹈作品,这正如古人所言:"凡操千曲而后晓声,观千剑而后识器。"尤其要注意多欣赏优秀的舞蹈名作,一般的舞蹈节目、无主题的通俗舞、无舞感的伴舞,并不会有效地提高人的审美感受力。古人云:"取法乎上,仅得其中。"歌德也这样告诫他的秘书:"鉴赏力不是靠观察中等作品,而是靠观赏最好的作品打下了牢固的基础,你就有了用来衡量其他作品的标准,评价不至于过高,而是恰如其分。"这都是说要从经典作品入手,从优秀舞蹈艺术家的创造过程来培养审美趣味和能力,从不熟悉到熟悉,逐渐成为舞蹈艺术活动的"内行",领悟舞蹈这门至美的人体动作艺术的奥妙,并从中得到更大的美的享受。

(4)舞蹈艺术的分类

舞蹈本身按照不同的划分标准也有许多不同的分类方法,如按照动作体系不同分为芭蕾舞、现代舞、民间舞、爵士舞、舞厅舞等;按照表现方式可分为抒情性舞、戏剧性舞、纯形式舞等;按照舞者的数量可分为独舞、双人舞、群舞等;按照社会功能可分为表演性舞蹈、娱乐性舞蹈、交际性舞蹈、健身性舞蹈等;另外还可按照国家或地域划分,如中国舞、印度舞、傣族舞等;甚至按舞者情况划分,如按年龄、性别来进行分类。

2.音乐与戏剧

(1)戏剧概述

戏剧是一种空间和时间的综合艺术,作为一门综合艺术,戏剧融汇了多种艺术的表现手段,它们在综合体中表现为:文学、诗歌——剧本;绘画、雕塑、建筑——布置、灯光、道具、服装、化妆;音乐——演出中的音响、插曲、配乐;舞蹈——演员的表演艺术、动作艺术。戏剧演出的综合性,使它成为一种特殊的集体艺术。一次戏剧演出,一般需要剧作家、演员、音乐家、舞台美术以及舞蹈家的集体合作,他们在演出中担负着不同的任务。由于戏剧艺术是时间的综合艺术,戏剧美的特殊性,就是过程性与直观性的高度统一,这种美的组合不是作为一种凝结物,而是作为一个生动的过程,在直观的、有真实感的生活图景中展现出来。戏剧的这种时空性,使人产生一种真实感,创造出现实的、逼真的生活环境,因而戏剧被认为最接近生活、最具有社会性。由于文化背景的差别,不同文化所产生的戏剧形式往往拥有独特的传统和程式,比如西方戏剧、中国戏曲、印度梵剧、日本能乐和歌舞伎等。

(2)中国戏曲

戏曲音乐是戏曲艺术中表现人物思想感情、刻画人物性格、烘托舞台气氛的重要艺术手段之一,也是区别不同剧种的重要标志。戏曲音乐来源于民歌、曲艺、歌舞、器乐等多种音乐成分,是我国音乐的重要组成部分。

戏曲音乐包括声乐和器乐两大部分。声乐部分主要是唱腔和念白;器乐部分包括不同乐器组合的小型管弦乐(文场)和打击乐(武场)。唱腔是戏曲音乐的主体部分,是表达人物思想感情,刻画人物性格的主要手段,也是决定一个剧种风格特点的主要因素。戏曲演唱的形式主要是独唱,用以表现人物的思想感情和个性,也有少量的对唱和齐唱,对唱用于对答,齐唱用于群众场面。

戏曲的演唱,与行当的划分关系密切。各剧种对不同的行当在音色、音量、音域以及曲调诸方面均有不同的要求和区别。如京剧就有生腔和旦腔两大类,演唱要求也不同。老生要求刚柔兼备,朴实而响亮;老旦要求苍劲圆润;文小生用旦腔,以假嗓演唱;武小生用生腔,以本嗓演唱;青衣要求音色优美,庄重而华丽;净要求粗犷洪亮。许多地方戏曲,如评剧、河北梆子、豫剧、越剧等,采用真声演唱,自然和谐、音色甜美、纯朴真实,接近生活。戏曲演唱,不仅要求有优美纯正的声音,而且要表现出唱腔的内在感情,成为声情并茂的动人之曲。"字正腔圆"则是戏曲演唱总的要求:吐字清楚,四声准确,行腔圆润,板眼无误。

戏曲中一些接近自然语言或带有说唱性的唱腔,多用于叙事;旋律性强、离语言自然形态较远的唱腔,多用于抒情;旋律起伏较大,节奏速度变化较多的唱腔,则多用于感情变化强烈和戏剧冲突尖锐的场面。长段的唱腔,常因唱词板式或曲牌的变化,兼有叙事、抒情的性质。

器乐在戏曲中不仅用于唱腔的伴奏,还要配合舞蹈、武打表演,并有控制舞台节奏、渲染戏剧环境气氛的重要作用。一出戏的前后是否连贯,也与器乐有直接的关系。

伴奏对唱腔起着引、承、托、帮的作用。引——用或长或短的引奏把唱腔引带出来,使演员有调高、节奏的准备;承——起着唱腔间隙的桥梁作用;托——衬托唱腔,使唱腔丰满,音色多变;帮——使演唱者的情绪发挥得更加充分。

唱腔与伴奏有五种结合方式:①唱奏结合;②加花衬垫;③模拟唱腔;④间隙托腔;⑤拟替帮腔。

戏曲中的打击乐作用重要,有"一台锣鼓半台戏"之说,它能使表演动作有鲜明的节奏感,善于烘托人物的性格气质,并能造成欢乐、热烈、喜庆、紧张、阴暗、伤感等各种舞台气氛,还能象征性地表现鼓声、风声、水声、雨声、叩门声等,在武打戏中,打击乐更是主要的音乐表现手段。

主要剧种介绍:

京剧:我国最大的戏曲剧种,已有200多年历史。清乾隆五十五年(1790年)起,在南方以演徽调为主的三庆、四喜、春台、和春四大班社(也称"四大徽班"),相继进入北京演出,并与来自湖北的汉调艺人合作,相互影响,接受了昆腔、秦腔的部分剧目、曲调和表演方法,并吸收了一些民间曲调,逐步融合、演变、发展,形成以徽调的二黄与汉调的西皮为基础的"皮黄戏"。后又经过徽、汉、京三派皮黄艺人共同努力,使二黄、西皮两种声腔在艺术上得以更大地提高,成为既以皮黄为主体,又脱离对徽、汉二调的依附,在音乐唱腔、表演艺术方面都具有自己特定风格的独立剧种,并迅速走向成熟、兴盛,不久便在全国流行,成为具有广泛影响的剧种。京剧将中国戏曲艺术推上了一个新的高度,被视为中国戏曲艺术的象征。

黄梅戏:唱腔源于湖北省黄梅县的"采茶调",故得此名。"采茶调"流入安徽后,与当地的民间歌舞、曲艺音乐组合,最初形成了"两小戏"(如《打猪草》《夫妻观灯》等)和"三小戏"(即小丑、小旦加上小生)的表演形式。清道光以后,黄梅戏在安庆等地与徽剧同台演出,又受高腔影响,同时吸收京剧的表演和音乐,逐渐形成独特的风格。唱腔以板腔变化为主,有平词、二行、三行、火攻等板式,也可随时插用民间的曲牌音乐,如仙腔、彩腔等。黄梅戏用安庆地区的语音演唱,都用本嗓,亲切易懂。新中国成立后,黄梅戏得到快速发展,《天仙配》《女驸马》等剧已拍摄成电影,在国内外产生了深远的影响。

苏州弹词:流行于江苏南部、上海、浙江北部地区的说唱曲种,用苏州方言说唱。清代乾隆年间颇流行,有人认为它与宋代的"诸宫调""陶真"有渊源关系。苏州弹词在体裁上为散文与韵文结合,以叙事为主,代言为辅,表演上注意模拟各种类型的人物。多为单档表演(一人表、白兼唱),后来又有双档表演(二人)。唱词基本为七字句。基本唱腔最初以俞秀山、马如飞两名家的"俞调""马调"为两大主派,近代又出现了"小阳调""蒋调""徐调""丽调"等多种流派的唱腔。伴奏乐器以小三弦、琵琶为主,有时加入二胡、阮等乐器。传统剧目一般为长篇,著名的有《珍珠塔》《玉蜻蜓》《白蛇传》《描金凤》《三笑》等,新中国成立后创作了许多新曲目,还创作了许多短篇曲目,即"弹词开篇"——是有头有尾的叙事诗、抒情诗或写景诗,有的选取戏曲片段或截取弹词评话中的精彩部分,内容丰富多样,短小精悍。

彩调剧:广西地方戏曲剧种,约有200年历史。在广西民间歌舞和说唱艺术的基础上发展而成,与湖南花鼓戏、江西采茶戏、云南花灯戏等互相影响。原称"调子"或"采茶",也有称"花灯""哪嗬嗨"的,1955年全国群众业余音乐舞蹈观摩演出正式定名为"彩调剧"。彩调音乐与其他戏曲音乐一样包含唱腔和器乐两大部分,依形式可细分为腔、板、调、曲牌、锣鼓五类。彩调音乐属于曲牌体,大多轻松活泼、节奏明快、旋律流畅、生活气息和地方气息浓郁。表演是载歌载舞,以表现欢快的情绪见长。伴奏乐器有调胡、笛子、鼓、锣、钹等,著名剧目有《王三打鸟》《跑菜园》《阿三戏公爷》《刘三姐》等。

粤曲:流行于广东省广州粤语方言区以及东南亚一带的广东籍华侨聚居区。由戏曲清唱的八音班发展而来,约形成于清朝道光年间。早期为盲艺人走街串户卖唱,后渐有在茶楼酒肆登台演唱。1918年出现盲人"女伶",此后队伍迅速扩大,并发展了音乐唱腔,形成多种流派。新中国成立后对粤曲进行了改革,发扬曲种原有特色,并发展为多种演唱形式。粤曲以梆子、二黄为基本唱腔,还有多种曲牌(流行小曲),演唱上根据角色不同,分为大喉、平喉、子喉三大类,大喉、平喉为男角专用腔,子喉为女角专用腔。伴奏乐器有二弦、短喉管、月琴、柳胡、洞箫、琵琶、二胡、扬琴、笛子等,也常使用西洋乐器小提琴、单簧管等。

(3)西方歌剧

音乐在西方戏剧中广泛应用,应溯源于古希腊的悲喜剧。在三大悲剧作家——埃斯库罗斯、索福克勒斯和欧里庇德斯的剧作里,经常采用声乐形式来叙述剧情、揭示主题。不少人物对话用音乐伴奏来加强气氛,还有角色演唱的抒发感情的歌曲。比如在埃斯库罗斯的名剧《普罗米修斯》中,合唱队的抒情诗在剧中就占有不少篇幅。索福克勒斯名剧中的合唱歌也写得相当出色,他的剧作《俄狄浦斯在科罗诺斯》的第一合唱歌和《安提戈涅》剧中的第三合唱歌,堪称抒情诗的典范。音乐在这些悲剧中具有叙事、抒情与表现场景等多种功能。在阿里斯托芬的喜剧中,也广泛采用合唱、独唱,用诙谐的歌曲、轻松的音乐来加强喜剧的表现力。音乐在莎士比亚的戏剧中既作为刻画人物性格、描述人物心理状态的手段,也作为庆典、战斗等场面的气氛渲染。在戏剧结束时伴以乐声亦是莎氏爱用的方法。如将活泼、欢快的吉格舞曲放在《无事生非》《仲夏夜之梦》的结尾,以葬礼进行曲宣告《李尔王》《哈姆雷特》的剧终等。苏联吉维·奥尔忠尼启则谈道:"莎士比亚运用的音乐体裁有民间风习歌曲、叙事歌、牧歌、抒情小曲以及具有复杂音乐结构的咏叹调。器乐曲在莎士比亚戏剧中也占有重要地位。"(《作家与音乐》,人民音乐出版社1983年版)

歌德的诗剧《浮士德》亦用音乐来加强诗的意境与风格,如海伦出场时的古典合唱、天上序幕的圣乐、竖琴伴奏的精灵合唱、浮士德下葬的乐队伴奏的大合唱等。总之,乐声、合唱贯穿全剧,被评论家称之为"音乐剧"。

英国剧作家菲尔丁的喜剧、讽刺剧喜欢穿插歌曲来加强戏剧气氛与效果。挪威名剧作家易卜生也不时运用音乐来丰富戏剧的表现力。他在《爱情的喜剧》中加以侧幕的配唱,在《培尔·金特》中配以戏剧音乐,使戏剧表现形式更丰富、更有感染力。

(4)音乐与影视作品

影视音乐是专为电影电视创作、编配的音乐,是20世纪新出现的一种音乐艺术体裁,它是综合艺术——电影电视中的一个重要组成部分。影视音乐具有音乐的一般共性,又有其特性。影视音乐的主要表现为:第一,它的创作构思以片子的题材、内容、形式、风格为依据,音乐要与画面内容、对白、音响效果等有机结合、融为一体;第二,在片中音乐有自身的总体构思,但又受故事情节发展的制约,因此,其结构较自由,可以是完整乐曲,也可以是一个乐句、一个动机、一个和弦、一声打击音响;第三,影视音乐的演奏、演唱要经过录音等一系列技术处理,最后通过放映体现其艺术效果。

影视音乐的功能主要有:第一,突出主题作用,概括体现影片的主题思想,表达作者对影片内容的主观态度;第二,抒情作用,抒发影片人物的感情,塑造与刻画人物的性格及心理变化;第三,描绘作用,主要用音乐渲染烘托画面的情绪与气氛,或增加画面中的视觉形象的情绪与节奏,或用音色音响描绘画面中的自然景物;第四,背景气氛作用,为影片的局部或整体创造特定的基调和背景气氛,包括表现影片的时代特征、民族特点、地方色彩、生活气息等;第五,推动剧情发挥作用,音乐参与影片的情节发展,成为影片结构中不可缺少的组成部分;第六,结构统一作用,通过音乐的重复、变化、发展,加强影片艺术结构的连贯性、完整性和统一性。

音乐可以渲染人物所处的环境,使之符合人物性格发展的特点,或通过音乐场面的描绘,点出人物所处的时代、地区的特点,或使人物的环境与人物情感色彩相符。

影片《地道战》有这样一段情节:冀中平原的日本鬼子对当地的军民突然袭击,深夜偷偷进村扫荡,被老忠叔发现。为掩护群众撤退,老忠叔不顾个人安危,毅然敲钟报警。下面这段由板胡与乐队演奏的音乐,吸取了高亢、激越的北方梆子音调,配合着画面,渲染出一种紧张的气氛,刻画了老忠叔急切的心情,推动了剧情的发展。

老忠叔敲钟报警
——影片《地道战》插曲

1=G 2/4

快速 紧张地

傅庚辰 曲

动画片《悍牛与牧童》描述了幼小的牧童驯服凶悍的野牛的过程,《Mong Dong》是这部动画片完整的配乐。音乐一开始,由人声断断续续地发出没有明确语义的声调,飘浮不定的短笛声将人引进古朴、宁静的自然环境。喧嚷的中段,描绘出一幅壮观的狩猎场面。众多的壮汉使尽浑身解数,却没有制服野牛。最后,一位年幼的牧童,手拿一束青草,在众人的惊愕声中,驯化了这头凶悍的野牛。牧童骑着野牛远去,一切又重归于最初的宁静。

Mong Dong
——动画片《悍牛与牧童》配乐

短笛:1=C 4/4

(二)音乐与相关学科

1.音乐与文学——诗乐合璧

(1)音乐与文学的起源

音乐与文学——最动人心弦的艺术,一直伴随着人类从远古进入高度文明的现代社会。远古时期,诗、乐、舞同源,相互结合,浑然一体。我们的祖先神农氏的乐舞《扶持》描绘了这么一个场景:伴随着土鼓简朴的节奏声,先民扶犁载歌载舞,欢庆丰收之喜;"葛天氏之乐"中,三个小伙手持牛尾,脚踏简单的舞步,唱着质朴的曲调,祈求人丁兴旺、草木茂盛、禽兽激增、五谷丰登。

(2)文学作品中的音乐性

<blockquote>
大弦嘈嘈如急雨,
小弦切切如私语。
嘈嘈切切错杂弹,
大珠小珠落玉盘。
——白居易《琵琶行》
</blockquote>

长诗《琵琶行》是唐代诗人白居易传诵千古的一篇名作。它描写的是诗人从都城被贬任江州(今江西九江)司马期间,在船上听到一位沦落的长安乐伎弹奏琵琶、诉说飘零身世,诗人从琵琶女的不幸遭遇,联想到自己"谪居卧病浔阳城"的处境,发出"同是天涯沦落人"的感慨,不禁泪湿衣衫的故事。

琵琶与乐队相结合的一首小型协奏曲《琵琶行》,就是作者张晓峰根据原诗内容为音乐结构和艺术表现所创作的。

引子　浔阳月夜

$1=D\ \dfrac{4}{4}$

慢起　自由地

张晓峰,作曲家。作有扬琴曲《边寨之歌》、唢呐曲《山村来了售货员》、二胡叙事曲《新婚别》等。《琵琶行》作于1979年。

(3)歌曲中词与曲的结合关系

诗、词是作曲家创作的依据,诗中的形象能启迪曲作者创造的灵感,诗中的情感能使曲作者获得创造的动力,舒曼在写艺术歌曲时,竭力渗透到诗的灵魂中去,从而产生滔滔不绝的乐思。美国作曲家巴伯说:"当我为歌词配音乐时,我就使自己沉浸在歌词里,让音乐从歌词中流淌出来。"(杨民望等著《世界名曲欣赏》第四辑第285页,上海音乐出版社1989年版)

诗、词可以使非语义性、非可视性的音乐,具有更明确、具体的内涵,使欣赏的联想、想象有更确定的范围。

以下面这句欢快、明朗的音调为例：

$1=F \ \dfrac{3}{4}$

| $\underline{\dot 5}\ \underline{3\ 3}\ \underline{3\ 3}\ 3$ | $\underline{3\ 3}\ \underline{2\ 1}\ \underline{2\ 3}\ 3$ | $\underline{5\ 3}\ \ 3\ \underline{3\ 2\ 1}$ | $\underline{2\ 2}\ \ \underline{2\ 1}\ \underline{\dot 6\ \dot 5}$ |

充满活力的节奏，跳跃轻快的旋律，同音反复的强调，使乐句充满活力、生机勃勃，任何人听到它都会感到其中的欢乐情绪。如果结合词来欣赏，我们会更明确这种喜悦不是丰收的欢乐、胜利的凯旋，不是艺术享受的愉悦，不是亲人相逢的激动，而是年轻朋友相聚时那种"欢歌笑语绕着彩云飞"的欢腾，是"美妙春光属于我"的自豪，是"创造奇迹为四化"的追求与"光荣属于八十年代的新一辈"的信念，在歌词的渲染下，在音乐的情绪中，给人深刻的印象。

年轻的朋友来相会

$1=F \ \dfrac{3}{4}$

中速　兴奋地

张枚同　词
谷建芬　曲

| $\underline{\dot 5}\ \underline{3\ 3}\ \underline{3\ 3}\ 3$ | $\underline{3\ 3}\ \underline{2\ 1}\ \underline{2\ 3}\ 3$ | $\underline{5\ 3}\ \ 3\ \underline{3\ 2\ 1}$ | $\underline{2\ 2}\ \ \underline{2\ 1}\ \underline{\dot 6\ \dot 5}$ |

年轻的朋友们　今天来相会，荡起小船儿　暖风轻轻吹。

歌曲可以使词的情感、色调表现得更鲜明、更突出。

"情知言语难传恨，不似琵琶道有真。"（陆游《鹧鸪天》）为什么音乐比语言更能抒情？因为音乐的动态结构与人类的情态结构有着异质同构的关系。正如苏珊·朗格在《情感与形式》中指出的那样："我们叫作'音乐'的音调结构，与人类的情感形态——增强与减弱，流动与休止，冲突与解决，以及加速、抑制、极度兴奋、平缓和微妙的激发，梦的消失等形式——在逻辑上有着惊人的一致。"同时，音乐所抒发的情感不仅包含着千差万别的各程度的细致划分，还展现于持续的运动中、不断变化的过程中，动感极强。著名的波兰音乐学家丽莎认为："歌词只确定感情起伏的那些点和瞬间，将它们从'客体'方面加以具体化，而将感情起伏和发展的整个过程以持续的方式表现出来，却只有音乐本身才能做到。"

音乐还可以运用各种表现因素使诗词的风格、韵味更鲜明、突出，更容易感受与把握。

通过音乐的旋律、节奏、力度、和声、织体等因素的综合表现力，可以极其鲜明地揭示不同时代、民族、个性的诗词风格与韵味，使听众无须理性地分析，仅凭直觉就可以把握它们的差别。

词曲的完美结合，两者的优势集中，可以使听众既为词所感染又为曲所激动，在群众中传播更快。一般化的诗因美而获得广泛流传，一般化的曲调因词合听众口味而大受欢迎，在音乐史上也不乏先例。因此，诗乐结合的歌曲，比单纯的诗或无词的曲较容易传播，诗乐在相互促进中扩大影响。

2.音乐与美术

涛　声
——选自组曲《东山魁夷画意》

汪立三　曲

此曲创作于1979年,是作者观赏日本画家东山魁夷的画展后写成的一部钢琴组曲,由《冬花》《森林秋装》《湖》和《涛声》组成。每首乐曲的前面,作曲家都写了"题头诗"。《涛声》的题头诗是:"古老的唐招提寺啊!我遥想一位远航者的精诚,似闻天风海浪,化入暮鼓晨钟。"画家的这幅大型壁画,描绘了汹涌浪涛与一叶小舟,表现我国唐代高僧鉴真和尚(688—763年)六次东渡,出生入死,最后终于到达日本的事迹。鉴真居留日本十年,传播佛教与中国文化,并在奈良设计创建了著名的唐招提寺。这首乐曲充分发挥了钢琴音域宽广、表现力丰富的特点,高音似"晨钟"敲响,低音如"暮鼓"轰鸣,密集的十六分音符合成的强大音流使人联想到"天风海浪"的形象。首尾高亢、激进的音响,集中地刻画出鉴真和尚的精神和坚定的意志。

观花山壁画有感
高胡、钢琴与打击乐

徐纪星　曲

在广西南冲淡左江沿岸的花山峭壁上,分布有许多古代遗存下来的岩壁画,笔法粗犷,形态各异,是古代壮族人民社会生活的反映。1983年作者"观花山壁画展"后,受壁画启发,作成经典。以高胡(或壮族拉弦乐器马骨胡)、钢琴和六件打击乐器(曲锣、包锣、梆子、木鱼、碰铃)的组合形式,部分吸收广西侗族琵琶歌和壮剧音调,以及广西民间的铜鼓乐节奏,试图再现作曲家想象中的古代社会的生活画面。

伏尔加船夫曲

男低音独唱

俄罗斯民歌

1=D 4/4

（乐谱略）

听赏这首反映沙俄统治下劳动人民疾苦的愤懑之声的船夫曲，很容易联想到19世纪俄罗斯画家列宾创作于1870—1873年的著名油画《伏尔加河上的纤夫》所描绘的画面：11个衣衫褴褛、神情各异的纤夫，用胸前套着的纤索，吃力地拖着一只有高高桅杆的船只，负重前行，河滩上留下了他们的串串足印……

这首民歌由极弱的力度开始，随着"拉完一把又一把"的劳动过程，音量渐次加强，在持续的高音"3"上达到高点，然后力度逐层下降，以极弱的声音结束，形象地表现出船夫们拉着沉重的船由远而近，而后又远去的情景。民歌曲调十分朴实，节奏从拉纤的动态中脱胎而出，基本曲调的多次变化重现，蕴涵了丰富的情感：既有劳动的艰辛，又显示出齐心合力、坚韧不拔的伟力；既有对伏尔加母亲河的挚爱，又呼喊出"踏开世界的不平路"的心声。

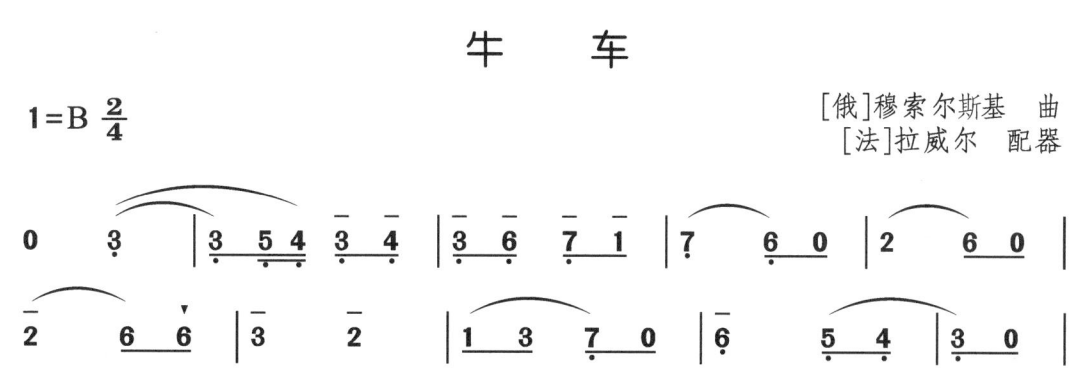

牛 车

[俄]穆索尔斯基 曲
[法]拉威尔 配器

1=B 2/4

（乐谱略）

1974年，人们为已故画家维克多·哈特曼（1834—1873年）举行遗作展览。穆索尔斯基深为亡友的作品打动，便根据展览会上的美术作品创作成一部由十段乐曲组成的钢琴组曲

《图画展览会》。各段的标题是:《侏儒》《古堡》《杜伊勒里宫的花园》《牛车》《鸟雏的舞蹈家》《两个犹太人》《利莫日的集市》《墓穴》《鸡脚上的小屋》《基辅大门》。

《牛车》描绘了一头温顺的公牛拉着一辆大轮车,艰难地行进在乡间的田野上,赶车的是一位饱经风霜的老农的图景。音乐以不断重复的厚重的节奏音型及凝重、迟缓的低音旋律(开始一段由大号独奏),再现了画面的意境。乐曲力度处理为由弱到强,再由强到弱,给人以牛车由远而近,而后远去的联想,整段音乐的基调是深沉、厚重的。

两个犹太人

《两个犹太人》是哈特曼的一幅旅行写生画。画面上的两个犹太人,一个肥胖、骄横,一个瘦弱、怯懦,两人的形象对比鲜明。肥胖的富人,其音乐主题含有大跳和短小的停顿,棱角分明,由弦乐和木管八度齐奏,显得粗壮、自负;瘦弱的穷人,其音乐主题采用同音反复,初次出现时用加弱音器的小号演奏,刻画出战战兢兢、瑟瑟缩缩的形象。

两主题分别呈示后,作曲家采用对比式复调的处理手法,将两个具有明显反差的音乐主题同时结合在一起,如二人对话。最后,结结巴巴、颤颤巍巍的穷人主题消失,只余下气壮自大的富人主题,表现出他在谈话中占了上风。

以上这些乐曲,都是受到美术作品感染而产生创作灵感的。作曲家的丰富联想,借助于音响造型的艺术表现手段,将视觉形象、绘画意境生动地再现出来。与绘画、雕塑、建筑等造型艺术相比较,对具体形象(状貌、颜色、景物)的描绘非音乐之所长。所谓音乐形象,只是一个借用的词语。在听赏音乐时,音乐形象实际是指由音乐作品的情绪、情感及客观世界(事物)特定声音相近的音乐音响所引发的艺术联想。

一部优秀的音乐作品,作曲家在利用音响造型手段写景状物的同时,往往更注重情感的表达。著名的德国音乐家贝多芬,在他的标题为"田园"的《第六交响曲》中特别注明:"情感的表达应多于景色的描绘",为我们听赏这类作品时带来有益的启发。然而从以上的例子我们也不难看出,作曲家的音乐作品把美术的画面完美地诠释了出来。

(三)音乐与社会生活

音乐不仅与社会生活有着十分密切的关系,而且还有重要的社会功能。因此,充分揭示音乐的社会功能和音乐在生活中的作用,便成为学生音乐文化学习的重要内容之一。

现代社会生活中,伴随着大量音乐现象,诸如礼仪音乐(节日、庆典、队列、迎送、婚丧等)、实用音乐(广告、健身、舞蹈、医疗等)、背景音乐(休闲、餐饮、影视等)等,都同每个人的生活密切相关。了解音乐与生活的关系,理解音乐对人生的意义,使学生热爱音乐,热爱生活,进而让音乐伴随终身,提高生活质量,便成为这一学习领域的主旨。

在设计具体教学时,应引导学生从生活及音乐现象等方面,主动去探究、思考音乐与人生的关系,使音乐学习成为一项生动、具体、艺术化的生活体验。

三、不同学段音乐联系学习身心特点

(一)义务教育阶段

1.第一学段(1~2年级)

1~2年级学生在音乐联系学习中具有以下身心发展特点:关于生理发展,1~2年级学生正处于儿童期,身体协调性和肢体控制能力还在发展阶段。他们的听力、视力和感官敏感度也在逐渐提高。关于心理发展,1~2年级学生的思维能力和自主学习能力还比较薄弱,他们的注意力和记忆力也有限。此外,1~2年级学生的情感和行为表现较为单一,需要通过音乐来丰富自己的情感体验和行为表现。

基于以上特点,音乐联系教学应当注重以下方面:一是活动性,1~2年级学生喜欢活动和运动,因此音乐联系教学应该注重活动性。例如,教师可以设计唱歌、跳舞、打鼓等活动,通过这些活动帮助学生发展身体协调性和肢体控制能力,同时也可以让学生在活动中体验音乐的乐趣。二是轻松简单,1~2年级学生的思维能力和自主学习能力还比较薄弱,因此教学内容应该以轻松简单为主,注重启发式教学。例如,教师可以通过一些简单的音乐活动来让学生逐步认识乐理知识、乐器演奏技巧等,从而逐步提高学生的音乐素养。三是丰富情感。1~2年级学生的情感和行为表现较为单一,因此音乐联系教学应该注重丰富情感。例如,教师可以通过音乐故事、歌曲等方式来引导学生表达自己的情感,帮助学生丰富情感体验和行为表现。同时,教师也应该充分肯定学生的表现,提高学生的自信心和情感体验。总之,音乐联系教学应该充分考虑学生的身心特点和发展规律,注重培养学生的兴趣和情感,提高学生的音乐素养和创造力。

2.第二学段(3~9年级)

3~9年级学生在音乐联系学习中具有以下生理和心理特点:关于生理发展,3~9年级学生身体协调性和肢体控制能力已经比较成熟,他们的听力、视力和感官敏感度也相对较高。此外,青春期的学生可能会面临声音变化和音乐技能发展速度不同等方面的生理变化。关于心理发展,3~9年级学生的思维能力和自主学习能力逐渐提高,他们的注意力和记忆力也相对较强。此外,青春期的学生可能会面临情感波动和人际关系的挑战。

基于以上特点,音乐联系教学应当注重以下方面:一是技能性。3~9年级学生对于音乐技能的学习和掌握能力有所提高,因此音乐联系教学应该注重技能性。例如,教授乐器演奏技巧和音乐理论知识。二是情感性。3~9年级学生的情感体验和表现能力也有所提高,因此音乐联系教学应该注重情感性。例如,通过音乐表达情感,让学生学会用音乐表现内心的感受。三是个性化。3~9年级学生的个性和兴趣有所形成,因此音乐联系教学应该注重个性化。例如,鼓励学生发掘自己的音乐兴趣和特长,给予个性化的指导和培养。总之,对于

3~9年级的学生,音乐联系教学法可以通过多种形式和手段,促进学生的认知、情感和身体发展,提高学生的学习效果和兴趣,为学生全面发展提供更多的机会和平台。

(二)普通高中阶段

普通高中的学生在音乐联系中,已经进入了青少年期,他们的生理和心理发展具有以下特点:关于生理发展,普通高中生已经进入了生长发育的成熟阶段,他们的身体协调性和肢体控制能力较为稳定。此外,普通高中生的听力、视力和感官敏感度也已经达到成年水平。关于心理发展,普通高中生已经具有较强的思维能力和自主学习能力,他们的个性、价值观和社交技能也在不断发展。同时,青少年期的身份认同和自我探索是重要的心理发展任务。

基于以上特点,在音乐联系教学中,教师可以通过多种方式促进普通高中学生的发展:针对生理发展方面,教师可以设计具有挑战性和复杂性的音乐活动,例如多种乐器演奏、合唱和创作活动等,以帮助学生进一步提高技巧水平和表现能力。针对心理发展方面,教师可以通过音乐来帮助学生自我探索和发展,例如通过歌曲和音乐剧表达自己的情感和思想。此外,教师也可以引导学生学习和欣赏多种音乐风格和文化背景,以培养学生的文化素养和跨文化意识。针对学习方式方面,教师可以设计自主学习和合作学习的音乐活动,例如小组合作创作、音乐研究和演出等。这些活动可以帮助学生发展自主学习和团队合作能力,同时提高学生的学习动机和兴趣。

四、音乐联系教学法

(一)义务教育阶段音乐联系教学法

1.发现身边的音乐

发现身边的音乐任务主要对应课程内容框架中的"创造"和"联系"艺术实践,分别指向学习内容中的"声音与音乐探索""音乐与社会生活"。根据低年级学生的年龄和身心特点,引导他们从关注身边的各种声音和音乐开始,发现生活中各种声音的特点,关注声音并产生探究兴趣。探索各种声音的特征和规律及声音要素的特点,并将其与音乐要素建立联系。关注身边与音乐有关的活动,体会音乐与社会生活的关系,主动参与身边的音乐活动,体验音乐的美好和参与音乐活动的快乐。

在教学策略方面,首先,建议从身边的声音和音乐入手进行探究,如校园里的铃声、广播操音乐及其他校园内熟悉的各种声音和音乐,进而拓展到生活和自然环境中的各种声音和音乐现象。其次,强调教学方法和手段的形象化,特别是涉及一些专业知识或专业术语时,要借助一些形象的手段和工具,用通俗易懂的语言进行解释,还可以结合语文、数学、体育、美术等进行跨学科教学。

在情境素材方面,建议创设贴近生活的音乐情境,结合多样化的活动,引导学生发现音乐与生活的联系。同时利用当地的特色童谣、民歌或戏曲、诗词歌曲等,引导学生探究音乐的节奏、音调与语言节奏、声调之间的关系。

在学习活动建议中提出,采用探究、合作、交流等方式组织学习活动,这些是学习音乐的基本方式。探究是指在音乐学习中,学生不是通过教师传授直接获得音乐知识和相关经验,而是在教师指导下或独立进行资料收集、调查研究、分析交流、发现问题、解决问题并获得结论,这可以使学生保持一种独立的、持续学习的兴趣,发展独立思考的能力,建立合理的知识结构并养成尊重事实的科学态度。合作是学生在小组或团队中为了完成共同的任务,有着明确职责和分工的协同性学习活动方式。交流是学生在学习过程中通过语音、音乐、肢体、现代信息技术、多媒体及其他各种媒介进行信息交换、分享的方式。

现代信息技术、网络、多媒体、音视频技术的发展,也为学生参与音乐的探究、发现、展示和交流提供了丰富多样的平台,突破了传统的探究、交流在时空上的局限性,利用这些技术,可以实现随时随地的交流与分享,也可以随时随地与同学教师一起互动,为学生完成学习任务提供了极为便利的条件。因此,有条件的地区的教师要充分利用这些技术,为学生的探究、交流、学习创造良好的条件。

2.探索生活中的音乐

探索生活中的音乐学习任务主要对应艺术实践中的"创造"和"联系",指向学习内容中的"声音与音乐探索""音乐与社会生活"。这一学习任务旨在引导学生观察生活中与音乐相关的现象和活动,进一步探究、理解音乐与社会生活的关系,并在生活中创造音乐、使用音乐和享受音乐。

音乐自产生开始就与人类的生活密不可分,音乐从生活中产生,在生活中发展。音乐源于生活又高于生活,它并不是完全模仿生活中的一些声音,而是通过有组织的声音表现一些相对抽象的意义和内涵。在抽象的艺术表现中,不同的人对音乐的理解不同。音乐作为社会文明的产物,随着社会的发展不断进步,日趋完善,反映出社会发展不同阶段的精神文明特点和文化发展脉络。因此,可以说音乐伴随着时代不断变化,音乐不仅是时代进步、革新的体现,而且具有鲜明的时代特质。

音乐源于生活,最终也要回归生活,为生活服务。随着现代媒体技术的发展,音乐时时伴随着我们的生活,越来越广泛地运用于各个领域、各行各业之中,为人类丰富精神生活、和谐身心、健康生活等发挥着不可忽视的重要作用。

因此,中小学阶段音乐教学的重要任务之一就是要把生活与音乐联系起来,引导学生探索生活中的音乐,并从中找到生活中的影子,研究音乐,创造音乐,使用音乐,享受音乐,为学生未来的美好生活奠定良好的基础。

探索生活中的音乐学习任务对应的学习内容是声音与音乐探索、音乐与社会生活,具体内容涉及音乐与相关文化等,由于这项学习任务的学习内容与其他艺术实践活动有着密切的关联,所以在教学中可以将其融入欣赏、表现和创造三种艺术实践活动之中。教学中可以开展专题探索和研究。探索生活中的音乐需要学生在生活中关注音乐活动、音乐现象,需要通过网络、媒体等了解音乐和相关文化,必然不能局限于课堂学习时间,需要拓展到课外、校外。因此,课程标准建议可以通过开展研究性学习或小组合作学习等方式,指导学生在真实的社会、生活情境中进行探索和实践,这样学生获得的感受才是最真切的,得到的信息也是最真实的。

情境素材方面强调让学生在真实的生活情境中学习。探索生活中的音乐最好的途径就是在生活中发现音乐,了解各种音乐现象,参与各种音乐活动,组织各种参观、观赏、演出活动。同时,也可以在生活中根据需要挖掘和提炼音乐素材、资源,创造生活中的音乐,根据不同生活场景特点、音乐在社会生活中的不同功能和自我的需要,合理选择和使用音乐,丰富自己和他人的文化生活。

学习活动建议提出组织研究性学习小组,开展探究、交流、合作等形式的学习活动,启发学生通过自己的探索和实践,发现规律、掌握方法、提高能力。这样学生获得的知识,才是能够迁移和运用的知识。

探索生活中的音乐必然会涉及除音乐之外的其他学科,如对声音特性和规律的解释可能就需要运用到科学、物理、化学等学科的知识,对音乐相关文化的理解会涉及历史、地理、道德与法治等学科,自制简易乐器可能会涉及劳动、科学、美术等学科。因此,这一任务的教学实施不仅要联系其他任务,还需要与其他学科建立联系,只有这样才能更好地帮助学生理解各种声音和音乐的特点,理解音乐现象产生的社会原因,理解音乐在人类社会生活、生产劳动中的重要作用。这个过程也有助于帮助学生学会迁移和运用知识,建立跨学科的思维能力,以及运用跨学科知识、技能解决现实问题的综合能力。

基于音乐与生活的密切关系,教学中要创设多种形式的音乐学习活动,如举办音乐活动,加强与社区、街道和其他社会团体、单位的联系,组织学生参与他们的音乐活动或相关的服务。探索生活中的音乐是一种开放式的学习任务,需要一种开放式的学习情境,因此,学生的学习不是局限于学校和音乐教室,而是可以拓展到田间地头、街头巷尾、社区街道,从学校到家庭,从家庭到社会,这样一片广阔的天地。教学中要引导学生亲身参与实践,自主探究和发现,体验生活中的音乐,感受音乐给生活带来的乐趣,运用音乐的方式与他人进行交流和情感沟通,共同创造和谐、美好的音乐生活。

(二)普通高中音乐联系教学法

"文化理解"素养的教学指向,并将其全面渗透于课堂教学中,是音乐教师需要不断学习和拓展的问题。

首先,"文化"有狭义和广义之分。狭义的"文化"是指人们运用文字的能力及一般知识。广义的"文化"是指某一群体及其生活环境中特有的各种活动。思想及其在物体和各种活动中所表现出来的物质形式的总和。它包括人类在社会历史发展过程中所创造的所有物质财富和精神财富,如文学、艺术、教育、法律、科学等。英国人类学家泰勒在《原始文化》一书中对文化的定义为:文化,或文明,就其广泛的民族学意义来说,是包括全部的知识、信仰、艺术、道德、法律、风俗以及作为社会成员的人所掌握和接受的任何其他的才能和习惯的复合体。

其次,怎样理解"文化语境"一词呢?文化语境是研究语言使用和功能的重要语言学范畴之一,包括当时政治、历史、哲学、科学、民俗等思想文化意识。最早由英国人类学家马林诺夫斯基提出的文化语境指的是与言语交际相关的社会文化背景。

它可以分为两个方面:一是文化习俗,指人民群众在社会生活中世代传承、相沿成习的生活模式,是一个社会群体在语言、行为和心理上的集体习惯,对属于该集体的成员具有规范性和约束性。二是社会规范,指一个社会对言语交际活动做出的各种规定和限制。

再次,什么是音乐文化?音乐文化包含音乐艺术,但却并非仅指音乐艺术。音乐文化是多种性质不同、形式不同、作用不同的音乐现象的综合物,即一些特定的文化现象与音乐艺术之间的千丝万缕的联系,但它们也有着自身的特征、性质和作用。总之,文化按照广义的理解,就是指人类的创造,是人类物质文明和精神文明的总和。而音乐文化作为人类文化的一种具体形态,它必然也是物质、制度、观念的综合体,因此要结合物质、制度、观念的层面去看待一个国家的音乐文化。

最后,关于"文化中的音乐"与"音乐中的文化"的理解。"文化中的音乐"指的是音乐产生于一定的文化背景中,无论是其音乐观念、形态或表现技法,都与一定的文化相关,是民族文化的一个重要组成部分。在音乐教学中,只有从民族文化的角度来分析它的特点和规律,才能真正理解它在文化中的位置和地位。而"音乐中的文化"指的是在音乐中体现文化的内涵和实质,一定的音乐观念、形态和技能技法,都是一定的相关文化内涵的反映。例如,我们欣赏一种音乐,就要对与之相关的文化和社会有所了解。音乐只有被置于一个特定的社会和文化背景中,才能获得最佳的理解。在音乐教学中,也只有透过音乐去理解它所体现的该民族文化的特点和规律,才能体会音乐作为文化的精神实质。

总之,"文化理解"素养应该包括:音乐与社会、生活的关系;音乐与不同时代、民族、地域在题材、体裁、形式和风格等多方面的差异;音乐中的文化与文化中的音乐的内在关联;民族文化自信与多元文化认同的艺术胸怀。教师在具体的教学引导方面应该重点关注:如何理解音乐与姊妹艺术的关系?如何理解音乐与社会生活的关系?如何理解音乐与历史文化的关系?如何理解音乐与不同民族、不同地域文化传统的关系?如何理解音乐与科技发展的关系?如何认识不同文化语境中音乐艺术的人文内涵?等。

《普通高中音乐课程标准(2017年版2020年修订)》对"文化理解"素养的表述为:"文化理解是指通过音乐感知和艺术表现等途径,理解不同文化语境中音乐艺术的人文内涵。"在实际教学中,教师可按照审美感知—艺术表现—文化理解的逻辑思路进行备课。没有"审美感知""艺术表现"素养做教学铺垫,文化理解的深度和效度都会减弱。值得注意的是,以往的教学容易出现的偏差往往是忽略了"文化理解"这一教学内容和环节,或者无意地扩大了其教学范围,夹杂了过多历史或地理方面的拓展,使学生没有在文化理解方面受益。

(三)音乐联系教学应注意的问题

1.教师应该有较深厚的文化底蕴。
2.教师要注重平时演唱的积累与不断学习。
3.教师备课时要挖掘音乐与相关文化的关联。
4.教师在授课时要启发学生了解音乐与相关文化的联系。
5.教师理解"音乐与相关文化"这一领域教学目标的实现,为什么要通过具体音乐作品和生动的音乐实践活动来完成,以及如何通过具体音乐作品和音乐实践来完成。
6.教师在教学中应体现综合性,学科融合是当下教育发展的重要趋势,学科综合也是新时代课程改革的基本理念。如何有机联系美术、音乐、舞蹈、戏剧(含戏曲)、影视(含数字媒体艺术)等艺术学科,在各个艺术学科的学习中如何联系其他艺术,是艺术课程全面实施的新挑战。

音乐与相关文化是音乐课人文学科属性的集中体现,它涉及音乐与社会生活、音乐与姊妹艺术、音乐与艺术之外的其他学科等各个方面,其特点是知识面广,信息量大,参与性强。

面对社会生活中的音乐,单凭传授和接受的方式是不适宜的,其中关键的问题是别人无法代替自己的切身感受。因此,正确的途径只有亲身去参与社会音乐活动,体验生活中音乐的乐趣,并运用音乐方式同他人进行交流及感情沟通。在所有的音乐参与中,能够对音乐及活动本身做出适当评价是较高的境界。这一领域的学习应向这个方向努力。

音乐与舞蹈、美术、戏剧、影视等姊妹艺术具有十分密切的关系,并有着许多相似的特征,如对情绪、情感的表现即是各类艺术共同的特点。那么,在这一领域中就要抓住贯穿各类艺术的这条主线,充分发挥与运用各种艺术门类的不同表现手段,整合成综合性的教学方式,如用形体动作配合音乐节奏、用表演动作表现音乐情绪,用色彩或线条表现音乐的相同与不同等等。

音乐与艺术之外的其他学科,也有丰富的音乐教学资源:如体育,可以运用韵律操动作配合不同节奏、节拍、情绪的音乐;如语文,可以选用适宜的背景音乐为诗歌散文配乐,烘托意境;如史地,可以学习和了解一些不同历史时期、不同地域和国家的代表性歌曲或乐曲,以及相关的风土人情。这种融合式的音乐教学,不仅突出了音乐文化这条主线,有利于学生音乐文化素质的提高,而且拓宽了知识视野,并以艺术化的方式促进相关学科的学习。

第七章 音乐教学的组织工作

第一节 音乐教学过程的基本特点

一、教学过程概述

教学过程是一种特殊的认识过程。教育史上许多教育家从不同角度对教学过程的基本阶段进行过分析和研究，提出了不同的观点。不过，划分教学过程阶段的科学基础应当是学生的心理活动规律。

在我国古代，孔子关于教学的主张可概括为"博学之，审问之，慎思之，明辨之，笃行之"。古希腊亚里士多德认为，教学过程是促进各种灵魂（即动物、植物、理智灵魂）发展的过程。17世纪捷克大教育家夸美纽斯首先从认识论角度提出，教学过程是开启学生的悟性，使其看到外面世界的过程。德国教育家赫尔巴特在1806年提出将教学过程划分为四个阶段，即明了、联想、系统、方法，后来形成著名的"五段教学法"，即预备—提示—联想—总结—应用。"从做中学"的教学理论在"设计教学法"中体现得最为完全，其教学过程划分为如下阶段：设置问题情境—确定问题或课题—拟定解决问题方案—执行计划—总结与评价。苏联教育家凯洛夫从教育是一种特殊的认识过程的观点出发，提出教学过程有感知—理解—巩固—运用四个阶段，在我国流传甚广。20世纪50年代以来，美国布鲁纳提出了教材结构化和发现学习的教学主张，将教学过程的阶段划分为：明确结构—掌握课题—提供资料—建立假说、推测答案—验证（一次或几次）—做出结论。加涅运用生理学、心理学及现代科学的成果，对教学中学生的认识进行分析，提出将教学过程分为动机—理解—获得—保持—回忆—概括—作业—反馈八个阶段的观点。

二、音乐教学过程的基本因素

在音乐教学过程中，包含着教学的四种基本因素：教师、学生、教学内容、教学手段（包括教学方法、方式、教学设备和器材等）。各基本因素之间的集合和相互作用，构成了统一的、完整的、发展的教学过程。

"教师"和"学生"是教学过程中人的因素，也是最活跃的两个主体因素。其中教师起"主导作用"，学生在教学过程中是主体。正是教师有目的、有计划的引导和启发，使学生掌握了音乐理论知识和基本技能，而不是被动接受知识。要达到好的教学效果，必须要有学生这个"学习主体"的积极主动性，否则提高音乐教学质量将是一句空话。

"教学内容"对教师和学生来说是被认识的客体,它是教师"教"和学生"学"的依据。离开音乐教学内容,教和学就失去了源泉,教学质量的评估也失去了客观的衡量标准。因此,教师和学生双方都必须深刻理解和掌握教学内容,只是角度不同罢了。

"教学手段"是教学过程的媒体,它是连接教师、学生和教学内容的媒介。一定的教学内容总是要借助一定的教学方法和教学设备才能使师生比较容易地、迅速而有效地完成教学任务。因此,教学手段对于完成教学任务、实现教学目的有极为重要的意义。

上述四个基本因素,缺少任何一个都不能构成教学过程。没有教师的教,学生只能自学;没有学生的学,教就没有客体或对象。教学内容又是教学活动的对象,通过教学手段才能有效地传授和学习教学内容。上述任何一个因素不能发挥作用,都会影响到音乐教学的进程和结果。因此,要搞好教学,提高音乐教学质量,必须充分发挥音乐教学过程中各个基本因素的作用。

课堂教学组织形式有班级教学、小组教学、个别教学。

在我国音乐教学中,班级教学有大班教学和小班教学两种。大班教学是指班级人数在四五十人或以上的音乐课堂教学,这是我国传统授课形式,在音乐教学过程中,通过各种各样的课堂交互活动进行集体训练,锻炼学生的音乐能力,增强信心,增加学生间合作交流机会,并推动学生间的互助学习,让性格较为内向的学生更容易找到自信心,从而踊跃参与到集体音乐活动中,逐步建立学习音乐的兴趣与自信。

小班教学的人数一般在20人左右,最多不超过30人。小班化教学一是使教学具有更强的针对性,有利于因材施教,师生有更多的时间、空间来交流;二是促进了师生的互动,在互动中,达到自主合作探究性的学习,充分发挥学生的主动性;三是小班化教学消除了大班授课条件下忽略个别差异的教学弊端,给了学生适度的自由和创新求异的机会。小组音乐教学形式是以小组内、学生间或师生间的合作学习为基础的。

个别教学是适应学生个别差异的一种教学形式,其本质是因材施教,实质是根据学生身心发展的特点,采用适应学生特点的教学方法进行教学,核心是让每一个学生的个性得到全面发展。

三、音乐教学过程的基本环节

(一)音乐教学准备阶段

1.明确教学目标

教学目标是实现教育方针的保证,是确定教学过程的一切步骤、方法和内容的依据,具有极其重要的地位。教学目标一般有四个方面:总的教学目标、学科目标、单元目标、课时目标。确定目标要尽量做到具体,列出要达到什么要求、解决什么问题等。

2.确定教学内容

根据教学目标钻研教材,考虑学生特点,使音乐教学内容具体化。

3.确定音乐教学手段

根据音乐教学目标、内容、学生特点、设备条件,选择教学的方式方法。

4.确定教学设计方案

根据以上几方面情况设计音乐教学方案,写出教案。

(二)音乐教学实施阶段

音乐教学的实施阶段也称为上课,一般分以下几个环节:组织教学、复习旧知识、学习新知识、复习巩固、布置作业,也即通常说的"组、复、新、巩、布"。根据音乐教学的特点,可将实施阶段总结为以下几个环节:组织教学、基本训练、复习旧课、导入新课、新课学习、分析讨论、技能练习、巩固新课、总结评价、布置作业等。实际教学中可以分为以下几个大的部分。

1.课堂导入激发学习兴趣

通过一定的方法,引起学生学习音乐的兴趣,使学生明确学习目标,产生学习动力,并概括教材的重点。可通过旧知识的复习引发学生的求知欲望,激发学生学习的主动性和积极性。

2.示范讲解与感知、理解教材

教师通过富有表情的范唱、范奏,或播放录音、录像,结合生动形象的语言讲解,使学生感受、理解教材。

3.指导练习与形成技能

学生在教师的指导下,将所学的知识应用于实践,通过练习掌握方法、形成技能,并在反复练习中巩固知识、熟练技能。

4.教学效果的检查与评定

对学生掌握知识、技能的情况进行检查与自我检查,主动调节教学的进程,增强学生运用知识和技能、纠正错误的能力,使学生的知识、技能得到深化、发展和提高。学生通过教师反馈信息(教师的评价),使知识和技能熟练、深化和迁移,从而不断提高学习效果。

上述音乐教学环节不是固定不变的,它取决于教学内容、教学任务、教学方法和班级学生年龄特点等具体情况。不同类型的课,其环节也不尽相同。教师在选择课的类型与环节上,要注意创造性地灵活掌握,防止生搬硬套。

一堂课的环节计划安排,包括教学内容的选择与搭配、安排与顺序、重点与难点处理、时间分配、教学方式方法的选用以及情绪的高潮与起伏等几方面。如果设计得当,能使一堂音乐课犹如一部优秀的交响曲。

(三)教学后的总结评价阶段

通过对照教学目标来进行教学评价,可确定教学的最终效果,这有助于公正地评价教师的劳动,鼓励和鞭策教师不断改进教学方法,提高教学质量。更为重要的是,通过教学后的评价,师生都能对照教学目标,检查各自不足,以便进行弥补,使整个教学过程处于良性循环。

第二节　音乐教学方法的选择与运用

一、概述

在确定了教学内容,解决了"教什么"的问题之后,"怎样教"的问题就显得特别重要。同样的学生,同样的教学内容和教学设备,教师选择的方法不同会导致音乐教学质量的巨大差异,这说明了教学方法的重要性。在教学过程中,教学内容的展开、智力活动及操作活动的进行,总有一定的方式,这些方式也总是根据一定教学目标,按照一定程序依次进行的,不同的方式及其不同的排列组合便构成了不同的教学方法。

二、学生学习方法的分类

长期以来,在教学中存在着重视教法而轻视学法的现象。狭义地讲,学习方法包括听课、读书、记笔记、提问、考试等涉及课堂学习的许多方法。广义地讲,学习方法应扩大到课外学习,从继承学习扩大到创造学习,从间接知识学习扩大到获得直接知识的学习。学生的学习方法与教师的教法是对应统一的。有什么样的教法,必然产生与之相对应的学习方法,二者达到和谐才能产生良好的教学效果。学习方法可以根据教学的不同形式而分成几个方面。

(1)课堂学习方法:听课、读书、记笔记、记忆、提问、讨论、作业、考试等。

(2)课外学习方法:利用图书馆、阅览室查文献,积累资料,制订学习计划,与教师和同学交谈,自我检查等。

(3)科学研究方法:选题、搜集资料、科学试验、撰写论文等。

(4)社会实践方法:调查、实习、社会活动、独立工作等。

三、选择恰当教学方法的依据

教学方法承担着将预期的教学目标变成现实的教学结果的中介职能,它既关系到教学目标的实现,又关系到教学效率的提高。广大教师,尤其是新上讲台的教师都应当学会正确选用教学方法,并且有目的、有意识地去选择教学方法。应灵活地运用教学方法,更好地为自己的教学工作服务。

教学方法是教学过程的组成部分,它的存在和发展不是孤立的,而是与教学过程中的多种因素相互制约、相互影响、相互体现的。如教学目的决定教学内容和方法,内容又影响方法,当方法发生变化时,也会引起内容的变化。因此,研究和选用教学方法时,必须把方法看作从属于教学过程的一个子系统,一方面,要研究教学方法内部各组成部分之间的各种联系(即方法的分类归属),另一方面,又要深入探讨教学方法与教学过程中其他成分及其整体结构之间的本质联系。选择恰当的教学方法,应当在种种联系和关系中考察,在认识了这种种联系和关系的前提下确立教学方法和运用教学方法,使其适应这些联系与关系,从而产生最佳的效果。简言之,学习和运用教学方法,一定要以整体性的观点看待和运用教学方法,以"启发性"教学为出发点。因此,教师在选用教学方法时,必须综合分析以下几个方面的情况:

1. 教学目标和任务

教学目标和任务是整个教学过程的前提,它由若干教学阶段或环节组成,而每一个教学阶段或环节都有具体的任务。不同的教学目标与任务,应当采取不同的教学方法。而完成教学任务规定的进度和教学时间,以及完成任务过程中的阶段或环节,都制约着教学方法的选择。一般来说,要完成某种任务,达到某种目的,都会有某种相对来说最佳的方法。例如,要使学生获得较多的音乐知识,系统讲授是相对较好的方法;培养学生的技能技巧,则采取示范加讲解,再结合一定程度与时限的训练;若任务带有综合性,就需选择几种方法并考虑它们的最佳组合。

2. 特定的教学内容

教学任务是通过具体的教学内容来体现的。教学方法与教学内容有着特别的依存关系,它是教学内容的运动形式。因此,教学方法应尽可能地考虑到教材的特点。如实践性较强的音乐表演学科知识和音乐理论性较强的学科在教学方法上有很大差别,这是因为人们接受这些知识的心理过程不同。即使是同一种教学方法,在不同类别的课中其运用也是有差别的。即便是同一学科的教学中,不同的单元甚至不同的课时都应当采用不同的教学方法。

3. 学生的特点

要根据学生的心理和生理特征,考虑到学生的智力发展水平和自我检查能力的程度,充分了解学生对各种方法的准备情况和学习态度,并据此合理地选择、组织、运用和检查教学方法。

4. 教师自身的特点

教师是教学方法的主要使用者,在选择教学方法时应当根据自己所具备的才能,充分发挥自己的优势和长处。比如:年轻教师刚走上教师岗位,由于知识储备不多,对谈话法不熟悉,往往愿意采用讲授法;善于辞令又富于激情的教师,喜欢用讲演法;严谨且又拘谨者,则更愿意采用讲解、讲述法。

5. 符合音乐学科的教学特点、教学原则和教学规律

教学方法的选择很难有固定的模式,就以教龄较长的教师来说,有的选择教学方法是凭直觉迅速做出的,甚至在课堂上还可灵活机智地加以变通,而有的则是通过不断尝试反复比较后做出抉择的。对于刚走上讲台的青年教师来说,一个科学的、恰当的教学方法应当是经过深思熟虑,反复比较利弊,并在实践中不断摸索而决定的。

附:音乐教学方法的选择举例

特点＼方法	演示法	创作教学法	游戏教学法	谈话法	发现法
适应教学目标与教学任务	发展学生的观察、感受、理解能力	发展学生音乐创造精神和创造能力	发展学生节奏感、动作协调性及对音乐速度、力度、音色等表现手段的感受力、表现力和创造力	发展学生独立思考能力和语言表达能力	发展思维的独立性
适应教学内容	较为具体形象的内容	短小曲调制作、即兴创作表演和音乐化表演	以形象的模仿、创作、动作为主要内容	新旧知识有一定联系,学习掌握新知识	新旧知识联系密切且不太难
适应学生	抽象思维能力较弱的学生	小学、中学各年级学生	小学中低年级为主	小学中高年级以上	小学中高年级学生为主,对课题发现有所准备
局限性	比较抽象的新概念不宜用此法	具有多向、活跃、随机性强的特点,驾驭有一定难度	活动内容与儿童年龄联系密切,受年龄特征的限制	掌握提问的目的、难度、时机有一定困难,学生主动性不够	带有一定的随机性,运用范围有限

四、常用的音乐教学方法

常用的音乐教学方法有不同的分类方法和标准。

以学生学习活动内容来划分,音乐教学方法可分为唱歌教学法、器乐教学法、律动教学法、欣赏教学法、创作教学法等。各类教学方法还可以再细分。

也有以音乐教育家创立的音乐教育体系和教学法命名来划分的,如达尔克罗兹音乐教育体系、柯达伊音乐教育体系、奥尔夫音乐教育体系等。

我们根据音乐教学过程中学生获得信息的来源及主要活动方式,将音乐教学常用的教学方法大致归纳如下。

1.欣赏法

欣赏法是以欣赏活动为主的教学方法,是指教师在教学中创设一定的情境,利用一定的教材内容及艺术形式,使学生通过体验客观事物的真善美,陶冶情操,培养其浓厚的学习兴趣、正确的学习态度、崇高的审美理想和鉴赏能力的方法。

欣赏法的特点是通过教学活动,学生产生积极的情感反应。在音乐教学中组织欣赏活动的注意事项大致包括:一是引起学生欣赏的动机和兴趣;二是激发学生强烈的情感反应;三是组织与指导学生参与体验、分析、评价等实践活动,以使学生的审美情感、道德情感、理智情感进一步升华;四是注意欣赏活动中学生个性、知识、能力等方面的差异。

以欣赏为主的教学方法在音乐教学中占有重要地位。欣赏中除了借助音乐作品进行聆听、联想、想象、模仿、分析、比较外,还应适当利用诗歌、舞蹈、戏剧、绘画等其他艺术形式或艺术作品进行辅助性欣赏,以进一步激发学生自觉愉快的学习,促使其形成对音乐学习的浓厚兴趣与求知欲望。

2. 演示法

演示法是教师在课堂上通过实际音响、示范、直观教具等方法,让学生获得感性知识、深化学习内容的方法。

音乐教学中的演示手段,大致有四种:一是实际音响的聆听、动作的观察,包括人声、乐器声的唱片、录音、录像、电影等。其特点是能突破时空界限,使静态的乐谱变成动态的音响、图像,使抽象的概念、理论具体化。二是教师的示范,包括范唱、范奏、律动以及演唱、演奏等技术动作的分解等。三是通过学生演唱、演奏的录音录像,及时反馈信息,使学生在教师指导下进行分析,以有效地提高水平。四是利用实物、模型、图表、图画等演示,使学生获得感性知识。如让学生自己制作各种乐器,然后再结合音响进行演示,这是一种学习了解乐器性能及乐队编制的好办法。

实践证明,演示法可以激发学生学习兴趣,丰富感性认识,提高学习效率,体现音乐教学特点。

3. 参观法

参观法是教师根据教学任务,组织学生通过对实际事物和现象的观察、研究从而直接获得知识、感受、教育的方法。这种方法能打破课堂和书本的约束,使教学与生活联系紧密,扩大学生视野,使学生从现实社会生活中接受教育。

音乐教学的参观可以包括:组织学生听音乐会、参观乐器博物馆、参观乐器制造工厂等。组织参观要目的明确、精心准备。事先要向学生讲明目的、要求,介绍有关内容和知识,参观中学生要细心聆听、观察,适当记录,搜集资料,事后要进行讨论,总结收获。

4. 练习法

练习法是学生在教师指导下,将知识运用于实践中,并转化为技能、技巧的一种教学方法。

由于音乐教学具有技艺性的特点,练习法在音乐教学中占有重要地位,特别是在识谱、歌唱与器乐等教学中尤为重要。

练习法的一般步骤是:由教师提出练习要点,进行必要的示范;再由学生进行集体或个别练习,教师加以指导;最后师生共同对练习情况进行分析、小结,并提出改进方法及要求,再练习以达到完美。

音乐教学中的练习法使用时应注意的问题如下:一是练习目标要明确,练习重点要突出;二是练习步骤要清楚,避免盲目机械练习,只追求数量而不讲究实效;三是要注意先入为主,在学生开始练习时必须有正确的观念、方法,切不可以在错误成型之后,再进行纠正;四是练习方法要多样化,始终保持学生练习的新鲜感;五是要使学生及时知道自己练习的结果,教学要及时反馈,教师要善于发现与鼓励学生的每一点进步与创造,发挥学生间相互启发帮助的作用,同时要培养学生自我检查、自我评定、自我纠正的习惯与能力。

5.律动教学法

律动,是人体随着音乐做各种有规律的协调的动作。律动教学法主张音乐教育从身心两方面同时入手去训练学生,让学生从刚开始接触音乐起就不只是学习用听觉去感受音乐,而是用整个机体和心灵去感受节奏的疏密、旋律起伏和情绪变化的规律。实践证明,通过以身体为乐器,发挥多种感官的作用(如听、视、动觉感官),比仅通过一种感官通道(如仅是听觉感官)学习音乐的效果要好得多。当今,世界上著名的音乐教育体系都把律动教学放在相当重要的地位,如达尔克罗兹的体态律动教学法、奥尔夫基本形体动作教学、声势教学等。律动教学法在我国中小学、幼儿园音乐教育实践中已被广泛地应用。

律动教学法应注意:

第一,从教学目标考虑,律动教学法的重点应放在对音乐要素的感知和表现上,动作姿态不必追求整齐划一。在鼓励对音乐做出准确有创造力的反应的同时,允许较为粗糙的初始反应。

第二,在教学设计中,结合教学内容选用适当的教学方法,精心组织教学的实施,做到动静结合,疏密得当,活而不乱。

第三,音乐可用即兴演奏以发挥学生的创造性,把律动教学与创造教学结合起来,培养学生音乐创造力和表现力。

6.创作教学法

创作教学法不同于一般音乐实践活动的音乐创作,而是以培养、发展学生音乐创造性思维、创造精神和实践能力为目的的教学方法,包括:

①即兴创作。如声音模仿、节奏问答、身体运动、曲调问答、回旋游戏、节奏即兴伴奏、固定音型伴奏、器乐曲调问答、即兴合奏音乐造型等。

②音乐创作。如节奏创作、旋律创作、乐曲创作等。

③创作表演、音乐戏剧化表演。将学生熟悉的歌曲、音乐或喜爱的剧目配上学生自己创作的歌曲、乐器演奏和动作进行表演,有音乐、有情节、有角色。

创作教学法应注意:

第一,破除创作的神秘感,发挥学生们创造精神。

第二,将创作知识和技能融入其他各项教学之中。

第三,重创作过程,任何学生的创作无论有无发表、获奖的可能,均应视为有价值的创作。

第四,从学生实际水平出发,注意量力而行,从点滴做起。

7.游戏教学法

唱游是小学低年级音乐教学内容之一,包括:能随音乐的不同情绪、节奏、节拍的变化,有表情地进行律动、模仿动作和即兴动作。学做音乐游戏,学习或自编动作进行唱歌表演、集体舞等,注意音乐与动作的配合、乐感的培养。正如我国教育家陈鹤琴所说:"孩子是生来好动的,以游戏为生命的。要知多运动,多强健,多游戏,多快乐,多经验,多知识,多思想。"小孩子好玩、好动、好奇、好胜,游戏教学法对他们来说,是一种符合他们年龄特征的好形式。

游戏教学法应注意:

第一,游戏要与音乐紧密结合。

第二,注意发展学生的想象力、创造力。

第三,确定角色,并使学生进入角色。

第四,要尽可能让更多的学生参与。

8.讲授法

讲授法是教师通过简明、生动的口头语言进行教学的一种方法。苏联教育家苏霍姆林斯基认为:"教师的语言是作用于受教育者心灵的不可替代的工具。教学的艺术包括的首先是打动人心的谈话的艺术。"从教师角度看,它是一种传授性的教法;从学生角度看,它是一种接受性的学法。

在实际教学过程中,讲授法又可分讲述、讲解、讲读、讲演等不同形式。

其一,讲述:是指教师对某个事件或某种事物以叙述或描绘的方式进行教学。如对音乐作品的作家生平、创作背景的介绍与描述。

其二,讲解:是指教师以说明、解释、论证等方法进行有关概念、原理的教学。如讲解谱号、调号等记谱知识,阐明发声器、乐器构造原理等。

其三,讲读:是指教师或学生利用教材进行边讲、边读、边练的教学活动。如在学习分析了某种调式之后,再读一读教材中所归纳的有关概念,然后进行实际调式的分析练习。

其四,讲演:是指教师对教学内容进行系统分析、概括、总结。如在高中音乐欣赏教学的每一个单元结束时,教师所进行的有理有据的、极富感染力的概括性总结。讲演在中学课堂教学中时间不宜过长,也可以尝试由学生来承担。如欣赏贝多芬《第五交响曲》后,由教师或学生来总结该作品的结构、风格、哲理等。

总之,讲授法是历史悠久而今仍然有效且实用的教学方法之一。教师使用时要力求语言精练、概念明确、条理清晰、层次分明、重点突出、深浅适度、生动感人,切忌乱、散、艰深晦涩、平淡、空洞。教师使用此法必须考虑学生的听讲方式和接受能力。如果在中小学的教学中不恰当地使用此法,易形成毫无生气的"满堂灌",从而削弱音乐教学的独特魅力。

9.谈话法

谈话法又称提问法、问答法,是指以师生口头问答的方式进行教学的一种方法。

谈话法有利于启发学生的思维活动,培养学生独立思考能力、语言表达能力,能唤起和保持学生的学习注意力和兴趣。同时,谈话法可以促进师生交流,便于及时反馈教学信息,调整教学。

谈话法一般可分为启发式谈话、问答式谈话和指导性谈话等方法。

其一,启发式谈话主要用于学习新知识,启发学生运用已有知识和经验进行独立思考,回答与解决问题,从而使学生获得和掌握新知识。如学习升调调号,可以先让学生回忆C大调音阶结构、写法、唱名,然后引导学生回答并在G音上构成音列,想办法将导音F音升高半音,构成G大调音阶。提问学生所升高的音是构成大调的哪几级音,最终找出与识别升号调的规律。

其二,指导性谈话主要用于组织学生进行实践活动。如学生在唱歌前,教师针对乐谱、声音、情绪等提出应注意的要点或唱歌之后进行必要的总结。

使用谈话法应注意的问题有:第一,要注意提问的目的性,不提简单的、带有暗示性的问题,如"是""不是""喜欢""不喜欢"等。提问必须立意鲜明,语言简练,有利于开拓学生思路,提高分析问题和解决问题的能力。第二,要注意问题的难易。提出的问题要注意做到由浅入深,由易到难,适合学生的学习程度。第三,要掌握提问的时机,在学生"心求通而未得,口欲言而不能"时提问。第四,要注意问题之间的联系。问题要前后呼应,层层深入,丝丝入扣,才能最后"水到渠成"解决问题,使学生获得满足感、成就感。第五,要有充分准备。教师不仅要准备参考答案,而且要估计学生可能提出的若干答案,要考虑如何评价、引导,才能增强学生的自信心,提高其能力。例如欣赏巴赫《G弦上的咏叹调》,教师在欣赏前提出问题:"作品是由小提琴还是大提琴演奏的?"学生听后有的认为是小提琴演奏的,有的认为是大提琴演奏的,而且多数人坚持是大提琴演奏的。教师并不急于下结论,而是进一步引导学生听由小提琴演奏的乐曲来辨别音色,介绍小提琴四根弦的名称,在此基础上说明乐曲是在小提琴的G弦上演奏的,音色浑厚、浓重,有与大提琴音色相近之处。至此,问题得到圆满的解决,学生印象深刻。

此外,使用谈话法还要注意提问的方式及对学生的要求。如要先面向全体学生提问,再指定个人问答;要给学生留思考时间;要培养学生独立回答问题的习惯(不偷看书,不依靠别人提示);要求学生语言表达完整、清晰;要适时给予肯定、纠正或补充。

10.讨论法

讨论法是在教师指导下,学生以全班或小组为单位,围绕教材的中心问题,各抒己见,通过讨论或辩论进行学习的一种方法。

讨论法的优点是每个学生都能参与活动,可以集思广益,相互启发,取长补短,加深对学习内容的理解;还可以培养学生的学习兴趣和钻研问题、独立思考的能力。如分析辨别调式时,组织学生分组讨论,找出辨别调式的一般规律,即属此法。

11.读书指导法

读书指导法是教师指导学生通过阅读课本和课外读物获取知识的一种教学方法。

音乐教学的读书,首先是学读歌谱、乐谱,因为从小学三年级开始,学生逐渐从听唱向视唱过渡,逐渐要能独立视唱(奏)一般歌(乐)谱。当然这种读谱的学习要在教师的帮助下进行,既不放任自流,也不死记硬背,要让学生养成认真读谱的习惯。其次,学习有关知识、概念也应利用课本,以使学生形成准确印象。最后,课本中有关作家生平、创作背景等知识,可以指导学生自学。特别要指出的是,音乐读物还应包括音响、音像资料。

随着学生年龄的增长,音乐教师应给学生介绍相应的课外读物、音响、音像资料,如音乐家的故事、传记,音乐作品介绍,音乐辞书,与教学有关的优质唱片、磁带、电影、电视、录像带等;还可以引导学生学习与音乐有关的文学、历史、美术书籍等,以扩大学生的视野。教师还要尽量发动学生将书籍、音响资料介绍给其他同学,使课内课外学习有机结合起来,以培养和调动学生的自学积极性。

12.发现法

发现法是在教师引导下,学生通过观察、实验、思考、讨论、查阅资料等途径去独立探究,自行发现并掌握相应的知识技能的一种教学方法。

发现法是一种开放性的教学方法,其特点是以学生为主体,让学生自觉地、主动地去探索,找出事物的内在联系与规律,形成概念、结论。

发现法的教学步骤包括:一是向学生提出要研究或解决的问题;二是由学生提出假设与

答案;三是对假设与答案的验证,不同观点的讨论、争辩;四是对结论进行修改、补充、总结。

使用这一方法能使学生的兴趣强、积极性高。但是,要注意以下几点:一是设问既不要太难又不要太过于简单;二是注意教学节奏的把握与教学时间的控制;三是注意充分准备,教师能控制教学局面,师生共同创造一种良好的研究氛围,使每个学生都能集中注意力,思维活跃,兴趣旺盛。

在音乐教学中探索声音的物理属性、人声与乐器的分类、音乐作品的曲式结构等,均可尝试此种教学方法。

第三节　音乐教学计划的制订

音乐教学计划包括学期计划和课时计划。学期计划可分为全校性的计划和班级计划。全校性的计划要根据学生教育工作计划,有目的地制订一学期的音乐活动计划,如课外音乐兴趣小组的活动、节目演出活动、校内外歌咏比赛等。班级计划则侧重于课堂教学,所以也称为学期授课计划。下面简单介绍制订学期授课计划和课时计划时要注意的一些问题。

一、学期授课计划

学期授课计划是教师根据国家音乐课程标准所规定的目的任务、各年级的教学内容和要求,结合学生的实际能力而制订的整个学期的教学授课计划。一个完整的、考虑严密的学期授课计划是加强教学的目的性、计划性、系统性以及提高教学质量的重要保证,是检查教学效果、总结教学经验的必要依据。

1.认真学习国家音乐课程标准并研究教材

在开学前,教师要认真学习国家课程标准,了解音乐教学的目的和任务,熟悉各年级的具体教学要求,掌握各年级之间教学秩序渐进的内在联系,使教学既有系统性又有阶段性。

2.认真分析学生的实际情况

制订计划前,还须根据学生的年龄特征,对学生的思想状况、知识水平、技能基础、感受音乐和表现音乐的能力等方面做全面了解。如对新入学的学生,教师就应进行全面了解,可以通过观察、谈话或演唱,了解他们入学前的情况:对音乐的兴趣、爱好、感受力、表现力和特长等。这些材料是制订学期授课计划的重要依据。

学期授课计划应包括以下几方面的内容:

1.情况分析

对全班学生的思想状况、学习态度、知识水平、技能基础、表现能力、兴趣爱好等方面做一个全面且简明扼要的分析。

2.教学目标要求

(1)思想教育:包括一学期中要向学生进行的思想、品德、情操和审美观点等方面的教育要求。

（2）知识与技能训练：包括音乐知识、视唱练耳、唱歌等基本技能训练和发展儿童的感受力、鉴赏力、表现力等方面的具体训练。

3.教学安排

分析了情况，确定好教学目标后，根据教学的要求和内容合理地编排教学进度。在编排过程中要注意以下几点：

（1）教材的编排要注意循序渐进。

（2）要将唱歌、音乐知识和技能训练、欣赏三部分的教材密切配合，相互促进，使理论知识指导技能训练，在技能训练的过程中巩固理论知识，达到学以致用。

（3）注意将不同题材、体裁、风格、情绪的歌唱教材适当穿插，以丰富多彩的内容，提高学生的学习兴趣和积极性。

（4）教材要适合时令节日，要配合学生的教育活动和其他学科的教学，使之相得益彰，形成统一的思想教育，获得更丰富、更深刻的教学效果。

在安排教学进度时，要将期中、期末的复习和考查所需要的时间考虑进去。还要注意留有余地，不要把时间安排得太紧，便于适应临时的需要。如加入推广歌曲、配合歌咏活动等。

4.教学准备

制订学期授课计划，还应考虑课堂教学的大致过程和方法，以及要准备的教具。

教学上所需的教具是由教学方法决定的，如表格、图片、打击乐器、唱片、录音磁带等。所需阅读的参考书应记入学期授课计划内。这些教具需自制或添购，应早做准备。充分的思想准备和物质准备是提高教学质量的首要前提。

5.备注

记载一些特殊情况或提示。

一学期的教学工作应尽可能按学期授课计划进行，当实践过程中出现特殊情况时，必须及时修订。在执行过程中还应根据实际情况加以充实，使计划更趋完善，更符合客观实际。

二、课时计划（备出新课、写教案）

课时计划是依靠每一节课堂教学来实现的。认真备好每一节课，写好每一份课时计划，是上好每一节课、完成教学任务不可缺少的一环。尤其是课前备课工作的好坏，直接影响着上课的效果，影响着教学任务的完成。因此，教师必须认真做好课前的备课工作。

怎样进行课前备课，编写课时计划呢？以唱歌型授课为例，制订课时计划一般有以下几个步骤。

（一）钻研教材

教材是教师向学生传授知识的主要依据。钻研教材是教师备课的关键。备课时教师必须反复熟悉歌曲，在熟悉歌曲的思想内容、音乐形象和表现手段，加深对歌曲的理解和感受的基础上，把握教材的本质。

歌曲分析是分析歌曲的文学形象(歌词)与音乐形象(旋律)。特别是通过歌曲的体裁、曲式、风格以及旋律线的进行,对节拍节奏、速度、力度的变化等音乐表现手段进行分析,从而进一步理解、掌握歌曲所要表达的意境和思想感情。

(二)确定教学目标

在认真钻研教材的基础上,教师可以结合学生实际,确立教学的目标。教学目标应明确、具体,并有重点。

(三)确定教学过程与选择教学方法

教师要根据教学目标,教学的重点和难点,以及学生的接受能力,安排具体的教学过程,选择切实有效的教学方法。根据教学常规实践的经验,可采用下列步骤(以歌唱教学为例):

1. 组织教学

组织教学是完成教学任务不可缺少的环节,课一开始,教师就应把学生的注意力集中到课堂教学中来,使他们主动、积极地完成课堂教学任务。

音乐课的组织教学必须体现出音乐教学的特点。许多有经验的教师都是在上课一开始的时候,就组织学生在充满音乐气氛的环境中进行学习。例如采用听音乐进教室、听音乐做律动等方法集中学生的注意力,这样既能达到组织教学的目的,又体现了音乐课的特点,培养了儿童的节奏感、欣赏与听辨音乐的能力。

组织教学要贯穿在一节课的始终,教师要根据学生的年龄特征、班级的具体情况,灵活地运用各种教学方法来集中学生的注意力。

2. 基本练习

基本练习是牢固掌握音乐知识和技能的必要条件,是使学生能正确地发声、听音、掌握节奏和音准等的重要环节。这些技能的培养往往是结合练声、视唱、练耳的教学同时进行的。

基本练习应尽可能与新课教学相结合,基本练习的时间不宜过长,一般约十分钟。

3. 复习旧歌

唱好一首歌曲,要有一个训练、巩固、提高的过程,因此在教学过程中,对已学过的歌曲应经常复习。通过复习旧歌,不仅巩固了旧的知识和技能,同时也为学习新歌做了准备。

复习的方法要多样,可采用集体唱、小组唱、个别唱、表演唱等方法。

复习旧歌可以安排在新歌教学之前,有利于启发学生学习新歌的情绪,也可安排在课末进行,学生充分发挥他们的表现能力,在愉快、活泼的气氛中结束课程。

4. 新歌教学

教新歌是授新课的主要任务,是音乐教学的主要内容,是音乐知识和技能训练以及欣赏教学的集中和深化。

在教授新歌时,教师应着重考虑以下问题:怎样生动而有效地导入新歌?怎样用简练、形象的语言来正确地分析、讲解新歌?用什么方法来启发学生学习新歌的自觉性、积极性?用什么方法来教授新歌的重点、难点部分,从而使学生容易理解和掌握,在较短时间内学会新歌?

5.处理歌曲

运用多种手段和方法处理歌曲,来启发儿童的感受力和想象力,不断提高他们的演唱能力等。

6.教师小结,布置作业

教师把本节课学生学习的情况做一小结,表扬学生的优点,指出不足之处,勉励学生上好音乐课。

在音乐课结束时,根据需要可适当布置课后作业,以巩固本节课的教学内容。

(四)编写教案

课时计划也称教案,是教师备课时用文字表达的一种形式,是上课的主要依据。课时计划没有固定的格式,新教师一般要写得详细些,便于检查教学质量,总结教学经验,并为以后备课打下基础。有经验的教师可以写得稍简略些。课时计划虽不强求统一的格式,但一般应包括以下几个方面的内容:

(1)提出目标明确的教学要求,包括思想教育的要求和音乐知识与技能训练的要求。

(2)唱歌和欣赏的新授课要有歌曲(乐曲)的分析。

(3)安排严密的教学过程,包括时间的分配、教学活动的组织、教学方法、板书设计、教具准备等。

(五)熟悉教案

教师应熟悉教案,对教案要有深刻的理解,这样,上课时才能做到胸有成竹,运用自如。

此外,范唱和伴奏是唱歌教学中的组成部分,也是进行直观教学的有效方法。教师在课前必须做好充分准备。教师的范唱最好能背唱。教师通过正确、有感情的范唱来感染学生,使学生领悟到歌曲的完整艺术形象,激发学生的感情,启发他们的联想,促使学生有感情地歌唱。伴奏必须符合音乐形象,能渲染歌曲的意境,增强歌曲的感染力。因此,对范唱与伴奏的充分准备,必须引起重视。

低年级的新歌教学,往往在一课时内能基本完成;中、高年级的新歌教学有时可能需要两课时才能完成,在这种情况下,可以同时制订出两课时的计划。首先制订出整首歌曲的教学目的、要求与歌曲分析等,然后分别制订出两个课时的具体安排,包括教学要求、教学过程和教具准备。

教案确定以后,教师根据教案上课。当预定的教案与课堂上的客观实际不相适应时,教师要善于灵活地临时改变教案,这样,才能把课上得生动活泼而有效果。

上完一节课后,教师要按照课时计划的要求做认真的分析,把这节课的收获、优点、缺点和发现的问题记录下来,以便在拟订下一个课时计划时作为参考并加以改进。只有及时总结,才能不断积累教学经验,掌握教学规律,逐步提高教学艺术。

第四节 音乐课堂教学艺术的设计

教育要讲究艺术性,艺术教育更要讲究教育艺术。在音乐教学过程中,要使教学内容、方法、技能、技巧得到艺术化的运用,必须对课堂教学环境、课堂教学结构和课堂教学内容及方法进行精心设计,这样才能使学生处于愉快的、积极的学习状态,并取得最佳的教学效果。

一、教学环境的设计

为了保证音乐教学有效地进行,应创造良好的音乐学习环境,使学生一走进音乐教室就感受到强烈的音乐气氛,激发其学习音乐的热情与愿望。

首先,要有专用的音乐教室。为了避免外界对音乐教学的干扰,防止音乐教学对他人造成影响,音乐教室应设在校园僻静的地方,以利于在安静的环境中顺利、有效地开展音乐教学活动。

音乐教室是学生学习音乐的主要场所,室内设计对学生学习心理的影响有着不可忽视的作用。科学的设计,能调动学生学习音乐的积极性、主动性,使他们沉浸在音乐艺术的享受和创造之中。反之,则会从一定程度上抑制学生对音乐的渴求,使他们对音乐学习处于一种被动或消极的状态。

音乐教室的环境设计,除了窗明几净、各种教学用具(乐器、电教设备等)安放得有条不紊、各得其所外,还要有浓厚的音乐气氛。美国音乐教师卡拉博·玛德琳娜创造的"科恩音乐教室"即充满音乐气氛。音乐教室里到处都画着大谱表,地上有"地谱",墙上有"墙谱",桌上有"桌谱",甚至教师穿的衣服上都画着大谱表。我们同样可以在音乐教室的黑板、墙面上,适当地布置和音乐教学内容有关的谱表、乐器图、乐理知识图表、音乐家画像等,这些图表应定期或不定期地更换。

音乐教室环境设计中,另一个值得注意的问题是课桌椅的摆法。目前,常规的摆法是将课桌椅面对讲台,一排一排地安放。我们也可配备可以移动的轻巧的课桌椅,根据教学内容和教学任务的需要,将课桌椅摆成圆圈式或若干个圆圈形等多种形式。总之,课桌椅的设计,必须服从教学内容和学生活动的需要,不求样式的固定。

二、课堂教学结构的设计

根据音乐教学大纲规定的教学内容和要求,精心设计课堂教学结构,是完成教学任务、实现教学目的的一个十分重要的环节。

课堂教学结构是指课堂教学内容的各个部分在教学过程中的顺序安排和分配。

在基础教育阶段,中学音乐课各教学内容之间的相互渗透性极强,一般很少用单一教学内容结构的课型,更多的是用由多项教学内容组成的综合性结构的课型。

在设计课堂教学结构时,应考虑以下几点:

(一)新与旧结合

联系已知,学习未知。学习新知识、新技能总是在已掌握的旧知识、旧技能基础上进行的。新是旧的扩大,新是旧的深化。以旧内容作为学习新内容的准备,从旧知识引出新知识,这是符合人们认识事物的一般规律的。

(二)动与静结合

音乐是动态的艺术,在教学过程中,教师既要让学生安静、认真地听讲,又要让学生通过技能练习来感受和表现音乐。技能练习要动,感受音乐要动,表现音乐要动。在音乐课堂教学中要有动有静、动静交替,这是音乐学习的特点所决定的,也符合学生的生理、心理特征。

(三)理论与实践结合

歌唱、器乐演奏是音乐的表现行为,而音乐欣赏、乐理知识学习则是理论吸收活动。以歌唱或器乐学习为主的课,应该结合所唱歌曲和所学乐曲的欣赏,并结合学习有关的乐理知识;以欣赏为主的课也应该结合演唱所欣赏作品的主题或主旋律。总之,表现是在吸收的基础上进行的,而吸收在某种意义上正是为了表现。

(四)模仿与创造结合

一般的学习都是从模仿开始的,模仿的目的是创造。在技艺性、表现性比较强的音乐学习中,模仿是很有必要的。应让学生在模仿中学习、掌握音乐知识和技能,进而使学生正确地理解音乐,创造性地表现音乐。

上述四个"结合"在课堂教学中不是孤立的,而是有机地交织在一起的。如"新与旧结合"中有动、静,有表现、吸收,有模仿、创造,从而组成综合性的课型。在课堂教学过程中,上述四个"结合"哪个在前,哪个在后,各占的时间比例,每一堂课都不完全一样。因此,每节课都应根据教学实际巧妙地进行教学设计。

三、课堂教学内容和方法的设计

(一)教学内容的新异度

新异的教学内容往往容易唤起学生的学习兴趣。然而,新知识是建立在旧知识的基础上的。只有将新异度定在学生似曾相识又不识的尺度上,才能使学生处于学习的兴奋点上。教师应该在教学大纲和教材规定的教学内容范围内,在充分了解教育对象的基础上,有针对性地安排教学内容,去掉或减少学生不感兴趣或不愿意重复的旧内容,安排旧中出新或有新鲜感的新内容,最大限度地激发学生的学习热情。

(二)教学内容的难度

学生音乐学习的动力,来源于音乐学习的成功体验。不经过努力就能掌握的知识技能,与经过努力而掌握的知识技能相比较,后者对学生更具有吸引力。"最近发展区"理论提倡教学走在发展的前面,着眼于发挥和挖掘学生潜在的发展水平。太难的内容会影响学生的学习信心,挫伤学习积极性。只有由浅入深的教学内容,才能激励学生进取,使学生在努力获取知识技能的过程中享受学习成功的欢乐。

(三)强调学生的主体性

教学论中常常提到"S-O-R"法则,即"刺激—个体因素—反应"法则,其中个体因素起着重要的作用。音乐教学的一大特点是需要学生的积极参与。应该积极提倡在教师指导下,由学生自己学习为主的方法。学生的自主学习,可以使他们在学习实践中,通过自己的努力,运用自己的思维方式、自己的学习方法,感受到成功的乐趣,从而保持持久的音乐学习兴趣。

(四)重视教学的情感性

音乐教学必须重视情感性,应注意创造愉快、和谐、融洽、振奋的课堂教学气氛。教师要有激情,要以自己饱满的情绪去感染学生,做到以情激情、以情育人,使学生在充满情感的气氛中学习音乐。

音乐课堂教学成功的前提和关键因素,是建立一种融洽、和谐、民主、平等的师生关系。如果教师爱学生,尊重学生的人格,尊重学生在学习中的主体地位和创造精神,学生也就会信赖教师,进而"亲其师,信其道",在师生情感的交融中,愉快地完成音乐学习任务。

四、音乐课堂的提问设计

课堂提问就是在教学过程中,教师根据一定的教学目标,针对相关教学内容,设置一系列问题情境,引导学生思考或回答,以促使学生积极思考,提高教学效果的一种教学方式。

美国教育学家斯特林·G.卡尔汉说:"提问是教师促进学生思维、评价教学效果以及推动学生实现预期目标的基本控制手段。"由此可见,提问在课堂教学中具有举足轻重的地位。富有启发性、可思性、连贯性的提问能促进教师与学生之间、学生与学生之间的信息交流与反馈,使教学活动变得快乐、轻松、有效。从学生方面来看,它能调动学生学习的积极性,集中学生的注意力,引导学生开动脑筋,诱发学生多问、敢问的治学精神,培养良好的思维习惯和能力,养成从容沉稳、应对自如的表达能力。众所周知,新课程理念下的音乐课堂教学是教师组织、引导、参与和学生自主、合作、探究、感受音乐的双边活动,其中,教师的"导"起着关键作用。这里的"导",很大程度上是靠设疑提问来实现的。在教学过程中,教师可以用"问"来激发学生的学习欲望;可以用"问"来规范学生获得知识的方法;可以用"问"来控制教学节奏;可以用"问"来调节学生的思维活动;可以用"问"来融洽师生关系、生生关系。教师是引疑的主导者,疑问又是激活课堂的导火线。课堂提问设计得是否成功,直接关系到整个教学的节奏与质量。从某种意义上说,提问是教师最重要的语言活动,是教师教学技能的一个重要组成部分,是教师教学水平的一个重要体现。下面笔者试从音乐课堂应用实例出发,探讨中学音乐课堂上的几种有效的提问设计模式。

(一)递进式提问

在欣赏《图画展览会》课上,教师暂不告诉学生曲名,先让学生分别欣赏富人主题与穷人主题,随后提问:"这两个主题在旋律、节奏、速度方面各有什么不同?"总结学生的回答后再问:"这一高一低、一疏一密、一快一慢的两个主题分别表现了怎样的音乐形象?"教师让学生充分发挥想象,回答后请大家完整欣赏全曲,再问:"通过音乐你能想象出这两个形象各有什么特点或它们之间是什么关系吗?"结合曲名让学生展开丰富而合理的想象,学生往往会对乐曲有很深的印象。教师通过一环扣一环、一层进一层的问题,引导学生主动理解音乐。

递进式提问是指对有一定深度和难度的问题采用分层次、由浅入深的提问方式。对于教学中的重点、难点,在设问时要根据学生的水平,想方设法化难为易、化繁为简、由近及远、层层递进,让学生的思维在所设问题的坡度上步步升高,最终达到掌握知识内容和初步运用知识的目的。此方法在新课讲授环节运用较多。

(二)分割式提问

在人音版教材第15册"我们同属一个世界"单元,有一个难点就是斯特拉文斯基的《祭献之舞》,学生听完这一现代音乐后完全摸不着头脑。此时教师如果直接问学生"现代音乐有什么特点"之类的问题,学生往往很难回答,而如果将问题分解为"这段音乐里节奏和旋律哪个更重要?""音乐的节奏是规整的还是复杂的?""音乐的速度是快的还是慢的?""音乐情绪是激动不安的还是平静稳定的?""音乐的旋律是易唱的还是不易唱的?"等,学生通过一系列的问题可以很快总结出现代音乐的主要特征。

分割式提问就是把整体性较强的内容分割成几个并列的小问题来提问。提出的问题如果范围太大,学生就不容易回答完整。这时教师可以化整为零,采取各个击破的分割式提问,把一个个小问题解决了,整个问题自然也就解决了。在突破教学难点部分或学生遭遇思维瓶颈时,分割式提问往往是个很不错的选择。

(三)对比式提问

在学唱歌曲《唱脸谱》前,教师先让学生欣赏一段京剧和歌曲《前门情思大碗茶》片段,然后提问:"这两段音乐有什么共同之处?"学生答:"都有戏曲的韵味。"教师又问:"这两段音乐有什么不同之处?"学生又从演唱方式、伴奏乐器、音乐风格等多个方面分析两者的不同之处。此时,教师引入"京歌"的概念,学生立刻就能理解京歌是改良的京剧加上了流行音乐的元素。在歌曲演唱中,由于有了之前的分析,学生也能较好地把握歌曲的演唱风格。

对比式提问可以诱导学生通过比较发现共性、区别个性、加深理解,有利于发展学生的求异思维和求同思维。对比式提问不仅可以在同一首歌(乐)曲中进行比较,也可以将不同的歌(乐)曲、不同的音乐家、同一个音乐家的不同时期进行比较。对比式提问是音乐欣赏课最常用的提问方式之一。

(四)综合性提问

民歌欣赏课上,在欣赏了江南小调、陕北信天游、蒙古长调后,教师要求学生为谱例绘出旋律线,学生绘完后惊讶地发现三条旋律线截然不同。此时教师提问:"为什么我国各地的民歌差异如此之大呢?这种现象与哪些因素有关?"绝大多数学生经过思考都能从地理、历史、风俗等方面谈出自己的想法。这样的提问方式让学生学会运用已有的知识解决新问题,培养了学生自主学习的思维能力。

综合性提问是在课堂教授完新知识后,教师为培养学生的综合性思维能力,要求学生利用所掌握的各学科知识进行分析,得出自己的结论或看法的提问方法。综合性提问可以帮助学生拓宽思路,培养逻辑思维能力、综合能力以及想象力。该类问题的答案往往是开放的、发散的、不固定的。这种方法常用在课堂小结环节,对学生的知识面、语言能力、逻辑推理能力要求较高。

(五)激趣式提问

在介绍奥地利音乐天才莫扎特的教学导入环节,我先请同学们欣赏了他们喜欢的流行偶像组合S.H.E演唱的《不想长大》,然后提问:"你们相信这首歌曲的作者是一位三百多年前的古人吗?"学生纷纷摇头,有学生还站起来反驳我,说这是S.H.E今年出的最新专辑。接着我又播放了莫扎特的《第四十交响曲》片段,学生很快就发现歌曲的高潮部分与交响乐几乎完全相同,课堂气氛立刻活跃起来。此时我顺水推舟问大家想不想认识这位音乐家,学生的回答当然是肯定的。

激趣式提问是由教师故意创设语言、情景趣味,激发学生学习欲望的提问方法。该提问方法符合中学生追求时尚、求趣、求异、好奇心强的心理特征,容易激发学生的学习兴趣,调动学生学习的积极性,集中学生的注意力,适合在新课导入环节使用。但应注意提问要以音乐为起点,不能一味迎合学生的兴趣。

面对千变万化的课堂教学,以上几种提问模式显然是不够的,即使课前教师设计好的问题,在课上也不一定适合当时的情景,因此教师在教学中要灵活机动,根据具体情况随时进行调节。例如在学生精神涣散时,可以插入提问集中学生的注意力;当学生的思维跑偏时,可插入提问临时纠偏;当问题需要延伸扩展时,可暂时中断前面的问题,而适当插入由课堂引发的小问题;当所学知识技能需要巩固时,可以用变换视角提问的方式强化学习内容,使学生从不同角度、不同侧面、不同层次,对同一问题获得理解……在具体应用中应根据不同的教学目的和内容,采用不同的方法。即使是用一个内容,在不同的场合、对不同的学生进行提问,也应该变换手法,要让学生感受到教师提出问题的思路,使学生潜移默化地在解疑的过程中掌握科学的思维方法,让学生富于自主性、创造性地学习。

音乐课堂提问设计既是一门学问,更是一门艺术。恰当的课堂提问不仅是教学的重要手段,更是激励学生积极参与教学活动,启迪学生思维,发展学生的心智和口头表达能力,促进学生认知结构进一步优化的教学艺术。

第五节 音乐课堂教学的组织艺术

组织教学一方面是维护课堂秩序、组织学生自觉学习的手段,另一方面是对教材、教具、教学方法、教学形式等因素最优化的组合形式。它应贯穿音乐教学的始终。音乐教师应针对授课内容的特点以及学生学习的特点,采取切实可行、灵活多样的组织教学形式。

组织教学最根本的出发点是集中学生的注意力,引导学生积极地参与音乐学习活动。

从心理学角度研究注意力可以发现,人的注意力有起伏现象,即人的注意力不能长久地保持固定的状态,而经常是间歇地加强或减弱,呈周期性的变化。研究表明,12岁以上的儿童有意注意的保持时间约30分钟。注意稳定的程度和所注意对象本身的特点有关。一般来说,对象内容丰富、复杂多变,观察时注意可以在一定范围内运动,注意力相对稳定和持久。不同班级学生有其各自不同的特点。因此,音乐教师要从实际出发,分析教学对象的特点,充分利用音乐艺术内容丰富、教学形式多样的优势,采取生动活泼的教学方式,根据学生的特点,正确处理课堂上发生的问题,保证教学工作的正常进行。

正确处理课堂上的偶发事件是上课的重要环节之一。在教学中,教师经常会遇到学生精神不集中、搞小动作、看课外书籍、随便说话等问题。音乐教师要在以正面教育为主的前提下,考虑自己的教学方法,积极引导学生参与音乐活动来改善课堂纪律。教师可用暗示的方法,如从精力不集中的学生身边走过,或提问旁边同学回答问题,或让他参加演唱、演奏等活动转移他的注意力,使他专心投入课堂学习。另外,还可采用幽默的语言活跃气氛,在必要的情况下做严肃的批评,抑制事态的发展。

在教学中,常常会遇到始料不及的情况。如在欣赏音乐时突然停电,集体练唱时个别学生出怪声、走调引发哄堂大笑,教师临时忘记某一个字或某一音乐常识等。这时教师具备良好的教育机智就显得尤为重要。具体的处理方法多种多样,一般可归纳为"冷处理""温处理"和"热处理"三类。

"冷处理"就是采取较宽容的教育态度,一般可以采用发散、换元、转向的教育机智。发散就是将全班注意力从事件中转移、发散开来,以避免此事成为注意的焦点;换元就是将此事件巧妙地变成一种教育形式;转向就是用新颖别致的方式,将学生的注意力转移到教师所希望的方向。

"温处理"是教师用温和的态度、自然的方式,直面此事并顺其自然地过渡到原教学过程。

"热处理"就是对较严重的偶发事件进行正面教育或严肃批评,如对个别严重违纪的学生或故意捣乱的学生进行严肃批评。

总之,一节音乐课的组织,良好的开端是很重要的,不论是以情、以理、以疑或以动等哪种形式的导入,都要给人以美感或新奇感,调动学生积极地进入学习状态。教学过程要环环紧扣,内容要丰富有序,结束时要有意犹未尽之感,给人以美的遐想、有益的启示。

教学组织艺术的培养有赖于教师本身的实践水平和修养程度。上好一节课需要教师认真地去钻研、去创新、去总结,从而使教学进入一种艺术化的、快乐的境界。

课堂偶发事件的处理(一)

课堂偶发事件,是指与课堂教学目的、教学计划无关,出乎教师意料之外,突然发生的、直接影响和干扰课堂教学过程的事件。课堂偶发事件具有如下特点:①突发性,即它往往是突然发生、意料之外的;②偶然性,即它是偶然发生的,不是经常的和固定的;③新异性,即它是课堂教学中一种无关的新异刺激,会干扰或破坏课堂教学活动的正常进行;④不定性,即它表现不一,有时明显,有时较为隐蔽;⑤两极性,即对它处理是否得当,将会带来积极或消极两种不同的结果。所以,处理课堂偶发事件,既要体现科学性,更要体现艺术性。为此,就要运用以下教学艺术。

1. 敏锐观察，正确决策

处理课堂偶发事件，教师要有敏锐的观察能力、良好的决策能力。面对课堂偶发事件，教师首先要敏锐观察，洞察事件的状态、程度、影响，观察学生对此事的反应、态度、言行，了解或推测事件的原因，预测事件的结果或发展的趋势，从而把握事件的性质，学生思想跳动的脉搏和发展的苗头，以及课堂变化的趋势。在此基础上，做出准确的判断，然后迅速地、正确地解决。该淡化的淡化，该化解的化解；该疏导的疏导，该堵截的堵截；该当堂处理的当堂处理，该课后解决的课后解决；如此等等。运用教学艺术，可以使教学工作更具有针对性、计划性、有效性。

2. 沉着冷静，以静制动

处理课堂偶发事件，教师要冷静沉着，不急不躁，这才容易"计上心头"。制怒戒躁，在平静中思索，这是运用教学艺术的前提；沉着自制，善于支配情感，这是优秀教师坚强的心理品质。所以，教师不要一遇到突发事件就赌气发火，大动干戈，批评训斥，甚至停下课来就事论事地处理。这种针锋相对或直接改变偶发事件结果的做法是不明智的，也是不利于教学机智的发挥和教学艺术运用的。因此，遇到偶发事件时，尤其是遇到"爆炸式"偶发事件时，有经验的教师善于控制自己的情感，抑制无益的激情和冲动，心平气和，泰然处之，以静制动，冷静地掌控全班，迅速使课堂安静下来；善于具体问题具体分析，坚持耐心细致的教育，态度严肃而亲和，心胸平静而理智，正确处理师生矛盾，缓解学生的对立情绪。这样，既不影响课堂教学，又不放弃原则来迁就学生的行为，更有利于教学艺术的运用。

3. 正确教育，因势利导

处理课堂偶发事件时，教师要坚持正面教育，循循善诱，因势利导。遇到课堂偶发事件时，教师要根据学生特点，结合教学实际，正面启发，善于诱导，摆事实，讲道理，以理服人。要说服而不要压服；要疏导而不要惩治报复；要诱导攻心而不要简单粗暴；要真心接受而不要强迫服从。这就要求教师遇到偶发事件时要耐心、动之以情、规之以矩、导之以行，循循善诱，因势利导，启发自觉，帮助学生认识错误，从而有效地处理课堂偶发事件。

4. 时效统一，及时高效

处理课堂偶发事件，要讲求时间和效益，既抓紧时间，又不偏离课堂教学目的，中断教学进程，这是处理课堂偶发事件的原则。为此，教师在处理偶发事件时应力求做到：一要尽力缩短处理的时间，把偶发事件消灭在始发状态，不使其蔓延；二要尽力限制、减少、消除偶发事件的消极影响，尽可能不影响全班，不影响教学，并迅速搞好教学组织，保证继续上课；三要点到为止，见好就收，只要阻止、平息偶发事件即可，不要陷入无谓的纠缠，没完没了，随意发挥。如果在课堂上一时不能解决，或者不能完全解决，最好放在课后解决，以免引起连锁反应或诱发新的偶发事件；四是尽力运用教学机智，化消极为积极，化被动为主动，把处理偶发事件作为教育学生的一个时机，既处理好偶发事件，又教育学生，以取得最佳效果。

5. 化弊为利，长善救失

处理课堂偶发事件，教师要变不利为有利，发扬优点克服缺点。有些偶发事件，表面上看干扰了课堂教学、破坏了课堂纪律、影响了教学进程、打断了教师的教学思路，但其中往往包含着一些积极因素,这就需要教师充分认识和挖掘,并加以利用,化消极因素为积极因素,变不利因素为有利因素,把处理偶发事件变成提高学生认识、激发学生情趣、磨炼学生意志、培养学生品质,以及教育大多数学生的一次机会。特别是对由"后进生"的问题行为引发的偶发事件,教师更要扬长避短、长善救失,在坏事中寻找积极因素,利用积极因素来进行教育。这样做,既处理好了偶发事件,又教育了学生。

6. 幽默诙谐,化解矛盾

处理课堂偶发事件时,教师运用幽默、诙谐的方式,也能表现教师的教学机智。虽然教师为人师表,处理应严肃认真,但不等于呆板生硬。一个教师如果成天板着面孔,挤不出一丝笑容,单纯地限制学生,学生稍有不顺眼,动辄批评训斥、挖苦讽刺,这样的教师是不会得到学生的欢迎和亲近的。在课堂教学中,有些偶发事件让教师处于窘境,进行查处会延误上课时间、中断教学进程,不予理睬又会丧失教师威信、分散学生注意力。在这种情况下,教师可以运用幽默、诙谐的方式进行化解,既可显示教师的宽容大度,又可让自己摆脱窘境,还可自然轻松地缓解因偶发事件引起的课堂紧张气氛,消除师生的对立情绪和矛盾,活跃课堂气氛,更可为学生创设自我教育的情境。

7. 采用暗示,旁敲侧击

处理课堂偶发事件,教师可采用暗示的方法旁敲侧击。有些课堂偶发事件,特别是不显著的、影响不大的、涉及面不广的,教师不要中断教学进程,停下课来处理。最好是采用暗示的方法,旁敲侧击,灵活处理,如语调的变化、目光的注视、少量的手势、适当的姿势、示意的动作等。这样,既可使学生的问题行为得到纠正,又不影响整个课堂,不影响其他学生,更保护了学生的自尊心,保证教学的顺利进行。长此以往,教师就会树立起自己的威信,赢得学生的尊敬和爱戴,并为解决其他偶发事件打下良好的心理基础。

8. 言语生动,语调多变

处理课堂偶发事件,教师可以采用言语手段。遇到偶发事件时,教师要善于运用语言和声调的变化,包括语音的高低、强弱、速度和停顿来调动学生的注意力,有效地处理课堂偶发事件。例如,当某些学生有违纪行为时,教师可突然停顿讲课,或者降低声音,给违纪的学生以暗示性的提醒;当学生注意力不够集中时,教师可加重语气和声调,以引起学生的注意;如此等等。

9. 表情暗示,动作示意

处理课堂偶发事件,教师可运用非言语手段。当课堂安静不下来时,教师可走上讲台,先用目光环顾四周,然后向声音响亮的地方用手势打招呼,这能收到较好的效果。有时教师在教室里巡视一下,尽管一句话没说,仍然会收到维持纪律的效果。对容易出现问题行为的学生,教师可用目光经常注视,给予提醒;对破坏纪律的学生,教师可流露出不满意、希望其改正的神色,或者做一个自然巧妙的手势,示意其立即停止违纪活动;如此等等。

课堂偶发事件的处理(二)

处理课堂偶发事件的教学艺术,需要我们在课堂教学实践中不断探索、总结、运用。在课堂教学中,时常有偶发性事件,需要教师随机应变,急中生智,正确而迅速地做出判断,采取最合理的解决方法,妥善处理。这就要求教师必须具备基本的预见能力和应变能力,在处理偶发事件时,要做到沉着冷静,判断要正确、感情要克制、行动要果断、处理要谨慎,宽严相宜,掌握分寸。只有这样,才能因势利导,变不利为有利,才能提高课堂教学的效率。巧妙处理课堂偶发事件的方法如下。

1. 趁热打铁法

趁热打铁法是指在课堂教学中,当偶发事件发生时,教师应抓住时机,马上给予处理,以取得最佳教育效果。此法往往能使偶发事件及时得到解决,并给学生以强烈的思想震撼和深刻影响,对日后偶发事件的产生起到震慑作用。

2. 冷却处理法

冷却处理法是指教师在课堂上对一些偶发事件给予暂时冷却,仍按照原教学计划进行教学活动,等到课后再做处理的方法。此法能使教师有比较充裕的时间去考虑,选择恰当的教育方案,冷静地处理偶发事件。

3. 巧妙暗示法

在课堂教学中,当偶发事件发生时,教师并不中断教学活动,而是用含蓄、间接的方法悄悄地提醒当事人,消除影响教学的不利因素,使教学正常进行。采用此法,既不影响教学程序,又不损害学生自尊心。比如教师可通过目光注视、突发提问、身体移近等方法暗示学生集中注意力。

4. 大度宽容法

课堂上有些偶发事件,往往会使教师感觉到自己的尊严受到挑战,感情和威信受到损害。这时,采用大度宽容法将会取得意想不到的效果。宽容不是软弱无能,也不是无原则的迁就,更不是对学生的不良行为的默认、纵容与包庇,而是要使学生在心灵深处反省。宽容要使学生体会到教师的良苦用心。

5. 不耻下问法

在课堂教学中,教师出现错误是难免的。发生这种情况时,教师要勇于承认错误,虚心向学生请教,师生共同探讨,纠正错误。这样,一方面调动了学生学习的积极性,另一方面也为教师赢得了宝贵的时间。

6. 随机调整法

课堂上有时由于各种原因,打乱了原计划的教学结构。例如忘记了板书课题、讲授后忘记小结等。遇到这种情况,如果从头再来,时间不允许,如果立即补入某一环节,与教学进程不吻合。这时,教师可以灵活地调整课堂教学结构,不动声色地巧妙进行补充、强调,既能突出课堂教学的重点,又能使课堂教学环节完整无缺。这样,其教学效果并不比原计划差。

7. 巧留空白法

上课时,某教师抽问一学生后,让其坐下,没想到该生一下子坐在地上。很显然,是他旁边那位同学悄悄移走了凳子。面对这一偶发事件,怎么办? 这位教师马上走上前,扶起摔倒的那位同学,一边关心地问:"摔疼了吗?"一边掏出手绢给他擦身上的灰尘。然后看一眼旁边的那位同学,继续上课。下课后,他把那位移凳子的同学叫到了办公室,说:"你想对我说什么吗?"那位同学不语。过了好一会儿,老师又把刚才的话说了一遍,如此这般,那位学生终于开口了,承认了自己的错误,而且说要像老师一样关心同学。

这个案例中,移凳子的那位同学知道自己错在哪儿,只是不敢承认。任课老师没有在课堂上处理,也没有喋喋不休地说教,或苦口婆心地劝慰,而是稍加点拨,留下许多空白,让这位学生去想,促其自我反省,最终促使这位同学鼓起勇气承认了错误,并表示要像老师那样关心同学。可见,高明的老师善于抓住机遇,巧设空白,让学生自己去思考,去感悟,从而起到较好的"内化"作用。

8.借机导航法

一位中学教师在讲授《口技》时,因课文情节描绘所引,竟有一男生忘乎所以地学狗叫,顿时全班哄笑,那男生吓得屏息等待老师的惩罚,这位教师却粲然一笑:"王刚同学情不自禁地模仿了狗的叫声,这是为文中口技高超的技术所感染啊!下面我们继续欣赏文中高超的口技表演……"

这个案例中,这位教师表现了一种宽宏大度的胸怀和良好的职业修养,微笑之余,不忘"借机导航",仅仅两句话,既转变了课堂气氛,又很快将学生注意力引回到教学课题之中,保证了教学的正常进行,同时对该同学还起到了委婉含蓄批评的效果,真可谓一石数鸟,不能不令学生折服。

9.因势利导法

课堂中有些偶发事件的出现,已经激起了学生的好奇心,完全吸引了学生的注意力。在这种情况下,教师要想让学生重新注意原定的教学内容是十分困难的。这时教师可以转而发掘事件中的积极因素,顺应学生的好奇心,满足学生的求知欲,因势利导地开展教育或教学活动。这样不但保证了课堂教学的秩序,而且扩充了课堂教学信息,从而达到了教学目的。

一位数学教师正在讲关于质数与合数的基本概念,突然,教室外基建工地传来"嘭、嘭、嘭……"的声音,而且一直持续不停,使教学无法进行,学生也烦躁不安,张望窗外。这时,教师灵机一动,大声讲道:"现在大家开始数数,看拖拉机的响声有几下,然后回答你数的是质数还是合数。"这个案例中,学生的注意力已游离了教学目标。如果这时命令或强制学生听讲,不仅教学效果不好,而且会影响师生之间的融洽关系。这位教师因势利导,巧妙地把环境中的声音变成了有利于教学的情境,顺应了学生的心理,使他们的注意力很快集中到学习中,加深了学生对数学概念的理解。

10.幽默风趣法

上课铃一响,同学们都做好了上课的准备,静静地等老师喊"上课"。只见生物老师扫视了一下全班,然后张开了嘴巴。随着老师嘴巴的一动,同学们"唰"地一下全站了起来,却突然发现老师并没有喊"上课",而是打了一个哈欠,大家不禁面面相觑。生物老师微微一笑,转身写下课题"条件反射"。然后,他以此为例开始讲解什么是条件反射,条件反射形成的条件、原因等,学生学得特别专心。这位老师在教学中遇到了窘况,但他能轻松地把自己从窘况中解脱出来,幽默风趣地把同学们起立这一动作诠释为"条件反射",并机智地将学生的注意力引导到教学内容上来,学生还没有开始学却已经明白了"条件反射"的主要含义,的确令人叫绝。

11.旁敲侧击法

语文课上,教师正讲得津津有味,教室里响起打呼噜的声音。一部分学生笑起来,教师不得不停下来解决这一问题。他看了看睡觉的同学,决定还是继续讲下去:"描写生动,要使用象声词,绘声绘色地描写事物的声音。绘声,就是用象声词模仿声音。比如,睡觉的酣态,就可以用现在的声音来描摹。请你们注意倾听。"教师做出倾听状,同学们都笑了起来,那睡觉的学生也被笑声惊醒了。教师又说下去:"那么你们的笑声呢?该怎么描摹?酣睡声是刚才××发出的响亮的呼噜声,笑声就是大家发出的'哈哈'声。"

这个案例中,教师始终没有正面批评那位上课睡觉的学生,而是在给予"面子"的基础上,旁敲侧击,既没有影响教学,又达到了教育的目的,还保护了学生的自尊心。真可谓自然天成,机智灵活。

12.先扬后抑法

一位老师上课时,有一个学生在他背后模仿他的动作,引起同学们的哄笑。老师装作不知。等课快结束时,老师讲:"写字要模仿,画画要模仿,写文章也要模仿,模仿是学习的第一步。第一步做得好的话,第二步的创造就有希望,也有基础。我想刚才×××模仿我的动作一定很像,否则引不起同学们的大笑,他将来说不定能成为一个表演艺术家。以后有机会的话,我们可以请他为我们表演一下他的模仿才能,让我也欣赏欣赏。刚才背后的模仿我是看不到的,所以嘛,以后上课……"(老师故意不说了。学生大声说:"不做了"!)

这个案例中的事件在平时教学中经常发生,不少教师在处理时,或简单粗暴,或近于说教,或小题大做,缺乏实效。这位老师的成功之处在于采用了"先扬后抑"的方法,先肯定再否定,让教育的韵味浓浓渗出,从而使学生在反省中受到教育。

13.自嘲解围法

一位教师走上讲台,同学们忽然大笑起来。他莫名其妙,后来坐在前面的一位女生小声地对他说:"老师你的扣子扣错了。"这时,这位教师自己一打量,发现第4颗扣子扣到第5个扣眼里,然而这位教师却煞有介事地说:"老师想心事了,匆匆忙忙赶来与你们相会,不过,这也没什么好笑的。昨天我们有的同学做练习,运用算术公式就是这样张冠李戴的,应该改过来。"边说边把扣子改过来扣好了。

这个案例中,教师遭遇到失态的情况怎么办?批评学生?不该!马上改过来扣好吗?尴尬!这位教师颇具匠心之处在于用轻松幽默的自嘲方式为自己解围,既纠正了自己的失态,避免了窘迫,又批评了学生不认真做作业的毛病,同时还激活了课堂气氛,这样的教学机智实在让人叹服。

14.将错就错法

一位语文教师讲柳宗元的《小石潭记》时,误将"洌"板书为"冽"。有的同学当场指出老师板书有错。此刻,这位教师并未慌乱,灵机一动,干脆以差错为契机,要求学生仔细看课文,查查字典。经过查对、辨析,教师镇定自若地进行总结道:"'洌'指水、酒清澈;'冽'指寒冷。可见一笔之差,义差千里,对此务必十分留意。"这个案例中,教师偶然失误,怎么办?这位教师机智地采用了"将错就错"的处理方法,巧妙地将失误变成了教学机遇,变成了一堂难得的纠错课,从而化弊为利。

总之,教育无小事,课堂教学的意外情况是千变万化的,"它山之石,可以攻玉",我们要学会处理课堂偶发事件的方法,应付瞬息万变的事态,让我们的课堂教学始终充满活力!

第八章　课外音乐活动

学校音乐教育一般包括音乐课堂教学和课外音乐活动。

广义的课外音乐活动泛指音乐课堂教学以外的所有音乐活动。在这里主要是狭义，专指校内除音乐课堂教学以外的音乐活动。课外音乐活动是整个学校音乐教育的重要组成部分。

第一节　课外音乐活动的意义和任务

一、课外音乐活动的意义

（一）加强和发展学生的音乐才能

课外音乐活动使音乐课堂教学得到必要的发展和加强，从而使音乐教育目标的实现有了更充分的保障。由于音乐课堂教学内容有限，其深度、广度和课时有限，而课外音乐活动则无此局限，学生的音乐兴趣及爱好能得到充分的满足，音乐视野得以扩大，音乐经验得以丰富，从而使学生的音乐基础知识和基本技能，音乐的感知能力、记忆能力、理解能力、联想与想象能力、表现能力、创作能力、鉴赏能力等都能得到发展和提高。

（二）丰富学生的课余文化生活

课外音乐活动可以激励学生奋发向上的乐观精神，使学生自觉抵制社会文化生活中消极颓废、萎靡腐朽的不良倾向。

课外音乐的集体活动要求参与者必须自觉地遵守纪律、维护集体荣誉，而音乐艺术的完美性、协同性，又要求参与者有高度的责任感、顽强的毅力及协作精神。因此，课外音乐活动能培养学生的集体主义精神、工作责任心、顽强的意志及团结友爱精神，对学校良好校风的形成也能产生积极的作用。

（三）促进学生综合素质的提高

课外音乐活动中有些内容能使学生受到爱国主义、集体主义的教育，使他们得到高尚道德情操的陶冶，丰富多彩的活动能激发学生的求知欲，发展他们的智力，磨炼他们的意志。生动活泼的内容及形式能使学生精力充沛、朝气蓬勃、富有青春活力，促进他们的身心健康。课外音乐活动还有助于学生学习音乐知识，掌握音乐技能，提高音乐审美能力，树立正确的音乐审美观念等。这一切都可提高学生的综合素质，使他们在德、智、体、美、劳诸方面得到和谐而全面的发展。所以，课外音乐活动是促进学生全面发展的重要途径。

课外音乐活动能使有兴趣、有音乐才能的学生得到充分发展。其中有些学生可能成为各行各业的音乐骨干,有些学生可能成为专业音乐人才。因此,课外音乐活动又是培养专门音乐人才的摇篮,可为音乐院系输送合格的人才。

课外音乐活动与音乐课堂教学相辅相成、相得益彰,成为学校音乐教育的两大主要内容。音乐教师应该像重视音乐课堂教学一样重视课外音乐活动,将其纳入教学计划,使自己成为课外音乐活动的组织者和指导者,提高课外音乐活动的质量。

二、课外音乐活动的任务

(1)学生通过参加多种多样的课外音乐活动,巩固在课堂教学中所学的音乐知识并提升技能。同时,学生接触课堂教学以外的、课堂教学不涉及的知识和技能,可以开拓学生的音乐视野,丰富他们的音乐知识,提高他们的技能、技巧和音乐艺术修养。

(2)培养学生对音乐的爱好,满足他们对音乐艺术的多方面需求,丰富学生的课余生活,促进他们的身心健康发展。

(3)通过各种音乐活动,培养学生的集体荣誉感和团结友爱精神。

课外活动要坚持自愿、普及与提高相结合的原则,要注意选择富有艺术性和教育意义并适合中学生年龄特征的内容。活动中要注意因材施教,形式要活泼多样。要注意贯彻群众性、普及性与提高相结合的原则。活动中要发挥学生的主动创造精神,调动骨干学生的积极性。

第二节 课外音乐活动的组织与辅导

课外音乐活动的组织形式应是多种多样的。学校和教师应积极组织合唱队、器乐队等各类兴趣小组,举办各种音乐会、音乐欣赏会、音乐讲座,在经常性、群众性歌咏活动的基础上,开展班级的、全校的歌咏比赛与观摩活动。为使课外活动能经常、持久地开展,必须既注意对骨干学生的培养,又不断发现、吸收新队员。

课外音乐活动要充分利用本校的传播媒介,可办些知识性、趣味性强的墙报、专栏等。可以从看、记、唱、想、猜、做、比、创等多方面进行设计,如登载新歌,编写音乐故事、视唱曲、音乐谜语等,拓宽学生的音乐知识面,扩大音乐视野。常见的各种课外音乐活动的组织与辅导形式有音乐兴趣小组、讲座、合唱团、乐队、音乐会等。

一、音乐兴趣小组

根据部分学生在音乐某一方面的兴趣和特长,教师应指导开展相关活动。有条件的地方还可聘请校外专家来校指导。常见的音乐兴趣小组有以下几种。

1.声乐小组

将嗓音条件较好、爱好声乐并希望能在声乐方面有所提高的同学吸收进来。这些学生可以是每班的教歌员,以及合唱团的领唱者。教师定期向他们传授声乐理论知识,对他们进行声乐演唱技能、技巧的个别或小组辅导,提高他们的演唱能力。

2. 器乐小组

吸收爱好器乐演奏并具有一定演奏基础的学生参加。由于音乐教师不可能掌握多种乐器的演奏技巧,有条件的情况下可聘请一些专家授课,为组织乐队打下基础。

3. 欣赏小组

将那些对音乐有浓厚兴趣而课堂教学不能满足其欣赏愿望的学生组织起来,指导他们正确欣赏、理解音乐作品,广泛聆听中外著名音乐作品,向他们讲解有关的音乐欣赏知识及中外音乐常识,也可组织学生观摩音乐会和电视音乐会。

4. 创作小组

吸收有一定音乐基础、爱好音乐创作的学生参加。在定期向他们讲授歌(乐)曲的创作技法、和声基础、曲式与作品分析、复调及配器常识等理论知识的基础上,开展创作活动。其中较好的作品可在学校合唱队或乐队中试唱(奏),激发学生的创作热情。

5. 音舞小组

将音乐基础较好、有一定舞蹈天赋或爱好的学生组织起来,进行音乐和舞蹈的训练,也可组织他们做一些音乐游戏。

二、讲座

音乐讲座根据其形式和内容,可分为专题讲座和系列讲座。

1. 专题讲座

可根据某一纪念日、重大节日或重要活动等举办专题讲座。

2. 系列讲座

可在一定的时间范围内开展系列讲座。

三、合唱团

学校合唱团是课外音乐活动中重要的组织形式,是全校歌唱的代表和示范。

合唱可分为同声合唱与混声合唱两种类型。同声合唱是由同类的人声组成,它包括三种形式:童声合唱、女声合唱、男声合唱。初中学生合唱团大多由未变声的学生组成,称为少年童声合唱。高中学生合唱团由变声期已过的青年男女学生组成,可组织排练混声合唱。

(一)团员的挑选

童声合唱团由未变声学生组成。变声前男女同一音高的音色基本相同,只是男声比女声略厚实一些。变声后,男声比女声低一个八度,可组织混声合唱团。

一般来说,只要音质、音色、音量、音域大致相近,即可吸收为合唱团成员。声音沙哑而又不能治愈、嗓子虽好但音色个性太强的学生不宜参加合唱团,后者有时可作为独唱或领唱队员。

（二）人数、分部、音域或音区

（1）人数：20~80人较为适宜。人数太少难以取得合唱效果，人数太多音响粗糙，不易协调。

（2）童声合唱按其音质可分为童高音声部和童低音声部。音质明亮、清脆的学生可安排在高音声部，音质较为厚实的学生可安排在低音声部。

（3）合唱各声部的人数一般应大体相等，以求音量的均衡与统一。

童声合唱团属同声合唱，可分成两三个声部不等。

混声合唱一般各个声部的人数大体相等，主旋律声部与和声基础声部的人数可稍多一点，以使这两个声部稍突出一些。

学校童声合唱队经过训练可达到以下音域：

高音：c^1-g^2

低音：a-e^2

混声合唱的音域视具体情况而定。

（三）声部位置排列

合唱团的队形排列应略呈弧形。人数少时，可横向单行排列；人数多时，可横向排成两行、三行、四行等。此时队形应呈弧状的梯形。

合唱团的演出应有站台，越是后排所站的位置越高，以避免前后遮挡。横排队员之间的距离以相隔一拳为宜。

一般的声部排列位置是：高声部在指挥的左边，低声部在指挥的右边。钢（风）琴或手风琴伴奏者在高声部前边。如果采用乐队伴奏，小型乐队在低声部前边，大乐队则在合唱队前方的位置。领唱者应站在高声部或乐队前面。

指挥者的位置在合唱团的正前方，与合唱团的距离要根据合唱团横排的长度而定。总的原则是两端合唱者基本处于指挥者的视线以内。

（四）合唱团基本训练的要求

合唱团发声和基本技能、技巧的训练应结合课堂教学多做练习，通过长期训练才能收到良好的效果。

（1）要有正确的歌唱姿势，演唱时要注意看指挥。

（2）进行正确的呼吸、发声、咬字、吐字及有关歌唱技巧的训练。

（3）具有良好的音准、节奏、听觉能力及调节歌唱的能力。

（4）要注意音质优美、音色调和、音量平衡、吐字清晰、唱谱准确，演出时背谱演唱。

（五）合唱曲目的选择与排练

1.合唱曲目的选择

学校合唱团所排练的歌曲，不论在内容上、题材上，还是在表现手段上，都较课堂的歌唱教学更复杂、多样。选材的难易程度要符合唱团的实际水平，歌曲的题材、体裁要广泛，演唱形式要丰富。

2.合唱排练

多声部的排练,可先把各声部分开训练,再合起来进行练习。每一次排练都应制订排练计划,使基础练习、音乐知识讲解、作品分析处理、分部练习、合排、合伴奏等步骤有计划、有比例地进行。

合唱排练的一般步骤为:

(1)组织工作:检查队员人数,请他们分声部入座,等安定情绪、集中注意力后,说明排练活动的程序。

(2)基本练习:进行发声练习、视唱练耳、合唱预备练习及有关音乐知识的讲述。

(3)排练歌曲:放录音或唱片欣赏歌曲,并对歌曲的内容、主题、风格特点加以分析、说明。教师可范唱主要声部或在钢(风)琴上弹奏,使学生获得初步印象。开始练唱时,先视唱旋律,然后指出难点,进行分声部练唱。当唱好各自的声部后,再合起来练习演唱全曲。

(4)歌曲处理:要求学生按照作品所规定的速度、力度要求和表情记号的提示,按照各声部和谐统一、均衡协调、层次清晰、主次分明的发声要求,以优美、圆润的声音、真挚的情感,完整而富有创造性地表现出歌曲的思想感情。

(5)排练小结:肯定成绩,指出不足,提出要求,布置任务。

3.合唱排练应注意的几个问题

(1)教师对合唱作品必须深入钻研,熟记作品。

(2)教师要精神饱满,用生动形象的语言和指挥动作去感染和启发学生。

(3)练唱时可多采用轻声和声,并注意有张有弛,动静交替。

(4)加强纪律教育,依靠合唱队中的积极分子,共同维护排练秩序。

(5)每次排练结束时的小结应多以鼓励为主。

四、乐队

(一)乐队的组织

中小学的课外音乐活动除了合唱团以外,乐队也是较为普遍的组织形式。组织乐队要比组织合唱团更为复杂,而且受一定的条件限制。各校应根据各自的不同条件,确定乐队的类型和规模。

1.乐队的类型

乐队的类型一般可包括:节奏乐队、民族乐队、西洋管弦乐队、管乐队及混合乐队。

(1)节奏乐队。由能通过敲击发声的乐器组成,如三角铁、铃鼓、响板、木鱼、铃、钹、大鼓、小鼓等,也可适当加入一些旋律乐器。

(2)民族乐队。由民族吹管乐器、拉弦乐器、弹拨乐器、打击乐器组成。

(3)西洋管弦乐队。由拉弦乐器、木管乐器、铜管乐器、打击乐器组成。

(4)管乐队。由铜管乐器所组成的铜管乐队。

(5)混合乐队。由各种中西乐器混合组成。根据我国现阶段中学的实际情况,混合乐队可有以下三种情况：

①以民族乐器为主,加入适量的西洋乐器。

②以西洋乐器为主,加入适量的民族乐器。

③民族乐器与西洋乐器各有一些,但都不齐全。组合办法是把同组乐器放在一起。个别在音色和奏法上不能直接协调的乐器,可在配器上进行适当的处理(如小号和唢呐同奏主旋律不够协调,应妥善安排)。

如果将手风琴加入乐队,则要对其高、中、低三个音区进行区分。手风琴的音域宽广,表现力丰富,携带方便。它在乐队中可有如下作用：

①加强与填充中声部的和声,使乐队音响丰满、融洽；

②加强乐队的低音声部或旋律声部；

③填充或替代乐队的某一声部,可用手风琴模仿其音色来代替。

④手风琴与风琴相似,其运用与风琴相近。

⑤此外,乐队也可由多件同一种乐器组成。如口琴队、弦乐队、手风琴队、电子琴队等。

2.乐队的排列

乐队的排列形式有舞台演奏与行进演奏两种。乐队排列的基本原则是：

(1)同类乐器应集中。

(2)拉弦乐器是乐队的主体,应排列在最突出的位置。

(3)弹弦乐器音量较弱,也应排在较突出的位置。

(4)吹管乐器音量较强,可排在靠后的位置。

(5)打击乐器音量最强,应排在乐队最后。

(6)同组中的高音乐器应排在靠近观众的地方,中音乐器在中间,低音乐器在后面。

乐队演出队形分为舞台演出队形和行进演出队形两种。

节奏乐队行进演出队形是为庆祝节日、欢迎来宾、运动会开幕、闭幕式等组织的。行进乐队边走边演奏,指挥者在最前面,指挥棒上下挥动指挥乐队。一般吹奏乐器在前,打击乐器在后。

(二)乐队的排练

乐队的排练是一项复杂细致的工作,一般要从两方面进行。一是个人演奏技能训练；二是集体排练。在队员的个人演奏水平达到一定的程度后才可进行合奏或伴奏排练。

1.排练前的准备工作

(1)确定曲目。可根据乐队的实际水平,选择、编配或创作乐曲。

(2)熟悉总谱。对乐曲总的音响和各声部的音响要有准确、深刻的印象。

(3)写好排练方案。包括乐曲排练的具体过程和每一过程中的要求及应注意的问题,其中包括艺术处理的设想。

(4)抄写分谱。由队长、声部长安排队员在课余抄写乐谱。教师检查,并统一弦乐组的弓法、指法。

(5)分别练习各自的声部。

2.正式排练过程

(1)校音。由首席或队长主持、教师检查。以定音器(音哨或音叉)或有固定音高的乐器为准。管乐器的定音要注意因气温和吹奏方法的不同,音高也会有所改变。

(2)乐曲介绍。欣赏乐曲录音,教师向学生简要介绍乐曲的内容、风格、艺术表现特点及演奏应注意的问题等。

(3)分场地进行声部排练。

(4)合排。用较慢速度合奏全曲,获得整体印象。再分段排练若干次,最后按规定的速度演奏一两次。重点解决技术问题。

(5)艺术处理。按乐曲的内容、要求和有关记号的提示,在教师的启发下,进行富有表情的演奏。

3.排练注意事项

(1)排练之前一定要做好各项准备工作。

(2)乐队合奏要求整体效果,不能突出个人的音量。

(3)排练时应注意不要只看乐谱,还要看指挥。

(4)弦乐器容易跑弦。排练到一定的时候可停下来调弦,待调准音后再进行排练。

(5)排练时注意纠正队员用脚打拍子、驼背、面部肌肉紧张等弊病。

(6)吹管乐器耗气量大,要注意让演奏者有适当的休息时间。

(7)排练一定要加强纪律性。

五、音乐会

为了激发学生学习音乐的积极性,每学期可举办一次音乐会。音乐会的节目可以从学期开始时做计划。音乐会的内容可以包括合唱、器乐合奏(也可包括节奏乐队、其他乐队)、独唱、重唱、独奏、歌舞、曲艺、戏剧、小品等。

(一)节目编排

节目的开始与结束可安排合唱或合奏等大型节目,中间则插入各种独唱、重唱、独奏、重奏等。器乐与声乐节目要穿插进行。音乐会的时间不宜太长,以一个半小时左右为宜。

(二)舞台布置

根据音乐会的主题,舞台后幕可挂上主题晚会的横幅、会徽;可以在舞台前面摆上鲜花或其他与音乐会主题相宜的装饰物。此外,还应注意音响设备的调试、场地灯光效果的检查等。还要选好舞台监督,注意舞台管理。

(三)演出注意事项

(1)连排、彩排。连排是按演出要求将所表演的节目连起来排练。彩排时如真正演出一样,要化好妆并穿上演出服。

(2)演出前要认真清查乐器、道具。

(3)注意选择好主持人。

(4)演出后应进行总结。

六、组织与辅导课外音乐活动应注意的问题

(1)在对待普及与提高的关系时要强调在普及的基础上提高。

(2)在对待多数学生课外音乐活动与少数音乐特长生的关系时,首先要保证多数学生的需求,只有在保证多数学生需求的基础上才能保证少数音乐特长生的需求。

(3)在对待课外音乐活动与社团性课外音乐活动的关系时,要强调群众性课外音乐活动。群众性课外音乐活动应成为社团性课外音乐活动的基础,社团性课外音乐活动应该为群众性课外音乐活动培养骨干。

(4)在对待经常性与临时性课外音乐活动的关系时,要重视经常性课外音乐活动。

(5)在大型节日开展具有各节日特色的音乐活动。

第九章　音乐学习成绩评定

音乐学习成绩评定主要是测量个人或者班级、团体经过正式学习或训练之后对音乐知识与技能掌握的程度。

音乐学习成绩评定是针对确知的情境如学校音乐教学,测量其有计划地进行学习的结果。而音乐能力测量是测量在较少控制或不大确知的情境中,如社会、家庭学习的结果,也就是个人在生活经验中积累的结果。

第一节　音乐学习成绩考核的范围与内容

音乐学习成绩代表着学生音乐学习的成果。利用考核(测验)测量学生的学习成绩,并加以量化描述和分析,为进一步评价教与学提供依据,是音乐教学的必要环节。因此,音乐学习成绩考核的范围和内容应与音乐课程标准的要求相结合,以音乐课程标准的要求、音乐课本的具体学习内容为依据,与学生的学习进度相一致。具体的考核范围和内容应包括以下内容。

一、音乐欣(鉴)赏

(1)对音乐作品表现内容的情绪感受和理解;
(2)对作品思想性与艺术表演性的分析和鉴赏;
(3)音乐联想、想象能力;
(4)音乐常识。

二、演唱与演奏

(1)歌唱能力(基本技能和音乐表现力);
(2)合唱能力;
(3)演奏口琴、竖笛等课堂乐器的能力;
(4)合奏能力。

三、基础知识与基础技能

(1)对声音的基本要素的感受;
(2)对节拍、节奏、力度、速度的感受和理解;
(3)对音高感、乐句感、调式与调性的感受与理解;
(4)对和声的感受与理解;
(5)识谱技能。

四、音乐创造性活动与音乐创作能力

(1)对作品的理解与表达能力;
(2)即兴演唱演奏活动及音乐探索活动能力;
(3)节奏、乐句、乐段的创作能力;
(4)词曲与命题创作能力。

第二节 音乐学习成绩考核命题设计

音乐学习成绩考核命题的标准化是保证考核科学化和精确化的必要条件,应做到命题合理,即符合学习内容;难易适度,即符合学生学习的基础和水平;题量适当,即遵循学生身心特点和学习规律;布局合理,即内容从易到难,梯度上升;形式多样,即命题形式灵活多样,既考出知识水平,也测出实际能力。

一、命题设计参考

(一)斯奈德·纳斯音乐成就测验(1968年,美国)

部分号	名称	题目序号	内容	答题方式	题目呈示
Ⅰ	听、看	1-53	听看辨别和声选择	四择一	录音、乐谱
Ⅱ	听	54-91	旋律轮廓 调式主音 主和弦 旋律进行 分句 节拍 大小调	四择一或二择一	录音、文字、符号
Ⅲ	音乐理解	92-126	乐理其他内容	多项选择	文字、乐谱
Ⅳ	曲调记忆	127-136	著名作品曲调	多项选择	乐谱

此测验包括水平和形式相似的A,B两套试卷,每套各分四个部分,各含136道测试题。

具体施测方法说明:

Ⅰ.这部分主要有识谱测验与和声选择。学生听录音(一遍),同时看放映在屏幕上的微缩胶片乐谱,进行听视辨别,在四个答案(A,B,C,D)中选择一个正确答案,并将其涂在答卷上。乐谱为五线谱,每段录音前先给出一个主和弦。如:

第1条：

[乐谱：2/4 1 7.6 | 5 4 | 3 2 | (A) 5 1 ‖ (B) 5 - (C) 5 - (D) 5 -]

随着测验的进行,难度逐渐加大,如：

第11条：

[乐谱：4/4 5 6 | (A) 1 1 1 1 3 1 | 5 5 5 5 1 5 | 3 3 3 3 5 3 | 1 1 1 1 ‖ (B) 5 5 5 5 1 2 | 5 3 3 3 5 3 | (C) 5 5 5 5 7 4 | 2 3 3 3 5 3 | (D) 5 5 5 5 1 6 | 4 3 3 3 5 3 |]

从第30条开始有了节奏变化,如：

第31条：

[乐谱：2/4 5 5 5 | 3. 5 4 3 | (A) 2 4 4 4 | 2 4 4 3 2 | 1 ‖ (B) 2 4. 4 | 2. 4 3 2 | (C) 2 4 4 | 2. 4 3 2 | (D) 2 4 4 4 | 2. 4 3 2 |]

第51条(和声选择)：无音乐录音,只根据功能标记选择回答。

[乐谱：6/8 6 6 6 6 6 1 | 7 7 7 7 7 2 | 1 6 3 1 | 7 7 7 3.]

(A) I　　　　　Ⅵ　　　　　I　　　　　Ⅵ
(B) I　　　　　V₇　　　　　Ⅱ　　　　　I
(C) I　　　　　Ⅵ　　　　　V₇　　　　　I
(D) I　　　　　V₇　　　　　I　　　　　V₇

Ⅱ.这部分包括七种因素的测试,有旋律轮廓、调式主音、主和弦、旋律进行、分句、节拍、大小调。

具体施测方法：

对旋律轮廓的认识:学生听两遍录音并选择正确的旋律轮廓线条。
如:

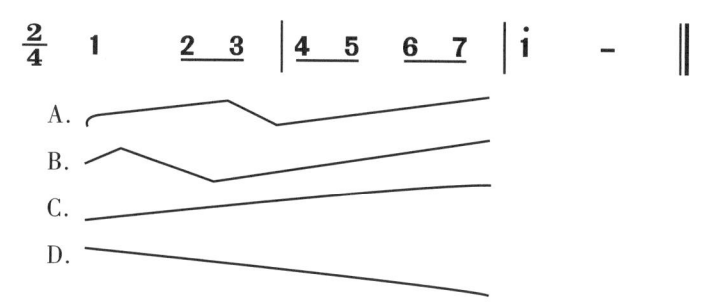

$$\frac{2}{4} \quad 1 \quad 2\ 3 \mid 4\ 5\ 6\ 7 \mid \dot{1} \quad - \parallel$$

A.
B.
C.
D.

对主音和主和弦的认识:提问学生听到了几次主音和主和弦。每题播放录音两遍,屏幕出现选择答案。

对旋律进行方式的认识:问题是"以下旋律大致怎样进行?"。每题播放录音一遍。屏幕出现的选项均为:级进、跳进、同音重复、前三种都有。

对分句关系的认识:问题是"以下旋律中哪些句子相似或几乎相似?"。每题播放录音一遍,在屏幕上呈现选择答案。

对节拍感的认识:先对节拍概念加以解释,然后提问:"你感觉以下旋律是二拍子还是三拍子?"屏幕不出示乐谱。每题播放录音一遍。

大小调辨别:每题播放录音一遍,无乐谱呈现,学生用字母 a 表示大调,b 表示小调。

Ⅲ.这部分均无音乐录音,共35题。内容有谱号、延音线、简单体裁、速度术语、拍号、调号及调、主题、分解和弦、移调等。答题形式为多项选择。

Ⅳ.这部分内容是关于音乐名曲识别的测试,共有10题,无音乐录音。录音每隔45秒念一次题号,屏幕呈现乐谱及多项选择答案。

斯奈德·纳斯编制的这个测验,其对象主要是主修学前教育专业及学校教育专业的大学生,其目的是对这些学生的音乐教育背景进行测定,为选修音乐课做参考。这些学生实际上刚刚高中毕业,因此,该测验也可用于中学或小学。此测验属于音乐学习成绩考核的标准化测验。

(二)彼切音乐测验(1920年,美国)

该测验属于音乐学习成绩的标准化测验,由堪萨斯大学音乐系主任彼切和该校教育测定部长肖拉梅尔制定。其内容如下:

第一部分 有关音乐记号的知识。测验对有关乐谱的各种音符、记号、调号、主音位置等内容的理解能力。如,在乐谱下方的横线上写出各大调的调名。

第二部分 听钢琴演奏乐曲,测验对节拍的判断能力。将括号、小节线记入乐谱;听演奏乐曲,填写小节线。如:听乐曲,写出是二拍子、三拍子还是四拍子。

第三部分 辨别曲调行进方向及其相似性。测验对曲调发展的类型的识别;判断相似或相同的曲调。如：听曲调指出其是向高方向发展,还是向低方向发展。

第四部分　辨别音高的比较能力；回答听到的音的唱名。如先后弹奏四个音,按照它的顺序用连线表示出来,再将其唱名的编号写在□中(开始时唱一下do音)。

1	2	3	4	5	6	7	8
do	re	mi	fa	sol	la	si	do
□		□		□	□		

第五部分　拍子辨认。测验对拍子中所包含的音符、休止符的时值(长度)的判别。如下面的乐谱每小节有编号,找出哪些小节的拍是错的,在□中画上"√"。

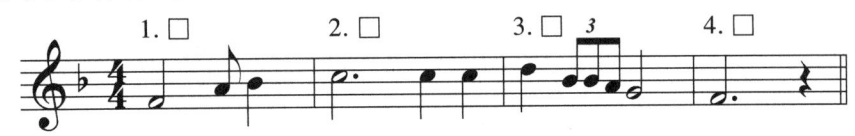

第六部分　音乐术语和记号。测验对音乐术语和记号的认知、理解能力。如将下面正确答案的编号填写在□中。

①光辉地　　②断音　　③重音　　④渐强　　　　□

第七部分　记谱法的认知。测验对演奏的曲调所写乐谱的异同的辨别。如指出所列曲调是哪首歌曲的第一句。

第八部分　唱名和音名。测验对乐谱、音的唱名与音名及其关系的认知和理解能力。如将下列各音的唱名写在横线上。

1.___　2.___　3.___　4.___　5.___　6.___　7.___

第九部分　听记音高。在乐谱上用音符记下听到的音。

第十部分　作曲家和演奏家。测验对作曲家、演奏家的了解。如选出A项中的人名,将其编号编入B项与之相关的□中。

A　　　　　　　　　B
①巴赫　　　　　　德国男高音歌手□
②贝多芬　　　　　《弥赛亚》的作者□
③肖邦　　　　　　"歌剧的改革者"□

以上十个部分的测验都有评分标准,先计算出每题得分,再将总得分按百分比计算出测量的评价等级。

(三)音乐学习综合水平测验

曹理先生为了解中学生入学时的音乐学习能力状况,设计了一套音乐学习综合水平测验试题,内容分两大类,一类为问卷式,一类为测验式。测验试题共九个部分,所用时间为45分钟,用录音带统一控制时间。

第一部分　比较音的高低。共10道题,每题只听一遍,音响由钢琴弹奏。具体操作是,听由两个、三个、四个音组成的旋律音程,包括纯一度、纯四度、小六度、小二度音程,以及上行或下行级进的增二度音程,要求学生指出其音高的变化。回答为：一样高、由高到低或由低到高、先高后低或先低后高、越来越高或越来越低。

第二部分　比较音的强弱。共10道题,每题只听一遍,音响由钢琴弹奏。具体操作是,听两个、三个或四个力度相同、高度相同但长短不同的音,其中包括常见的节奏,如两个八分音符、三个八分音符或四分音符、四个十六分音符、附点四分音符与八分音符、附点八分音符与十六分音符、八分音符与附点四分音符、八分音符与四分音符构成的切分节奏等。指出是同样长短、先长后短还是先短后长等。

第三部分　听辨节奏。共10道题,每题听一遍,音响由钢琴弹奏。听由两个至七个高度、力度相同的音组成的节奏型,比较前后两个节奏型是否相同。

第四部分　听辨旋律。共10道题,每题听一遍,音响由钢琴弹奏。听由两个至七个音组成的旋律音程和旋律,指出前后两条旋律是否相同。

第五部分　听辨和弦。共10道题,每题听一遍,音响由钢琴弹奏。听一组和声音程及和弦,指出它们的协和程度。

第六部分　辨别乐器音色。共10道题,每题听一遍,音响由各种乐器演奏的录音片段呈现。听用口琴、小提琴、电子琴、钢琴、二胡、笛子、琵琶等演奏的乐曲片段,指出是什么乐器的音色。

第七部分　判断乐曲表现的音乐形象。共5道题,每题听一遍。音响选用学生不熟悉的乐曲录音。听描绘性乐曲片段,指出该乐曲所描述的音乐形象是什么,如大海、小鸟、战争等。

第八部分　判断乐曲表达的情感。共5道题,每题听一遍。音响选用学生不熟悉的,感情色彩较明显的乐曲片段录音。指出该乐曲表达的情感是什么,如悲哀、欢乐、安静、沉思、庄严等。

第九部分　听辨旋律终止感。共4道题,每题听一遍,音响由钢琴演奏。听一句或一段旋律,指出该句(曲)是否结束。内容有自然大、小调和中国民族五声调式组成的旋律。

以上所介绍的有关命题设计,主要是采用笔记和实际音响测验法,可以直接通过评分标准获得分数。但对于音乐表演技能(演唱、演奏)的测量,是不能用问卷法和测验法得到结果的。一般都是依赖于主试(教师)的主观印象和现场表演来测定。为了避免主观因素的干扰,力求测量结果客观公正,也应努力使测量标准化。

二、歌唱和器乐表演技能的测量与评定

歌唱和器乐表演技能的测量是中学音乐教学评价的一个重要内容,这类测量一般是伴随着学生的演唱演奏过程进行的,具有很强的时间性要求,并且测量在很大程度上是依据教师的平时印象来进行的主观判定。为了使测量结果尽可能符合学生的实际水平,下面的评定表可供参考。

演唱(奏)技能测量评定表

序号	测量内容	测量要点	权重	评定等级			
1	情绪体验	表　情	10%	A:9.5	B:8	C:6.5	D:5
		速　度	10%	A:9.5	B:8	C:6.5	D:5

续表

序号	测量内容	测量要点	权重	评定等级			
2	演唱(奏)技能	力度	10%	A:9.5	B:8	C:6.5	D:5
		音准	10%	A:9.5	B:8	C:6.5	D:5
		节奏	10%	A:9.5	B:8	C:6.5	D:5
		姿势	5%	A:4.75	B:4	C:3.25	D:2.5
		音质(发声·音色·咬字·吐字)	15%	A:14.25	B:12	C:9.75	D:7.5
3	音乐表现	完整	10%	A:9.5	B:8	C:6.5	D:5
		流畅	10%	A:9.5	B:8	C:6.5	D:5
		风格	10%	A:9.5	B:8	C:6.5	D:5

计算方法：具体评定时，教师可在评定等级(A、B、C或D)中挑一项画"√"。然后将各项赋值相加，得出总分。

（注意：字母旁边的数字为等级赋值）

各级指标：A：95分，优秀。各项指标完成很好，达到要求。
　　　　　B：80分，优良。各项指标完成较好，略有不足。
　　　　　C：65分，及格。各项指标基本完成，明显有不足。
　　　　　D：50分，不及格。各项指标不能完成。

目前，我们在普通音乐教学的评定中，多采取总结性评定（学后评定），只是在期中、期末或学年末进行考试（核），对某一段的教学进行总结和评定。但是，这种单纯的总结评定不能及时地得到学生学习、教师教学效果的反馈。因此，要及时明确学生已达到的程度并发现问题，应该辅之以形成性评定（学生评定），即在教学过程中进行的评定，以检查和测验的形式及时修正和调整教学活动。形成性评定的目的不是为了达到教学目标，给其一个相应的成绩，而是为了更好地控制教学进程，保证全体学生达到教学目标。一般来说，与总结性测量相比，形成性测量是在教学过程中进行的，时间不宜太长，一般为几分钟或十几分钟，内容或针对某一具体问题，或针对某一方面的几个问题。教师根据结果，及时调整教学方法及内容。

无论是总结性评定还是形成性评定，都是在教学开始之后，为测定学习结果而进行的。值得一提的是，教学效果的好坏，还取决于学生个人的认知倾向，即解决各个学习问题所需要的个人的特殊能力，如音乐兴趣、经验背景、已有音乐知识与技能以及个人的认识特点；取决于对学习内容的理解力，即理解所学内容的性质、方法、步骤等所需要的一般能力；取决于学习的持久力，即意志方面的能力。因此，在教学之前，对学生个体的这些能力的了解是十分必要的，那么，诊断性评定（学前评定）则显得重要了。所谓诊断性评定，一般是指在音乐学习开始之前的测验，如在一个新的单元学习开始之前（乐理、创作等）所做的有关测验。据此，可以掌握学生对即将学习的内容所具有的准备状态。

第十章　音乐教师和音乐教学评价

第一节　合格音乐教师的基本条件

音乐教育专业的培养目标是为各级各类学校(包括中师、幼师、艺师、职业中学、普通中小学)培养合格的音乐师资。

教师是履行教育教学职责的专业人员,承担教书育人、培养社会主义现代化事业建设者和接班人、提高民族素质的使命。

教师职业是一种特定的社会职业,它要求教师教书育人,为人师表。因此,教育工作者的素质,如身体素质、专业能力、知识结构、社会政治信念、思维水平、心理品质、个性特点等,以及行为如决策、管理和教学,甚至教师的仪表、气质、风度、教态等外在的状态对教育质量的提高均具有决定性的作用。

我国的音乐教育工作者,虽然绝大部分积极努力,具有不同程度的献身精神,但由于种种原因,不少人在音乐素质方面还存在这样那样的不足,行为方面较多地限于经验型并存在一定程度的盲目性,这跟音乐教育专业培养目标有直接的关系。音乐素质的提高和行为优化,有许多途径和方法。实践锻炼和经验总结无疑是重要的,但仅限于此是远远不够的。因为这种方法本身的局限性,使其获得成果十分缓慢,而且往往跳不出传统框架。

本节从音乐教师的知识结构、能力结构、性格、仪表与风度等几方面谈谈合格音乐教师的基本条件。

一、具备良好的教师职业道德,热爱音乐教育事业

所谓职业道德,是指人们在职业活动中处理一切事务的道德准则和规范的总和。音乐教师必须具备良好的职业道德,这是为人师表的基本条件,也是鼓励学生不断进取的巨大影响力量。

教师的职业道德包括:(1)热爱祖国,忠诚于人民的教育事业;(2)教书育人,热爱学生,为人师表;(3)关心和致力于形成良好的教师集体;(4)崇高的职业感,强烈的责任心;(5)严格要求自己,不断学习,不断进步;(6)有理想、有目标、有追求。每一位教师都应做到以上几点,这是优秀职业道德的基本组成部分。

捷克教育家夸美纽斯曾说过:"教师应该是道德卓异的人物。"我们提倡师德,注重道德建设,是因为师德是教育过程的行为准则,是教师言传身教的标尺,是调节各种社会关系和教育关系的需要。优秀的师德是中华民族的传统美德,它对学生的学习、成长以及树立良好的社会风气都起到非常重要的作用,也是社会主义精神文明建设的重要组成部分。

热爱自己从事的音乐教育事业,这是音乐教师应具备的基本条件之一。音乐教师从事的是一项复杂而艰巨的创造性劳动,需要各方面的深厚修养和无私奉献精神。音乐教师只有热爱自己所从事的学科,才有动力去努力研究它,也才可能用自己对音乐的爱去引导和启迪学生对知识的追求,用真切而饱满的情感去陶冶学生的情操,使学生在学习音乐的过程中感受到音乐的美妙,进而起到潜移默化的教育作用。教师热爱学生,才可能在音乐教学活动中给学生带来欢乐和有益的启迪。教师应将满腔热忱投入音乐学习活动中去,了解并牢记每个学生的爱好和特长,经常与学生一起参加课内外的各种文艺活动,看到学生的点滴进步,激励学生对音乐学习的积极性,使他们自觉地、愉快地步入音乐殿堂。

二、音乐教师的知识结构

随着我国改革开放的不断深入和经济建设的深入发展,音乐教育事业日益受到人们的重视,对音乐教师的要求也越来越高。我国的音乐教育水平不论是理论研究方面还是实际操作方面,都与发达国家存在一定差距。音乐教师的理论知识还需要加深,知识结构还应更为合理。

一名合格的音乐教师应具有人文科学知识(如政治、经济、历史、地理、文学、美学、哲学知识等),在音乐学科范围内,还应掌握足够的音乐基础理论、基本知识和教育教学技术方面的基础理论和基本知识。

(一)音乐知识

音乐知识包括音乐方面的常识和概念,也包括音乐的基础理论和表演方面的技法以及技巧运用等方面的知识。

(1)基本概念:音乐构成的一些基本要素。如旋律、节奏、和声、音色、音程、和弦、调式、调性、速度、力度、表情术语、节奏、拍子、音乐符号等。

(2)基础理论:音乐基础理论除了基本乐理中所涉及的,还包括一些简单的曲式、复调、配器以及音乐学(音乐史、音乐美学、民族音乐学、艺术概论)等方面的知识。

(3)技法知识:音乐中的技法主要是指作曲技术中的方法(即旋律的发展、和声的配置、乐队的编配与乐器的使用)和表演艺术(演唱、演奏、指挥)中的形式选择与组织训练。

(4)技巧运用的知识:音乐中的技巧运用是指作曲技术和表演技术中的方法运用。如作品中的高潮点的设计与处理,乐段与乐段发展和对比手法的处理,演奏与演唱中用什么样的方法去表现、去升华等。

(二)教育教学技术知识

一个音乐教师,不仅要能弹会唱、能编会创,还要研究怎样教,学生怎样学,根据不同对象的不同培养规格,以音乐教育技术理论知识为指导,提高音乐教育质量。

教育教学技术知识一般从普通教育学和普通心理学、音乐教育学和音乐心理学中来摄取。

普通教育学、音乐教育学(包括音乐教学法)知识:普通教育学是教育科学中重要的基础学科之一,它借助哲学、政治学、经济学、社会学、心理学、病理学、卫生学等方面的知识,对普通学校(包括中师、幼师、艺师、中小学)的教育进行综合性研究,以利于提示教育规律,论证教育实践。音乐教育学(包括音乐教学法)是研究音乐教育的地位、性质、内容、作用、原则和方法,揭示音乐教育规律、音乐教育的原理,提高音乐教育质量的学科。

普通心理学、音乐心理学知识:心理学是研究受教育者在教育影响下形成道德品质,掌握知识和技能,发展整个智能和个性的心理规律,研究教育者同受教育者的心理发展的相互关系,以提高教学效率的学科。音乐心理学是研究受教育者的音乐心理现象,了解和掌握音乐学习心理,调动学生学习积极性的学科。

(三)丰富的多方面科学文化知识

音乐教师如果具有较为丰富的科学文化知识,能使教学如虎添翼,自如地应对教学中出现的各种情况。在学生的眼里,教师应该是无事不晓的。知识渊博的老师总是很受学生喜欢。因此,音乐教师应具备较全面的知识。

音乐教师应对姊妹艺术的一般知识及其艺术表现特点有所了解。音乐与文学、美术、舞蹈、书法、戏剧、曲艺、电影等虽属不同的艺术门类,各有不同的艺术表现形式,但它们都有共通的艺术规律。音乐教师在研习音乐专业知识和能力的同时,应安排一定时间诵读诗文、习画练字、习舞演戏等,加深对姊妹艺术的了解。这样既可以提高自己的艺术修养,也可在音乐教学中触类旁通,激发教学灵感,使音乐教学更为生动、活泼。

音乐教师应具备较为广泛的科普知识。中学音乐教师除了担任音乐教学工作以外,还有可能担任班主任或其他教育工作。中学生兴趣广泛,求知欲强,常常在音乐教学中涉及音乐专业知识以外的知识,如历史、地理、哲学、数理化、生物、体育、政治等。在教育过程中所需要涉及的知识面也很广泛。因此,音乐教师应具备较为广泛、丰富的科学文化知识。

三、音乐教师的能力结构

从教育技术学和教学论的角度看,音乐教师的教育能力(主要指教学能力)包括:表达能力、发现问题和解决问题的能力、书写能力、组织能力、编创能力、弹唱能力、教具操作能力、音乐教育研究能力等方面。

(一)表达能力

表达能力一般是指对于思想和情感的叙述能力,有强弱之分。表达能力具体分为文字表达能力和口头表达能力两种形式。

(1)文字表达能力。主要指教师在教学过程中写的教案、讲稿、教学报告书、科研报告、学期教学和年度教学总结,甚至包括对学生作业的评语等。

(2)口头表达能力。主要指教师在课堂教学活动中对知识、问题、思想、情感的即兴表述和讲解能力。

作为一名教师,表达是职业的基本特征之一。无论是文字表达还是口头表达,对顺利完成教学任务都起着重要的作用。音乐教师在教学中,常常容易出现重技术、轻理论,重表演、轻表述,能唱不会讲、能编不会写的状况。

音乐教师的口头语言要求使用普通话,表达时用词要正确,语法要准确,语言要准确、严谨、鲜明、生动、文雅。要多讲文明礼貌语言,要和气、谦让,交谈中不抢别人的话头,要诚实真挚、恳切朴实、言之有理、言之有情、以理服人、以情感人。不说粗话、脏话、野话,不强词夺理,不恶语伤人,更不能用讽刺、奚落、挖苦性的语言。切忌华而不实的大话、言不及义的废话、违背事实的假话。

(二)发现问题和解决问题的能力

(1)发现问题的能力。主要指教师在教学过程中,培养学生的思考能力,或者有意让学生填补"空白点",犹如医生一样,根据不同病人的病情,及时而准确地"诊断"出症结所在和病因归属。

(2)解决问题的能力。主要指教师针对教学中发现的问题,能排除非主要因素的干扰,抓住主要问题的关键所在,"对症下药",从而达到"药到病除"的效果。

在教学中,不论教学结构多么复杂,教学任务多么繁重,教师都要能根据学生的表情、回答问题的思路、语言的组织和反应的敏捷程度,及时地发现教学中的问题,并迅速地做出判断,分析问题出自何处(如学生思路错误,或教师表述、操作上有失误,或师生配合不够默契等),从而及时调整和重组教学结构、教学形式与方法,顺利地排除教学过程中的障碍,克服困难,最后解决问题,完成任务。因此,发现问题的能力是教师能力结构中最为重要的一个方面,教师应当给予足够的重视。

(三)书写能力

书写能力即"三笔字"(钢笔字、毛笔字、粉笔字),通常情况下指教师字迹的书写美观程度。教师的书写能力还包括授课中的黑板版面设计能力。

(1)书写能力。俗话说:"字是人的脸面。"作为一名教师,如果他的专业能力和基础理论扎扎实实,且教学基本功又很过硬,课堂教学一定备受欢迎。反之,即使是有广博的文化科学知识,又懂得教育规律,但书写能力太差,必将影响教学效果。可以说,教师的书写水平不仅影响教学效果,还关系到教师在学生心目中的地位,甚至涉及教学任务能否顺利完成。因此,"三笔字"被作为教师的基本功训练内容,是尤其必要的。

(2)版面设计能力。在课堂教学中,科学而合理、省时又省力地利用黑板,并能充分发挥其直观教具的作用,起到"画龙点睛"的作用。

音乐教师在授课中,黑板上既要写字,又要抄写谱例,有时还需要挂图,遇到概念和名词解释时,更需要演示、讲解等,如果课前不进行版面设计,课堂版面杂乱无章,将严重影响学生视觉上的条理性和清晰度,进而响教学效果。

因此,一块黑板在为教学服务时,达到省时、省力、合理、清晰度好、直观性强、条理性佳的目的,需要教师在课前的案头工作中,努力寻求和设计好版面的分配使用,让黑板充分发挥作用,以利于音乐教学获得好的艺术效果。总之,版面设计不仅可以帮助学生从视觉上理解音乐教学内容,也是提高音乐教学质量的一个重要条件。

(四)组织能力

音乐教学的组织能力是指教师在教学过程中综合运用各方面素质的能力。

(1)课堂教学的组织能力。主要指教师在一堂课45分钟的教学中,巧妙地把教学内容与学生的注意力有机地协调起来,完成教学任务。这就要求教师在课堂上要善于观察,及时抓住问题,找准兴趣点,有针对性地施教。教师还要善于启发学生思考问题,解决难题。教学中教师要善于利用幽默的语言,集中学生的注意力。

课堂教学的组织是一门艺术,它不仅依靠语言、思维和教学方法,还依靠教师的教学技艺,以技、以艺吸引学生,教与学相互配合,达到教学目的。

(2)课外音乐活动的组织能力。教师在有限的又大受时间约束的课外音乐活动中,既要让有一定音乐才能的学生接受不同形式和内容的音乐学习,又要使教育面向全体学生,使他们普遍地、不同程度地受到美的教育、艺术的熏陶。因此,音乐教师要善于观察,及时发现有特殊音乐才能的学生,并能根据因材施教的教学原则,给予个别辅导,为其今后向艺术更高层次发展打下坚实的基础。

课外音乐活动包括各类音乐兴趣小组、音乐讲座、合唱团、乐队、音乐会等内容。这就要求音乐教师是通才,具有多方面的才能。集吹、拉、弹、唱、创、编、跳、指挥、组织等综合能力于一身,适应普通学校艺术教育活动开展的实际需要。

(五)编创能力

编创能力是指音乐教师根据教学的实际需要,自己独立改编或创作一些歌曲、乐曲、舞蹈为教学所用的能力。在普通中小学以及中师、幼师、职高等的音乐教育中,从教材建设和课外音乐活动实际情况看,许多内容不切合实际,有不够完善的地方,需要教师根据实际情况加以改编或创作。

因此,音乐教师不仅要有良好的知识结构作为基础,还要在学习中有目的地将学校所学知识转化为技能,在教学工作中运用所学的知识,编创适合自己教学需要的作品,丰富教学内容,提高教学质量。

(六)自弹自唱能力和即兴配奏能力

在普通学校的实际音乐教学中,往往需要自弹与自唱同时进行。在课堂教学中,不能找另外一人或学生弹伴奏。音乐教师不论在何种场合、任何时间都要能够自弹自唱。

即兴创作(配)与弹奏(奏)两个同步的部分是即兴配奏的内容。演奏时将所设计的和声、织体在头脑中进行即兴分析、比较、抽象、概括,在瞬间弹奏出来。音乐教师在实际教学中往往需要为演唱、演奏以及视唱教学等内容做即兴配奏。

(七)教具操作能力

教具操作能力,是指音乐教师面对现代化的教学仪器,如录音机、录放机、电唱机、投影仪、电子琴、电子合成器、CD机、电脑音乐等要会操作、会使用,对一些乐器能进行简单维修、保养,对课堂上临时出现的故障能及时排除等。

(八)具备一定的教学科研能力

教学实践与教学科研是相辅相成的,教学科研的成果来自丰富的教学实践活动。教学科研是揭示教学规律的创造性活动,能促进教学工作向更高层次发展。音乐教师有丰富的教学实践经验,如能在教学中悉心探索教学规律,并加以理性的归纳和总结,坚持数年定能成为一名既有教学实践经验,又有相当理论水平的优秀音乐教师。

音乐教师应不断总结、归纳自己的教学实践经验,经常与同行交流,充分运用和学习现代教学理论、现代教育科学研究的方法和音乐教育的理论与技术。进行音乐教育实践的研究应是当代音乐教师所具备的一项重要能力。

(九)多种乐器演奏能力

普通学校的音乐教师在课堂教学中除要弹奏钢琴、手风琴、电子琴、脚踏风琴等键盘乐器外,还要进行课堂器乐教学,课外音乐活动的器乐兴趣小组和乐队组织等方面的辅导。因此,音乐教师除了掌握必需的键盘乐器弹奏外,还应至少掌握2~3件其他乐器。

(十)灵活运用教学方法的能力

教学方法是完成教学任务所使用的工作方法,它包括教师教的方法和学生学的方法。音乐教学方法的根本目的,是提高音乐教学效率和音乐教学质量。教学方法多种多样,即使使用同一种方法,针对不同对象也需要进行相应改变。

教学方法虽说是由许多具体的教学方式和手段构成的,但又不是多种手段和方式的简单叠加。音乐教师在选择和运用音乐教学方法时,应当根据学生的不同情况灵活运用,不能只靠经验做出判断。只有各种方式和手段恰当地配合,才能收到良好的教学效果。

四、音乐教师的性格

性格是人的个性心理特征之一,表现为一个人较稳定的对待现实的态度和习惯化的行为方式。性格是在一个人生理素质的基础上和社会实践活动中逐步形成的,它往往与一个人的习惯、气质和风格紧密地联系在一起。每个人的生理、心理结构及生活经历不同,性格也不一样。性格特征一般分为理智型、情绪型、意志型三种类型。

音乐教师应具有热情、开朗、活泼、乐观、有朝气、有主见,自然大方、风趣幽默,不随便发火等学生喜欢的性格。

教师的性格基本决定了教师的教学风格,教学风格又直接影响着学生学习的兴趣和教育效益。所以优良的性格是每一位音乐教师都应具备的品质之一。

五、音乐教师的仪表、风度

在学校里,教师始终是学生的榜样,音乐教师尤其如此。教师在其教育活动中,不仅要调节好各种人际关系,而且还要有健康规范的语言(语言在前面已有介绍),端庄文雅的仪表风度。

语言是思想的反映,仪表是心灵的表露,风度是精神、气质的外化。教师的言谈举止、步履神态、手势动作、面部表情、衣着仪容、待人接物等表现出来的外在行为方式,就是教师的语言、风度和仪表。教师是以言传身教来影响和教育学生的,因此,教师的语言、仪表和风度是学生的直接榜样,是一种强有力的教育因素。教师的个体形象,几乎能在学生的心灵中储存终生,以至内化为个性特征。

身心正处于成长和发展期的青少年模仿性强、可塑性大。教师是接触学生最多的人,对学生的影响也最大,在学生心目中,最值得尊敬的莫过于教师。教师有某些下意识的动作,穿着打扮有时自己不在意,学生也会盲目模仿,会自觉不自觉地评价。因此教师的语言、仪表和风度,不单单是个人的爱好、兴趣和习惯,而是要受到教师这一特殊职业的严格制约。

仪表即人的容貌、姿态,风度即人的言谈举止、态度。教师的仪表风度是通过教育实践逐步形成的在举止、装束、态度、气质、行为、风格等方面比较稳定的外部特征。

音乐教师的仪表风度应注意以下几点:

(1)衣着朴实合体、整齐整洁。教师不能穿着过分新奇艳丽的服装上课,因为这容易引起学生的评头品足,分散学生的注意力。

(2)举止稳重端庄。音乐教师在与学生交往中,要举止得体,庄重潇洒,不卑不亢,落落大方。注意举止大方而不过分严肃,活泼而不失稳重,对学生亲切而不放纵。要养成良好的教容教态。

一名合格的音乐教师条件是多方面的,随着音乐教学改革的不断深化,国外音乐教育思想的不断渗透,对音乐教师的要求还将不断提高。

培养合格音乐教师的音乐教育专业,在思想品德教育、专业思想教育、课程设置、教学方法、社会实践等方面要适应中等学校的音乐教学改革实际,努力培养能担任合格音乐教师的大学毕业生。

第二节 音乐教学评价

教学评价是现代教学不可缺少的组成部分。教学评价的目的是:通过对教学过程中各个因素的测定、分析和评价,达到优化音乐教学的方法和手段,全面提高教学质量的目的。

一、教学评价的意义和作用

教学评价不是简单地评价教师的优劣,而是通过评估发现教师教学中值得肯定的做法及教学中所产生的问题,保持合理部分,摒弃不合理部分。教学评价的意义主要体现在以下三个方面。

(1)教学评价能使教师自觉提高自己的思想品质及教学素质。由于教学评价标准中体现了教育方针和中小学音乐教学目标,这就为中小学音乐教师的自我完善提供了明确的方向和客观标准。教师努力达到评价标准的过程,也是提高教育思想和教学水平的过程。

(2)教学评价能起到分析诊断与改进教学的作用。教学评价是对教师教学、学生学习效果的检验。全面、具体的评价标准从教学的不同侧面,将教师的教学和学生的学习情况,通过定量分析和定性分析相结合的方法进行分析、诊断,从中发现教学目标、教学内容、教学结构、教学手段、教学效果、教学特长等方面所存在的问题。科学评价、分析、诊断的结果,为改进教学提供了直接的依据和目标。

（3）教学评价有助于总结经验,寻找教学规律。教学评价不是目的,而是推动教学改革、提高教学质量的必要手段。教学评价可以促使教师发现并总结教学中的成功经验,研究教学的普遍规律。

二、音乐课堂教学评价的原则

教学评价的原则体现了教学评价的基本要求,是指导教学评价工作的一般原理。中小学音乐课堂教学评价的原则有:

(一)导向性原则

音乐课堂教学评价应以音乐课堂教学实践指导为目的,教学评价的内容要体现一定的导向性。导向性原则主要表现为:评价内容要全面,即要反映政治思想、道德品质教育及审美能力、审美观念培养等方面的评估内容。此外,音乐课堂教学评价标准还要尽可能体现音乐教学的改革方向。

(二)整体性原则

音乐课堂教学是一个多因素、多层次、多变量的有机整体。在现代音乐课堂教学中,音乐知识传授、音乐技能训练、歌唱、欣赏、音乐创作、器乐演奏之间,课堂教学的组织、教具的合理运用、教法与学法的协同之间,审美教育、思想道德情操培养及发展智力之间,都有着千丝万缕的联系,各因素间存在着互相渗透、互相制约的关系。因此,音乐课堂教学评价必须从整体入手,才能获得比较全面而客观的评价结果。

(三)可行性原则

评价指标体系及评价方法既要力求科学化,又要注意可操作性,力求简易可行,不能搞得过于烦琐庞杂而不易操作。各项评价指标既要具有方向性和引导作用,也要从国情和当地的实际情况出发,实事求是地提出要求,让教师们感到各项评价指标只要通过努力是可以达到的。

三、音乐课堂教学的评价指标与评价方法

音乐课堂教学评价应将定量分析和定性分析相结合,并以定量分析为主进行评估。由于音乐课堂教学是多种因素的综合教学,因此,应建立具有系统性的科学评估指标;评估方法要具有可操作性,以实现教学评价的客观性、有效性。

(一)音乐课堂教学评价指标要素说明(参见音乐课堂教学评价表)

1.教学目标

(1)全面性:教学目标符合音乐课程标准和教材内容的要求,能全面体现知识、技能、情感三个领域的教学任务。

(2)可行性:教学目标是绝大多数学生经努力后所能达到的。

(3)贯穿性:教学目标在各个教学环节中均有所体现。

2.教学内容

(1)容量:能正确判断学生的接受能力,课前所定的教学量与实际完成量基本相符。

(2)详略:能根据学生音乐学习的实际情况对教学内容做出合理取舍,做到容易掌握的内容略讲,难以掌握的内容详讲。

(3)重点、难点:能突出重点,做到以重点带一般;能准确估计难点,并有解决难点的具体方法。

3.教学结构

(1)逻辑性:各教学环节间能做到承上启下、过渡自然、环环相扣、层层递进,具有较强的内在联系。

(2)节奏性:各项教学内容的安排能做到有张有弛、动静结合、疏密相间、有铺垫、有高潮。

(3)组织性:能根据不同教学内容的需要(如唱歌、欣赏、乐理、视唱、器乐教学等)合理组织、调整教学程序、设计课型。

4.教学方法

(1)启发性:能贯彻"学生为主体、教师为主导"的教学思想,善于设疑、提问,引导学生积极思考,主动获取知识。

(2)直观性:善于运用录音机、电视机、录像机、教学挂图等教学用具,使音乐教学具体化、形象化、直观化,提高学生对音乐感受、理解的程度。

(3)合理性:能根据教学内容的需要合理运用教学方法,做到听、唱、奏、创、议等多种教学手段的优化组合。

5.教师素质

(1)教材掌握:全面理解、掌握教材,能背唱所教歌曲,能深入理解欣赏的作品,能牢固掌握音乐知识,能有表情地范唱、伴奏等。

(2)教态:亲切自然,精神饱满。

(3)教学语言:清晰、准确、简练、易懂,用普通话教学。

(4)板书:乐谱抄写规范,善于运用板书来帮助学生理解、掌握教学内容。

(5)应变能力:教学机智,善于按教学实际情况对教学内容、方法进行调整,并能有效处理突发事件。

6.教学效果

(1)落实"双基":能完成教学目标所确定的音乐基础知识、音乐基本技能教学任务。

(2)情感培养:使学生正确理解音乐作品的思想感情。

(3)教学气氛:师生间相互沟通,学生积极参与音乐学习,课堂气氛活跃。

附：音乐课堂教学评价表

序号	项目	指标要素	赋值	评价集合	评价值	简略评语
1	教学目标	全面性	7	(7、6、4、3)		
		可行性	7	(7、6、4、3)		
		贯穿性	6	(6、5、3、2)		
2	教学内容	容量	7	(7、6、4、3)		
		详略	7	(7、6、4、3)		
		重点、难点	6	(6、5、3、2)		
3	教学结构	逻辑性	5	(5、4、2、0)		
		节奏性	5	(5、4、2、0)		
		组织性	5	(5、4、2、0)		
4	教学方法	启发性	5	(5、4、2、0)		
		直观性	5	(5、4、2、0)		
		合理性	5	(5、4、2、0)		
5	教师素质	教材掌握	7	(7、6、4、3)		
		教态	4	(4、3、2、0)		
		教学语言	3	(3、2、1、0)		
		板书	3	(3、2、1、0)		
		应变能力	3	(3、2、1、0)		
6	教学效果	落实"双基"	6	(6、5、3、2)		
		情感培养	5	(5、4、2、0)		
		教学气氛	4	(4、3、2、0)		
7	教学特色	独创性(加分)	5	(5、4、2、1)		
	总体印象				评价值或评价等级	

总之,在音乐课堂教学评价的各个环节,对以下几点问题应该加以关注:(1)学生是否对音乐表现出浓厚的兴趣;(2)是否以审美为核心,是否有音乐性,音乐教学内容是否体现音乐要素,有无声音、音响,音响是否有情感性;(3)学生的内在外在的参与性是否被极大地调动起来,应以学生为主体,不能强制学生,师生应平等;(4)学生是否有继续求知的欲望;(5)教学是否符合所授学生年龄的生理、心理特点;(6)是否符合音乐课程标准、教学大纲,以及本年龄段学生的要求;(7)学生的创造力的培养是否始终贯穿在整个音乐教学之中。

在音乐课堂教学评价中,对教学内容和教师关注的点的要求不应该过于单一,方法和内容也不宜太传统,太单调,应以自然、和谐、完整作为评估的主要方面。

(二)评价方法

音乐教学评价采用定量分析与定性分析相结合的方法。

(1)定量分析:评估者先查阅《音乐课堂教学评估指标说明》,其中的具体内容表示了评估项目的最优标准。评估时,评估者根据执教者达到评估项目标准的程度,选择一个能反映教学实际状况的值,并将选出的各项数值相加,得到评估值总和。最后,根据评估值总和确定评估等级。

好(90分以上);较好(80~90分);一般(60~79分);较差(50~59分);差(49分以下)。

(2)定性分析:在每个评估项目后写出简单的评语,并用定性描述的方法写出对教学的总体印象。

①教学特色属附加值,加入或不加入总分均可。

②可进行形成性评价。形成性评价要分阶段进行,可先进行诊断性评价,以分析教学诸因素的合理性,为改进教学提供依据,以后评价则可用以测定改进教学的程度。

四、音乐教学评价中应注意的几个问题

(1)不论采用何种方法评价与计算,评价人的填表打分一定要客观、公正,否则一切计算都带有片面性,评价结果难以服人。因此,每位评价者一定要明确评价的意义和目的要求,排除一切干扰,真正做到实事求是,客观公正,达到评价的目的。

(2)要重视教师的自我评价和学生的评价,音乐教师虽对自己教学的优缺点有一定的了解,但往往容易受"定式"影响,有些问题自己不易发现,当他对照评价体系指标逐条检查时,就有可能发现问题从而改进工作,而且,在自我评价的基础上,对他人的评价也容易理解和接受。学生是教学的直接参与者,对教师比较了解,对教学也很有发言权,尤其是对教学态度、教书育人、学习兴趣这方面的评价,学生的意见往往较有参考价值。

(3)由于音乐教学中有些因素难以十分精确地量化,如"情感培养""欣赏水平"等,而且在一节课内也难以全部体现。因此,在评价时应注意将定性分析和定量分析结合起来,并结合其他要素,才能得出较为准确的评价结果。

(4)评价时最好能将同行评价、学生评价、领导评价、任课教师自我评价、专家评价几者结合起来进行,以使评价更为全面和准确。

第十一章 音乐教学设备

音乐教学设备是音乐教学的必备工具,是实施音乐教学的必要手段,是保证音乐教学取得良好效果的重要辅助设备。它能大大提高传授、学习知识技能的效率和质量,有利于培养学生智力和个性品质,甚至可促进教师智力水平的提高。它还能丰富人们对教学过程、教学内容、教学方法的认识,促进教学方法和教学组织形式的发展。

音乐教学设备按历史发展可分为以下几个阶段:

(1)原始的口耳相传、示范、模仿、练习。主要是"口语",也包括教学双方的形体、动作、表情、个性。

(2)文字和书籍。这是教学设备史上的巨大飞跃。此时的主要工具是文字,但是还仅限于手写、手抄,包括竹简、木简和刻刀。它引发了教学模式的变革,使传授和学习书本知识的模式得以产生,突破了局限于直接经验传授的模式。

(3)造纸术和印刷术的发明。这不仅是社会文明的重大进步,而且是扩大教学规模、提高教学效率的技术和物质前提之一。它的优越性和进步性,使教学手段在历史上大大地前进了一步。

(4)特别设计的各种教具。这是指专门为教学而设计的东西,不是指一般的自然物,如在日常教学实践中我们使用的粉笔、黑板、算盘、图片、模型、标本、教鞭,以及音乐教学用的乐器如钢琴、五线谱黑板等。

(5)一般的电化教具。这是指利用电力(突破了机械学局限)制作的教具,但不包括电子计算机,例如幻灯机(投影)、唱片、录音带、电影、电视、录像、语言实验室等。

(6)电子计算机。它不同于一般的教具和电化教学手段,把人脑延长了。它比起前者,应该说是一次伟大的革命,是一次质的飞跃。

日本学者坂元昂在《教育工艺学简述》一书中将教学设备的发展历程概括为:

中世纪:粉笔、黑板、模型、图等;

19世纪后半叶:照片、幻灯;

20世纪初:无声电影、唱片;

20世纪20年代:无线电收音机;

20世纪30年代:有声电影;

20世纪50年代:电视、磁带录音机、语言实验室、程序教学机;

20世纪60年代:闭路电视;

20世纪70年代:电子计算机。

教学设备一般可分为传统教学设备和现代教学设备两大类。

为了促进音乐教育事业的发展和音乐教学质量的提高,学校和音乐教师应该有计划地改善和充实音乐教学器材、设施,逐步提高音乐教学设备的质量。

第一节　音乐教学常用设备

传统音乐教学常用设备通常指专用音乐教室、教科书、五线谱黑板、图片、钢琴或电子琴、风琴等。

（1）专用音乐教室的一般设置。

专用音乐教室，有利于音乐教师妥善保管音乐教学专用设备与用具；有利于音乐教师根据学生声音特点划分声部编排座次；有利于音乐教师开展课内外的各项音乐活动；有利于音乐教师美化教学环境，创造良好的音乐学习氛围。

音乐教室的布置应注意整洁舒适、色彩鲜明。教室里应挂有音乐家头像、音乐家名言、乐器挂图，营造生动、活泼的学习气氛。教室中的课桌椅最好采用移动式或折叠式，以便课内外音乐活动的开展。

音乐教室是进行音乐教学的主要场所，一般应远离普通教室，以免歌声琴声干扰其他班级的教学。音乐教室的大小要适当，其规格为60平方米左右，能容纳学生50名左右。有条件的地方还可以再大些。

专用音乐教室的一般设备有：五线谱黑板、讲台、钢（风）琴、琴凳、工作台、电源插座、乐器陈列室、乐器资料、演出服保管柜、课桌、课桌活动窄条桌。

（2）黑板。

为了便于音乐教学，黑板宜用以下形式：

①大黑板。

②小黑板应有两块或两块以上，五线谱黑板和普通小黑板各一块。

③磁性五线谱黑板（即磁性五线谱教板）。磁性五线谱黑板的优点在于音符、谱号、符号均是活动的，可随时贴上或取下，任意排放，具有直观性和趣味性。

磁性五线谱黑板分两种类型：

大型——用于教师教学。

小型——用于学生学习，可人手一块。

（3）钢琴、风琴、电子琴、手风琴等。

（4）音乐教学挂图、乐谱资料和参考书等。

（5）各类师生用乐器。如竖笛（六孔、八孔）、口琴、口风琴、铝板琴、学生用电子琴、儿童打击乐器、简单民族乐器和西洋乐器。

（6）乐器陈列柜和乐谱资料、演出服的保管柜等。

第二节　音乐教学设备的管理

随着音乐教育事业的发展,音乐教学设备日益增多,逐步完善。为了保证音乐教学设备充分地用于教学,每位音乐教师都有管理好音乐教学设备的职责。为此,音乐教师应做到以下几点:

(1)熟悉各种音乐教学设备的性能,掌握其使用方法;学习各种设备的保管、维护、修理的基本知识。例如乐器一般应避免暴晒或长期置放于潮湿处;而电教设备一般应注意防尘、避免淋雨、保持清洁等。

(2)对学生进行科学管理和正确使用音乐器材的知识宣传,教育学生爱护音乐器材,科学地使用音乐器材。使用乐器要轻拿轻放,防止碰撞、损坏等。

(3)要制订管理和使用音乐器材的规章制度,并认真执行。例如各种音乐器材设备应登记入册,严格执行借还制度,定期检查维修等,以保证音乐教学工作的持久性。

总之,只有管理好各种音乐器材设备,才能更好地发挥它们的性能和作用,完成音乐教学任务。

第三节　现代音乐教学设备

现代音乐教学设备通常包括幻灯机、投影仪、录像机、电视机、电子计算机等,也称为电子技术设备、电化教学设备等。

现代音乐教学设备,也可根据其提供信息的性质分为五类:

第一,光学和视学类。如幻灯机、电视机、摄像机等。

第二,音响和听觉类。如收音机、录音机、播音机,包括配合视觉图像的电影、电视等。

第三,实验操作类。如语言实验室,其他各种专业专用教室等。

第四,电子计算机类。

第五,数码电子产品类。如MP3、MP4、智能手机等。这类数码电子产品,在现代学生生活和学习中被广泛使用。

一、现代音乐电化教学的特点和作用

电化教学是把"电"和"教"相结合,俗称"电教"。电化教学以视听教学为主体,所以又称视听教学。

电化教学包括两个要求:一是电教工具,包括硬件和软件。硬件指各种电教设备、仪器;软件指各种电教教材,如录音磁带、录像磁带、幻灯片等。二是电教工具在教学中的应用。二者结合便构成电化教学。电化教学包括教师、电教工具、受教育者三个方面。其突

出的特点是：能向学生提供声、光、色综合的、丰富而生动的感性教材，使教师的讲授产生更好的效果。

在音乐教学中，电化教学的主要作用如下：

(一)增强音乐教学直观性

电化教学具有高度的再现性，能使音乐教学声像化。利用录音、电视等设备，可为学生提供直观的示范，如歌唱中正确的发音、器乐的正确演奏姿势等；利用幻灯、录像等器材，可充分展示音乐教学中所涉及的古今中外音乐史料，生动地表现音乐作品中日出、江河大海等自然景观和千姿百态的人物(动物)形象，从而激发学生学习音乐的兴趣，使学生更有效地掌握音乐的技能技巧，更深刻地感受、理解音乐的真谛。

(二)开拓学生音乐知识视野

电化教学可增加音乐教学的信息量，有助于开拓学生的音乐视野。如通过电视、广播等手段，可以收看或收听到高质量的音乐会、音乐欣赏讲座、音乐知识竞赛等，这对提高学生的审美能力无疑会产生巨大的影响。

(三)提高音乐教学效率

有效地采用电化教学，能够使教师在单位教学时间内讲授更多的教学内容，使学生获得较多的音乐知识，提高教学效率。此外，如有条件，还可以利用录音、录像记录教学过程，以供课后分析、揣摩，这对于提高教师业务素养和学生音乐素养是十分有益的。

(四)促进音乐教学改革

运用电化教学可以促进音乐教学的改革。近年来，许多优秀教师的教学录像资料、教育经验，在教学思想、教学方法、教书育人等方面给广大音乐教师带来了深刻的启示，受到了广大教师的欢迎和好评。这些录像资料的相互交流为我国音乐教学的改革带来了新的活力。

二、电化教学器材的使用

电化教学发展迅速，形式多样。音乐教师常用以下几类器材进行教学。

(一)录音机、电唱机

录音机、电唱机主要作用于人们的听觉器官，是现代常用的电教工具。

1.录音机

录音机最能适应音乐教学的需要。如录制声乐、器乐曲、音乐参考资料，可供教学示范用；录存学生演唱(演奏)的音乐作品，可供教学评价用。

录音机的种类较多，在音乐教学中宜使用盒式录音机。它的特点是携带方便、操作简便,其所用的磁带又便于保存。在购买盒式录音机时,还可购置与之匹配的无线话筒,为举行较大规模的音乐讲座所用。音乐教学中适宜使用的盒式录音机有以下两种:

(1)收录两用录音机。

它的特点是既可录放教学内容,又可收录电台广播的音乐节目,便于音乐教师收录有关音乐教学的音响资料。

(2)盒式录音座。

这是一种比较高级的电子设备。它有全自动停机功能,降噪系统,可自动选择磁带上的音乐节目,自动倒带,定时录放,录放性能优良。

2.电唱机、激光唱机(CD机)

电唱机、激光唱机具有耐磨损、易反复播放等功能,便于进行音乐欣赏教学。

(二)幻灯机、投影机

幻灯、投影器材主要作用于人们的视觉器官,也是现代常用的电教工具。

1.幻灯机

幻灯机是一种能提供静止画面的光学放大器。它将静止的画面通过放大投射到银幕上,便于学生仔细地观察和欣赏。白天使用幻灯时,应注意关闭教室的窗帘,使室内保持黑暗,以保证图像清晰。

幻灯机的种类较多,在音乐教学中常采用直射式幻灯机。

2.投影机

投影机又叫书写投影仪、白昼幻灯机。它是在幻灯机的基础上发展起来的一种便于书写的装置。

投影机的优点在于:首先,教师可以面对学生操作,一边投影讲解,一边观察学生,及时获得教学信息的反馈;其次,投影机多用强光源,室内不必遮光就可以看到清晰、醒目的图像;最后,投影片除了用来演示幻灯片、投影教具外,还可以把玻璃片或透明胶片放在投影器上,用彩色水笔书写或画图,代替黑板板书,改善教学条件。使用投影机时应准备白色的帆布作为银幕布。

(三)电视(录像)

电视(录像)可同时传送图像和声音,较前面所述的电教手段更有优越性。它具有图像动态化、音响化的优点,声情并茂、视听结合,有利于加速学生对音乐知识感知和理解的进程。近年来,许多优秀音乐教师的课堂教学录像片,给广大教师提供了良好的学习、观摩机会,这对于提高音乐教学质量无疑是很好的手段。

目前,音乐教学中常用的多是20英寸以上的彩色电视机,同时还配置相应的盒式磁带录像机,以供教学的需要。

(四)VCD、DVD

VCD具有多种功能,如九画面、自动辨别盘格式、正确显示盘片曲号等,能兼容CD-DA、CD-1、CD-G、VCD等各种格式的光碟;具有快放、慢放、倍速播放功能,快速前后搜索功能;

具有编程播放、顺序播放、随机播放等功能;具有单曲播放、全盘重复播放、段落重复播放功能;具有模拟演播厅、山谷、旷野、小屋等混响功能;具有变调处理功能和多种音效处理。还配备全功能直选遥控器,对音乐教学帮助很大。

DVD的功能比VCD更为强大。

三、电脑多媒体在音乐教学中的运用

电脑多媒体作为辅助教学的设备,具有对教学信息进行记忆、存储的功能,它能长期储存大量教学资料,供师生查阅。它具有逻辑判断功能,自动对学生学习反应做出评价判断,对教学提供指导性建议。它还具有高速准确的运算功能,有利于统计、判断和分析各种教学信息。它具有自动运行功能,可按预先编制的程序自动执行教学统计的每一步骤,有利于实现个别化学习。它具有实时接受输入和呈现输出信息的功能,通过输入教师的需要和学生的学习反应,即时呈现相应的输出信息,形成理想的人机交互作用的系统,并具有视听显示功能。

随着科技的迅速发展,电脑的作用越来越大,已渗透到包括音乐在内的各个领域里。电脑MiDi系统,不仅能制作电子音乐,还能模拟传统乐器、自然界声音以及想象的各种音响,供音乐教学使用。目前国内外已研制出的音乐教育软件具有音乐制作、自动配器、音乐欣赏、音乐基础知识讲解、乐器介绍、识谱与记谱训练、调号调式节奏节拍等识别训练、旋律与和声节奏练习、器乐演奏训练、各类五线谱写谱等多种功能,为电脑多媒体在音乐教学中的应用奠定了坚实的基础。程序设计人员根据教学要求,用计算机语言或课件写作系统编制的教学应用软件——课件,使计算机在教学中的应用范围更加广泛。

在音乐教学中运用电脑,是音乐教育发展的新趋势。运用多媒体进行组合教学,使之优势互补,发挥整体功能,能顺利完成教学任务。所谓多媒体,包括教学和现代教学的多种教学媒体,如黑板、书本、挂图、模型等,也包括幻灯、扩音、录音、电视、录像、计算机等。

在音乐创作教学中,可运用电脑音乐系统学习作曲和配器,也可运用计算机及其相应的课件,按照一定程序学习音乐。音乐教学过程被划分为若干小步骤,计算机向学生呈现一定的教学信息供学生学习,并按照一定的教学需要设定练习题要求学生回答,经计算机确认回答正确后,才能进入下一步学习,答题过程中计算机将提供适当的帮助。除了个别指导的活动外,还可进行操作与练习、模拟、教学游戏、问题求解等多种教学活动。

四、电化教学的展望

近年来,我国电化教学迅速发展,各级电教机构逐步建立。大中小学都开展了电化教学,电视大学也早已广泛开展教学。

随着科技的发展,电化教学将逐步向现代电化教学的高级形式发展,更多、更先进的电化教学形式将逐步运用于音乐教学之中,如卫星电视教学等,这些新形式将为音乐教学提供新的途径。

第十二章 音乐教育研究

音乐教育研究是教育科学研究的一个重要组成部分。它是运用规范的方法,以音乐教育实践和理论为对象,揭示音乐教育现象的本质及其规律的一种创造性的理性认识活动。它是在总结前人研究的基础上,在音乐教育领域里运用严密的科学方法,有目的、有计划、系统地认识客观世界,探索客观真理的活动过程。音乐教育调查报告、音乐论文就是表述这一认识成果的文字方式。

音乐教育研究有重要的意义。首先,加强音乐教育研究是为了适应素质教育的需要。音乐教育是学校实施美育的重要途径,是素质教育的一个重要方面,对培养全面发展的一代新人具有举足轻重的作用。关于素质教育中的音乐艺术教育是全世界都亟待解决的问题。因此,加强音乐教育研究,不断提高音乐教育理论水平,以指导音乐教育改革与发展的实践活动,为素质教育的实施提供科学的理论,是十分迫切的,具有重大的意义。

其次,推动音乐教育深化改革,亟须加强音乐教育研究。音乐教育理论对于音乐教育改革与发展具有指导意义。音乐教育的科学理论来源于音乐教育实践,而音乐教育研究使大量的音乐教育实践升华为音乐教育的科学理论。只有努力改变当前音乐教育理论研究滞后的状况,不断研究音乐教育实践的新课题,不断探索音乐教育规律,才能迅速提高音乐教育理论水平,促进并推动音乐教育改革在健康的轨道上深化发展。

再次,构建具有中华民族音乐文化底蕴的音乐教育体系,亟须加强音乐教育研究。当代世界音乐教育一些著名的音乐教育体系,如达尔克罗兹、奥尔夫、柯达伊等音乐教育体系,对世界音乐的发展起了很大的推动作用。这些音乐教育体系的共同特点之一,就是深深植根于本民族的音乐文化。我国音乐教育由于起步较晚等诸多原因,至今尚未形成具有中华民族音乐文化底蕴的教育体系,这与具有悠久历史的文明古国的地位极不相称。为了继承、弘扬音乐文化,建设具有中华民族音乐文化底蕴的音乐教育体系,使我国的音乐教育走向世界,加强音乐教育研究是十分重要的。

最后,集结一支高素质的音乐教育师资队伍,必须加强音乐教育研究。建设一支高素质的音乐教师队伍是实施素质教育的关键。音乐教育科研是音乐教师的一项基本功,因为只有不断进行音乐教育研究,结合实际探索规律,在科学的理论指导下,才能有效地进行音乐教学工作。提高音乐教育教学质量,必须遵循音乐教育教学规律,不仅学习教育科学知识,还必须亲身进行教育研究,在自己的音乐教学实践中探讨研究,才能找到音乐教育理论与实践的完美结合点。更新教育观念,改革音乐教育内容、方式方法,需要在音乐教育实践中探索研究。

第一节　常用的音乐教育研究方法

一、音乐教育研究的基本过程

1. 选定课题,包括对课题涉及对象范围的初步了解,查找资料,了解他人对课题研究的状况,进一步确定课题研究的意义、价值和范围,做课题研究有关的理论准备等。

2. 制订计划,包括课题研究对象的选择,确定课题研究的具体内容,选择课题研究的方法和手段。

3. 实施研究,包括准备、调查、检测、实验、查阅有关资料等。

4. 整理总结,包括将所搜集的研究材料归纳、分类,分析研究结果得出结论,撰写论文、报告等。

二、音乐教育研究的基本方法

(一)实验研究法

这种研究方法是从自然科学研究领域引入社会科学研究领域的一种客观的研究方法。使用这种方法的目的在于通过对音乐教育特定现象的观察了解,研究为什么会发生这种现象。此外,还可以提出假设,通过实验加以验证。实验必须在严格的条件控制下以科学的数据分析为依据。可安排两个或两个以上程度相当的实验组进行实验,在相同的条件下,一个是用于比较的对象组,另一个是用于比较的控制组,实验时前者给予必要的目标和条件,后者则没有条件的限制,最后通过测试比较说明其实验结果。

(二)调查研究法

调查研究是一种通过谈话、问卷、调查会、分析材料等手段,有计划地、周密地了解音乐教学某一方面的情况,弄清成绩和问题、经验、教训,总结发展趋势,概括音乐教育规律的研究方法。

(三)个案研究法

个案研究法是选定一个有代表性的个人或一件有代表性的事例的发展过程为内容,加以深入细致的研究,从中寻求音乐教育规律的研究方法。在音乐教育研究方面,研究的目标集中于某个音乐家、音乐教育家或某个流派等。对要研究的对象,进行集中、彻底、本质的研究分析。例如《陶行知音乐教育思想及实践研究》《巴赫家族音乐成就中遗传因素与环境影响的分析研究》等,均属于此种研究方法。

(四)文献研究法

文献研究法是通过查阅分析整理有关文献资料,从而正确地探索所要研究的音乐教育问题的一种方法。文献研究法既可作为一种单独的研究方法,也是其他研究方法的初步工作。一般研究工作都少不了它。音乐教育研究者要想有所创新,就必须善于利用文献资料。

文献资料根据文献知识内容、文献产生年代、文献信息载体、文献内容级别、文献形式等有多种分类方法,以供研究者在纷繁复杂的文献中理清写作的头绪。

在音乐教育研究中,文献研究法通常以搜集研究音乐教育史料为重点,然后进行加工、汇总。例如,研究分析有关教育制度的变迁、著名音乐教育家、音乐流派、音乐教育机构的贡献与影响、音乐教材的沿革等,进行批判继承、吸收借鉴,从而促进当代音乐教育的发展。

(五)比较研究法

比较研究法是针对某种教育现象在不同情况下的不同表现而进行的比较研究,以发现某种音乐教育规律及其特点的研究方法。这种比较是多角度、多层次的,既可以对两种或两种以上性质相同的教育现象所具有的特征进行同类比较,又可以对两种或两种以上性质相反的教育现象进行异类比较;既可以对同一教育现象的历史形态进行纵向比较,又可以对同时并存的教育现象进行横向比较。

(六)统计研究法

应用多种研究方法所取得的数据,用统计学的原理和方法进行分析处理,取得音乐教育研究中所需要的各种数值、相关值等,其结果有助于验证、推算、预测音乐教育现象。掌握正确的统计方法对于音乐教育研究是十分必要的。

(七)分析研究法

分析研究法是把研究对象分解为各个部分,逐一加以分析和研究的方法。在分析过程中,把对象各部分之间的联系暂时分开,逐个研究各部分自身特有的情况,以便区分哪些是事物的本质属性。分析与综合同属于思维过程相互联系、相互制约的两个方面。因此,利用这种方法开展研究,要防止孤立、片面地看问题。

在音乐教育研究中,分析研究法常用于对音乐作品、音乐教材以及学生的音乐学习态度进行历史、现状、社会、背景的分析,其目的在于通过分析比较以及资料整理判断,设计或制订音乐教育计划。

以上方法是在音乐教育研究过程中总结出来的。为了便于叙述,我们分类单个加以介绍。但是,只选择其中一种或两种研究方法进行音乐教育研究往往是不够的,而是要从研究对象实际出发,在进行一项研究时,同时或先后采用几种研究方法进行研究。音乐教育研究方法应随着音乐教育和科学研究事业的发展而更加科学化、系统化。我们更应认真总结适用于我国音乐教育研究的科学方法。

第二节 音乐教育实验报告、调查报告的写作

一、音乐教育实验报告、调查报告写作概述

音乐教育实验报告、调查报告是指作者通过对音乐教育领域中某一问题的实验和实际调查写出的,以反映事实情况、提出问题或对策为内容的书面报告。

音乐教育实验报告和调查报告的作用,一是向有关部门汇报情况,作为这些部门制订教育方针、政策、措施等的参考依据;二是向公众反映情况,在报刊上公开发表出来,以引起全社会对某一问题的重视。

音乐教育实验报告、调查报告按性质可分为综合实验、调查报告、专题实验、调查报告;按内容可分为总结典型经验的调查报告、反映情况的调查报告、揭露问题的调查报告、反映新情况的调查报告等。

写好音乐教育实验报告、调查报告的首要一步是选择合适的课题。选题应着眼于音乐教育领域中存在的亟须解决的、有普遍意义的现实问题。这些课题除了少数是上级领导部门指定的外,大多靠作者自己在音乐教育实践中去发现。音乐教育实践的丰富性,为写好音乐教育实验报告或音乐教育调查报告提供了有利条件。例如器乐教学实验、创作教学实验、多声视唱教学实验、综合艺术教学实验、学生音乐兴趣调查、学生音乐学习态度调查等,这些课题调查起来不难,而所获得的第一手资料却值得珍视,不仅可供调查报告的写作用,也可以作为音乐教育短论、音乐教育杂谈的写作素材。音乐教育工作者要善于把握形势,从大处着眼,小处入手,选择能引起师生甚至全社会关注的音乐教育问题。还要做好调查前的准备工作,主要是在明确实验和调查目的、对象、方式的基础上,制订实验步骤、调查提纲。调查方式主要有五种:问卷、开座谈会、个别访问、实地了解考察、蹲点考察。写教育调查报告较常用的调查方式是问卷、开座谈会和个别访问这三种,它们各有优点,要注意灵活运用。调查报告的关键在于调查,因此,必须花大力气去调查。应当从客观性质出发,既要了解第一手资料,也要了解间接提供的资料;既要掌握局部的材料,还要掌握全局的材料;既要搜集正面看法,也要搜集反面的看法;既要调查事物的现实状况,还要调查事物的历史状况。尽量全面地占有材料,讲究材料和材料来源的精确性和可靠性。在大量占有材料的基础上进行归类和分析、研究,从辩证的角度形成自己的见解,并用适当的形式表达出来。

二、音乐教育实验、调查报告写作的基本要求

首先,严格遵循国家教育部门的有关方针政策,深入基层,深入实际,细致地做好实验和调查工作。实验、调查是依据,是写作的基础,要从多方面、详细地掌握第一手材料,注意材料的典型性,从材料的广度和深度上下功夫。

其次,分析研究,确立主题。对占有的材料要认真分析研究,分清现象和本质、主流与支流、成绩与缺点、主要矛盾和次要矛盾,并从事物的相关关系中,找出规律性的东西。要把实验、调查研究看成一个整体。只重视实验、调查,忽视研究,或只重视研究不重视实验和调查,都反映不了事物的本质,最终总结不出规律性的结论。

最后,用事实说话,把观点和材料统一起来。实验报告、调查报告主要靠事实反映客观情况,说明问题的实质。用材料说明观点,切忌主观性、片面性、随意性,观点要从材料中来,材料要能说明观点,写观点时要有材料。

三、音乐教育实验报告、调查报告的写法

音乐教育实验报告、调查报告的结构一般分为六个部分:标题、内容提要、主体、结语、建议、附录和参考资料。

(一)标题

音乐教育实验报告、调查报告的标题常见的有三种。一是一般文章标题的写法,这类标题概括了作者实验报告、调查报告的基本内容或结论观点;二是介词"关于"+实验、调查对象和主要事由+"实验报告"或"调查报告";三是正副标题的写法。

(二)内容提要

内容提要的写法灵活多样,可以简要说明实验目的、调查的缘由、调查的对象及内容等,或交代实验、调查对象的主要经验,使读者对全文内容有概括的了解。这段文字应简明扼要,有所侧重,不可面面俱到。

(三)主体

将实验、调查得来的有价值的材料,以及作者所做的分析评判,按照一定的逻辑顺序进行表达。事件调查,可按事件发生、发展的时间顺序展开;经验调查,可按各条经验的内在整体关系展开;思想调查,可按思想状况的类别展开。总之,要从调查内容出发,合理地安排所要报告的材料。调查的事实与作者的分析,两者可以分别表述,也可以交织在一起表述。一般来说,在篇幅上以说明调查的具体情况为主,必要时也可以做较细致的分析议论。只要事实、数据准确可靠,分析、探讨合理,就可能被读者接受。

(四)结语

结语是实验报告和调查报告的结论部分。有的实验报告和调查报告,结论在前言中点出,或已经在对材料的分析中阐明,所以对结论无更多形式上的要求,以自然收束为上品。可以总结全文,得出结论;可以精辟地议论深化主题;可以提出不足或存在的问题;也可以提供有益的建议;还可以提出发人深思的问题。不论如何结尾,都应写得干净利索,不拖泥带水。

（五）建议

根据结论提出改革建议和进一步开展研究工作的对策。

（六）附录和参考资料

附录可列入自编问卷题举例、原始记录数据举例等。参考资料应按顺序列出。

第三节　音乐教育论文写作

音乐教师撰写论文，是为了提高自己的业务素质，提高自己的理论水平，从而改进自己的教学。思考和撰写论文的过程，正是不断提高认识的过程。认识的对象就是自己的实践内容。为什么成功？为什么不成功？对类似问题的思考，可以使认识导向更为深入的层次。撰写论文也是专业交流的需要。以前的交流活动注重观摩教学之类的现场交流，这样做的好处是可以亲身感受教学过程，但是，受时间、地点、学生、设备等种种条件的制约，有很大局限性。因此，通过撰写论文的方式，或发表于刊物，或提交于会议，则可以进行更广泛的交流，从而大大提高交流效率。而且，文字表述中，还可传递有关背景、依据及价值等方面的信息，使交流内容较之现场交流更丰富、更深刻。另外，通过论文及其交流评价教师、进行研讨，已经成为一种国际性的文化秩序和文化模式。

一、音乐教育论文的种类

前期研究方法的不同，决定了后期的论文体裁。较常见的论文形式有下列几种：

（一）音乐教育论证性论文

对于音乐教育实践或理论中的某一问题，运用新的价值观或新的方法重新审视，并进行逻辑性的整理与构建，做出必要的论证，从而建立新的结论。

（二）音乐教育经验性论文

对于音乐教育实践中成功的具体经验，经过筛选、分类、抽象等过程，提炼出反映本质属性和一般规律性的内容。

（三）音乐教育史志性论文

对于音乐教育史中的人物、事件、思想、制度、方法等内容，经过搜集史料，分析整理，提出自己的新认识。

另外，论文也可分为专题性论文、质疑性论文和综述性论文等类型。

二、音乐教育论文的选题

选题是论文写作重要的一步，因为它反映了作者在课题研究中所持的观点和见解。它决定资料的取舍、论文表达的方式、结构的安排以及标题的拟订等各方面问题。

(一)选题的基本范围

(1)前人没有研究的问题。这属于开辟新领域的探索性研究,由于本身具有创造性,这类题目的研究难度较大。

(2)前人已经研究过的问题。这类问题可能还有探讨的余地,或者结论不对,是对已有研究的发展性研究。

(3)多人研究过的问题。这类问题虽经多人研究,但说法不一,甚至争论不小,对这类题目的研究,作者的观点要有新的见解、新的突破。

(二)选题的注意事项

(1)应扬长避短,发挥自己的优势。作者应对论题有浓厚的兴趣,要根据个人业务专长来确定。因为研究问题需要有较坚实的业务基础,只有根据个人的专长,认真地调研,才能说出别人没说过的见解。

(2)寻找空白点和薄弱环节。选择研究的空白点和薄弱环节,虽有难度,但只要肯下功夫,就一定会有收获。还可以在工作和生活中寻找问题加以研究。

(3)题目宜小不宜大。选择论题,不要盲目追求"高、大、全",因为论题大小和质量不成正比,大题可小作,小题可大作,关键在内容。题目小容易深入研究,容易出成果。题目大费时费力,不易出成果,范围过大,也不易深入研究。

(4)定题前应先查看文献资料。首先要了解他人对这个题目的研究已经到了什么程度,与自己的设想相同还是相反,然后决定自己的做法。如前人结论站得住脚,自己的设想就有问题;如结论相同,应看个人的材料,如有新的论证,还可写出;如结论相反,则看个人材料,如立得住,也可以写。

三、音乐教育论文的准备

论文的准备工作主要包括搜集资料和整理资料。

(一)搜集资料

写论文是"摆事实""讲道理",把客观存在的事实,经过实验、分析,找出规律,形成观点。所以观点和材料是构成论文的两个基本因素。没有事实(材料)作为根据,论文就没有价值。有材料而无观点也不是一篇论文。材料是论文的基础,因此,搜集材料是非常重要的。

(1)制订计划。确定论题之后,就要制订计划,以论题为中心,进行搜集材料的调研。计划应列出要查阅资料的目录,以便有效地搜集资料。

(2)查找书籍。书籍是知识的宝库,它不仅提供资料,而且还提供研究的方法,引导人们思考。研究问题的入门就是多读书。

(3)查找杂志、报纸。杂志和报纸经常刊登有关专业的文章,反映科研发展的新成果与新动向,应经常阅读。

(4)利用工具书。科研工作少不了工具书,如字典、音乐辞典、音乐年鉴、百科全书等。

(5)写好读书笔记。读书时,对于重要内容,可以摘录,可进行提要,可写心得,写好读书笔记,便于将来查找。

（二）整理资料

（1）将搜集的材料排列起来，使用时能立刻找到。

（2）根据论题的需要加以整理，要真实、典型、充分、新颖，选择别人没用过或很少用过的。

（3）搜集材料的范围是较宽泛的，而经过整理的材料要相对集中，集中到论题上来。要有数量观念，同时也要有质量观念，定量整理与定性整理相结合，达到质与量的统一。

（4）整理材料时，如果发现有的材料不符合论题，可对材料本身进行鉴别，或者进一步修改论题，或者在论文的讨论部分提出。

四、音乐教育论文的提纲

拟订论文的提纲是论文作者必须做好的工作。在拟订提纲之前，应对所要写的论文通篇构思，即对论文通篇全面地思考，安排文章的结构，找到适当的表达方式。

（一）通篇构思

通篇构思包括以下内容：

（1）突出重点。重点就是中心论点。中心论点应放在论文最显著的位置上，使读者能很快抓住中心论点，掌握阅读的重点。

（2）安排层次结构和顺序。层次结构的第一种是链式结构，即论点、论据一环扣一环，紧密相连，内容简单的论文一般采用链式结构。另一种是螺旋式结构，即论点、论据层层递进，内容较复杂的论文可采用这种结构。

论文内容的顺序可按时间顺序、空间顺序、重要程度顺序、逻辑顺序来安排。一篇论文也可采用几种顺序适当安排。

（3）各部分、段落之间的比例与衔接。比例应适当，是指各部分、段落的篇幅长短与内容的重要程度大致相当。各部分、段落之间的衔接应自然流畅。

（二）拟订提纲

拟订提纲是通篇构思的具体化和语言化，常用提纲类型有两种：

（1）列项式提纲。用简洁、概括的词语、句子、材料序号把中心论点、分论点、材料按顺序排列起来，制成一个草图。

拟订这类提纲，线索清晰、速度快。写论文时，部分细节可增删、调整。

（2）陈述式提纲。用简明的陈述句，把论点和材料，分段分层地表述出来。这类提纲不但在内容上已经成熟，而且展示了论文的外形，写论文时，可基本上不动。

论文提纲可简写，也可详写。简写时只提示论文的要点，对如何展开则不涉及；详写时则把论文的主要论点和展示部分较为详细地列出来。

五、音乐教育论文的常用格式

音乐教育论文对格式没有严格的规定。一般论文具有以下六个组成部分。

(一)题目

题目是论文给读者的第一个信号,是全文的名称,具有概括性,能涵盖全文的内容。论文能否引起读者的关注,题目有很大的关系。题目是观察论文的窗口,里面包含着文学、心理学、美学等因素。一个好的论文题目,要求直接、具体、醒目。

题目要能反映论文的特点,反映出所要表述的特殊内容。这样,一篇论文的名称才能和相同内容的其他论文有所区别。

题目要确切,避免过于宽泛。题目中的名词概念,一般不要用得太大。例如《改进音乐教学方法,提高教学质量》《通过音乐教学发展学生智力》,这里的"教学质量"和"发展智力"都是比较宽大的概念,一篇两三千字的文章,很难反映出来。

题目的逻辑关系应当准确,防止同义重复和概念不明确之类的问题。例如《加强音乐教学中的美育》这样的题目,严格地说是有逻辑错误的。因为音乐本身就是美育的一种内容和途径。

题目有时限于字数,可在下面加一个副标题,对文章的内涵做进一步的提示。

题目形式有五种:一是提出问题,题目就是一个设问句,如《音乐课怎样导入?》;二是提示内容,标题是论文的高度概括,如《音乐课导入五法》;三是显示论点,题目是论文的论点,如《音乐课导入应激发兴趣》;四是表示研究方法,标题由内容加方法组合而成,如《从问卷调查看导入》;五是形象性标题,标题是用成语、谚语、诗句、人物语言写成,有文学色彩,还可拟副标题,如《轻松愉悦 事半功倍》。

(二)署名

署名是论文的归属性标记。署名表示作者对论文既承担责任,也享有权益。署名应该符合研究与撰写的实际情况。如果是合作完成的,主要合作者不要遗漏,并按实际贡献大小依次排序列出。

(三)引论

又称绪论、引言、序言、绪论、导论、导言等,是文章的开头部分。它的作用是引导读者对论文的轮廓有一个大致的了解,引起读者对于下文主要内容的重视和兴趣,并为阅读全文做好思想准备。

引论部分包括题目的解释、选题的缘由、同类论文的已有成果,以及本文研究成果的实际意义和理论意义。这一部分,具有自我评价的性质,因而应该力求客观、公正、适当。

(四)本论

本论又称主论或正论,是论文中最重要的部分,是实质性内容所在。具有创见性的命题在这里作为论点提出,相继的大量篇幅则是用真实充分的论据、用一定的方法论证作者提出的论点,使读者了解论点是怎样得来的,相信论点的正确性。论文之所以被称为论文,意义也就在这里。

一篇优秀的论文,必须提出明确的论点,而且要具有创见性。论证思路要清晰有序,有逻辑性,论述有所依据,符合认知规律,由浅入深。数据、事例要真实、有代表性,最有说服力的事实依据,是对众多的事例进行比较、分析、综合而得出的结果,这样的例证一般能反映事物的普遍性,在论文中常常以统计数字和图表的形式表示。

(五)结论

当论点得以充分证明后,所得出的结果就是结论。结论必须经得起同等条件下的多次验证。结论的内容与绪论有关,是围绕本论所做的结论,注意与文章开始部分相呼应。写作结论时,要逻辑严密,文字明确,不能使用"大概""可能"之类的词语,如果得不出明确的结论时必须指明有待进一步讨论。

(六)参考文献

构思和撰写过程中所参考的重要文献,应该列于论文最后,接受过论点、引用过论据的文献尤其不要遗漏。这可以表示对前人研究成果的尊重,为读者查找文献提供方便;同时也反映作者的科学态度和求实精神,反映作者对本课题历史、现状研究的程度。

参考文献一般应是内容严谨的著作。译著应标明翻译者姓名。应列出准确的出处,便于查找。参考文献格式可参考如下:

曹理.普通音乐教育学概论[M].北京:北京师范学院出版社,1990.

[美]迈克尔·L.马克.当代音乐教育[M].管建华,乔晓冬,译.北京:文化艺术出版社,1991.

第十三章　国外著名音乐教育体系和教学法简介

第一节　达尔克罗兹音乐教育体系(瑞士)

一、概述

埃米尔·雅克·达尔克罗兹(Emile Jaques Dalcroze,1865—1950年),瑞士音乐教育家。早年曾先后在日内瓦、巴黎、维也纳等地专修音乐,1892年后应聘于日内瓦音乐学院,教授视唱练耳、和声和作曲课程。曾著有多书,反映出了瑞士的民间音乐精神。1900年前后,提出关于"体态律动"(Eurhythmics)的学说,并在这一学说的基础上建立了自己的音乐教育体系。

达尔克罗兹音乐教育体系的核心可归纳为下列内容:在教育哲学基础上,他认为音乐教育的根本目的是审美情感教育,这种目的是通过儿童在音乐活动中不断获得积极体验来达到的,艺术与艺术教育中的体验及其表达都不能离开个人的独创性;在教育心理学方面,他认为学习音乐特别是音乐的节奏,必须依靠身体大肌肉的运动反应,这种身体运动反应又必须与个人内心对音乐的反应紧密联系。

基于以上观点,达尔克罗兹在其音乐教育体系中主要安排了以下三方面的课程内容:体态律动、视唱练耳和即兴创作。尽管在实际教学中,这三方面的内容往往是相互交织在一起的,即听音乐时创造性地、即兴地用身体动作来表现感受。由于各自拥有独立的教学目标、教学内容、教学方法和教材体系,因此它们仍然是三门各自独立的课程。

在达尔克罗兹音乐教学体系中,最有个性且最有成效的部分,就是"体态律动"。对此,达尔克罗兹建立了一整套的学说,所以许多文献上将这一部分称作"体态律动学"。这一学说的核心是:音乐教育应从身、心两方面同时入手去训练学生,让学生从刚开始接触音乐起,就不只是用听觉去感受音乐,而是同时用整个肌体和心灵去感受节奏疏密、旋律起伏和情绪变化的规律。只有在身心两方面都真正投入音乐中,内心对音乐的感受、理解才可能是精确的、生动的;同时,由此而产生的动作也才可能是真正充满生命活力的律动。

由于这一学说把缺乏运动反应的训练看作传统音乐课程不能有效发展敏锐乐感的症结所在,所以在新体系的创建中,达尔克罗兹特别增加了身体运动训练和身体对音乐的即兴运动反应训练。体态律动课程主要是由这两部分训练内容组成的。

身体运动训练的目的主要是:使身体的各个部分都能做到随心所欲地适当紧张和放松;可轻松、自然、迅速、灵活地独立运动和联动;能充分了解时间和空间,并能准确地使时间和空间相结合;能掌握身体运动的各种基本方式,并能创造性地运用和发展它们。

身体对音乐的运动反应训练的总目标是：提高大脑与身体之间合作的效率，提高身体对音乐即兴运动反应速度、准确性和独创性水平。具体的反应训练内容包括：对速度、力度变化的反应；对重音、小节及节拍变化的反应；对节奏、旋律、和声、织体、曲式的反应；对音色的反应等。

由于达尔克罗兹的体态律动课程强调的是即兴反应训练，因此，这一体系对执教教师有着相当高的素质要求。他们必须有准确的听辨能力和熟练的视奏能力；必须熟记尽可能多的民歌、童谣和有戏剧性效果的其他曲调；能随心所欲地用即兴创作出的音乐来激发、指挥和促进学生的动作表达。

二、教学方法与教学内容简介

(一)动作的入门

训练学生的动作，是体态律动教学的基础。如拍手、走、跑、跳跃、列队行进、单脚跳、摇摆等自然规律动作，通过配乐，使学生们感受到音乐的节奏、速度、力度等特点。

(1) ♩ ♩，通过跳来感觉快而轻巧的节奏。

(2) ♫ ♫，通过跑获得快速八分音符的节奏感。

(3) 6/8 ♫♫ ♫♫ | ♫♫ ♫♫，通过摇摇篮、划船或模仿风中摇摆的树枝，体验节奏的摇摆感。

(4) 3/8 ♩ | ♩ | ♩ |，通过模仿马儿奔腾的动作，感觉弱起拍子。

(二)身体各部分动作的和谐结合

达尔克罗兹认为，学生身体的各部分是他们进行体态律动训练的工具，必须让他们充分认识自己身体的各个部位，再将各部位和谐地结合起来，获得一种整体的感受。如以整个身体代表一个管弦乐队：

手指：小提琴；　　　　　手臂：单簧管；
脚趾：大提琴；　　　　　脚：小号；
手：长笛；　　　　　　　足跟：鼓。

它们可以独奏，也可以合奏。在训练中，先分别训练身体的各个部位，再将各个部位和谐地结合起来，并随着音乐来表现。

(三)大脑与身体间的协作

发展大脑与身体间的协作是体态律动学训练中最有价值的部分之一。人们学习音乐和做任何事情，都需要智力(发出命令)和体力(执行命令)间绝对密切的控制和协作。训练的方法是：

(1)让学生自由行走，当听到约定的信号(口令、打击乐声、和弦、音区或调式的变化)，立即做出约定的反应(停止行走、反方向行走等)，在这一训练的基础上进行更复杂的练习。

(2)让学生按规定的方向、速度行走,听到信号时,改变方向和速度。

(3)让学生随教师即兴弹奏的音乐节奏行走,当教师弹奏的节奏发生变化,则学生行走的节奏也要发生相应的变化,以此逐渐深入。

(4)教师在琴上用左、右手同时弹奏不同节奏的音乐,让学生用脚走出教师左手所弹奏的节奏,同时用手拍出教师右手所弹的节奏(也可与此相反)。当教师所弹节奏发生变化时,学生的手、脚动作也要做出相应的变化。在这种训练中,如何利用空间来表现时间的延续,是完成大脑和身体间协作的重要因素。

(5)让学生运用动作幅度的大小,表现不同时值的音符。当拍出一个音后,动作在空中延续,形成一个圈,表示音值时间的延续。音值短,则动作幅度小,在空中形成的圈也小;音值长,则动作幅度大,在空中形成的圈也大。同样的方法,不同速度、力度的音乐,可用不同幅度、高度、方向的相应动作来表现。

(四)放松、呼吸和纠正工作

放松是精力集中的必要条件之一。教育的很大奥秘在于保证身体和智力的练习必须永远用来相互放松。放松对于体态律动教学有很大的作用。

(1)躺下是最好的放松。

(2)通过"拔河"游戏来体验紧张与放松。当教师即兴弹奏出激烈、紧张的音乐时,学生们拉紧绳子;当音乐转为柔和、抒情时,则放松绳子。在这个基础上,去掉绳子,学生们就会凭体验过的感觉,随着音乐做紧张、放松的动作。

(3)站着做放松练习时,全身的各个部位可按教师弹奏的和弦,依次放松直至倒下。

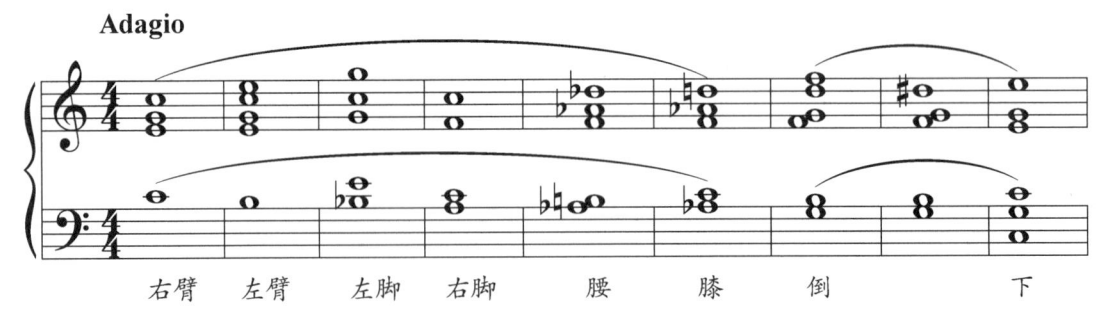

(4)吹燃篝火。呼吸是唱歌的基础。体态律动学运用"吹燃篝火"和模仿吹气泡的动作来体会呼吸控制。

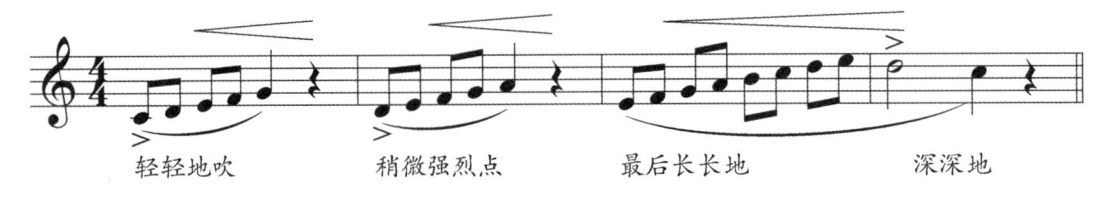

做以上动作时,教师必须时时注意学生们的姿势和动作,并及时予以纠正。

(五)乐谱的入门

音符的时值在前面的各种训练中已涉及,而音符的形状也可用生动、形象的造型来帮助学生们学习。

(1) ♩,由学生排成一路纵队蹲下,代表符干,领头的学生身体弯成圆形,代表符头。

(2) ♪,符干与符头的表示法同上,另由一位学生斜躺在符干的尾上,表示符尾。两位学生斜躺,便是两条符尾。

当学生们认识了音符,掌握了音值后,可做一些节奏的组合练习,并用打击乐器将组合的节奏型弹奏出来。

(六)节奏的教学

节奏的训练贯穿于整个体态律动教学之中,所有动作都离不开节奏。因此,可通过日常生活、自然界声音、游戏、歌唱和音乐等产生节奏的概念。

(1)拉钟。

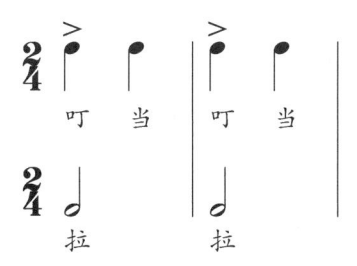

(2)敲门的节奏。

(3)握手。

(4)在学生们列队进行时,鼓励他们用双手拍打出鼓的节奏型,便可产生下面的节奏:

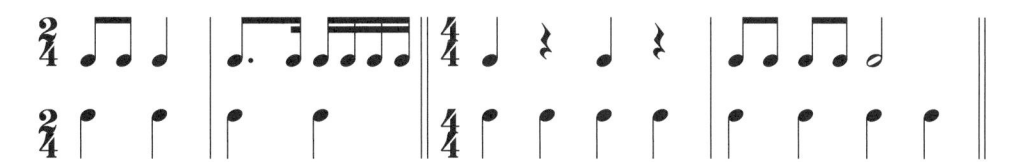

跳绳时,脚跳一下,绳子绕两圈,就产生了"二对一"。所有这些都应被引入动作课,也可让学生们根据自己的生活经历即兴创造出各种节奏,体会节奏是来自生活、充满生命力的,而不是机械的、死板的。

(七)重音和小节

重音分不规则重音和规则重音,体验不规则重音是引入规则重音及小节的方法。

(1)不规则重音。让学生以一个曲身的姿势随琴声跑,当琴声中出现一个重音时,他们必须直身。

教师在弹钢琴时,可由不规则重音逐步引入规则重音,直至每小节一个重音,这样小节的概念就产生了。

(2)还可用拍球来显示小节重音。

(3)用传球的方式体验小节和节拍重音。让学生们围成圈,按教师弹奏的乐曲,在每一小节的重音上,将球传给相邻的同学。

(八)指挥表达法

指挥也是体态律动学课程中必不可少的部分。指挥动作的入门,可从学生自然、放松的动作开始。

(1)让学生以一种舒适的姿势站着,做一些自由运动,手随着身体运动打拍子,他们就会很容易地显示出速度、力度和弹性的变化。

(2)让学生随着音乐旋律线的起伏、音调的变化节奏打拍子。

(3)教师随学生构思的指挥动作在琴上即兴弹奏。

(4)在听辨乐句时,可把学生分成几组,请一位学生在前面指挥,按乐句指挥各组的学生朝不同方向移动或做不同的动作。

(5)让学生运用画图、线条、色彩,将各乐句的旋律线、力度、情绪等表现出来。

(九)练耳和动作

对各种信号的反应来自耳朵,因此练耳是很重要的环节。它们必须和动作结合在一起进行。

(1)两人一组,一位任意拍手数下,另一位闭起双眼聆听,然后将对方所拍的次数、方位重复拍击出来。

(2)由教师即兴弹奏一段起伏明显的旋律,学生们根据旋律起伏,向前、向后走。

(3)听辨音高:七人一组,每人分别担任音阶中的一个音,当教师弹"mi"时,相应学生必须向前走三步并唱出这个音。

(4)听辨和弦连接:三人一组,分别用和弦中的三个音,随教师所弹奏的和弦连接(上行、下行、平行),做出相应的变化动作。

三、小结

达尔克罗兹的贡献,在于他第一次在理论和实践两方面同时确立了身体运动反应在音乐教育中的重要地位。体态律动学不但在理论上启发了近现代音乐教育心理学有关研究的开展,而且在实践上也推进了整个近现代音乐教育的技术进步。在其后发展起来的大多数有影响的儿童音乐教育体系中,都可以看到身体运动反应训练的各种发展或变化的模式。

第二节 柯达伊音乐教育体系(匈牙利)

一、柯达伊生平简介

柯达伊·佐尔丹(Kodaly Zoltan,1882—1967年)是匈牙利的著名作曲家、民族音乐家和音乐教育家。他出生在一个具有良好的艺术环境的家庭,从小就从父母那里接受古典音乐名作的熏陶,少年时代学习钢琴、小提琴、中提琴、大提琴等多种乐器,并且很早就达到参加室内演奏的水平。中小学时代他便开始了他的早期音乐创作活动,高中毕业后,柯达伊进入布达佩斯音乐学院学习作曲和指挥。1904年,他获得作曲专业文凭。1906年,他以研究匈牙利民间歌曲的歌词诗节结构的论文获得哲学博士学位。

作为作曲家,柯达伊创作了大量的歌曲和民间音乐的改编曲,如1923年,柯达伊创作了《匈牙利赞诗》;1926年的歌剧作品《哈里·雅诺什》和1924—1932年间创作的《纺屋》;20世纪30年代末期,柯达伊创作的两首管弦乐作品《孔雀》(1938—1939年)和《协奏曲》(1939—1904年)等等。他还深入研究了讲话中的发音和匈牙利语言的重读规则。他的作品曾被巴托克誉为"匈牙利灵魂的表露",在匈牙利国内具有很大的影响。

作为民族音乐理论家,和音乐创作一样,理论研究也是他毕生从事的工作,他在理论研究上取得了世界公认的成就。在柯达伊大量的理论研究论著中,突出的代表作品之一是1917年出版的《匈牙利民间音乐中的五声音阶》。1960年,他被英国牛津大学授予名誉博士;1965年,维也纳大学为他研究东西方文化关系所做出的贡献颁奖;1966年,他被加拿大多伦多大学授予名誉博士,并多次在匈牙利接受荣誉。

作为音乐教育家,柯达伊于1925年以后开始密切关注青少年的音乐教育,投身探索、发展匈牙利民族音乐和音乐教育的事业中,并为这项事业付出了终生不懈的努力。他立足于匈牙利民族传统音乐文化、提高全民族的文化艺术水平,在深入研究国外音乐教学方法并取其长处的基础上,与匈牙利本国的教学经验和实际相结合,创立了一个完整的音乐教育体系——柯达伊教学法。

在柯达伊的音乐教育观念中,他认为音乐和人的生命本体有着密切的关系。人的生命中不能没有音乐,没有音乐就没有圆满的人生,音乐是人的发展中不可缺少的部分。音乐不能成为少数人独有的财产,而应该属于每个人,这是他最高的理想。为千百万人展示真正的音乐,让这样的音乐使人们的生活更美好,这是他奋斗的目标。

实现这个目标,学校音乐教育具有决定性的作用。柯达伊关于学校音乐教育目的的论述,主要涉及三个方面:(1)音乐教育与人的全面发展;(2)音乐教育必须从早期开始;(3)音乐教育与民族精神培养。柯达伊认为学校音乐教育首先要牢固地建立在民间音乐基础上,这是他的教育思想的重要原则之一。在学校教育中培养青少年热爱民族音乐、积累民族音乐语言,建立民族音乐思维方式,不但对强化学生的民族意识、增强民族情感具有重要意义,也对于保证民族音乐传统在历史中的继承发展至关重要。柯达伊认为,好的教学材料和优秀教学方法的实施首先在于培训好的师资。此外,系统、丰富的教材建设也是柯达伊教育思想得以实现的重要保证。具体教学中,柯达伊创设了以歌唱教学为主要内容的课程体系,并重视音乐读写能力的培养。

二、柯达伊教学法的主要内容与特点

柯达伊教学法中所使用的基本手段并非完全是他本人独创,而是他借鉴、吸收国内外的成功经验,结合匈牙利实际和需要而进行的改革与实践。这些方法在他的教学体系中有机统一,达到了系统化和整体化。

(一)首调唱名体系

柯达伊教育思想在唱名法问题提出之前已经基本成型,而唱名法是其教育思想的实践手段。首调唱名体系作为适应民间音乐的有调性传统,对发展听觉、发展音乐思维、识谱学习是有实际效果的。首调唱名体系包括以下几个方面的内容。

1. 使用首调唱名法

使用首调唱名法是柯达伊教学法最基本的原则之一。《音乐学科教育学》(曹理等著)中提到,首调唱名法用于训练和培养孩子们的音乐概念是十分有效的。采取这种教学手段,调式感强,相对音高易唱准,即兴伴奏便利,移调方便。幼儿歌曲和歌谣、民间音乐和大量西方艺术音乐都是有调性的,因此,很适合用首调唱名法进行教学。但是首调唱名换来换去,转调难,演唱无调性音乐时困难很大。在匈牙利普通音乐教育中,音级字母使用的是:d,r,m,f,s,l,t;完整的写法是:Do,Re,Mi,Fa,Sol,La,Ti。

2. 采用节奏时值读法进行节奏训练

柯达伊认为,节奏是人的本能,是各种音乐要素中和人的生理、心理感受最直接的部分。柯达伊将法国的艾米拉·约瑟夫·契夫的节奏读法引入并发展为复杂的节奏练习。节奏读音采用象声词的形式,使各种时值的节奏都有了一个相对应的音响。这种方法使节奏时值"符合化",具有可读性,改变了一般教学中节奏只有在联系了音高时才能听到时值的情况。在教学中,配以丰富多样的单声部、多声部进行训练,学生们就不会感到枯燥无味了。在教学中,节奏训练的开始阶段,要使用拍手或轻击打击乐器等简便易行的方法。

节奏音乐标记可以使用带符头或单纯符干两种方法:

四分音符时值标记为"|"或"♩",读作"ta"。

八分音符时值标记为"♪",读作"ti",教学中常把一拍中的两个八分音符连写为"♫",读作"ti ti"。

二分音符时值标记为"𝅗𝅥",读作"ta—a"。用手拍击二分音符时,常双手合拢,从左侧移向右侧,保持时值。

十六分音符时值标记为"♬♬",读作"ti ri ti ri"。

附点四分音符"♩. ♪"读作"ta—m—ti";附点八分音符"♪. "读作"ti—m—ri"。

四分休止符"𝄽"常常读作"xu"。八分休止符"𝄾"常常读作"si"。在休止时给一个相应的时值读音,有利于儿童初学理解和感觉休止的时值。

节奏练习贯穿于音乐课程中,或和其他音乐要素结合进行。节奏训练的方法多种多样,例如：

(1)利用视觉图像识别、感觉四分音符及八分音符的时值比例关系。

(2)利用节奏卡片(等)做节奏的视谱、听辨、记忆训练。

(3)唱(或读)并拍打已知歌曲的节奏型(读没有旋律音高,唱有旋律音高),或让学生根据教师拍打的歌谣、歌曲节奏型辨别其名称,锻炼节奏听辨能力。

(4)利用拍手、踏脚等身体动作或打击乐器,拍击具有固定节拍与节奏的二声部;或为歌曲、视唱曲配以各种固定节奏型成为节奏与歌唱的二声部;做节奏的二声部卡农式模仿时,个人左、右手使用两种音色分击两行节奏谱,成为节奏二声部等。

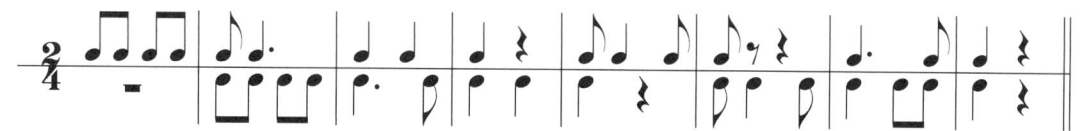

在进行节奏听写时,也有多声部节奏听觉训练的安排。例如要求学生拍击已给的节奏,听写教师敲击的另外一个节奏声部：

利用图形、符号表示出已知歌曲中相同或变化的节奏句式,是节奏结构概念最初的学习方式。

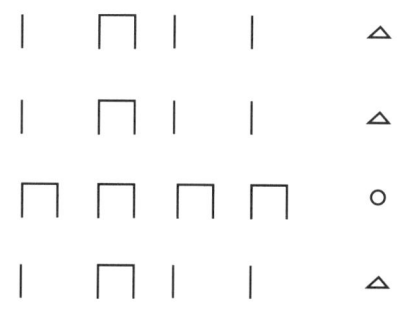

利用拍击或打击乐器,学生与教师做节奏模仿或节奏对比;在接力的节奏练习中,每人依次重复前一人的后四拍,再自编四拍相区别的节奏型。这是训练节奏记忆和即兴创作能力的最初形式。

用手拍击二分音符时,常用双手合拢,从左侧移向右侧,保持时值。

3.使用字母标记与手势

字母标记类似数字简谱,使用唱名的辅音字母来标记唱名,低音在字母右下角加一撇,高音在字母右上角加一撇。如:

s₁ l₁ t₁ d r m f s l t d′ r′ m′

节奏与字母记谱结合起来,形成一种简明的记谱方法,以减轻儿童识谱上的困难。见下例:

```
l      l      | |      l      l      l    | |      l    |
l₁     s₁       d r    m      m      r      m r      d
l₁     s₁       d r    d      m      r      d s₁     l₁
```

如果首调唱名法有助于调性记忆,那么首调唱名法与柯尔文手势结合起来则会使这种调性记忆更快、更牢固。

英国人约翰·柯尔文在1870年首创了一套手势用于音准训练,移植到匈牙利的学校后,又做了一些修改。小孩子只用单手时,在掌握音型方面的效果比使用双手的孩子更快、更有把握。然而,教师应当能够用双手来表示不同的音高。例如一只手表示延留音 sol,而另一只手表示 do—sol—do;教师可以在训练音准的过程中用两只手同时指挥两声部学生。教师还可以在指挥一个班或一个合唱队时,用手势帮助他们克服因和声变化带来的困难。手势教学是很有价值的教学技巧。

柯尔文手势包括七种不同的姿势,各自代表着音阶中固定的某一唱名,并通过在空音所处的不同高低位置,显示音阶中各音之间的高低关系。详见柯尔文手势表。

柯尔文手势表

手 势	唱 名	手势要点	调式音级名称
	do′	掌心向下,平握空拳	坚强稳定的音——大调的主音
	ti	掌心内翻向下,食指自然伸直,斜指左上方,握其余四指	尖锐又敏感的音——大调的导音
	la	掌心向下,五指自然松开向下,呈提拉姿势	暗淡、悲叹的音——大调的下中音
	sol	掌心向内,侧平掌	庄重又明亮的音——大调的属音
	fa	掌心向下,拇指伸向下方,其余三指握于掌心	凄凉、使人畏惧的音——大调的下属音

续表

手　势	唱　名	手势要点	调式音级名称
	mi	掌心向下,横平掌	平稳又平静的音——大调的中音
	re	上斜平掌,掌心向左下	活跃向上的音——大调的上主音
	do	掌心向下,平握空拳	坚强稳定的音——大调的主音

(1)在柯达伊教学法中运用该手势稍有变动,按"柯达伊教学法手势图"为:"fa"为掌心向外翻,拇指向下方伸开,握其余四指。"ti"为掌心向左下方,食指斜指左上方,握其余四指。其余五种手势均与上图相同。

(2)"do、mi、sol"三个音是自然大调中的稳定音,它们的手势都比较平稳。在其他四个不稳定音中,"si"为导音,有向"do"解决的强烈倾向,用食指斜上指表示;"fa"有向"mi"解决的倾向,用拇指向下表示。调式中两个半音得到了明确的显示。

4.使用固定音名唱法

柯达伊教学法的视唱体系在基本掌握了首调唱名法后,引进固定音名唱法,作为视唱练耳训练的补充,因为学习器乐和无调性作品适宜使用固定音名唱法。

固定唱名体系在欧洲的使用主要分为两种情况:一种是以德国、英国为代表的国家使用的固定唱名体系,直接使用音组级的音名字母C,D,E,F,G,A,B等;另一种是以法国、意大利为代表的国家使用的固定唱名体系,采用C大调的唱名,按照绝对音高所表明的音级位置歌唱。

(二)重视音乐的读写能力

重视音乐的读写能力的发展,既是柯达伊教育观念,又是柯达伊教学法的基本手段之一。为发展学生的音乐读写能力,他写了大量的视唱教材,从只使用两三个音级的歌曲到带有复杂性转换的复调性作品,为学生读写能力的发展提供了丰富的教学材料。音乐的读写从五声音阶音乐开始,也是柯达伊教学法的一个特色。

(三)以歌唱作为音乐教育的基础

以歌唱作为音乐教育的主要手段,也是柯达伊教学法的一个重要特征。柯达伊认为,小孩子唱歌和说话是同样自然的。他还认为,儿童只有积极参加艺术实践活动,才可能获得音乐的体验、理解真正的音乐文化。歌喉是每个人都有的乐器,歌唱是每个人都可能参加的音乐活动,是普及音乐教育的切实可行又有实效的途径。

(四)系统丰富的教材

丰富的教材建设是柯达伊教育思想得以实现的重要保障之一。他坚持儿童音乐教育所使用的教材只能来自真正的儿童游戏和儿歌、真正的民间音乐、优秀的创作音乐三方面,为此,他做了大量工作。他写了大量的合唱教材和其他教材,在教材中可以看到数量庞大的民间歌曲。他写的各种教材数量之多,艺术规格之高,在各国作曲家中是罕见的。他强调,民间音乐在教学中占有重要地位。

第三节 奥尔夫音乐教育体系(德国)

一、概述

卡尔·奥尔夫(Carl Orff,1895—1982年),德国作曲家、音乐教育家。1914年毕业于慕尼黑音乐学院。第一次世界大战期间曾在军队服役,战后一直作为专业作曲家在一些地方的歌剧院任职并继续深造。1924年和友人军特一起创办了"体操—音乐—舞蹈"学校,以成人为教育对象开始了他作为音乐教育家的生涯。1930—1935年,奥尔夫完成了五卷《学校音乐教材》的写作,并开始对儿童音乐教育产生兴趣。1948年,奥尔夫让儿童在一组乐器上演奏的音乐被制成系列广播,引起儿童的喜爱和音乐教育工作者的关注。1949年,奥尔夫和友人开设了一个工作室——第49工作室,专业从事设计、改进和制造奥尔夫乐器的工作。1950—1954年间,他的五卷《学校音乐教材》正式出版。1961年,奥地利萨尔茨堡的莫扎特音乐学院成立了奥尔夫研究所,随后不久又在研究所的基础上成立了奥尔夫学院。由此,奥尔夫的音乐教育思想和技术迅速在德国乃至全世界传播开来,他的音乐教育体系也被公认为是对世界近现代音乐教育改革产生深远影响的最重要的体系之一。

19世纪末20世纪初,欧洲艺术创作领域出现了一股要求突破传统文化的禁锢回归自然的思潮;同时,由于民族主义音乐思潮的兴起和古典主义、浪漫主义音乐的极度发展,迫使当时的许多音乐家转向民族音乐,寻找新的出路。正是基于这种背景,奥尔夫发起了一种独特的音乐创作新风格,他本人把这种新音乐称作"Elementar"音乐。

在奥尔夫转向关注音乐教育以后,便将"Elementar"音乐的基本原则逐渐发展成奥尔夫音乐教育的基本核心观念。"Elementar"这个词在德文中具有原始的、原本的、基础的、初级的、元素性的、自然的、富有生命力的等多种含义。在奥尔夫音乐教育体系中,无论是课程设置、教学组织形式、教学方法,还是教材和教学工具等方面,一切重要特征都可以从这一词汇的各种含义中找到其根源。

二、教学内容与教学方法简介

(一)教学内容

奥尔夫音乐教育体系的教学内容主要包括嗓音训练活动、动作练习活动和乐器演奏活动三个方面。

嗓音训练活动可细分为歌唱活动和节奏朗诵活动。节奏朗诵活动的内容除童谣、游戏儿歌、小诗以外,还有谜语、谚语、鉴言、词汇或者无意义的单音与多音音节。节奏朗诵活动被奥尔夫称作最接近儿童音乐天性的教学内容之一,是奥尔夫音乐教育体系在教学内容方面的一大独创。节奏朗诵可根据不同的难度让各年龄段的儿童学习。其中,作品结构的大小、声部的多少及肢体、节奏和语言的复杂程度是区别其难度的标志。下面是两个中等难度的多声部节奏朗诵作品的片段。

动作练习活动可分为律动、舞蹈、戏剧表演,它们过去不是音乐教学的内容。奥尔夫则认为,它们都是儿童音乐教学内容中不可缺少的部分。其理由是:对儿童来说,动作、语言、音乐是一个统一的、不能分割的行为领域。在动作造型活动中,声势活动被认为是奥尔夫儿童音乐教学内容体系中的又一独创。声势活动是一种用最简单的身体动作发出各种有节奏声音的活动。其中最基本的四种动作是跺脚、拍腿、拍手和捻指。奥尔夫音乐教育体系把这种活动称为演奏身体乐器的活动。他在实际教学中,让儿童做不同的身体动作,发出不同的声音和音色,引导儿童去探索和感受音高、音色等方面的差异。声势活动也可根据其不同难度提供给不同年龄的儿童学习,其难度的标志主要体现在节奏的复杂程度、动作的难度、动作种类的多少、动作变换的频度、声势作品结构的大小、声部的多少,以及肢体的复杂程度等方面。下面是两个中等程度的多声部声势作品的片段。

乐器演奏活动所用乐器有奥尔夫乐器,也有其他乐器。奥尔夫创制这些乐器的目的,是为了让儿童更容易地通过奏乐方式,对音乐世界进行全面探索、全面享受。其中,音条乐器(木琴、钟琴、钢片琴)可以灵活拆装,不仅可以用来演奏简单、朴实的旋律或固定音型,还可以演奏复杂而具有艺术性的多声部大型作品。下面是用音条乐器演奏的两个中等难度的多声部作品的片段。

在以上全部教学内容中,节奏学习是最基本和最重要的内容。奥尔夫认为这种音乐、舞蹈、语言三位一体而又注重节奏的课程内容,不仅符合人类音乐生活的原始性、原本性,也符合儿童的自然天性。

(二)教学组织形式

奥尔夫音乐教育体系的教学组织形式可从两个方面来描述:一是集体教学,二是综合教学。集体教学的主要目的是创造交流、分享审美体验的机会,营造平等竞争的机会;而综合教学既体现在创作、表演、欣赏中,又体现在歌唱(包括节奏朗诵)、舞蹈、奏乐中。综合教学的目的是创造全面、完整的综合性审美体验。奥尔夫音乐教育体系认为,以上这些教学组织形式,对于处在个体发展原始(初级)状态的儿童来说,不仅是十分适宜的,而且是十分必要的。

(三)教学方法

在不断创新中获得新的生命力是奥尔夫音乐教育体系的核心理念之一。奥尔夫音乐教育体系的教学方法主要是引导创作法。引导创作法是指教师在教学中,只向学生提供一些元素性材料。如最基本的节奏、最基本的动作方式、最基本的结构组成方式等;而学习则主要是通过范例和教师的启发,在集体创作过程中进行的音乐学习。此外,奥尔夫音乐教育体系并不绝对排斥模仿学习的方法,承认模仿学习是一切完整音乐体系必须具有的内容。下面仅以节奏教学为例具体说明引导创作法在奥尔夫式课堂教学中的实施。

1. 节奏单元提取

让儿童从顺口溜、童谣、诗歌或儿童熟悉的事物名称中提取出最简单的节奏单元。这些单元的最小规模可以是两拍,也可以是三拍。它们最初一般由四分、八分或二分音符组成。这些最简单的元素性节奏单元被奥尔夫称作"节奏基石"。"节奏基石"是一种最容易被掌握的材料,可供儿童建造属于他们自己的音乐大厦。

下例是一首中国北方童谣:

羊 羊 跳 花 墙, 抓 把 草 喂 你

娘。 你 娘 不 在 家, 喂 你 们 小 哥 仨, 小 哥 仨。

上面这首童谣中,可以引导儿童提取出以下五种最基本的2/4拍节奏单元:

2. 节奏单元巩固

教师用范例引导儿童用各种替换词来连续朗诵这些节奏单元,如:

教师: 蛇 蛇 蛇 蛇

学生: 蛇 蛇 蛇 蛇

教师: 孺子牛 孺子牛 孺子牛 孺子牛

学生: 孺子牛 孺子牛 孺子牛 孺子牛

引导儿童用"回声游戏"的方法继续巩固这些节奏,训练儿童的反应能力和协作能力。如:

或

最初可用一种节奏单元进行游戏,教师领诵时变化替换词。练熟后可任意使用一种或几种节奏单元,并加入强弱和快慢变化,最后,教师的领诵也让儿童来代替。在儿童领诵时,教师要及时鼓励、引导儿童有更多的创造。

此外,教师还要指导儿童熟悉这些节奏单元的记谱法,并逐步要求儿童按谱即兴填词,或按自己朗诵的节奏去记谱。

3.节奏单元的迁移

教师用范例来引导儿童用声势动作连续表现这些节奏单元。最初可做"回声游戏",而且只用一种动作,如拍手。熟练后可任意跺脚或捻指,甚至做自己想出来的能发出响声的简单身体动作。在上述基础上,可进一步用"接龙"游戏来进行练习。

"接龙"游戏依其复杂程度的不同,一般可分成以下三种:

一般接龙:

"咬尾巴"接龙:

布谷 告诉我 春天有多美?

"卡农式"接龙:

"争领袖"游戏是一种难度较大的节奏反应训练游戏,由教师连续做一种节奏动作,学生模仿并与教师一起做同样的动作。接着,学生中任何一个人要想当"领袖",就要做出一种与教师不同的节奏动作,并设法引起大家的注意,全体师生须敏锐注意到这种变化并立即响应这一创举。如此不断进行游戏,熟练后可加入速度和力度的变化。

4.节奏单元的发展

教师引导儿童按教师提供的模式及规模将掌握的节奏单元结成节奏短句。如:

教师引导儿童为自己创作的短句填词,或创编声势动作。

在这种活动中,教师也须引导儿童去细心感受和欣赏不同嗓音在音色上的变化,如亮、暗、沙、脆、圆、扁等。加入声势后可能是:

♩ ♩	♫ ♩	♫ ♫	𝅗𝅥 ‖
大鼓	木鱼	铃鼓	钗

在这种活动中,教师还需引导儿童去细心感受和欣赏不同身体动作所发出的音色效果,或不同动作序列所发出的音色序列。

在分组或个别创作活动中,教师须组织儿童展示、交流他们的作品,并引导儿童学会积极评价和分享。

熟练后可加入"接龙""争领袖"和问答游戏,还可加入速度、力度、音色的变化。请注意,问答游戏与"接龙"游戏的区别,不仅在于形式上的甲问乙答、丙问丁答,其核心在于使节奏的对答真正成为从内心情感到外部体态表情及音响表情的交流,使节奏获得一种真正的艺术生命力。

在此基础上,教师还可进一步引导儿童,让他们用打击乐器或音条乐器演奏这些节奏短句,进行即兴节奏创造游戏(如接龙、问答、争领袖等)。在小组活动中,还可以通过不同乐器的合作,对创作出的节奏短句进行更丰富的处理。如:

♩ ♩	♫ ♩	♫ ♫	𝅗𝅥 ‖
跺脚	拍手	拍腿	捻指

在这种活动中,教师须引导儿童感受和欣赏不同乐器、不同组合方式所产生的不同音色效果及其趣味。

5.节奏单元的应用和更大规模的发展

教师用范例引导儿童按自己创作的节奏短句,为韵文朗诵、歌唱、舞蹈、戏剧表演和教师演奏的乐曲伴奏。具体可用节奏朗诵声势动作、打击乐器或音条乐器演奏等多种不同方式。在伴奏时,教师应充分引导儿童将各种表演和伴奏加以变化。如韵文朗诵的变化可能有:

全体、小组和单独朗诵的变化或交替进行;

女孩和男孩朗诵的变化或交替进行;

明亮和暗浊的朗诵音色变化或交替进行;

有伴奏和无伴奏的朗诵变化或交替进行;

特定情况下的速度、力度变化;

为朗诵编配适合的表演动作等。

教师可通过范例来引导儿童,将这些结构比较短小、简单的短句发展成为规模更大一些的作品。

如将下列短句按 a+a+b+a 的模式组合，就成了单乐段。

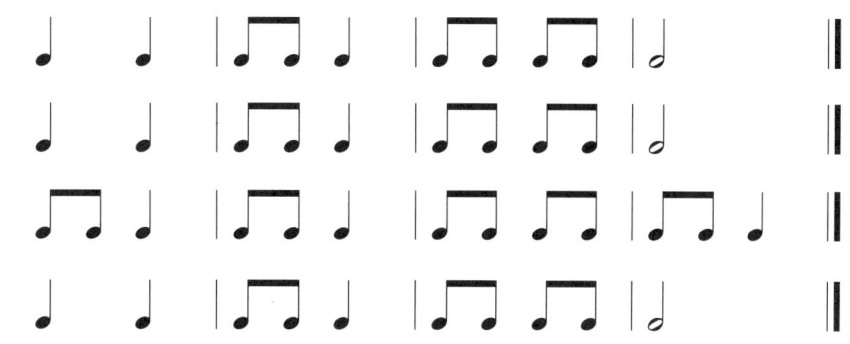

为上面的节奏乐段加上歌词、声势动作或打击演奏，甚至加上音高（运用儿童在此时已掌握的音，两三个音即可）就可以构成一段相当完整、相当美妙的音乐。如果把该乐曲作为 A 段，加上由教师或学生用另一种方式即兴创作的 B 段，就可以构成更复杂的 AB 二段结构或 ABA 三段结构。如果再加上由学生即兴表演的更多的中段（这些中段可以是节奏朗诵、情境表演、声势动作、打击乐演奏、即兴歌唱等，结构可以规定，也可以自由），还可以构成一首回旋曲。当然，发展方案必须根据儿童的年龄和音乐水平去加以设计。

（四）教材和教学工具简介

奥尔夫音乐教育体系的教材以奥尔夫本人写作的五卷《学校音乐教材》为代表。它的内容主要来自德国的儿童游戏、童谣和民歌。奥尔夫认为，只有来自儿童生活的教材，才可能成为最符合儿童天性的、最自然的、最富有生命力的教材。《学校音乐教材》的编排顺序，除了节奏由简单的基本节奏开始，然后逐步复杂化以外，旋律也从两个音开始，然后逐步完善五声音阶，最后才发展到完整的大小调音阶。

全书的具体内容如下：

第一卷　五音范围内
　　第一部分：韵律与游戏歌曲
　　第二部分：节奏—旋律练习（第一部分）
　　第三部分：乐曲
第二卷　大调波尔动/各级音
　　第一部分：波尔动
　　第二部分：各级音
第三卷　大调属和弦
　　第一部分：波尔动
　　第二部分：各级音
　　第三部分：属和弦
第四卷　小调波尔动/各级音
　　第一部分：波尔动
　　第二部分：各级音

第五卷　小调属和弦:节奏—旋律练习(第二部分)
　　第一部分:波尔动
　　第二部分:节奏—旋律练习
　　第三部分:属和弦

奥尔夫特别指出,他提供这套教材的目的仅仅是提供一种"教育应该如何顺应儿童本性"的思路。因此,不同国家和地区,不同学校和班级的教师,应该按照这种思路,为他们所教的特定儿童群体选择更适合他们的教材,而不是照搬奥尔夫的教材。

奥尔夫音乐教育体系的独特教学工具是奥尔夫乐器。但在奥尔夫式的课堂中,并非只使用奥尔夫乐器。奥尔夫乐器从广义上讲,应该是指一切具有原始乐器特征的乐器,它们既可用简单的大肌肉动作来演奏,又易于为初学儿童所掌握。而狭义的奥尔夫乐器,则是指那些由奥尔夫机构认可的研制性乐器。这些奥尔夫乐器一般可分为两大类:一类是无固定音高的打击乐器,另一类是有固定音高并灵活拆装的音条乐器。

三、小结

奥尔夫的贡献在于:他创造了一种理论和实践的体系,使儿童能够以最自然的方式进入音乐世界的一切领域,并从中获得最完整、最全面的音乐享受。他创造的这一体系,使孩子们获得了许多交流、分享和共同创造的积极而又愉快的体验,在音乐教育领域内,比较系统地解决了近代教育所共同关心的一些实际的教育问题,如有关儿童个性、社会性健康发展等,为音乐教育的未来发展开创了重要的新思路。

第四节　铃木音乐教学法(日本)

铃木音乐教学法是日本现代教育家铃木镇一提出来的。铃木认为,教育包含两个意思:一是诱发,就是把潜伏的、暂时隐而不现的状态提示出来,发展起来;二是教学,即按照儿童生理状态和心理状态有效地传授知识技能。铃木认为,教学是促进才能发展的途径,教学的目的就是要探索和发展人的潜力,也就是进行才能教育。铃木教学法主要强调三个东西。一是重复,他在教学中强调"重复,重复,再重复"。二是训练记忆。他认为"记忆是一种极为宝贵的东西",有了"记忆作为基础才有体验,有了体验,才有推理"。学习优秀的学生都是记忆能力得到发展的学生。所谓后进生,只是因为他们的记忆能力没有得到发展。良好的记忆能力是训练的结果。三是直觉。他认为直觉是沉睡在理性经验的温床上的一尊可靠的神祇。当人们需要的时候,它会在一刹那间清醒过来,直觉也像别的能力一样是可以锻炼的。

铃木的才能教育有五个原则:更早的教育、更好的环境、更好的指导方法、更多的训练和更高水平的指导者。

铃木教学法在具体实施中有以下特点:

1. 才能教育越早越好

铃木曾说过,当婴儿刚生下来的那一天,我们就应该将唱片挂上唱机,让他聆听最美好、最高尚的音乐。他主张音乐教育从出生开始。自小孩出生后,就应开始接受教育,如让小孩反复听某些声音及语言,经常刺激他。虽然婴儿时期不进行系统的学习、训练,但是音乐听觉的培养、美好音乐的熏陶,将为儿童以后的音乐能力发展打下基础。

2. 创造优良的音乐环境

美好的音乐氛围,能使学生自然而然、潜移默化地接受音乐的崇高洗礼,形成他们的"音乐之耳",尤其对幼龄阶段的孩子影响更加深远。铃木反复强调要创造学习环境,让儿童自幼接触音乐、培养乐趣。在他的教学理论中,家庭音乐环境建设被置于和学校音乐环境建设同等重要的地位。铃木认为,应该提供好的音乐录音带给父母和家庭,让美好的音乐成为儿童生活的一部分。小孩出生后从四周环境接受声音,大部分是先从家庭开始,再扩大到家庭以外。小孩音乐发展的能力是从家庭中得到的,因此父母要负担最重要的任务,在经济上,如买唱片、录音机、录音带等。今天的父母完全有条件购置这些,以提供特殊的音乐环境。总之,设法使优美的音乐充满着整个家庭,在孩子的生活中扩大听力环境。

3. 充分利用模仿、重复的方法,坚持不懈地大量练习

传统的教学往往要求儿童先学会看谱再演奏,这些困难的读谱扼杀了儿童对音乐的兴趣,使儿童不能享受演奏的乐趣。当听到一个优秀的演奏时,所弹的曲子正好是小孩正在学习的,可让他指出分句、跳音弹奏等,这样去鼓励儿童模仿,听他人演奏都很有益处。

不要认为小孩会厌烦反复练习,其实通过不断地模仿、大量的重复练习,才能提高儿童对音乐的敏锐反应和音乐记忆。铃木所强调的重复不是机械的单纯重复,而是不断提出更高的要求,使儿童总是有新的学习目标的重复。

4. 用听觉引导儿童的学习

正如铃木所说:"音乐的耳朵可在听力训练中得到,而不是天赋或固有的,以后多练习就会多出效果。它是人类的适应性在听力训练上的发展。"如同学习语言是由"听"开始的一样,学习音乐也应该从倾听优秀的音乐的实际音响开始,而不是从辨认音乐符号、学习概念开始。在最初的听力环境中,最好选择一首简单的曲子,为特别发展听力的"记忆的音乐",曲子不能太长,结构要比较简明易懂。

视谱在教学中也是重要的,单独演奏的进度不依赖于识谱能力,应该根据儿童的心理、生理特点安排进度。

5. 母亲直接参与儿童的学习活动

铃木教学活动中,母亲的参与具有十分重要的作用。母亲应当在未上课之前就要做准备,她应当阅读基本的书籍,这样可以懂得教学过程,或者和儿童一起参加学习,以自己对音乐的热爱和练习的认真来鼓励儿童掌握课程要点,成为儿童最直接的榜样。

6. 创造集体教学和观摩的机会

铃木认为,在集体的学习环境中,儿童之间可以获得更接近于自身水平的技术榜样和精神榜样。适当的竞争也会激励更强的上进心,如在3岁左右通过比赛激发其争强好胜的愿望,使之努力学习,奋发向上。如果有机会观摩教师在琴房里的教学也是很有价值的,在学

校里,学生们在上课时不仅可以演奏他们充分准备过的曲子,在室内,还可看到和听到教师怎样教不同程度的学生,怎样组织课程,怎样对家长说明要点以及其他。

7.高质量的教材和高水平的教师

铃木教育体系的教材选择标准严格,要求通过富于艺术感染力的优秀小品和世界名曲的主题、片段来发展初学儿童的音乐技能;要求让儿童学习各国的民歌、童谣和各个时代的著名作品,而不让儿童接触格调不高的音乐,目的是提高儿童的音乐趣味。

铃木十分重视教师的素质。音乐教师是美的传播者,铃木认为要请学识渊博、感觉敏锐、道德高尚的优秀人才来担任。要求教师必须对儿童有极大的爱心和耐心。教师应该具有高尚的情操、渊博的知识、精湛的专业技能和严格认真的作风,才能成为高水平的指导者。铃木说:"要使小黄莺学会美妙的鸣响,在生下的一个月内,就要给它找个好老师。这只黄莺的未来,实际上是由那个老师的声音和调子的好坏决定的。生命活动就是以极强的生命力去适应外界环境的,黄莺为掌握完善的发声能力,要适应生理条件的变化,体验美妙啼啭的音韵,它的鸣叫才能如此动人。"

第五节　其他音乐教学法

一、美国综合音乐感教学法(综合音乐素质教育)

综合音乐素质教育是指学科综合性的音乐教育,是通过构成音乐的共同性因素进行音乐教育的一种总体的、综合性的教学方法。它是20世纪60年代由美国福特基金会赞助的音乐教育研究项目"当代音乐教育计划"的研究成果之一。针对美国当时传统音乐课程中,以彼此割裂的学科内容进行教学,学生只能对音乐获得支离破碎的印象的问题,提出这种学习方式,使学生了解所学习的音乐作品与特定的历史时期、风格等的联系,有助于发展学生对音乐的洞察、理解能力。

综合音乐素质教育课程采用立体地发展学生创造力的教学方法。培养创造力,只能靠教师引导学生主动地去探索、发现、掌握和创造性地运用知识。因此,素质教育课程被分为五大基本环节:自由探索、引导探索、即兴创作、有计划的即兴创造、巩固概念,目的是让学生成为音乐课上的探索者,主动探索声音、节奏的奥妙,去探索真正令人神往的"音乐"的境界。

综合音乐素质教育的核心是:音乐学习的各个方面应当互相关联,综合为一个整体。综合音乐素质训练的目的在于:解决以往音乐教学中音乐知识与技能互不联系、互不融合的分割状态,通过对音乐的共同性因素的综合学习,培养充分感知音乐的能力和交流音乐作品内容的能力,全面发展学生的音乐态度和音乐素质。综合音乐素质教育的基本原则可以归纳为三个方面:音乐共同性因素原则、音乐的实践性原则和综合性教学原则。

总而言之,综合音乐素质教育的意义在于它不仅强调音乐教学内容到形式的综合性,使学生理解音乐要素之间的联系,获得较完整的音乐概念和结构框架;更重要的是,它使学生在作为表演者、欣赏者和创作者的音乐学习中，分享、交流、参与音乐实践活动，在获得知识和技能的同时，使音乐素质得到全面提高。

二、卡巴列夫斯基的新音乐教学大纲

卡巴列夫斯基（1904—1987年），苏联著名作曲家、音乐教育家、音乐活动家。早年就读于莫斯科音乐学院，后任该院教授。1929年、1930年分别师从米亚斯科夫斯基和戈利坚维泽学习作曲和钢琴。1973年卡巴列夫斯基70岁时，辞去了莫斯科音乐学院教授的职务，到普通小学任教，从一年级一直教到八年级，亲自试验他的"新音乐教学大纲"中的每一个项目。在大量实验的基础上，他终于确定了一套普通学校音乐教学大纲。现在这套大纲成为俄罗斯官方认可的学校音乐教学大纲。

卡巴列夫斯基的音乐教育观念深受苏霍姆林斯基的教育思想和美育思想的影响。苏霍姆林斯基的音乐审美思想和教育目的可归结为这样一句话：音乐教育并不是音乐家的教育，而首先是人的教育。这对卡巴列夫斯基改革学校音乐教育的工作给予巨大的支持，坚定了他在音乐教育改革方面的观点，促使他进行探索和改革。

卡巴列夫斯基明确指出，新大纲的教学目的不是要求掌握某些技能技巧，而是要真正提高学生的艺术修养。新大纲注重音乐与文学、造型艺术以及人类文明历史之间的联系，尤其是感受音乐与生活的关系，要使学生理解音乐就是生活本身。新课程教育的核心是歌曲、舞曲和进行曲三种形式。

这套教学大纲是由一系列课题组成的，也就是专题性地进行教学。教学内容既相对独立又有内在的连续性。教师可以灵活掌握学季或全年大纲范围内的教学内容，创造性地进行课堂教学。各年级的主要课题即大纲的主要内容为：

一年级：三根支柱——歌曲、舞曲、进行曲，音乐表达什么，音乐的语言是什么。

二年级：歌曲、舞蹈、进行曲发展为歌曲性、舞蹈特点、进行曲风格，音调，音乐的发展，音乐的结构。

三年级：祖国的音乐；我国各民族的音乐是没有疆界的；世界是各民族的，音乐是互相影响的；作曲家、演奏家、听众。

四年级：音乐与文学、美术之间的内在联系。

五年级：我们是否可以看见音乐，音乐的改造力量，音乐的力量何在。

六年级：音乐的形象，音乐的戏剧性。

七年级：音乐与当代生活。

八年级：音乐的评价。

这套教学大纲充分体现了"学校音乐课的一切形式都应当旨在发展学生的精神生活"这一原则，体现培养学生对音乐的热爱和鉴赏力，发展学生的音乐审美能力和形成他们的艺术观、世界观的目的。

以上所介绍的国外音乐教育体系，在一定程度上体现了20世纪的主流，并在新的世纪不断向前发展。这些音乐教育体系虽然产生自不同的国家、不同的文化背景，所采用的教学方法、教学内容、教学对象不同，但是它们对音乐教育本质的认识却惊人地一致，那就是它们都明确提出音乐教育的目的是人的全面发展、为了社会的发展进步。

教育要面向现代化,面向世界,面向未来。借鉴和吸取外国音乐教育的成功经验与失败教训,推动我国音乐教育新的发展,已成为必然的趋势。随着新世纪的到来,我国的基础教育发展史也翻开了新的一页。国务院召开的全国基础教育工作会议和国务院关于基础教育改革和发展的决定标志着我国基础教育已经进入了一个新阶段。我国基础教育已经实现了教育发展的三个转变:从重视体制改革到重视人才培养模式改革;从重视规范速度到重视质量效益;从重视知识传授到"育人为本",全面提高素质。同时,音乐教育作为素质教育的一部分也提升到了一个新的层面,颁布了新的音乐课程标准,并发行了一系列用新理念编写的音乐教材。这些新理念就融合了以上几种教学理念的特点。达尔克罗兹、奥尔夫及柯达伊音乐教学体系自从引入我国后,都逐渐发展壮大,在我国的音乐教育中扮演了重要的角色。

目前,我国主要采用一种建构主义的学习观,主张学生是学习的主体,强调学生的主动性与创造性,强调"生—生""师—师""生—师"之间的合作关系,这与以上几个教学体系的思想是一致的。

我国基础教育改革目前取得了一些成绩,积累了一些经验,然而我们的音乐教师在继承本民族优点的基础上,还应大胆借鉴外国的先进经验,"洋为中用",促进音乐教学,以加快基础教育改革的进程。

附录：教学案例

参考书目

[1]曹理,何工.音乐学科教育学[M].北京:首都师范大学出版社,2000.

[2]谢嘉幸,郁文武.音乐教育与教学法[M].北京:高等教育出版社,2006.

[3]中华人民共和国教育部.义务教育音乐课程标准(2011年版)[M].北京:北京师范大学出版社,2011.

[4]中华人民共和国教育部.普通高中音乐课程标准(2011年版)[M].北京:北京师范大学出版社,2011.

[5]教育部基础教育课程教材专家工作委员会组织编写.音乐课程标准解读(2011年版)[M].北京:北京师范大学出版集团,2012.

[6]尹爱青.音乐课程与教学论[M].长春:东北师范大学出版社,2006.

[7]贝内特·雷默.音乐教育的哲学[M].熊蕾,译.北京:人民音乐出版社,2003.

[8]王次炤.音乐美学[M].北京:高等教育出版社,1994.

[9]郑莉.现代音乐教学理论与方法研究[M].北京:中国文联出版社,2004.

[10]廖乃雄.音乐教学法[M].北京:中央音乐学院出版社,2005.

[11][日]高萩保治.音乐学科教学法概论[M].缪裴言,林能杰,缪力,译.北京:人民音乐出版社,2006.

[12]邵祖亮.中学音乐教学法[M].上海:上海音乐出版社,1993.

[13]陈玉丹.音乐教学论[M].北京:高等教育出版社,2003.

[14]雍敦全.奥尔夫音乐教育体系及其运用[M].成都:西南财经大学出版社,2004.

[15]中华人民共和国教育部.义务教育艺术课程标准(2022年版)[S].北京:北京师范大学出版社,2022.

[16]彭吉象,刘沛,尹少淳.义务教育艺术课程标准(2022年版)解读[M].北京:北京师范大学出版社,2022.

[17]中华人民共和国教育部.普通高中音乐课程标准(2017年版2020年修订)[S].2版.北京:人民教育出版社,2020.

[18]教育部基础教育课程教材专家工作委员会,普通高中音乐课程标准修订组,王安国.普通高中音乐课程标准(2017年版2020年修订)解读[M].北京:高等教育出版社,2020.

[19]罗小平,黄虹.音乐心理学[M].2版.上海:上海音乐学院出版社,2008.

[20]加里·麦克弗森,格雷厄姆·韦尔奇.牛津音乐教育手册(第一卷)[M].余丹红,主编.周若杭,译.上海:上海音乐出版社,2021.

[21]霍德杰斯.音乐心理学手册[M].刘沛,任恺,译.长沙:湖南文艺出版社,2006.

[22]郑茂平.音乐教育心理学[M].北京:北京大学出版社,2011.

[23]雷默.音乐教育的哲学:推进愿景[M].熊蕾,译.3版.北京:人民音乐出版社,2011.

[24]戴维·埃利奥特,玛丽莎·西尔弗曼.关注音乐实践:音乐教育哲学[M].刘沛,译.2版.北京:中央音乐学院出版社,2018.

[25]雍敦全.谈新时代美育视域下高师音乐教学法课程改革[J].中国音乐教育,2021(11):5-11.

[26]褚灏,马晔.中国音乐教育简史[M].北京:北京大学出版社,2019.

后 记

《音乐教学法》在广大读者朋友们的支持下,在诸多音乐教育领域同仁的关怀下,已经是第三次再版了。

这本书虽然初版问世是在2016年,但实际上对它的酝酿是在1988年甚至更早之时。

1988年,我于四川音乐学院毕业并留校。在考入川音之前,三年的中师学习经历加之三年多的中小学一线音乐教师经历,让我十分笃定"音乐教学法"对于音乐教育专业学生和一线音乐教师的重要意义。在四川省广元市剑阁师范学校我学习了三年,毕业后分回老家梓潼县担任中小学教师。任职中小学教师的三年中,因缺乏相关的参考书目,只能自己琢磨如何用恰当的、有创造力的音乐教学方式方法上好音乐课,为学生带来有意义的、美好的音乐学习经历。正是这些经历,加之我渴望成为一名更加称职的教师,遂立志考大学,希望学习更多的音乐与音乐教育专业知识,钻研音乐教育。1988年在川音毕业留校后,我被派往攀枝花师范学校支教一年。这再次给了我很大的启示,我从更广的视野内看到了音乐教育人才培养的缺失与需要!

1989年回到四川音乐学院,我开始为音乐教育专业的本科生、专科生、进修生讲"音乐教学法"这门课(后更名为"学校音乐教育导论与教材教法")。当时,"音乐教学法"在音乐教育专业的师生中并未受到足够的重视,我甚至都找不到一本满意的教科书来授课!从此,我开始在实践中摸索如何上好"音乐教学法",最初可谓是典型的"摸着石头过河"。由于观察到学生音乐教育学理论匮乏的情况,我曾经尝试过让学生们在学习我写作的论文和教案后练习音乐教育文论和教案写作,后面发现光有理论是行不通的,学生的教学实践能力并没有得到实际的提高。随后尝试了让学生们加强教学实践能力,在学习教学设计后进行试讲实操,但又发现一次实操竟然有8个学生试讲同样的内容、范唱同一首歌曲,教学设计、教学过程都一模一样!至此,我深刻领悟到理论和实践必须高度结合,这门课程才有它实际的意义,才能做到学理性和实用性相统一。我开始以此基本理念编纂讲义,这便是这本《音乐教学法》最初的雏形。

1990年对于"音乐教学法"和我本人来说都是一个非常重要的转折点。这一年,在曲阜师范大学(原为曲阜师范学院)举办了"普通学校音乐教育学研究"研讨会,随后首都师范大学曹理教授主编的《普通学校音乐教育学》一书出版。这对"音乐教学法"学科建设与发展产生了深远的影响,也成为了本书最重要的参考书目之一。1991年起,我参加了多次奥尔夫、达尔克罗兹体态律动、柯达伊等国外知名音乐教学法的培训,我开始思考"音乐教学法"课程教学如何将这些理论与方法"洋为中用"。从2008年起,我开始担任硕士研究生导师。我带着学生(本科生和研究生)召开了全国多次不同类型的学术研讨会,走访了全国各级各类的中小学,观摩和见习了无数一线教师课堂,完成了一项又一项音乐教学法方向的科研课题。这三十多年的经历,使我受益匪浅,同时也是我开始酝酿、写作、完善此书的重要原因与动力。

随着2016年第一版问世以来,我收到了许多一线中小学音乐教师读者以及高等院校音乐教育师生的反馈,在此基础上,对于一些理论、课例做出了修订,于2022年发行了第二版。

第三版修订的重要原因来自国家艺术(音乐)课程标准的日益完善和发展。随着《普通高中音乐课程标准(2017年版2020年修订)》《义务教育艺术课程标准(2022年版)》(后统称"新课标")的出台,很多读者致信我说希望能够得到一些贯彻和践行上述两版新课标的指南。同时,不可否认的是,随着国家多次基础教育改革,中国音乐教育界也发生了许多大事件,有些章节也需要与时俱进地做一些更新了。因此,我和我的团队启动了第三版的更新工作。

此第三版比较重要的修订在于以下几个方面:第一,更新并补充了第一章和第三章中,关于中国美育、音乐教育、音乐教学法的相关的史料。第二,根据《普通高中音乐课程标准(2017年版2020年修订)》《义务教育艺术课程标准(2022年版)》,重新编写了第六章内容,致力于为读者提供实施"新课标"的方法与建议。第三,按照国家"新课标"要求,补充和修订了教学设计案例,旨在为读者提供更加鲜活与实用的参考。

此版的修订从《义务教育艺术课程标准(2022年版)》出台后不久便启动,可以说是一个漫长而艰巨的过程。在此过程中,我团队的成员汪洋逸航、王文娟、钟媛媛、谭昊岳、刘小雅、汪露雨、陈雅楠、周冰倩、罗曼心,与我一起付出了大量的努力。同时,西南大学出版社的编辑李彦,以及诸多音乐教育界同仁也为此版的修订提出了宝贵的意见和建议。在此,我向他们表示衷心的感谢。

雍敦全

2024年6月27日于四川音乐学院